Lt-Colonel CAMON

BREVETÉ D'ÉTAT-MAJOR

LA

GUERRE NAPOLÉONIENNE

LES SYSTÈMES D'OPÉRATIONS

THÉORIE ET TECHNIQUE

PARIS

LIBRAIRIE MILITAIRE R. CHAPELOT ET Cᵉ

IMPRIMEURS-ÉDITEURS

30, Rue et Passage Dauphine, 30

1907

LA

GUERRE NAPOLÉONIENNE

PARIS. — IMPRIMERIE R. CHAPELOT ET C°, 2, RUE CHRISTINE.

Lt-Colonel CAMON

BREVETÉ D'ÉTAT-MAJOR

LA
GUERRE NAPOLÉONIENNE

LES SYSTÈMES D'OPÉRATIONS

THÉORIE ET TECHNIQUE

PARIS

LIBRAIRIE MILITAIRE R. CHAPELOT ET Cⁱᵉ

IMPRIMEURS-ÉDITEURS

30, Rue et Passage Dauphine, 30

1907

AVANT-PROPOS

I. — Établir la *Théorie de la guerre napoléonienne*, c'est-à-dire rechercher les *idées fondamentales* sur lesquelles reposent les *opérations* et les *batailles* de Napoléon, et aussi les *procédés techniques* par lesquels il les a réalisées, telle est la tâche que j'ai entreprise.

Cette *Théorie*, je me suis imposé de la construire uniquement avec les observations recueillies dans les trente-deux volumes de la correspondance de Napoléon et dans une analyse de ses campagnes faites à la lumière de cette correspondance.

Elle comprend trois parties :

Première partie : *Précis des Campagnes*, ou analyse sommaire des principales campagnes publiée en 1903.

Deuxième partie : *Les systèmes d'opérations*, objet du présent volume.

Troisième partie : *Les Batailles*.

J'ai déjà ébauché la théorie de la *Bataille* dans une brochure « *La Bataille napoléonienne* » publiée en 1899. Je la compléterai par les monographies des principales batailles.

II. — Qu'une *Théorie* de la guerre napoléonienne, fondée sur des documents irréfutables puisse avoir son utilité, c'est ce qu'on ne saurait contester.

Si instructive que soit l'étude de tel ou tel fait de guerre, ce qui importe, par-dessus tout, c'est la connaissance des *méthodes*, des *systèmes* des grands capitaines. C'est de cette connaissance qu'il faut partir pour induire les méthodes qui conviennent à la guerre d'aujourd'hui.

Se borner à l'étude individuelle des manœuvres ou des batailles d'un général, c'est se confiner dans des cas particuliers où le terrain, les effectifs, la situation ont une influence considérable sur le plan adopté et dont il est impossible, par suite, de tirer des enseignements généraux. L'étude comparée des manœuvres et des batailles permet seule d'éliminer les circonstances particulières et d'arriver à la connaissance du *système* qui a donné au général la série de ses victoires.

Mais, dans les différentes opérations de guerre d'un grand capitaine, dans ses batailles, peut-on découvrir un *système*, c'est-à-dire un petit nombre de *principes* et de *procédés* toujours les mêmes.

Ce serait chose extraordinaire, que le génie militaire échappât à la loi commune, qu'il n'eût point de système, de méthode, alors que, dans les arts comme dans les sciences, le système, la méthode, est la condition même du génie [1].

Que l'on prenne la *guerre* comme *art* ou comme *science*, nul n'a plus besoin que le général d'un *système* pour aborder et résoudre sur l'heure les problèmes que les événements lui posent.

---

[1] Peintres, sculpteurs, architectes, écrivains, musiciens, savants de tous ordres, tous ceux dont l'œuvre survit, se distinguent par un système bien caractérisé.

Les études faites jusqu'ici sur la guerre napoléonienne sont fragmentaires. En raison même de cette idée préconçue que le génie n'a pas de système, on n'a pas cherché à y découvrir des procédés généraux,

D'autre part, cette guerre n'a généralement été étudiée que dans les ouvrages d'écrivains qui ne l'ont comprise qu'à moitié, Gouvion-Saint-Cyr, Marmont, Clausewitz [1].

Il est plus sûr de l'étudier dans la *Correspondance* de Napoléon, alors même qu'elle ne donne pas toujours l'exacte vérité. Car, dégager le système de la guerre napoléonienne est tout autre chose que d'en faire la critique historique.

Cette critique, qui exige d'ailleurs la connaissance intime des procédés généraux de Napoléon, c'est-à-dire de sa théorie de la guerre, consiste à examiner si, dans tel cas particulier, l'application qu'il en a faite était justifiée. Elle doit naturellement discuter ses assertions en les confrontant avec l'opinion des écrivains militaires autorisés. Mais tel n'est pas le but de mon travail.

L'étude comparée des manœuvres et des batailles m'a grandement facilité la compréhension de chacune d'elles. Telle manœuvre ou telle bataille, dont tout d'abord je m'expliquais mal le plan, faute de documents suffisants, s'éclairait soudain par son rapprochement avec telle autre manœuvre ou bataille dont le système est nettement accusé ou qui a été expliqué par Napoléon lui-même.

Cette étude comparée m'a permis de ramener toutes les batailles à un seul système dont elles se rapprochent plus ou

---

[1] Dans ces dernières années, on a maintes fois proclamé en France que c'est Clausewitz qui a le mieux compris la guerre napoléonienne. C'est là une opinion que l'analyse des œuvres de Clausewitz infirme péremptoirement.

moins dans l'exécution, et toutes les opérations stratégiques à deux procédés : *la manœuvre sur les derrières* et la *manœuvre sur position centrale*, cette dernière n'ayant d'ailleurs pour objet que de diviser un ennemi numériquement supérieur et de permettre d'employer, contre chacun de ses tronçons, la *manœuvre sur les derrières* qui est la manœuvre par excellence de Napoléon.

Lorsqu'on descend au fond des choses, on voit que cette manœuvre sur les derrières a essentiellement pour objet de produire chez l'ennemi, par une menace sur sa ligne de ravitaillement et ses lignes de retraite, une dissociation matérielle et morale dont Napoléon s'est donné les moyens de profiter.

D'autre part, dans la bataille, c'est aussi par une *attaque tournante* menaçant la dernière ligne de retraite de l'ennemi que Napoléon dissocie matériellement et moralement l'adversaire avant de lancer sur lui son attaque décisive.

Ainsi, une même *idée* inspire les plans de campagne et les plans de bataille de Napoléon, c'est la dissociation préalable de l'ennemi par une menace sur la ligne de reraite.

III. — Il est bien entendu que les procédés napoléoniens ne sont pas à suivre tels quels aujourd'hui. *La guerre*, comme toute chose humaine, évolue dans ses *moyens matériels* et *moraux* et par suite aussi dans ses *procédés :* les principes seuls demeurent.

Mais la seule méthode pour déterminer les procédés de la guerre d'aujourd'hui, c'est justement de rechercher ceux des grands capitaines, de façon à discerner ce qui peut en être conservé.

L'ère napoléonienne qui ouvre la phase moderne de l'art militaire, celle de l'emploi des masses, sera longtemps encore la grande école de la guerre. Cette période de vingt années pleines de faits de guerre est une source inépuisable d'enseignements. C'est à Napoléon que les militaires devront sans cesse revenir, comme les peintres à Michel-Ange, à Raphaël, à Rembrandt, à Rubens, à Velasquez, comme les musiciens à Bach, à Mozart, à Beethoven.

Or, il faut bien le dire : en France, l'œuvre militaire de Napoléon n'est ni étudiée, ni estimée à sa valeur : l'Empereur a fait tort au général. Il n'est pas besoin pourtant d'approuver son œuvre politique, pour tirer profit de son œuvre militaire.

IV. — L'étude des *systèmes d'opérations* de Napoléon forme, comme je l'ai dit plus haut, la seconde partie de l'ouvrage. Elle comprendra deux volumes : celui-ci consacré à l'analyse générale de ces systèmes et un second volume qui traitera des *moyens matériels* et *moraux* employés par Napoléon.

Dans le présent volume, après avoir indiqué la contexture générale des différents systèmes stratégiques : manœuvre sur les derrières, manœuvre sur position centrale par coup offensif ou par attente stratégique, j'ai passé une revue sommaire des principales manœuvres de chaque espèce qu'on trouve dans les campagnes napoléoniennes.

Enfin, j'ai indiqué certaines manœuvres de même nature faites à des époques antérieures et qui ont pu inspirer Napoléon : rien n'éclaire plus vivement les choses que l'étude de leurs origines.

Puisse cet exposé, où j'ai cherché à montrer la *Guerre napoléonienne* dans toute sa simplicité, engager quelques jeunes camarades à reprendre l'analyse des campagnes de

Napoléon, d'après les documents mêmes, en faisant table rase de toute publication antérieure. Il n'existe pas de moyen meilleur pour se façonner un cerveau stratégique et tactique.

Si ce travail provoque de telles études, je n'aurai pas perdu ma peine.

1ᵉʳ février 1907.

Lieutᵗ-Colonel CAMON,
Commandant en 2ᵉ l'École polytechnique.

INTRODUCTION

La *guerre* comporte deux modes distincts : un mode majeur, la *guerre de mouvements ;* un mode mineur, la *guerre de positions*. La guerre de mouvements, seule, peut donner, dans un court délai, des résultats décisifs ; la guerre de positions ne conduit que lentement, et par lassitude, à la décision. Tous les grands capitaines ont employé la guerre de mouvements.

De 1792 à 1796, il ne s'était trouvé en France aucun général capable de mouvoir les masses mises en jeu par le gouvernement révolutionnaire. Il était réservé à Napoléon de créer un système d'opérations qui permît de reprendre, avec ces masses, la guerre de mouvements.

Sur le champ de bataille de Valmy, le 20 septembre 1792, la veille même de la proclamation de la République, la guerre entre dans une ère nouvelle. Jusqu'alors, c'était une lutte où un prince disputait à un voisin une province ; cette fois, c'est une nation qui, ayant pris conscience d'elle-même, se lève tout entière pour défendre l'intégrité de son territoire et sa liberté.

A Valmy, une armée réputée, l'armée du grand Frédéric, s'arrête en pleine attaque lorsqu'elle voit nos jeunes conscrits, leurs chapeaux au bout des baïonnettes, attendre le choc aux cris de : Vive la nation ! La guerre est devenue œuvre nationale.

Après leur échec moral de Valmy, les Prussiens évacuent notre sol ; mais bientôt ils ramènent contre nous toute l'Europe. En 1793, envahie sur toutes ses frontières, cruellement déchirée au dedans, la France ne désespère pas. Le 23 août, la Convention, sur la proposition du Comité de Salut public, décrète la levée en masse de toute la nation : 600,000 hommes vont se trouver sous les armes. La *guerre de masses* est créée.

La Convention met 600,000 hommes sous les armes ; mais l'organisation de ces foules est trop rudimentaire, l'administration trop ébranlée, pour qu'on puisse les nourrir régulièrement. Le Comité de Salut public adopte, pour ces armées révolutionnaires, des procédés révolutionnaires : la guerre nourrit la guerre ; les troupes vivent sur le pays par réquisitions.

Nos généraux improvisés, ne sachant pas remuer les masses, firent surtout de la guerre de positions [1], derrière des lignes ou dans des camps retranchés. Que l'on se rappelle en 1793 la campagne du Nord autour des places de

---

[1] Le même phénomène, pour les mêmes raisons, s'était produit sous Louis XIV quand, aux petites armées de 30,000 hommes s'étaient substituées des armées considérables dont l'effectif atteignit 150,000 hommes et qui, ne vivant pas sur le pays, exigeaient des convois immenses.

« Après la mort de Turenne, a écrit Guibert, il n'y eut plus de petites armées chargées de grandes opérations. L'ambition de Louis XIV voulant envahir à la fois plusieurs pays, il avait déjà commencé quelque temps auparavant, dans la guerre de Hollande, à former plusieurs corps d'armée ; cela ne fit dès lors qu'augmenter et toute l'Europe à l'envi leva des armées plus nombreuses. Avec le nombre de troupes, on accrut celui de l'artillerie. Il fallut des équipages de vivres proportionnés. Il aurait été nécessaire qu'en raison de ces accroissements énormes d'hommes et d'embarras, la Tactique * fît des progrès. Elle n'en fit pas. Des généraux médiocres se trouvèrent chargés des plus grandes masses et alors le genre de guerre changea. Ne pouvant et ne sachant pas les remuer, étant la plupart du temps embarrassés de les nourrir, ils firent moins de marches, ils renoncèrent à la guerre de *mouvements*, ils introduisirent celle des *positions*. Se trouvèrent-ils inférieurs, ils s'enfermaient dans des lignes, dans des camps retranchés : en un mot, il ne se fit plus rien de hardi, rien de décisif ; on ne fit plus ce que j'appelle la *Grande guerre*. » (GUIBERT, *Essai de Tactique*.)

* La *Grande Tactique*, actuellement nommée Stratégie.

Valenciennes, de Condé, de Bouchain ; la campagne du Rhin, d'abord sous Mayence, puis sur les lignes de Wissembourg, de la Lauter et de la Sarre ; la campagne des Alpes autour de Nice ; celle des Pyrénées autour de Perpignan.

Carnot provoque un pas dans la voie de la grande guerre : il supprime les convois ; il organise l'armée en *divisions*, petits corps complets de toutes armes, qui peuvent combattre séparément et par suite marcher séparément, vivant sur le pays et ne recevant que de loin en loin des munitions. Carnot donne ainsi aux divisions la *mobilité*. Mobilité des divisions, enthousiasme des soldats, énergie des chefs, et aussi, il faut bien le dire, insuffisance des généraux ennemis, voilà les causes de nos succès sur les coalisés.

Quand nos généraux essaient de vastes mouvements offensifs, ces mouvements, entrepris en dehors des principes de l'art militaire, se transforment généralement à bref délai en retraites : ainsi en 1796, la course folle de Moreau et de Jourdan à travers l'Allemagne.

D'ailleurs, soit crainte politique de mettre trop de forces dans la main d'un général, soit difficulté de faire vivre sur le pays, aux approches d'une bataille, de grandes masses de troupes, soit défiance dans la capacité des généraux à remuer les masses, le gouvernement de la République s'abstint de concentrer nos forces sur un théâtre principal ; de ce fait, la guerre traîna sans résultat décisif. On eut vingt victoires, mais non la grande victoire susceptible d'imposer la paix à l'Europe. Cette victoire, la concentration des masses sur un même point eût pu seule la donner ; mais le système de la guerre des masses était à créer.

Instruit de la grande tactique, Napoléon allait créer ce système et reprendre, avec les masses, la guerre de mouvements.

Principe fondamental de la guerre de masses. — Pour amener l'adversaire à merci, il n'est pas nécessaire d'être victorieux sur tout le développement du théâtre de la guerre. Le moyen le plus sûr et le moins coûteux, c'est de remporter sur un point de ce théâtre total une victoire qui rompe irrémédiablement l'équilibre au détriment de l'adversaire.

> « Il en est des systèmes des guerres comme des sièges des places, il faut réunir ses feux contre un seul point. La brèche faite, l'équilibre est rompu, tout le reste devient inutile [1]. »

Tel est le principe fondamental de l'art de la guerre que, dans la solitude et la méditation, de 1786 à 1793, le lieutenant d'artillerie Bonaparte s'était formulé ; de ce principe découlent tous ses systèmes d'opérations et de batailles.

Ce principe l'a conduit à faire, dans son plan de guerre, la distinction bien nette d'un *théâtre principal* où, amassant le plus de forces possible, il porte à l'ennemi, par une guerre de mouvements, des coups décisifs, et de *théâtres secondaires*, où il ne laisse aux lieutenants qu'il y place que les forces strictement nécessaires pour contenir l'ennemi, par une guerre de positions, tandis que la campagne se résout sur le théâtre principal. Grâce à ce système, il étonnera le monde par les coups de foudre d'Ulm, d'Austerlitz, d'Iéna.

Moyens matériels. — Cette guerre de mouvements, il fallait, pour la rendre possible avec les masses, créer un système nouveau de marche, de stationnement, de ravitaillement. C'est ce que fit Napoléon.

Moyens moraux. — Mais le système de guerre de Napoléon ne visait pas seulement à la concentration du maximum de troupes sur un point donné pour y obtenir la supériorité

---

[1] Rapport sur la position politique et militaire des armées de Piémont et d'Espagne, remis le 19 juillet 1794 à Robespierre jeune, représentant du peuple à l'armée d'Italie, par le général Bonaparte, commandant l'artillerie de cette armée.

numérique, il visait avant tout la *démoralisation immédiate* de l'adversaire.

L'objet de la guerre est d'amener l'adversaire à se soumettre, et cela par la destruction des forces armées en lesquelles il a mis sa confiance. Mais ces forces armées, il n'est pas nécessaire de les détruire dans le sens littéral du mot, il suffit de leur porter un coup tel, que l'adversaire considère la lutte comme désormais impossible.

> « Tout est opinion à la guerre, a écrit Napoléon, opinion sur l'ennemi, opinion sur ses propres soldats. Après une bataille perdue, la différence du vainqueur au vaincu est peu de chose. C'est cependant incommensurable par l'opinion. »

Les forces armées ne sont pas des forces purement matérielles ; il y a l'arme matérielle : fusil, sabre ou canon ; mais il y a aussi l'homme qui dirige le fusil, le sabre ou le canon ; l'homme qui a plus ou moins de résolution ; qui, au spectacle des morts et des blessés, se démoralise plus ou moins vite ; qui peut supporter un *pour cent* plus ou moins fort de pertes autour de soi ; l'homme dont il s'agit d'arrêter l'assaut ou de provoquer la fuite en brisant l'une après l'autre les forces morales qui le soutenaient : foi dans le succès, instinct guerrier, discipline, sentiment du devoir..., pour le laisser en face de l'instinct de conservation, de la peur de la mort.

Dans le combat, ce sont les *forces morales* de l'ennemi qu'il s'agit en définitive d'atteindre ; il faut garantir et exalter celle de ses propres soldats...

> « A la guerre, a écrit Napoléon, les trois quarts des affaires sont des affaires morales ; la balance des forces réelles n'est que pour un autre quart. »

Nul n'a su mieux que Napoléon agir sur les forces morales de ses soldats pour les exalter, sur celles de l'ennemi pour les déprimer. Toutes ses combinaisons, tous ses procédés stratégiques et tactiques visent à ce double but et sa victoire est, en définitive, une *victoire morale. Ses plans de bataille, aussi bien que ses plans de campagne, visent tous à produire une démoralisation de l'ennemi dont il s'est préparé les moyens de profiter.* Il est donc essentiel d'étudier les moyens moraux dont il s'est servi.

Guerre de mouvements. — Guerre de positions. — « L'art de la guerre consiste, avec une armée inférieure, d'avoir toujours plus de forces que son ennemi sur le point que l'on attaque ou sur le point qui est attaqué[1]. » Le moyen consiste dans le *mouvement.* Aussi, Napoléon a-t-il pu dire : « La force d'une armée..... s'évalue par la masse multipliée par la vitesse[2]. »

Mais si, par une sage répartition des troupes, on arrive à avoir sur le point décisif plus de forces que l'ennemi, on peut se trouver, sur les points secondaires, en infériorité numérique. Sur ces points secondaires, il ne convient pas, par suite, de courir après les engagements décisifs, il faut seulement gagner du temps. « Lorsqu'on a des forces inférieures, l'art de la guerre consiste à gagner du temps[3]. »

Et le moyen, c'est la *guerre de positions.*

Ainsi guerre de mouvements sur le théâtre décisif ; guerre de positions sur les théâtres secondaires ; moyens matériels et moyens moraux, voilà le sommaire de la guerre napoléonienne. D'où la division suivante de cette étude :

Titre   I. — *Guerre de mouvements.*
Titre   II. — *Guerre de positions.*
Titre III. — *Moyens matériels.*
Titre IV. — *Moyens moraux.*

---

[1] NAPOLÉON.
[2] NAPOLÉON, *Campagne d'Italie,* t. 30.
[3] NAPOLÉON.

TITRE IER

GUERRE DE MOUVEMENTS

Conduite de la guerre sur le théâtre principal

Sur son théâtre principal, Napoléon pouvait avoir ou non la supériorité réelle, c'est-à-dire être supérieur à l'ennemi en tenant compte à la fois des forces numériques et des forces morales, celles-ci étant : la valeur des soldats, leur confiance dans le succès et surtout le *génie* du chef.

1er CAS. — Napoléon a sur son théâtre principal la supériorité réelle.

Il jette son armée sur les derrières de l'ennemi pour le prendre d'un seul coup de filet.

2° CAS. — Napoléon n'a pas sur son théâtre principal la supériorité réelle.

Il cherche alors à diviser les forces adverses, ou bien à profiter de leur séparation initiale pour prendre entre leurs diverses fractions une *position centrale* d'où il manœuvre pour les écraser successivement.

Dans cette situation d'infériorité, deux cas encore peuvent se présenter : ou bien Napoléon est libre de ses mouvements, ou bien il est lié à quelque place qu'il doit à tout prix garantir contre les entreprises de l'adversaire comme Mantoue en 1796,

Dresde, son centre de ravitaillement, dans la campagne d'automne de 1813, Paris dans la campagne de 1814.

S'il est libre de ses mouvements, Napoléon prend sa position centrale par un *coup offensif* sur le centre du déploiement stratégique adverse : entrées en campagne de 1795, de 1812 et de 1815.

S'il est lié à une place, c'est du terrain et des fautes stratégiques de l'adversaire qu'il attend la division des forces ennemies, et les opérations proprement dites sont précédées d'une phase d'attente. On peut dire qu'il se trouve en *attente stratégique*.

Lié ou non à un point fixe, Napoléon, lorsqu'il n'a pas la supériorité sur l'ensemble des forces adverses, n'a jamais recours à une bataille défensive. C'est par le mouvement, la vitesse imprimée à ses troupes et aussi en utilisant les obstacles du terrain pour séparer l'adversaire, qu'il arrive à le battre. Ainsi la victoire est encore « le triomphe du grand nombre sur le petit [1] ».

En résumé deux procédés normaux : la manœuvre sur les derrières, la manœuvre sur position centrale ; je vais les étudier successivement.

---

[1] Après la campagne de 1796, dinant chez le directeur Gohier, comme on le félicitait d'avoir pu battre tant d'Autrichiens avec si peu de troupes, Bonaparte ramène ainsi les choses au point : « Lorsque, avec de moindres forces, j'étais en présence d'une grande armée, groupant avec rapidité la mienne, je tombais comme la foudre sur l'une de ses ailes et je la culbutais. Je profitais du désordre que cette manière ne manquait jamais de mettre dans l'armée ennemie pour l'attaquer dans une autre partie, toujours avec toutes mes forces. Je la battais ainsi en détail et la victoire qui en était le résultat était toujours, comme vous le voyez, le triomphe du grand nombre sur le petit. » (*Mémoires de Gohier.*)

CHAPITRE IER

LA MANŒUVRE SUR LES DERRIÈRES

Conception générale. — Une victoire remportée sur un adversaire qui a derrière lui sa ligne de retraite et ses magasins ne peut donner lieu à des résultats bien décisifs. Encore, pour obtenir cette victoire, faut-il que l'adversaire se laisse atteindre. Comment contraindre l'ennemi à la bataille, comment l'empêcher de fuir vers une armée de secours, vers une armée alliée ? Le moyen, c'est évidemment de se jeter sur ses derrières pour lui intercepter ses différentes lignes de retraite.

Napoléon entrevit la possibilité de cette manœuvre, en comparant notre méthode de subsistance à celle de nos adversaires.

Depuis Carnot, nos armées vivaient sur le pays. Nos adversaires, au contraire, vivaient sur des magasins formés à grands frais à l'avance et dont d'immenses convois leur apportaient chaque jour les denrées [1]. Ils étaient donc vulnérables sur leurs derrières, et nous pas. Ayant dans nos parcs les munitions nécessaires à deux ou trois jours de bataille, nous pouvions nous passer momentanément de toute communication avec l'arrière et nous jeter sans risque entre l'armée ennemie et ses magasins.

---

[1] « En 1806, a écrit von der Goltz, dans *Rosbach et Iéna*, le Mecklembourg refusa de fournir quoi que ce fût pour la nourriture des troupes prussiennes, malgré l'assurance d'être payé plus tard. Après les combats de Schleiz et de Saalfeld, le corps du prince Hohenlohe manqua de tout, les hommes de pain, les chevaux d'avoine.

« Dans le palais de justice d'Iéna, il y avait une quantité d'avoine considérable ; on demanda à Weimar l'autorisation de prendre cette avoine contre remboursement, et l'on attendit, pour s'en servir, que la réponse fut arrivée. Même à Auerstædt, l'armée principale, affamée, n'osait rien réquisitionner. Nos soldats se mirent à piller. »

Voici comment Napoléon met en scène cette manœuvre *sur les derrières*.

Par des marches rapides, préparées dans le plus grand secret, il rassemble, aussi près que possible des lignes de retraite de son adversaire, une masse capable d'en triompher en quelque situation qu'il le trouve. Sûr du succès, sa seule crainte est que l'ennemi échappe. Brusquement, il jette notre armée sur ses derrières et s'efforce d'y saisir une barrière topographique : ligne de montagnes, fleuve ou rivière, et d'en occuper les principaux passages pour l'enfermer comme dans un champ clos [1]. Ceci fait, il se retourne sur l'adversaire qui n'a plus d'autre ressource que se rendre ou essayer de se faire jour [2].

Manière terrible, que personne n'a osé imiter, qui effrayait ses propres généraux, parce qu'ils ne pouvaient embrasser tous les éléments de ses calculs matériels et moraux.

Le succès reposait essentiellement sur la démoralisation de l'adversaire. Qu'on s'imagine l'effet produit sur le général ennemi par cette nouvelle inattendue que l'armée française marchait à toute allure pour lui couper la retraite. La seule idée qui pouvait lui venir, c'était de faire en hâte refluer tous ses corps. C'était la fuite en désordre que Napoléon avait prévue et qu'il attendait pour jeter ses troupes au moral surchauffé sur les corps ennemis démoralisés, ne recevant plus d'ordres et s'offrant d'eux-mêmes à ses coups [3].

Il avait grande chance de détruire l'adversaire en détail sans

---

[1] La Stradella, en 1800 ; le Lech, en 1805 ; la Saale, en 1806 ; l'Isar, en 1809.

[2] NAPOLÉON, *Campagne de 1800* : « Il (Mélas) avait trois partis à prendre : le premier était de passer sur le ventre à l'armée du Premier Consul. »

[3] « Mon intention, écrit Napoléon le 3 mars 1814 au ministre de la guerre, est alors de porter la guerre du côté de mes places fortes en manœuvrant sur les derrières de Schwarzenberg, qui sera obligé de faire volte-face quand il verra ses hôpitaux, ses magasins, ses parcs et sa ligne d'opération menacés par moi et par le duc de Castiglione. » (21426.)

En effet, dans le conseil de guerre tenu à Sommepuis par les Coalisés, Schwarzenberg proposa la retraite immédiate en Suisse.

courir les risques d'une *bataille générale,* d'une bataille rangée[1].

Car c'est bien à tort que l'on a écrit[2] que Napoléon recherchait avant tout une bataille générale; ce qu'il voulait, c'était surprendre l'ennemi « en flagrant délit de retraite » pour se débarrasser de lui sans affaire générale. Cela, il l'a écrit maintes fois.

Le 21 octobre 1805, après la capitulation d'Ulm, il dit dans sa proclamation à l'armée :

> « Soldats, je vous avais annoncé une grande bataille, mais grâce aux mauvaises combinaisons de l'ennemi, j'ai pu obtenir les mêmes succès sans courir aucun risque, et ce qui est sans exemple dans l'histoire des nations, un aussi grand résultat ne nous affaiblit pas de 1500 hommes hors de combat. »

Et dans le bulletin du 18 octobre :

> « ..... Il avait pris à l'ennemi, aux combats de Vertingen, de Günzbourg, d'Elchingen, aux journées de Memmingen et d'Ulm, et aux combats d'Albeck, de Languenau et de Neresheim, un très grand nombre de pièces de canon, de bagages, de voitures..... *et pour arriver à ces grands résultats, il n'avait fallu que des marches et des manœuvres.*
>
> « Dans ces combats partiels, les pertes de l'armée française ne se montent qu'à 500 morts et à 1000 blessés. Aussi le soldat dit-il souvent : L'Empereur a trouvé une nouvelle méthode de faire la guerre ; il ne se sert que de nos jambes et pas de nos baïonnettes. Les cinq dixièmes de l'armée n'ont pas tiré un coup de fusil, ce dont ils s'affligent, mais tous ont beaucoup marché et ils redoublent de célérité quand ils ont l'espoir d'atteindre l'ennemi. »

Le 19, il écrit à l'Impératrice :

---

[1] Les campagnes de Napoléon n'offrent qu'un petit nombre de batailles rangées : Castiglione, Austerlitz, Eylau, Wagram, la Moskowa, Bautzen, Leipzig et Waterloo.

[2] C'est de Clausewitz qu'est venue cette erreur que Napoléon recherchait avant tout la grande bataille générale :

« C'est quand les combats se réunissent en une grande bataille générale que les résultats sont les plus grands.

« Ce n'est que dans une grande bataille générale et non dans des combats dispersés que le général en chef peut diriger personnellement la lutte. Aussi,

« J'ai rempli mon dessein ; j'ai détruit l'armée autrichienne par de simples marches ; j'ai fait 60,000 prisonniers, pris 120 pièces de canon, plus de 90 drapeaux et plus de 30 généraux. »

Le 12 octobre 1806, il écrit à Lannes :

« Toutes les lettres interceptées font voir que l'ennemi a perdu la tête. Ils tiennent conseil nuit et jour et ne savent quel parti prendre. Vous verrez que mon armée est réunie, que je leur barre le chemin de Dresde et de Berlin. L'art est aujourd'hui d'attaquer tout ce qu'on rencontre, *afin de battre l'ennemi en détail et pendant qu'il se réunit.* »

Et à Murat :

« Attaquez hardiment ce qui est en marche; ce sont des colonnes qui cherchent à se rendre à un point de réunion, et la rapidité de mes mouvements les empêche de recevoir à temps un contre-ordre; *deux ou trois avantages de cette espèce écraseront l'armée prussienne sans qu'il soit besoin d'affaire générale.* »

Dans son bulletin de la bataille de Wagram, après avoir indiqué la position des deux armées, le 5, à 6 heures du soir, c'est-à-dire après la journée préparatoire, Napoléon écrit :

« Dans cette position, la journée paraissait presque finie et il fallait s'attendre à avoir le lendemain une grande bataille; mais on l'évitait et on coupait la position de l'ennemi en l'empêchant de concevoir aucun système si, dans la nuit, on s'emparait du village de Wagram (qui formait le point d'appui de la gauche des Autrichiens). Alors sa ligne, déjà immense, prise à la hâte et par les chances du combat, laissait errer les divers corps de l'armée sans ordre et sans direction, et on en aurait eu bon marché sans engagement sérieux. »

Le 17 avril 1809, au moment où il combine la manœuvre de Landshut, il écrit à Masséna :

---

plus un général en chef est animé du véritable esprit de la guerre, plus il a conscience qu'il peut et doit vaincre son adversaire, et plus ardemment il recherche la bataille générale dès le début de la guerre et compte tout atteindre par elle. Bonaparte ne s'est peut-être jamais mis en campagne sans viser à cette bataille générale. » (CLAUZEWITZ, *De la Guerre*, t. 1, p. 164 et 176.)

« Votre marche a pour but de se combiner avec celle de l'armée
pour prendre *l'ennemi en flagrant délit* et détruire ses colonnes...»

A Sainte-Hélène, dans ses observations sur les « *Notes sur l'Art
de la guerre* » du général Rogniat, Napoléon a écrit à propos de
la manœuvre de Smolensk :

> « Napoléon exécuta alors cette belle manœuvre qui est le pendant
> de celle de Landshut en 1809 : il se couvrit par la forêt de Bieski,
> tourna la gauche de l'armée russe, passa le Borysthène et se porta
> sur Smolensk où il arriva vingt-quatre heures avant l'armée russe
> qui rétrograda en toute hâte. Une division de 15,000 hommes, qui
> s'y trouvait par hasard, eut le bonheur de défendre cette ville un
> jour, ce qui donna le temps à Barclay de Tolly d'arriver le lende-
> main. Si l'armée française eût surpris Smolensk, elle y eût passé le
> Borysthène, *attaqué par derrière l'armée russe en désordre et non
> réunie.* »

Le 28 juillet 1809, Napoléon fait écrire à Masséna battu à
Talaveyra par Wellington :

> « Que les batailles ne doivent se donner si l'on ne peut calculer
> en sa faveur 70 chances de succès sur 100, que même on ne doit
> livrer bataille que lorsqu'on n'a plus de nouvelles chances à espé-
> rer, puisque de sa nature le sort d'une bataille est toujours dou-
> teux, mais qu'une fois qu'elle est résolue on doit vaincre ou périr. »

Mais cette bataille générale, Napoléon l'aura si l'ennemi se
pelotonne, et décisive, puisqu'on est à fronts renversés, et cette
œuvre, la plus terrible mais la plus grande qui puisse être offerte à
son génie, qu'il a envisagée et préparée, n'est pas pour l'effrayer.

Ainsi, ou bien l'ennemi fuit en désordre et Napoléon l'accable
dans le flagrant délit de sa retraite, ou bien il se pelotonne pour
la bataille générale, mais pleinement démoralisé.

Dans les deux cas, la manœuvre sur les derrières facilitait
grandement la tâche de nos soldats par la démoralisation
préalable de l'adversaire.

Cette *démoralisation préalable* de l'adversaire, conséquence
forcée de la manœuvre, a été maintes fois oubliée. Comparant
aux effectifs de l'ennemi ceux que Napoléon amenait sur ses
derrières, on s'est cru en droit de l'accuser de témérité. Mais

qu'on introduise dans les calculs la démoralisation de l'adversaire, la balance des forces sera tout autre, et il apparaîtra dans chaque cas que la manœuvre de Napoléon, si audacieuse qu'elle paraisse, était loin d'être téméraire.

Le 17 mars 1814 à Reims, examinant le meilleur parti à prendre contre Schwarzenberg qui pousse devant lui, sur Nogent, le maréchal Macdonald, Napoléon met en parallèle trois partis : le premier, de se jeter par Arcis-sur-Aube sur les derrières de Schwarzenberg ; le deuxième, d'aller droit sur Provins rejoindre Macdonald ; le troisième, d'aller à Meaux pour s'interposer sûrement entre Paris et l'armée de Bohême.

> « Ces trois projets, écrit-il, ont tous les trois leur caractère. Le premier est le plus hardi, donne la plus grande épouvante à l'ennemi.... ; les résultats en sont incalculables.
>
> « Le deuxième a l'inconvénient d'être toujours dans les traverses.
>
> « Le troisième est le plus sûr, parce qu'il mène à tire d'aile sur Paris ; *mais c'est aussi celui qui, n'étant d'aucun effet moral, laisse tout entière la chance d'une grande bataille. Or, si l'ennemi a 70,000 à 80,000 hommes, cette bataille sera une furieuse chance,* au lieu que, marchant sur Troyes et venant sur les derrières pendant que le duc de Tarente marche en retraite et lui dispute toutes les positions, il peut y avoir de plus grandes chances[1]. »

Outre la *démoralisation préalable* de l'adversaire, la manœuvre sur les derrières procure les avantages capitaux suivants :

1º Elle permet de donner *à priori* à l'armée un point de direction ;

2º Elle fournit de sûrs renseignements sur l'ennemi ;

3º Elle procure la prise des grands parcs et magasins de l'adversaire, ce qui assure la vie de l'armée ;

4º Elle permet de grandes économies sur les forces à laisser en arrière pour la garde du territoire ;

5º Si elle réussit, elle donne des résultats décisifs ;

---

[1] Et encore : « Toutes les lettres interceptées disent que la consternation est à Erfurth, où se trouvent encore le roi, la reine, le duc de Brunswick, et qu'on discute sur le parti à prendre sans pouvoir s'accorder. Mais pendant qu'on délibère, l'armée française marche..... »

6° Même si elle ne réussit qu'à moitié, elle assure, par la retraite de l'ennemi, des avantages matériels et moraux considérables.

Il convient de développer ces différents points.

1° *Point de direction de l'armée.* — Au commencement de chacune des phases d'une campagne, une question se pose à celui des deux adversaires qui a l'initiative : où porter ses forces ? Sur le principal rassemblement de l'ennemi, c'est entendu ; mais où le prendre ? Le chercher, cavalerie en avant, c'est subordonner les mouvements et les ravitaillements aux renseignements vagues et contradictoires qu'on pourra recueillir sur cette masse mobile qu'est l'armée ennemie.

Dans ces conditions, l'armée ne peut recevoir cette impulsion vigoureuse qui conduit droit au dénouement. Et pour que l'ennemi se laisse prendre, il faut vraiment qu'il le veuille.

Napoléon, au contraire, dès l'instant qu'il connaît le point où l'adversaire a franchi sur le théâtre principal quelque accident de terrain notable : l'Alpone à l'acte d'Arcole en 1796, le défilé de Stradella en 1800, le Lech en 1805, la Saale en 1806, l'Alle en 1807, l'Isar en 1809, c'est-à-dire dès qu'il connaît le point où passe la ligne de communication et par conséquent la ligne de retraite de l'adversaire, il a les éléments nécessaires pour déployer sa manœuvre et il ne lui reste plus qu'à en assurer envers et contre tous le régulier développement.

2° *Renseignements sur l'ennemi.* — La cavalerie saisissant sur les derrières de l'ennemi les dépêches, les courriers, fournit une exploration autrement fructueuse que si elle eût été se buter sur les avant-postes de l'adversaire.

3° *Prises des grands parcs et magasins de l'adversaire.* — Par la prise des grands parcs et magasins de l'adversaire, la manœuvre sur les derrières assure la vie de l'armée.

Le 13 octobre 1806, la veille d'Iéna, Napoléon écrit dans le Bulletin :

« L'armée prussienne est prise en flagrant délit ; ses magasins enlevés, elle est tournée. Le maréchal Davout est arrivé à Naumbourg le 12, à 9 heures du soir, y a saisi les magasins de l'armée ennemie et pris un superbe équipage de 18 pontons de cuivre attelés. »

A Landshut, en 1809, Napoléon se saisit de 30 bouches à feu, 600 caissons, 3,000 voitures à bagages, et des magasins que les Autrichiens avaient commencé à former.

Le 20 mars 1814, Napoléon écrit au ministre de la guerre :

« Ma cavalerie a trouvé..... un très bel équipage de pont ; c'est justement ce qui nous manquait. »

4° *Économies sur les forces à laisser sur les derrières.* — C'est sur l'effet de la manœuvre, bien plus que sur les forces laissées sur ses derrières, que Napoléon compte pour en assurer la sécurité.

Le 30 septembre 1805, il écrit au roi de Hollande, son frère :

« Les observations de ma première note sont toutes de prévoyance. Mes premières marches menacent le cœur de la monarchie prussienne, et le déploiement de mes forces sera si important et si rapide, qu'il est probable que toute l'armée de Westphalie se ploiera sur Magdebourg et que tout se mettra en marche à grandes journées pour défendre la capitale[1]. »

En 1796, lorsqu'il imagine son admirable manœuvre de Bassano, il peut ne laisser que 2,500 hommes sous Kilmaine pour garder, sur ses derrières, la ligne de l'Adige, de Vérone à Legnago. Il avertit Kilmaine :

« Qu'il pourrait arriver, bien que cela ne soit pas probable, que l'ennemi, de Bassano, se portât sur Vérone ou sur Porto Legnago, y passât l'Adige pour venir débloquer Mantoue, que si l'ennemi faisait cette sottise, les dispositions du général en chef sont combinées de manière à l'en faire repentir..... »

Le 17 mars 1814, examinant le moyen de faire le plus de mal possible à Schwarzenberg, tout en venant en aide le plus tôt possible à Macdonald, que Schwarzenberg pousse devant lui sur

---

[1] Deuxième note au roi de Hollande.

Nogent, il projette de se jeter par Arcis-sur-Aube sur les derrières de l'armée de Bohême [1]:

> « Il est probable, écrit-il, que l'ennemi saura après-demain que je couche demain à Fère-Champenoise ; dès ce moment la diversion (au profit de Macdonald) est faite ..... »

Ainsi, au lieu d'avoir à chercher l'ennemi et de se trouver dans cette situation dangereuse et énervante où, tout en se gardant soi-même, on s'efforce de découvrir les agissements de l'adversaire, où il faut faire partout des détachements pour protéger contre lui ses derrières et ses flancs, Napoléon l'amène, cet adversaire, dans une zone qu'il a choisie, produisant ainsi une situation qu'il a pu étudier à l'avance dans tous ses détails et rendre aussi avantageuse que possible, et il l'y amène démoralisé.

5° *Résultats décisifs.* — Lorsque la manœuvre peut s'exécuter intégralement, c'est-à-dire lorsque Napoléon bat l'ennemi après lui avoir intercepté ses lignes de retraite, les résultats sont décisifs.

Ce n'est pas tout de vaincre, il faut pouvoir exploiter la victoire qui souvent coûte plus cher au vainqueur qu'au vaincu. C'est dans la poursuite que le vainqueur fait payer ses pertes au centuple. Encore faut-il qu'il puisse joindre le vaincu. Or, si le plan de la bataille laisse à ce dernier la libre disposition de ses lignes de retraite, il y a peu de chances de le joindre : elles sont bonnes, les jambes des fuyards.

Si, au contraire, le plan même de la bataille barre au vaincu ses lignes de retraite il devra capituler immédiatement ou à bref délai ; car, pour s'échapper, il lui faut faire de longs détours pendant lesquels la cavalerie le joint, et avec son artillerie le retarde, l'arrête sur quelque défilé jusqu'à l'arrivée de l'infanterie qui en a bientôt raison. Qu'on se rappelle les coups de foudre de Marengo, d'Ulm, la poursuite après Iéna.

6° Alors même que la manœuvre ne procure pas la capture

---

[1] *Correspondance*, 21506.

immédiate ou à bref délai de l'adversaire, elle amène sa retraite, et c'est là encore un avantage matériel et moral considérable.

En résumé, la manœuvre sur les derrières est susceptible de deux résultats : l'un maximum, l'autre minimum.

Le résultat maximum, c'est la capture de l'armée ennemie avec ou sans bataille générale. Il sera atteint si l'on parvient à intercepter à cette armée ses lignes de retraite aux points où elles traversent quelque obstacle de terrain. Coupé de ses magasins, l'ennemi se trouvera dans une situation où il ne pourra s'éterniser et sera réduit soit à capituler, soit à essayer « de passer sur le ventre à l'armée française », suivant l'énergique expression chère à Napoléon ; ce qui n'ira pas sans difficultés.

Le résultat minimum, c'est la retraite de l'ennemi menacé sur ses derrières, et par ce fait, la conquête d'une zone de terrain considérable.

Les manœuvres de Bassano, de Marengo, d'Ulm, d'Iéna ont été décisives ; celle de Landshut l'eût été si le colonel Coutard eût tenu Ratisbonne ; celle de Soissons, si le général Moreau n'eût pas rendu la ville, et si à Lodi, à Arcole, à Güttstadt, à Witepsk, à Smolensk..., à Méry-sur-Seine, l'ennemi put échapper, il nous abandonna sans combat une zone de terrain considérable et s'enfuit démoralisé.

CHAPITRE II

GENÈSE DE LA MANŒUVRE SUR LES DERRIÈRES

Napoléon a-t-il inventé de toutes pièces la *manœuvre sur les derrières* ?

Non ! l'idée de se jeter entre l'ennemi et ses magasins, entre l'ennemi et sa capitale, a été mise en pratique par tous les grands capitaines. Plusieurs manœuvres étaient classiques et décrites en particulier dans le grand ouvrage de Folard[1] : manœuvre d'Annibal[2] à Trasimène, manœuvre d'Annibal sur Rome en 211, manœuvre de Villars à Denain.

Manœuvre de Trasimène. — Au printemps de l'an 217, Annibal, qui a hiverné chez les Gaulois du nord de l'Italie, franchit l'Apennin et traverse les plaines de l'Arno encore inondées.

Le consul Flaminius a pris position à Aretium (Arezzo) à l'ouest de l'Apennin, l'autre consul à Ariminium (Rimini) à l'est des montagnes.

Annibal, faisant un détour par l'Ouest, vient se placer au sud d'Aretium sur les derrières de Flaminius : il voudrait le faire descendre en plaine et l'amener à la bataille avant l'arrivée de l'autre consul. Mais il a beau brûler les villages sous les yeux de Flaminius, celui-ci ne bouge pas. Annibal feint alors de

---

[1] *Les Commentaires sur Polybe.*

[2] Napoléon a eu pour Annibal l'admiration la plus vive : « Annibal est le plus grand capitaine du monde », dit-il un jour à Népomucène Lemercier, qui a rapporté ce propos dans l'appendice à sa *Tragédie d'Alexandre.*

marcher sur Rome par la route qui passe entre l'Apennin et le lac de Trasimène ; il compte qu'à la nouvelle de sa marche Flaminius le suivra en toute hâte.

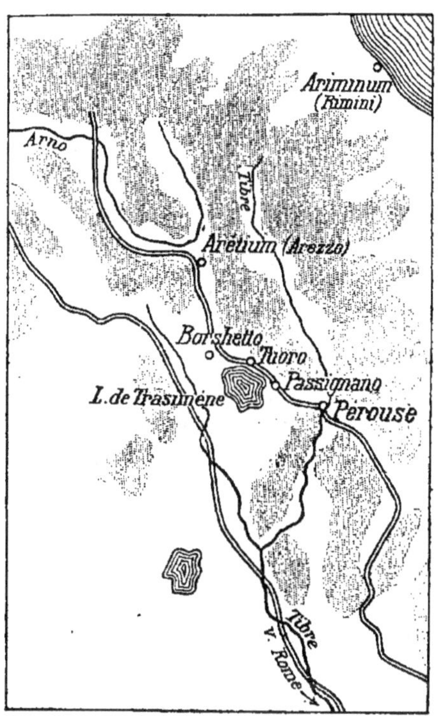

Au milieu du défilé, long de deux bonnes lieues, il s'arrête, fait occuper les hauteurs au point où se trouve aujourd'hui le village de Tuoro, et envoie un détachement fermer la sortie sud du défilé.

Tout se passe comme il l'a prévu : Flaminius le croyant en grande marche sur Rome, s'engage, en colonne et sans s'éclairer, dans l'étroit couloir que couvre un brouillard épais. Tout à coup, l'armée romaine est assaillie sur son flanc gauche ; derrière elle, la cavalerie numide ferme l'entrée nord du défilé. L'avant-garde de Flaminius, 6,000 hommes d'élite, parvient à forcer la sortie sud qui est refermée derrière elle. La bataille ne dura que trois heures. Flaminius fut tué avec 15,000 des siens ; 15,000 furent faits prisonniers. L'avant-garde, rejointe le lendemain, dut mettre bas les armes. Le lendemain 4,000 cavaliers, envoyés par l'autre consul, tombaient encore entre les mains de l'armée victorieuse.

Annibal n'avait perdu que 1,500 hommes, presque tous Gaulois[1].

Manœuvre d'Annibal sur Rome en 211. — En 211, voyant Annibal occupé au siège de Tarente, les Romains veulent tirer vengeance de Capoue, la première grande ville d'Italie qui les a trahis : le consul Appius vient l'assiéger. Mais Tarente est prise, et Annibal vole au secours de Capoue.

Trouvant les lignes de l'assiégeant bien fortifiées, les généraux romains très prudents, c'est par une manœuvre sur Rome que le général carthaginois imagine de délivrer Capoue.

Voici comment Polybe décrit cette manœuvre[2] :

« Annibal, jugeant qu'il tenterait vainement de faire lever le siège par force, eut recours à un expédient, qui était de couvrir sa marche et de se montrer subitement au voisinage de Rome, dans la pensée que, jetant ainsi l'épouvante parmi les habitants, il ferait peut-être une tentative utile sur la ville, ou que du moins, par cette feinte, il obligerait Appius, ou de se retirer de devant Capoue pour accourir au secours de la patrie, ou de partager son armée, auquel cas il lui serait aisé de battre et ceux qui viendraient au secours, et ceux qui seraient restés au siège...

« Annibal, laissant les feux allumés, marche avec si peu de bruit que personne ne savait qu'il fût parti. Il traverse les Samnites à grandes journées et sans s'arrêter.

« On était encore à Rome dans les premières inquiétudes sur Capoue, lorsque Annibal, ayant passé le Téveron (Arno) sans être aperçu, approche de Rome et campe à 40 stades au plus de cette ville. Cette nouvelle jette Rome dans un trouble et une confusion d'autant plus grands qu'Annibal ne s'était jamais tant approché et qu'on ne s'attendait à rien moins... »

---

[1] Deux petits ruisseaux descendent du Galandro dans le lac; le premier que l'on franchit s'appelle Sanguinetto, en souvenir des flots de sang qui en rougirent les eaux.

[2] Folard, t. VI, p. 68.

Tout était compté dans ce plan, excepté la constance romaine.

Quand Annibal parut, le Sénat ne rappela pas une cohorte du siège de Capoue, mais toute la population couronna les murs, et deux légions nouvelles, qu'on exerçait dans la ville, se portèrent audacieusement à la rencontre de l'ennemi.

Le coup sur Rome était manqué, mais sans doute Appius arrivait ? Annibal attendit cinq jours. Quand, suivant ses calculs, il crut Appius à moitié chemin de Rome, il reprit la route de Capoue, laissant les consuls s'enorgueillir de le voir fuir devant eux. Mais Appius était resté dans ses lignes.

Annibal s'en vengea sur ceux qui le suivaient : il les surprit de nuit dans leur camp, en fit un grand carnage, puis se retira à Rhegium.

Manœuvre de Denain[1]. — Au début de 1712, nos meilleures places de la frontière du Nord : Lille, Tournai, Douai, Béthune, Saint-Venant, Aire et Bouchain, sont tombées aux mains des Alliés commandés par le prince Eugène de Savoie. L'unique barrière qui leur reste à forcer pour atteindre la vallée de l'Oise, c'est la ligne, toute artificielle, jalonnée par Arras, Cambrai, Le Quesnoy et Maubeuge, avec les deux postes avancés de Condé et de Valenciennes ; Villars campe sur la rive gauche de l'Escaut entre Cambrai et Le Catelet. Des négociations sont entamées avec l'Angleterre pour la faire sortir de la coalition.

Pour empêcher la défection des Anglais, le prince Eugène voudrait livrer bataille et propose au général anglais de franchir l'Escaut au sud de l'armée de Villars pour faire tomber sa position et le contraindre à se battre ; mais le général anglais s'y refuse.

Eugène se rejette alors sur le siège du Quesnoy, et, cette place prise, attaque Landrecies.

Marchiennes est son grand dépôt de vivres et de munitions. Pour protéger ses convois contre les tentatives des garnisons de Valenciennes et de Condé, il construit, de Marchiennes à

---

[1] Lieutenant SAUTAI, *La Manœuvre de Denain*.
Cette manœuvre, décrite tout au long par Folard, a été résumée par Frédéric, dans son livre *L'Esprit du chevalier Folard*. (Voir la critique de Napoléon, note 1.)

Denain sur l'Escaut, une double ligne de retranchements et de redoutes. A Denain, pour couvrir les ponts de l'Escaut, il organise un camp retranché où il laisse le duc d'Albemarle et prolonge sa ligne de communication jusqu'à Thiant.

Tandis qu'avec le tiers de l'armée le prince d'Anhalt-Dessau investit la place, le prince Eugène, avec le reste de ses forces, couvre le siège sur l'Écaillon entre Thiant et Fontaine-aux-Bois.

Telle est la situation des Alliés quand, le 23 juillet, Villars, sur la proposition de Lefebvre d'Orval, conseiller au Parlement de Douai, se décide à la manœuvre de Denain [1].

Tout d'abord, il marche vers Le Cateau et fait jeter des ponts sur la Sambre comme s'il voulait attaquer les lignes de contre-vallation du prince d'Anhalt. Après avoir attiré l'attention des Alliés de ce côté, il porte son armée, par une marche de nuit, vers Neuville sur l'Escaut. Cette marche se fait en cinq colonnes parallèlement à la Selle ; les mesures sont si bien prises qu'on franchit 8 lieues jusqu'à l'Escaut, sans donner le moindre éveil à l'adversaire.

A 9 heures du matin, un courrier envoyé de Denain prévient le prince Eugène que l'armée française s'approche de cette ville. Le prince court en toute hâte à Denain rejoindre le duc d'Albemarle et y appelle toutes ses troupes.

Il est trop tard. Villars qui, sur le conseil du maréchal de Montesquiou, s'est décidé à attaquer avant même d'avoir toutes ses forces, forme en colonne les quarante bataillons dont il dispose et les lance à l'assaut des lignes ennemies.

Sans répondre au feu de l'adversaire, l'infanterie française, l'arme au bras, s'avance en bon ordre, descend dans le fossé, bondit sur le parapet, se précipite dans les retranchements et poursuit vers l'Escaut les Hollandais en déroute. Le seul pont sur lequel ils fuient est bientôt rompu, et en un instant les dix-sept bataillons d'Albemarle sont écrasés, noyés ou faits prisonniers.

Sans rien hasarder et par le simple choix du point d'attaque Villars privait du même coup les Alliés de leurs communications et rendait imminente la chute de Marchiennes, dépôt des appro-

---

[1] Comparez à cette manœuvre Arcole.

visionnements et du matériel, sans lesquels le prince Eugène ne pouvait ni subsister devant Landrecies, ni poursuivre le siège de cette place.

Prompt à saisir ce retour de la fortune, Villars sort d'une

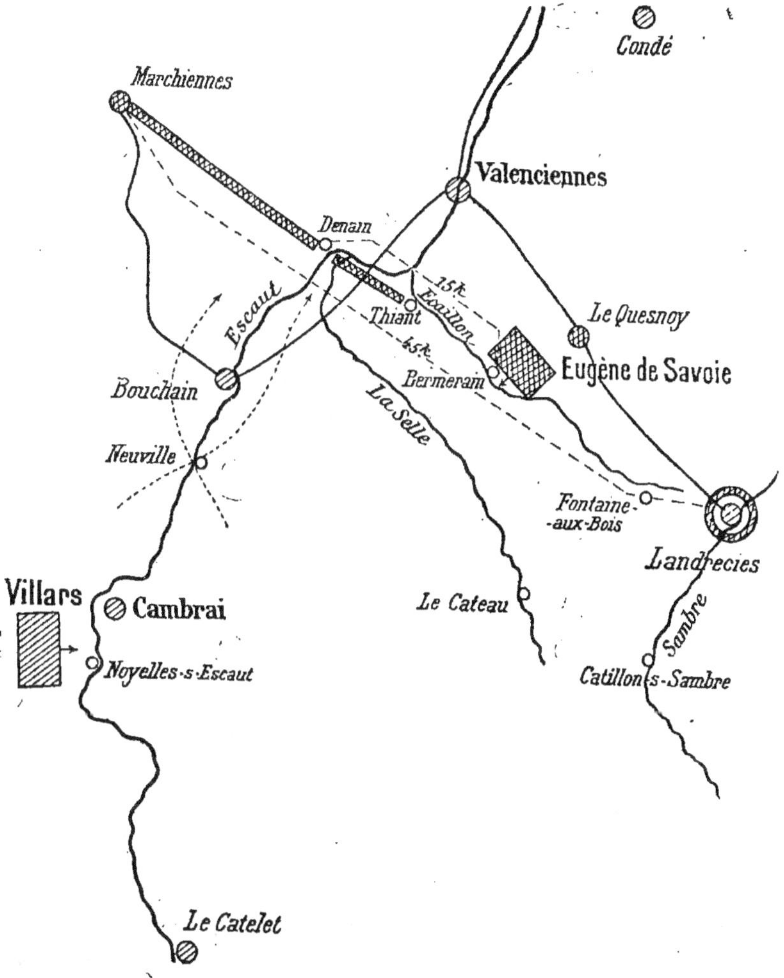

défensive de près de quatre années, reprend sur l'ennemi cet ascendant moral qui est à la guerre l'un des principaux facteurs du succès, et lui impose désormais et partout sa volonté.

Attirant à lui les nombreuses garnisons de Condé, de Valenciennes et des villes frontières, Villars manœuvre durant toute la campagne avec la masse entière de son armée. En quelques mois, Douai, Le Quesnoy, Bouchain sont repris ; leur conquête avait demandé à Eugène et à Marlborough plusieurs années.

Villars permet ainsi à nos plénipotentiaires d'obtenir à Utrecht des conditions de paix compatibles avec l'honneur et les intérêts de la France.

La valeur de la manœuvre sur les derrières a donc été reconnue de tous temps par les grands généraux. Montecuculli[1], dans sa huitième maxime, indique comme moyen de venir rapidement à bout de l'ennemi de « lui couper les vivres, enlever les magasins ou par surprise ou par force, lui faire tête de près et le resserrer ; se mettre entre lui et ses places de communications ».

Frédéric, très conscient des avantages d'une solution rapide[2], écrivait dans ses instructions à ses généraux :

« Vous obligerez l'ennemi à combattre, quand vous viendrez, par une marche forcée, vous mettre sur ses derrières et lui couper ses communications. »

Toutefois le prudent monarque, plus renard que lion, se hâtait d'ajouter : « Mais vous vous garderez bien, en faisant ces sortes de manœuvres, de vous mettre dans le même inconvénient, ni de prendre une position par laquelle l'ennemi pourrait vous couper de vos magasins. »

Et n'ayant sans doute pas trouvé le moyen de mettre toutes les chances de son côté, se défiant de « Sa Majesté le Hasard », comme il disait, il n'avait guère usé de ce moyen de terminer la guerre d'un seul coup.

Turpin de Crissé[3], commentateur de Montecuculli, se méfiait plutôt de cette solution décisive :

---

[1] Montecuculli, célèbre général au service de l'Autriche (1608-1681), a fait une étude approfondie de l'art militaire, et a laissé en latin des *Mémoires sur la guerre*, publiés à Vienne en 1718 et traduits en français par Turpin de Crissé (1761).

[2] « Nos guerres doivent être courtes et vives, puisqu'il n'est pas de notre intérêt de traîner l'affaire, qu'une longue guerre ralentit insensiblement notre admirable discipline et ne laisse pas de dépeupler notre pays et d'épuiser nos ressources. »

[3] Turpin de Crissé, né en 1710, était lieutenant général en 1781. Il a laissé plusieurs ouvrages sur la guerre :

« Il faut qu'une armée soit bien supérieure en force à celle de l'ennemi, écrivait-il en 1761, pour qu'elle puisse se mettre sans risque entre l'armée ennemie et ses places; il faut qu'elle soit bien assurée de ses subsistances et qu'elle soit moralement sûre de battre l'ennemi, sans pouvoir être attaquée sur ses derrières par les garnisons réunies de ces places. »

Quoi qu'il en soit, cette manœuvre restait classique, et dans ses *Principes de l'Art de la guerre*, publiés en 1772, sorte de manuel qui eut une grande vogue à l'époque, Le Roy de Bosroger[1], après avoir fait l'apologie de l'offensive à la manière de Turenne et prôné la recherche de la bataille au début d'une guerre, indiquait la *manœuvre sur les derrières* comme le moyen de déloger l'ennemi d'une position inexpugnable :

« Par quelques marches dirigées sur le pays où les magasins sont établis ou vers celui qu'on sait qu'il a le plus particulièrement intention de conserver, on parviendra encore aisément à lui faire abandonner l'usage de son poste, car il ne s'endormira sûrement pas sur un article aussi essentiel que celui de ses subsistances; mais il faut examiner si on ne tombera pas soi-même par cette manœuvre dans le cas où l'on veut mettre son ennemi, car si la marche que vous voulez faire vous force à trop vous éloigner de vos propres dépôts, un ennemi habile vous laissera faire, se contentera de vous couper vos communications, et vous vous trouverez dans un plus grand embarras que lui. Ce n'est qu'après avoir calculé tout ce qu'il pourra vraisemblablement tenter pour faire échouer votre projet, et tous les moyens que vous aurez de rendre ses ressources inutiles, qu'il est possible d'entreprendre une marche de cette nature. »

A défaut de toute l'armée, un corps considérable agissant sur les derrières de l'ennemi peut donner des avantages notables :

« On fait marcher un *corps considérable* sur quelque point propre à lui donner de la jalousie, par exemple vers sa capitale,

---

Essai sur l'Art de la guerre, Paris, 1754 ;
Commentaires sur les Mémoires de Montecuculli, 1761 ;
Sur les Institutions de Végèce, 1770;
et une traduction des *Commentaires de César*, avec notes, 1785.

[1] Le Roy de Bosroger, écrivain militaire.

ou vers quelque endroit sur lequel on peut avoir découvert qu'il a des vues. Rien ne dérange plus un général qu'une opération à laquelle il ne s'est pas attendu, et il n'aura bientôt rien de plus pressé que de se porter lui-même dans la partie sur laquelle vous aurez fait votre diversion.

« Comme on aura prévu sa marche, on ne le laissera pas partir sans le suivre de près, pour protéger la diversion qu'on a faite et rompre les nouvelles mesures qu'il pourrait prendre. *Il faut avoir son plan tout formé et agir en conséquence.* »

Voici mieux encore :

« Si l'ennemi a fait la faute de choisir un poste qui n'avait d'autre sortie que par des défilés, il faut traverser les montagnes et s'emparer de tout ce qui le commande, le resserrer de tous les côtés pour l'enfermer et le mettre dans l'impossibilité de combattre.

« *Il n'aura d'autre parti à prendre alors que de capituler comme il vous plaira, ou, du moins, il payera bien cher les efforts qu'il fera pour vous échapper.* »

On ne saurait décrire plus exactement la manœuvre favorite de Napoléon, et dans la dernière phrase de Bosroger on peut reconnaître le premier crayon de l'expression autrement énergique employée, à maintes reprises, par l'Empereur : « Que l'ennemi est coupé, que dans peu de jours, il n'aura plus d'autre parti à prendre que d'essayer de nous passer sur le corps[1]. » Et encore : « Si l'ennemi voulait rouvrir ses communications et regagner Mantoue, c'était par Stradella qu'il fallait qu'il passât et qu'il marchât sur le ventre de l'armée française[2]. »

De ce que Napoléon a pu trouver dans les ouvrages militaires l'idée de la manœuvre sur les derrières, en est-il diminué? Absolument pas. Combien d'autres, avant lui, ont lu Montecuculli,

---

[1] Le 8 octobre 1805, Napoléon charge le général Dumas de presser la marche de Marmont et de « lui dire qu'il passe le Danube sur-le-champ, que l'ennemi est coupé..... »

[2] *Campagne d'Italie*, t. XXXI, p. 382.

Frédéric, Turpin de Crissé, Bosroger..., sans que les théories de ces écrivains aient rien dit à leur esprit, parce qu'ils n'avaient pas le génie militaire.

Ce qui revient en propre à Napoléon, c'est d'avoir deviné que la manœuvre sur les derrières devait, avec les errements stratégiques de ses adversaires, donner des résultats « incalculables », comme il a dit si souvent, et d'avoir inventé toute une technique nouvelle pour la réaliser sans danger.

CHAPITRE III

TECHNIQUE DE LA MANŒUVRE SUR LES DERRIÈRES

Après avoir étudié la *Manœuvre sur les derrières*, dans sa conception générale, il faut voir par quels artifices de métier Napoléon est parvenu à la réaliser, étudier ses moyens et ses procédés d'exécution, en un mot *sa technique*.

Moyens. — Ses moyens sont : les corps d'armée de 25,000 à 30,000 hommes, la réserve de cavalerie, puis tout un système nouveau de marche, de cantonnement, de ravitaillement.

Corps d'armée de 25,000 à 30,000 hommes. — La première préoccupation de Napoléon, c'est de réunir sur son théâtre principal des forces susceptibles de battre l'adversaire, en quelque situation qu'il se trouve. Mais ces forces, il les faut d'un maniement facile.

En 1796, n'ayant qu'une trentaine de mille hommes, Napoléon se contente de l'organisation en divisions.

En 1800, à son débouché en Italie, il constitue deux corps d'armée de deux petites divisions chacun.

En 1805, ayant amené 200,000 hommes sur son théâtre principal, il les répartit en corps de 25,000 à 30,000 hommes. Cet effectif est facile à justifier.

Une fois l'armée française parvenue dans la zone arrière de l'ennemi, Napoléon, nous l'avons vu, déployait ses corps en éventail pour intercepter à l'adversaire ses différentes lignes de retraite.

A ce moment, l'adversaire en refluant en arrière pouvait

choquer, avec toute son armée, un de nos corps [1]. Il fallait donc
que chaque corps fût d'un effectif tel qu'il pût supporter, sans
dommage capital, le choc d'une armée entière, le temps nécessaire aux corps voisins pour accourir.

D'après l'expérience des guerres passées, cette condition exigeait un effectif de 30,000 hommes.

> « Un corps de 25,000 à 30,000 hommes peut être isolé ; bien
> conduit, il peut se battre ou éviter la bataille et manœuvrer selon
> les circonstances sans qu'il lui arrive malheur, parce qu'on ne
> peut le forcer à un engagement et qu'enfin il doit se battre long-
> temps [2],
>
> « Un corps de 30,000 hommes doit toujours marcher réuni,
> c'est la force d'une armée consulaire [3]. »

30,000 hommes, c'était la force d'une armée de Turenne.

Chacun de nos corps, doté d'une brigade de cavalerie légère,
forme comme une petite armée qui peut être détachée à une
journée de marche des autres corps, si les nécessités stratégiques l'exigent.

Corps de cavalerie de réserve. — Désireux d'avoir des unités
possédant à la fois la *vitesse* des troupes à cheval et la *puissance* des divisions d'infanterie, Napoléon organise en 1805 un
corps de réserve de cavalerie formé de cuirassiers et de dragons
(22,000 cavaliers dont 6,000 cuirassiers et 16,000 dragons), avec
des batteries à cheval.

Il prévoit pour cette réserve de cavalerie des missions multiples. Elle doit :

1°) Retenir l'ennemi devant elle, par des démonstrations, pendant que l'armée marche pour le tourner ;

2°) Filer ensuite, former l'avant-garde de l'armée et en faciliter le débouché ;

3°) Courir intercepter les lignes de retraite de l'adversaire et

---

[1] Corps de Davout à Auërstaedt.
[2] Lettre de Napoléon au Vice-Roi, du 7 juin 1809.
[3] Mémoires.

tenir, jusqu'à l'arrivée des corps d'armée, les défilés par lesquels il pourrait s'échapper [1] ;

4°) S'emparer des magasins de l'ennemi, procéder à des réquisitions pour assurer la subsistance de l'armée ;

5°) Revenir à la bataille de toute la vitesse de ses chevaux ;

6°) Après la victoire, poursuivre sans répit l'ennemi pour faire rendre à cette victoire tout ce qu'elle peut donner.

Lancée à la poursuite des vaincus, la réserve de cavalerie brise, au moyen de son artillerie, les obstacles opposés à sa marche, retarde les fuyards, les devance à quelque défilé et donne à l'infanterie légère le temps d'accourir.

Le chef né de cette réserve de cavalerie, c'est Murat.

En 1800, il devance l'armée sur Milan, court sur Plaisance, s'empare de cette ville sur les derrières des Autrichiens, y saisit les courriers de Mack et fournit ainsi au Premier Consul les renseignements les plus sûrs.

En 1805, après avoir pris part aux démonstrations de Lannes sur la Forêt-Noire, il court, devançant l'armée, s'emparer des ponts de Donauwerth et de Munster sur le Danube, et du pont de Rain sur le Lech. Il procède à l'investissement des Autrichiens à Ulm.

Lorsque le prince Ferdinand s'échappe d'Ulm, il s'élance à sa poursuite suivi par les grenadiers d'Oudinot, fait capituler les 8,000 hommes de Werneck, s'empare du grand parc autrichien, atteint près de Nuremberg l'infanterie du prince Ferdinand. Dans cette poursuite, il fait 12,000 prisonniers, prend 120 canons, 500 voitures, 4 drapeaux, 200 officiers, 7 généraux, le trésor de l'armée.

En 1806, il dévale du Franken-Wald dans les plaines de la Saxe, s'élance vers Leipzig, intercepte les courriers de l'ennemi, s'empare de ses magasins et revient au galop de son cheval à la

---

[1] Général Gourgaud. T. II, p. 37. — « Gassendi n'aime pas l'artillerie à cheval, surtout la nôtre, où les canonniers sont montés. Eh bien ! cela seul a changé la face de la guerre, c'est-à-dire que de mettre l'artillerie à même de suivre toujours la cavalerie est un grand changement. On peut maintenant, avec des corps de cavalerie et des batteries à cheval, se porter sur les derrières de l'ennemi. »

bataille d'Iéna. Le soir même de la bataille, il poursuit les débris de l'armée prussienne et, avec Ney, prend Erfurt, y saisit 12,000 prisonniers, dont 6,000 blessés, et un matériel considérable. Quand l'armée prussienne, réorganisée à Magdebourg, s'efforce de gagner l'Oder, Murat lui écrase son corps de flanc à Zedhnick, puis la gagne de vitesse et, aidé par Lannes, l'enveloppe et la fait capituler à Prenzlow. Notre cavalerie légère, entraînée par Lasalle, enlève par surprise les places fortes.

On voit l'énorme rendement d'une *réserve de cavalerie* bien conduite. A courir ainsi, on use quelques chevaux, mais on a pour se remonter ceux de la cavalerie ennemie.

La réserve de cavalerie a pour mission première, non pas l'exploration, mais l'interception des lignes de retraite de l'adversaire. Toutefois, comme elle atteint ses derrières, elle recueille des renseignements autrement précieux que si elle avait été se buter à ses avant-postes d'infanterie.

Rapidité de marche. — **Vie de l'armée**. — L'exécution de la manœuvre exige une grande capacité de marche. Cette capacité de marche, Carnot, nous l'avons dit, l'avait réalisée pour la division [1].

Napoléon l'étendit au corps d'armée : d'une part, en cantonnant ses corps en profondeur, le long de la route de marche, ce qui évite de perdre du temps à rompre la colonne et à la reformer ; d'autre part, en obligeant les corps d'armée à vivre sur le pays comme l'avaient fait les divisions, de façon à réduire les convois aux munitions et aux vivres de réserve [2].

Ainsi, pendant le *premier acte* de la campagne, qui est la période des marches rapides, peu ou point de convois, on vit comme l'on peut sur le pays. La chose essentielle est d'aller vite pour surprendre l'ennemi : les jambes du soldat, voilà l'instrument de la surprise.

---

[1] Voir les prouesses de marche de nos soldats, notamment en 1796, en Italie.

[2] Le 2 octobre 1805, à Bernadotte qui se plaignait de la difficulté d'assurer les vivres à son corps d'armée, Berthier répondait : « Il est impossible de vous nourrir par les magasins ; cela n'a jamais été et c'est à ne pas s'être servi des magasins que l'armée française doit en partie ses succès. »

Napoléon sait les fatigues, les souffrances des troupes. Plaintes des maréchaux, plaintes des soldats, rien ne peut l'émouvoir. La maraude, l'indiscipline, la maladie, conséquences forcées des privations, déciment l'armée. 50,000 hommes restent en arrière. Qu'importe ? Ces pertes, il les a prévues ; il lui faut 150,000 hommes pour écraser l'ennemi, il en a pris 200,000 ; c'est 50,000 hommes pour les déchets des débuts, 50,000 hommes qui rejoindront plus tard l'armée. Et son but est atteint, il a surpris l'ennemi.

Pendant le *deuxième acte, celui des actions décisives,* retour aux magasins.

Aux approches de la bataille, l'armée massée ne peut plus vivre sur le pays ; elle vit sur des ressources réunies immédiatement derrière elle, et obtenues soit par réquisition, soit par achats directs, soit par la prise des magasins de l'ennemi.

Ligne de communication. — Le premier effet de la manœuvre est de mettre l'armée ennemie dans une situation critique en menaçant ses ravitaillements. Il importait toutefois de ne pas s'exposer soi-même à la réciproque.

Notre armée vivait sur le pays ; mais une armée a besoin, outre ses vivres, de munitions, d'hommes, de chevaux, de matériel de remplacement ; elle a des blessés, des malades, des prisonniers à évacuer. Tout cela n'exige pas des relations journalières avec l'arrière, mais nécessite pourtant des convois circulant sur ce qu'on appelle *la ligne de communication.*

A cette époque, la ligne de communication elle-même, c'est-à-dire la route sur laquelle circulaient les convois, n'était pas à protéger comme l'est aujourd'hui une voie ferrée : il suffisait de couvrir les convois, soit en station, soit en mouvement.

Pour y dépenser le moins de monde possible, voici comment s'y prenait Napoléon :

Toutes les cinq ou six marches, comme anneau de sa ligne de communication, il s'efforçait de trouver une place forte. A défaut de place forte, il faisait organiser une place de campagne, travail facile, car presque toutes les villes un peu importantes possédaient encore leur enceinte du moyen âge [1].

---

[1] Il faut, a écrit Napoléon, à Sainte-Hélène dans ses observations sur la

De telles places n'auraient pu résister à un siège régulier, mais elles étaient parfaitement susceptibles de tenir quelques jours contre des partis, seules forces à craindre au loin sur les derrières.

Entre ces places, à intervalles de temps déterminés, on organisait des convois. Ceux qui se dirigeaient sur l'armée étaient escortés par les conscrits venant de France, les hommes sortis des hôpitaux ; ceux qui se dirigeaient sur l'arrière, par les malades, les petits blessés qui formaient ensuite la garnison des places de la ligne [1].

L'armée française avait donc la possibilité d'abandonner temporairement à elle-même *sa ligne de communication*, c'est-à-dire ses magasins, ses hôpitaux..., lorsqu'elle se jetait sur les lignes de retraite de l'adversaire.

Centre d'opérations. — Une fois sur les derrières de l'adversaire, l'armée pouvait être obligée de demeurer plusieurs jours dans la même position pour y attendre les corps ennemis en retraite, comme à la Stradella en 1800, à l'ouest d'Augsbourg en 1805, à Géra en 1806.

Resserrée sur elle-même, elle ne pouvait vivre sur le pays, comme pendant les marches ; il fallait à ce moment revenir à l'emploi des magasins.

---

campagne de 1796, il faut toutes les cinq ou six marches, avoir une place forte ou une position retranchée (place de campagne) sur la ligne d'opérations pour y réunir des magasins de bouche et de guerre, y organiser les convois et en faire un centre de mouvements, un point de repère qui raccourcisse la ligne d'opérations.

« Si je faisais la guerre contre la Prusse, écrit Napoléon au Major général, le 9 septembre 1806, ma ligne d'opérations serait Strasbourg, Mannheim, Mayence et Wurtzbourg où j'ai une place forte, de sorte que mes convois, le quatrième jour de leur départ de Mannheim ou de Mayence, seraient en sûreté à Wurtzbourg. Je voudrais à quatre journées de Wurtzbourg, sur le territoire bavarois, avoir une petite place qui puisse me servir de dépôt. »

[1] « Le prince Eugène faisait arriver tous ses approvisionnements par la Scarpe ; ils débarquaient à Marchiennes, place forte dont il fit son dépôt, mais au lieu d'approvisionner son camp des dépôts de Marchiennes, par des convois faits une ou deux fois par mois, sous l'escorte d'une partie de l'armée commandée à cet effet, il construisit des lignes depuis Marchiennes jusqu'à son camp. Les communications avaient lieu entre Marchiennes et le camp tous les jours et sans escorte. » Napoléon : Critique de la conduite du prince Eugène à Denain, t. XXXII, p. 128.

Napoléon constituait alors, en arrière d'elle, un *centre* ou *pivot d'opérations* où il créait, avec des réquisitions faites dans un grand rayon par sa cavalerie, des magasins à vivres ; il y laissait ses grands parcs et ses petits dépôts, et y organisait des hôpitaux.

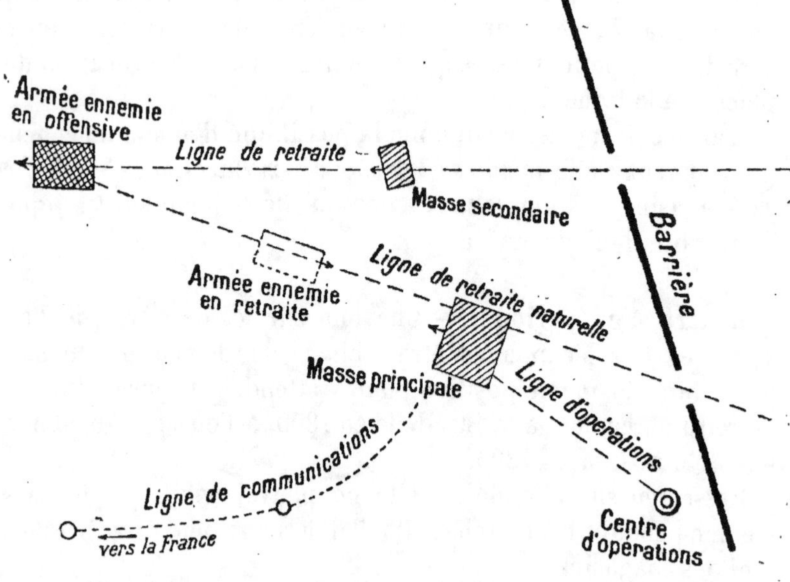

Napoléon appelle *ligne d'opérations* la route assez courte qui relie l'armée à ce centre d'opérations.

Cette ligne se trouve protégée, sans dépense de forces, par l'armée elle-même.

Ainsi donc deux organes bien distincts : *la ligne de communication et la ligne d'opérations.*

La ligne de communication peut être interrompue momentanément, la *ligne d'opérations*, jamais.

Cette distinction est très nettement indiquée par Napoléon dans une lettre au roi Joseph.

« Si, étant à Madrid, on eût réuni ses forces sur la ville, qu'on eût considéré le Retiro comme un point de réunion des hôpitaux, des prisonniers, et comme moyen de contenir une grande ville et de conserver les ressources qu'elle offre, cela eût été perdre ses *communications* avec la France, mais assurer sa ligne *d'opérations.* »

L'emploi d'un *centre d'opérations,* en permettant à Napoléon de rompre temporairement sa ligne de communication, lui donnait une grande facilité de manœuvre.

Le *centre d'opérations* doit toujours être immédiatement derrière l'armée ; par suite, il n'est pas toujours du côté de la mère patrie.

En 1800, quand notre armée fut massée à Stradella, Plaisance, ville forte sur les derrières, ayant un pont de bateaux sur le Pó, des hôpitaux, des magasins, fut notre centre d'opérations.

En 1805, Augsbourg, place forte sur le Lech, fut le centre d'opérations de l'armée quand elle fit face à l'Ouest vers Ulm.

En 1806, Napoléon, ne trouvant aucune petite place à son débouché en Saxe, choisit, avant Iéna, comme centre d'opérations, la petite ville d'Auma. Il y laissa ses parcs, gardés temporairement par la cavalerie de réserve et la division bavaroise du prince Jérôme.

« L'intention de l'Empereur, M. Villemanzy, est que vous fassiez arriver à Auma les farines et le pain qui seront en route, et que vous en formiez un magasin dans cette ville qui va devenir un *point central* pour notre armée ; donnez l'ordre pour qu'on établisse sur-le-champ un hôpital [1]. »

« Il est ordonné au général Nansouty de pas dépasser Auma avant d'avoir reçu de nouveaux ordres ; il prendra position dans les environs.

« Même ordre au général d'Hautpoul, au général Klein, au général commandant le parc d'artillerie, au général commandant le parc du génie. »

« Vous avez assez l'expérience de la guerre et de ma manière de diriger les opérations, avait écrit Napoléon, le 30 septembre 1806 au Major général, pour sentir l'importance des places

---

[1] Ordre du Major général à l'Intendant général. Géra, le 13 octobre 1806.

de Forchheim et de Wurtzbourg... A mesure que j'irai en avant, je choisirai un point central fortifié et j'ordonnerai qu'on y fasse, avec les moyens du pays, des magasins. »

En 1807, Varsovie fut organisé pour jouer et joua réellement le rôle d'un centre d'opérations.

En 1809, après Eckmuhl lorsqu'on marcha sur Vienne, Passau fut tout d'abord le centre d'opérations de l'armée.

> « Le point de dépôt principal de l'armée est Passau. C'est là où, en cas de retraite, mon intention est de passer l'Inn, et c'est autour de Passau que j'ai le projet de constamment manœuvrer en cas d'un mouvement rétrograde de l'armée. Passau doit donc être le centre de toutes mes munitions de guerre, magasins de réserve et de tous mes hôpitaux. » (1er mai 1809.)
>
> « Passau est un *centre d'opérations*, un dépôt de magasins et de parcs ; pour rien au monde, je ne veux le perdre. » (15 mai 1809.)

En 1812, Kowno, Vilna, Gloubokoië, Kamen, Witebsk, Smolensk, Orcha furent successivement les centres d'opérations de l'armée [1].

En 1813, Dresde fut pendant presque toute la campagne notre centre d'opérations.

Le 23 mars 1814, Napoléon, pensant à opérer sur les communications des Alliés, voulait prendre Metz comme centre d'opérations.

> « En partant demain de bonne heure, dictait-il au duc de Bassano, j'irai à Pont-à-Mousson, ce qui me donnerait ma communication avec Metz et je donnerais bataille, ayant pour ligne d'opétions Metz. »

Expression elliptique pour « ayant ma ligne d'opérations sur Metz ».

Comment Napoléon entendait-il se servir de son centre d'opérations en cas de retraite ? Il l'a nettement indiqué, dans ses

---

[1] Voir *Guerre napoléonienne. Précis des campagnes*, t. II.

observations, sur les marges de l'ouvrage du général Rogniat[1]. Il s'agit d'Erfurt :

> « Arrivée à Erfurt, après la bataille de Leipzig, l'armée y aurait trouvé des magasins considérables en tous genres ; elle devait y faire halte et approvisionner ses caissons, et, après deux jours de repos, manœuvrer contre les corps disséminés des alliés. L'arrivée à marches forcées sur le Mein, de l'armée austro-bavaroise du maréchal de Wrède, obligea de marcher de suite sur Hanau pour rétablir la communication avec Mayence. »

Il y avait dans le passé des exemples célèbres de cette manière de procéder. Ainsi avait fait Annibal en un temps où les machines de guerre trouvaient leurs projectiles partout, et partout des moyens de réparations, où le pays envahi fournissait les vivres, et les alliés les mercenaires et les chevaux. Pendant seize années, Annibal avait fait la guerre en Italie sans rien recevoir de Carthage. Il n'avait donc pas de *ligne de communication*. Mais il se constituait dans une place forte un *centre d'opérations* qu'il déplaçait suivant les mouvements de l'armée.

> « Le principe d'Annibal, a écrit Napoléon, était de tenir ses troupes réunies, de n'avoir garnison que dans une seule place qu'il se conservait en propre pour renfermer ses otages, ses grosses machines, ses prisonniers de marque et les malades, s'abandonnant pour ses communications à la foi de ses alliés. Il se maintint seize ans en Italie sans recevoir aucun secours de Carthage et ne l'évacua que par les ordres de son gouvernement pour voler à la défense de la patrie. »

César avait opéré de même. Dans la première campagne des Gaules :

> « César tint constamment réunies en un seul corps les six légions qui formaient son armée, abandonnant le soin de ses communications à ses alliés, ayant toujours un mois de vivres dans son

---

[1] Napoléon : Notes sur « l'Art de la Guerre » du général Rogniat, t. XXXI, p. 349.

camp, et plusieurs mois d'approvisionnements dans une place forte où, à l'exemple d'Annibal, il renfermait ses otages, ses magasins, ses hôpitaux. C'est sur le même principe qu'il a fait ses sept autres campagnes des Gaules [1]. »

Depuis Turenne, aucun capitaine n'avait usé de ce moyen.

Par l'aménagement d'une *ligne de communication*, susceptible d'être abandonnée à elle-même, Napoléon procura aux masses une grande liberté de mouvements ; par l'organisation d'un *centre d'opérations*, il se donna la possibilité de tenir ses forces resserrées pour la bataille. C'est ainsi qu'il put obtenir des résultats décisifs.

Changement de ligne d'opérations. — Pour se donner des facilités de manœuvre, Napoléon organisait souvent deux et même trois centres d'opérations.

> « Dans une armée, on prépare beaucoup d'établissements dont la moitié doivent être inutiles, mais c'est pour se trouver en mesure avec les événements [2]. »

Avant Austerlitz, ayant pour centre principal Vienne, il en constitue un second à Brünn et c'est sur ce centre de Brünn qu'il bâtit sa manœuvre d'Austerlitz.

En 1809, dans la première partie de la guerre, il avait des magasins à Ingolstadt, à Donauwerth et à Augsbourg. Appelé, par la nécessité des opérations, des environs d'Ingolstadt vers Augsbourg, il eût laissé sous la protection des fortifications d'Ingolstadt ses convois, ses parcs et, libre d'*impedimenta*, il eût marché à grande allure du côté d'Augsbourg, sûr d'y trouver vivres et munitions. Inversement, appelé vers Ingolstadt, Augsbourg lui eût servi de dépôt.

La possibilité de changer de ligne d'opérations permet les combinaisons les plus fructueuses ; c'est dans ce sens que Napo-

---

[1] Napoléon : Notes sur « l'Art de la Guerre » du général Rogniat, t. XXXI, p. 350.
[2] Napoléon, 8 décembre 1806. Note pour l'Intendant général.

léon a dit : *Le secret de la guerre est dans le secret des communications.*

Mais si changer de ligne peut être « une opération de génie », perdre sa ligne d'opérations est un crime.

Le roi Joseph s'avisa de proposer pour la guerre d'Espagne un plan qui consistait, sans se préoccuper de conserver ni ligne de communication avec la France, ni ligne d'opérations avec un centre de ravitaillement, à réunir toutes ses forces pour se porter toujours en masse, partout où il y aurait un corps ennemi à combattre. L'Empereur lui fit cette réponse :

« On propose de marcher sur Madrid avec 50,000 hommes, en se trouvant réunis et abandonnant les communications avec la France. L'art militaire est un art qui a ses principes qu'il n'est pas permis de violer. *Changer sa ligne d'opérations* [1] est une opération de génie ; la perdre est une opération tellement grave, qu'elle rend criminel le général qui s'en rend coupable. Ainsi garder *sa ligne d'opérations* est nécessaire pour arriver à un *point de dépôt* où l'on puisse évacuer les prisonniers que l'on fait, les blessés et les malades que l'on a, trouver des vivres et s'y rallier.

« Si étant à Madrid, on eût réuni ses forces sur la ville, qu'on eût considéré le Retiro comme un point de réunion des hôpitaux, des prisonniers et comme moyen de contenir une grande ville et de conserver les ressources qu'elle offre, cela *eût été perdre ses communications avec la France, mais assurer sa ligne d'opérations.* Si surtout on profitait du temps pour réunir une grande quantité de vivres et de munitions, et qu'on eût organisé à une ou deux marches sur les principaux débouchés, comme la citadelle de Ségovie..., des points faits pour servir de points d'appui et de vedettes aux divisions.

« Mais aujourd'hui qu'on s'enferme dans l'intérieur de l'Espagne sans avoir aucun centre organisé, aucun magasin de formé, étant dans le cas d'avoir des armées ennemies sur les flancs et les derrières, ce serait une folie si grande, qu'elle serait sans exemple dans l'histoire du monde.

« Si, avant de prendre Madrid, d'y organiser l'armée, des magasins de huit à dix jours, d'avoir des munitions en suffisance,

---

[1] Il y a lieu de remarquer que Napoléon n'emploie jamais le mot BASE qui, introduit depuis dans le vocabulaire militaire n'a fait que troubler les idées.

on venait à être battu, que deviendrait cette armée? Où se rallie-
rait-elle? Où évacuerait-elle ses blessés? D'où tirerait-elle bien
des munitions de guerre, puisqu'on n'a qu'un simple approvisionnement?

« Nous n'en dirons pas davantage. Ceux qui osent conseiller
une telle mesure seraient les premiers à perdre la tête, aussitôt que
l'événement aurait mis au jour la folie de leur opération.

« Quand on est dans une place assiégée, on a perdu sa *ligne
de communication*, mais non sa *ligne d'opérations*, parce que la
ligne d'opérations est du glacis au centre de la place, où sont les
hôpitaux, les magasins et les moyens de subsistance.

« Est-on battu au dehors, on se rallie sur les glacis, et l'on a
trois ou quatre jours pour réorganiser ses troupes et réparer leur
moral. Avec une armée composée toute d'hommes comme ceux de
la Garde et commandés par le général le plus habile, Alexandre
ou César, s'ils pouvaient faire de telles sottises, on ne pourrait
répondre de rien; à plus forte raison dans les circonstances où est
l'armée d'Espagne.

« Il faut renoncer à ce parti que réprouvent les lois de la
guerre, le général qui entreprendrait une telle opération serait criminel. »

Le groupe d'armées. — Tant que les forces amenées par
Napoléon sur le théâtre principal ne dépassèrent pas 200,000
hommes, l'organisation en corps d'armée de 30,000 hommes,
et les procédés de marche, de subsistance et de ravitaillement
que nous venons d'exposer étaient les plus convenables pour
réussir la manœuvre sur les derrières.

La campagne de 1812 rompit l'économie du système.

En 1812, croyant rencontrer des forces plus considérables
qu'il ne les trouva en réalité, Napoléon juge nécessaire de
passer le Niémen avec 400,000 hommes, masse colossale à nourrir, à mouvoir.

Pour obvier aux difficultés d'effectif et d'espace, il imagine un
nouveau groupement des forces armées : *le groupe d'armées*.

Il se constitue, sous sa main propre, une *armée principale* de
250,000 hommes; il en choisit les éléments, la formant presque
exclusivement de soldats français sous ses meilleurs généraux;
il y joint quelques divisions étrangères pour les corvées qui se

présentent journellement à la guerre : escorte d'un convoi, garde des prisonniers, occupation de certains points.

Pour donner à cette armée principale pleine indépendance, pour qu'elle n'ait à se préoccuper ni de ses derrières, ni de ses flancs, il lui adjoint *deux armées auxiliaires* composées des troupes étrangères.

Ces *armées auxiliaires*, Napoléon les *utilise* initialement à des feintes, à des démonstrations pour tromper les Russes et les déterminer à se placer d'eux-mêmes dans la situation où il désire les trouver, celle qui facilitera le plus la tâche de l'armée principale.

Quant à la *masse principale*, en dehors des deux corps de cavalerie de Murat, il la divise en trois corps d'armée dont il proportionne l'effectif à la capacité des maréchaux qui les commandent : le 1er corps, sous les ordres de Davout, forme avec son effectif de 70,000 hommes une véritable armée ; le 3e corps, commandé par Ney, a 40,000 hommes ; le 2e corps, avec Oudinot, en a 36,000.

D'ailleurs, ces groupements ne sont pas invariables ; pour chaque opération, Napoléon les modifiera en vue du but à atteindre.

Devant réunir, au moment de la bataille, des masses énormes sur un espace étroit et dans une contrée très pauvre, Napoléon ne peut plus compter vivre sur le pays, comme en 1800, 1805, 1806, 1809 ; il faudra vivre sur convois comme avant la Révolution.

Mais il se flatte d'organiser ses convois de façon que la marche des opérations n'en soit pas ralentie ; il veut, en passant le Niémen, avoir des farines, biscuits, riz, légumes, eau-de-vie sur roues, pour 20 jours, espace de temps qui lui semble suffisant pour terrasser les armées russes.

La viande sera fournie à l'armée par des bœufs en troupeaux et par ceux qui traînent une partie des convois. Quant aux chevaux, pour les nourrir plus facilement, on ne commencera les opérations qu'à l'époque où l'herbe couvrira les prairies.

Pour subsister, en attendant les convois, les hommes ont dans le sac 4 jours de vivres.

Napoléon compte sur le réseau fluvial pour former des magasins au fur et à mesure des opérations ; ainsi, tout d'abord par le Niémen, on amènera pain et munitions de Tilsitt à Kowno.

Mais sur ces routes de terre qu'une pluie d'orage suffit à rendre impraticables, les convois ne peuvent suivre. En quelques journées, d'ailleurs, les sauts brusques de température du jour à la nuit font périr, par milliers, les chevaux qu'on ne peut abriter. Les corps constamment retardés ne peuvent gagner les derrières de l'ennemi.

La manœuvre sur les derrières échoue contre l'armée de Bagration, puis contre l'armée de Drissa, puis encore contre les deux armées réunies à Smolensk.

En résumé, tant que Napoléon a opéré sur le théâtre d'opérations de l'Europe centrale, si bien routé, si riche en ressources et avec une armée ne dépassant pas 200,000 hommes, la manœuvre sur les derrières de l'ennemi lui a donné des résultats merveilleux. En cinq jours, une campagne est décidée, laquelle, autrement conduite, aurait duré des mois dans des alternatives diverses, avec de multiples combats, et des pertes infiniment plus considérables du fait du feu et des maladies.

En Russie, et avec une armée de 400,000 hommes, ne pouvant vivre sur le pays, il faut revenir aux convois qui alourdissent la marche infiniment. Napoléon ne peut atteindre les derrières de l'ennemi. La campagne se traîne dans l'hiver et la neige remporte la victoire.

En 1813, le nombre et la valeur des troupes passent à l'ennemi ; notre armée est composée de conscrits et manque de cavalerie. De plus, chez l'adversaire, une armée tout au moins, l'armée prussienne, vit sur le pays ; l'ennemi, rendu prudent, ne se met plus en prise. Les conditions nécessaires à la réussite de la manœuvre n'existent plus.

En 1814, la situation est plus défavorable encore ; pourtant, à différentes reprises, la manœuvre sur les derrières réussit. Mais un jour arrive où les alliés, assurés de se voir livrer Paris avec des ressources immenses, courent sur la capitale, tandis que Napoléon, qui s'est jeté sur leurs derrières à Saint-Dizier, attend vainement l'effet de sa manœuvre.

CHAPITRE IV

EXÉCUTION DE LA MANŒUVRE SUR LES DERRIÈRES

Après avoir étudié la conception générale de la manœuvre sur les derrières, et sa technique spéciale, nous pouvons maintenant en suivre l'exécution.

Cette exécution comporte dans l'ordre chronologique les opérations suivantes :

1er acte :
- *1° Détermination a priori de la barrière à occuper sur les derrières de l'ennemi.*
- *2° Démonstrations pour attirer l'ennemi loin de cette barrière.*
- *3° Réunion de l'armée.*
- *4° Débouché et marche rapide vers la barrière ; prise du dispositif de barrage stratégique.*
- *5° Changement éventuel de ligne d'opérations.*

2° acte :
- *6° Investissement de l'ennemi.*
- *7° Bataille.*
- *8° Poursuite.*

Étudions ces différentes opérations.

1° Détermination de la barrière à occuper sur les derrières de l'ennemi. — *Si l'adversaire est en opérations,* cette détermination résulte de la considération de sa *ligne de retraite naturelle.*

C'est généralement vers sa capitale que l'adversaire a sa ligne de retraite, car la capitale, c'est à la fois le cœur et le cerveau de l'État ; une fois la capitale occupée, tous les fils de l'administration du pays sont rompus ; il devient difficile de lever des hommes et des impôts. La perte de la capitale a de plus un retentissement moral considérable sur les troupes et sur le pays.

Il peut arriver pourtant que l'armée ennemie ait un autre point de retraite que la capitale : quand vers cette armée s'avance une armée de secours.

Ainsi les lignes de retraite d'une armée sont les lignes qui lui permettent de regagner sa capitale ou de joindre une armée de secours, et l'on peut dénommer *ligne de retraite naturelle,* celle de ces lignes, qu'à un moment donné, l'ennemi a le plus d'intérêt à prendre.

Dans les manœuvres de Lodi, d'Arcole, de Stradella, d'Ulm…, la détermination de la ligne de retraite naturelle et, par suite, celle de la barrière à occuper, n'offrait pas de difficulté.

Dans la manœuvre d'Iéna au contraire la ligne de retraite naturelle de l'ennemi pouvait être sur Berlin, la capitale, ou sur Dresde vers l'armée russe.

Dans la manœuvre de Bautzen, cette ligne pouvait être sur Berlin ou sur la Silésie où se trouvaient les renforts russes et les dépôts de l'armée de Silésie.

Si l'ennemi n'est pas encore en opérations, comment deviner où il dirigera son offensive et jusqu'où il s'avancera ?

> « Le plus sûr moyen de découvrir les desseins de l'ennemi avant l'entrée en campagne, a écrit Frédéric II, est de connaître l'endroit qu'il choisit pour le dépôt de ses vivres [1]. »

Par son service de renseignements, Napoléon sait les points où l'ennemi constitue des magasins. D'après ces points et la connaissance qu'il a des méthodes de guerre de ses adversaires, il devine leurs projets comme s'il assistait à leurs conseils.

En 1805, bien avant que Mack s'avance sur l'Iller, l'Empereur

---

[1] Instruction militaire du roi de Prusse pour les généraux, p. 59.

devine que les Autrichiens, suivant leur constante routine, enverront une armée sur les débouchés de la Forêt-Noire ; il prévoit qu'il devra occuper la barrière du Lech pour barrer la retraite à cette armée, et il envoie Savary, le chef de son service des renseignements, faire la reconnaissance des trois routes que nos colonnes suivront pour atteindre le Danube à Donauwœrth, c'est-à-dire à l'embouchure du Lech.

En 1806, il prévoit que pour séparer les Prussiens des Russes, ce sera l'Elster, la Saale ou la Pleisse qu'il lui faudra occuper et, le 5 septembre, il demande à Berthier des renseignements sur ces trois rivières [1].

2° Feintes et démonstrations avant l'entrée en campagne. — Napoléon met tout en œuvre pour inciter l'ennemi à une offensive confiante loin de sa capitale ; il affecte une attitude timide, reste à Paris jusqu'au dernier moment, fait tapage de rassemblements formés à l'autre bout du théâtre de la guerre.

En 1806, pour attirer vers l'Ouest l'armée prussienne, il forme à Wesel un *corps d'observation* sous les ordres de son frère Louis et fait imprimer dans les gazettes que ce corps compte 80,000 hommes alors qu'il comprend à peine 40,000 hommes de mauvaises troupes.

> « Il est nécessaire que vous fassiez mettre dans vos gazettes, écrit-il le 20 septembre 1806 au roi de Hollande, qu'un nombre considérable de troupes arrive de tous les points de la France. Je désire que ces troupes soient en marche dans les premiers jours d'octobre, parce que c'est une contre-attaque que vous ferez pour attirer l'attention de l'ennemi pendant que je manœuvre pour le tourner. »

En même temps, il fait interdire aux gazettes de parler des vrais mouvements de l'armée.

Après avoir attiré l'ennemi le plus loin possible de sa capitale ou d'une armée de secours, il était nécessaire de le maintenir dans cette position pour donner à l'armée française le temps d'arriver sur ses derrières.

---

[1] *Guerre napoléonienne. Précis des campagnes*, t. 1, p. 155.

A cet effet, Napoléon détache de sa masse un *corps de démonstration* qui deviendra ensuite flanc-garde de l'armée pendant son mouvement tournant. Ce corps, c'est la division Sérurier devant Valenza, manœuvre de Lodi ; la garnison de Vérone devant Alvinzi, manœuvre d'Arcole ; la division Watrin, sous les ordres de Lannes devant Mélas, à Chivasso, manœuvre de la Stradella ; les corps de Lannes et de Ney, et la cavalerie de Murat sur la Forêt-Noire en 1805 ; le corps de Bernadotte qui recule devant Bennigsen, manœuvre d'Allenstein en 1807 ; le corps de Davout qui se tient devant l'archiduc Charles, manœuvre de Landshut ; le corps de Jérôme qui doit retenir Bagration en 1812.

Le *corps de démonstration* a une mission fort délicate ; il lui faut attirer l'ennemi et le retenir sans se laisser engager à fond puisque, par le développement même de la manœuvre, il va se trouver isolé à plusieurs marches du gros. Il n'a pas à fixer l'ennemi dans le sens strict du mot, mais seulement à le retarder[1]. L'arrivée de Napoléon sur les derrières de l'adversaire, en rappelant celui-ci en arrière, dégage bientôt le corps de démonstration.

Pour le cas où il serait trop vivement pressé, Napoléon a soin d'ailleurs de lui assurer un refuge derrière une ligne de défense ou dans une place : pendant la manœuvre d'Iéna, le roi Louis avait le Rhin et Wesel comme refuges ; pendant celle de Vilna, Jérôme avait Modlin, Varsovie et la Vistule.

« Je crois vous avoir fait connaître ce que vous avez de mieux à faire au début de la campagne, écrit Napoléon au roi Jérôme le 5 juin 1812 ; d'abord faire croire que vous allez entrer en Volhynie et tenir l'ennemi le plus possible sur cette partie, pendant que, le débordant sur son extrême droite, j'aurai gagné sur lui douze ou quinze marches dans la direction de Pétersbourg ; je me trouverai sur son aile droite, je passerai le Niémen et lui enlèverai Vilna, ce qui est le premier objet de la campagne.....

« Quand cette opération sera démasquée, l'ennemi prendra un

---

[1] On a dit quelquefois : « il faut fixer l'ennemi pour le manœuvrer » ; cela est vrai pour la bataille où d'ailleurs le corps fixant ne court pas de danger, puisqu'il est en liaison effective avec le reste des forces, mais non pour la manœuvre.

des deux partis suivants : ou il se ralliera dans l'intérieur de ses États pour se trouver en force de livrer bataille, ou il prendra lui-même l'offensive. Ainsi, pendant que l'extrémité de la droite serait débordée, il pourrait marcher sur Varsovie, soit en débouchant sur Mir et Sierock, soit en débouchant en droite ligne sur Praga. Tous les dépôts de mon armée doivent être réunis dans Modlin, mais lentement, sans précipitation.

« Votre corps est destiné à défendre Varsovie ; et à cet effet, le 5ᵉ corps à Ostrolenka, le 7ᵉ corps à Sierock et Praga, votre quartier général à Pultusk, telle est la position que vous recevrez ordre de prendre vers le 10. Le 7ᵉ corps, de retour de Lublin, mettra dans votre main tout votre corps réuni ; et alors, si l'ennemi attaque par Ostrolenka ou entre le Bug et la Narew, le corps du vice-roi se trouve sur son flanc droit ; s'il attaque par Brzec et Zamosc, ou s'il vient droit sur Praga avec des forces considérables, le 8ᵉ corps d'abord, le 7ᵉ ensuite et après le 7ᵉ les Autrichiens garderont Praga et Varsovie. Modlin et Sierock seront couverts avec le 5ᵉ et le 8ᵉ corps et plus tard avec les 5ᵉ, 7ᵉ et 8ᵉ corps. Pendant que l'ennemi serait sur les remparts de Praga et sur les bords de la Vistule, se contentant d'appuyer Modlin, Sierock et Pultusk, vous vous trouverez réuni à l'armée, et par mon mouvement à droite toute son armée se trouverait débordée et jetée dans la Vistule..... »

Dès que l'arrivée du gros sur les derrières de l'ennemi rappelle celui-ci en arrière, le corps de démonstration doit l'accrocher pour le retarder et donner ainsi à Napoléon le temps de lui couper toutes ses lignes de retraite. Il n'a rien à craindre, car l'ennemi pressé de s'échapper « n'a pas le temps de combattre ou de manœuvrer ».

Lorsque Bagration précipita sa retraite pour échapper à l'enveloppement, Napoléon fit adresser le 5 juillet de vifs reproches à Jérôme.

« Vous lui ferez connaître, écrit-il à Berthier, que je suis extrêmement mécontent qu'il n'ait pas mis toutes ses troupes légères sous les ordres du prince Poniatowski aux trousses de Bagration, pour harceler son corps et arrêter sa marche ; qu'arrivé le 30 à Grodno, il devait attaquer sur le champ l'ennemi et le poursuivre vivement. Vous lui direz qu'il est impossible de manœuvrer plus mal qu'il ne l'a fait ; que le général Reynier et même le 8ᵉ corps étaient inutiles pour cela ; qu'il fallait faire marcher le prince Poniatowski avec tout ce qu'il avait de disponible pour suivre l'ennemi ; que pour s'être éloigné ds toutes les règles et de toutes les instructions, il fait que Bagration aura tout le temps de faire sa retraite, et il la fait à son aise ; que si Bagration est parti le 30 de Volkowitz, il peut arriver le 7 à Minsk, et qu'importe alors que le roi y soit de sa personne le 10, puisque Bagration aura gagné 4 jours de marche sur lui ? Dites-lui que le prince Poniatowski n'eût-il eu qu'une seule division, il fallait l'envoyer ; mais que tout porte à penser qu'il pouvait envoyer tout ce corps en avant ; il n'aurait pu être compromis, puisque Bagration n'a pas le temps de combattre ou de manœuvrer et qu'il ne cherche qu'à gagner du terrain, sachant bien qu'il est coupé par les manœuvres que je fais faire. Que le prince d'Eckmühl est aujourd'hui 5, avec une partie de son corps, en avant de Vologine, mais ne sera pas assez fort pour arrêter Bagration puisque celui-ci n'est gêné par rien. Mandez donc au roi qu'il donne ordre sur-le-champ au prince Poniatowski de partir avec sa cavalerie et tout ce qu'il aura de disponible pour se mettre aux trousses de Bagration. Vous lui direz que tout le fruit de mes manœuvres, et la plus belle occasion qui se soit présentée à la guerre ont échappé par ce singulier oubli des premières notions de la guerre. »

3° Réunion de l'armée et protection de cette réunion[1]. — Napoléon s'efforce d'attirer l'attention de l'ennemi sur de pseudo-rassemblements et réunit son armée par des marches rapides, en arrière de la zone choisie pour le débouché. Plus cette réunion échappe à l'ennemi, plus complète est sa surprise, plus grande sa démoralisation.

1800. — La réunion de l'armée de réserve est faite de nombreux détachements acheminés isolément vers Genève ; aussi échappe-t-elle aux espions autrichiens.

---

[1] *Réunion* et *concentration* sont deux choses différentes : une armée qui marche en pays ennemi n'est jamais concentrée, puisqu'elle ne pourrait ni vivre ni se mouvoir ; mais elle doit être toujours réunie, c'est-à-dire que les différents corps doivent toujours être à portée de se rassembler en peu de temps dans un espace de quelques lieues pour livrer bataille.

Réunion de l'armée. — Opération ayant pour objet de rassembler les troupes pour entrer en campagne.

Concentration de l'armée. — Opération ayant pour objet de resserrer les troupes sur un même champ de bataille. « Il faut tenir l'armée réunie, concentrer le plus de forces possible sur le champ de bataille. » (Napoléon, 18ᵉ note sur l'ouvrage du général Rogniat.)

1806. — La réunion de l'armée se fait derrière les montagnes du Franken-Wald, et en 3 colonnes, suivant le dispositif même du débouché. Dans chaque colonne, le corps de tête couvre les cantonnements; la cavalerie légère forme rideau en avant.

1807. — Après Eylau, les pertes éprouvées, le dégel qui rend les mouvements difficiles, décident Napoléon à replacer ses corps en cantonnements derrière la Passarge. Le 1er (Bernadotte) est à gauche au sud de Braunsberg, le 4e au centre vers Liebstadt, le 6e à droite à Guttstadt, les autres en arrière; la réserve de cavalerie vers Preuss-Holland; la garde à Finkenstein; Davout (3e) en arrière de l'aile droite à Osterode. Chaque corps dispose d'un carré de 4 à 10 lieues. Ainsi cantonnée l'armée se refait, couvrant le siège de Dantzig que dirige le maréchal Lefebvre et celui de diverses places de Silésie dont est chargé Jérôme; elle attend le printemps. Le 5 mars, Napoléon adresse les instructions ci-après à Bernadotte :

> « Je vois avec plaisir, par votre lettre du 5, que la tête de pont de Spanden est déjà occupée. Mais cela n'est pas suffisant; il nous faut une tête de pont à Braunsberg. C'est dans la défense d'un pont et d'une tête de pont que réside notre position.
>
> « Supposez que 25,000 ou 30,000 hommes se portent sur Braunsberg et que vous vous y portiez (rive gauche) avec votre corps d'armée pour leur couper le passage, et que, profitant d'une opération si téméraire de la part de l'ennemi, un ou deux corps (français) débouchent par Spanden pour tomber sur ses derrières, s'il n'y a pas un pont et une tête de pont (à Braunsberg) vous ne pourriez participer au combat et nous aurions un désavantage marqué.
>
> « Une rivière et une ligne quelconque ne peuvent se défendre qu'en ayant des points offensifs; car quand on n'a fait que se défendre, on a couru des chances sans rien obtenir, mais lorsqu'on peut combiner sa défense avec un mouvement offensif, on fait courir à l'ennemi plus de chances qu'il n'en a fait courir au corps attaqué. »

1809. — Le maréchal Lefebvre avec les 3 divisions bavaroises : Prince royal, de Wrède et Deroy, forme initialement face à l'Est notre couverture sur l'Isar.

Le 17, lorsque Napoléon prescrit la réunion immédiate des

deux masses de Davout et de Masséna, Lefebvre doit couvrir cette réunion. A 11 heures du matin, l'Empereur lui écrit :

« Mon cousin, je donne l'ordre au duc d'Auerstædt de se porter d'abord par Neustadt pour s'appuyer sur Ingolstadt. Mon intention est que vous vous rendiez à l'avant-garde à Neustadt, où se trouve le général de Wrède (commandant une des 3 divisions bavaroises),

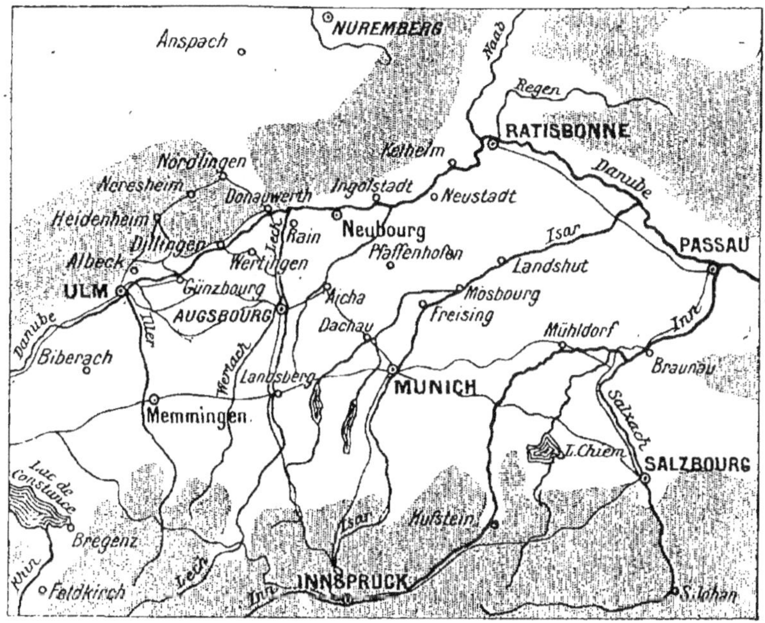

et que vous réunissiez vos troupes pour tenir en respect le corps de Landshut [1], ou vous porter au secours du duc d'Auerstædt, s'il est nécessaire, pendant qu'il fera son mouvement, et coopérer à la défaite du corps de Landshut, si le retour inopiné du duc d'Auerstædt le surprenait et le mettait à même de lui faire du mal....... Vous sentez combien il est important de tenir votre corps réuni pour soutenir le duc d'Auerstædt et lui donner le temps de se replier sur Neustadt et Geisenfeld ; il n'y a pas d'inconvénient que vous lui fassiez connaître les positions que vous prenez pour protéger votre mouvement. »

---

[1] Ce corps était l'armée de l'archiduc Charles.

Et le 18 avril à 4 heures du matin, il lui écrit encore :

« J'espère qu'à 3 heures du matin vous aurez mis en marche pour se porter en avant la division du Prince royal afin de réunir vos 3 divisions. Il paraît que l'archiduc Charles, avec 3 corps d'armée, se dirige contre Landshut et Ratisbonne ; il faut donc que vous manœuvriez sur son flanc gauche, pour retarder sa marche sur Ratisbonne, maintenir votre communication avec le duc d'Auerstædt et faire une diversion qui occupe un nombre d'hommes égal au vôtre. J'espère qu'avant 9 heures du matin, vous serez de votre personne avec les divisions de Wrède et Deroy, et vous ferez comprendre aux Bavarois ce que j'attends d'eux. J'espère qu'avant 4 heures la division du Prince royal aura rejoint, et que vous donnerez avec plus ou moins d'activité, selon que vous apprendrez que le duc d'Auerstædt sera plus ou moins engagé. »

Dans une lettre à Masséna du 18 :

« Le prince Charles a débouché hier de Landshut sur Ratisbonne, il avait 3 corps d'armée évalués à 80,000 hommes. Les Bavarois se sont battus toute la journée avec son avant-garde, entre Siegenburg et le Danube....... Aujourd'hui, 18, *les Bavarois peuvent encore continuer à se battre sans grand résultat puisqu'ils cèdent toujours du terrain*; mais ils harcèlent et retardent d'autant la manœuvre de l'armée ennemie... »

1812. — Les plus minutieuses précautions sont prises pour cacher aux Russes les mouvements préparatoires du passage du Niémen ; jusqu'au dernier moment, on ne montre sur les rives du fleuve que de la cavalerie polonaise. Dans la nuit du 22 au 23 juin, Napoléon, empruntant à un chevau-léger polonais sa capote et son bonnet, fait la reconnaissance du fleuve, seul avec le général du génie Haxo.

Le 23 juin, la réserve de cavalerie, le corps de Davout, le 2e corps et la Garde sont massés dans la grande forêt de Wilkowiski. En tête de l'armée se trouvent les pontonniers du général Eblé.

1813. — Le prince Eugène chargé de couvrir, avec les débris de la Grande Armée, le rassemblement des forces de nouvelle formation, s'est établi derrière l'Elbe ; il a placé ses troupes en cordon le long du fleuve.

Napoléon l'en reprend vivement ; il lui prescrit de faire garder les différents passages de l'Elbe par de simples détachements et de réunir ses forces en une *seule masse en avant de Magdebourg*.

> « Par vos dispositions du 10, lui écrit-il [1], vous placez vos troupes pour empêcher les Cosaques et les troupes légères ennemies de passer la rivière.
>
> Rien n'est plus dangereux que d'essayer de défendre sérieusement une rivière en bordant la rive opposée ; car une fois que l'ennemi a surpris le passage, et il le surprend toujours, il trouve l'armée sur un ordre défensif très étendu et l'empêche de se rallier.....
>
> « Il faut mettre en principe que l'ennemi passera l'Elbe où et comme il voudra. Jamais une rivière n'a été considérée comme un obstacle qui retardât de plus de quelques jours, et le passage n'en peut être défendu qu'en plaçant des troupes en force dans des têtes de pont sur l'autre rive, prêtes à reprendre l'offensive aussitôt que l'ennemi commencerait son passage. Mais voulant se borner à la défensive, il n'y a pas d'autre parti à prendre que de disposer ses troupes de manière à pouvoir les réunir en masse et tomber sur l'ennemi avant que son passage ne soit achevé ; mais il faut que les localités le permettent et que toutes les dispositions soient faites d'avance. »

On voit combien sont variées les dispositions prises par Napoléon pour couvrir la réunion de ses forces dans ses différentes campagnes.

S'il redoute peu l'agression de l'ennemi pendant la prise du dispositif de débouché, comme en 1806, ce sont les corps de tête des différentes colonnes qui protègent les cantonnements.

S'il redoute au contraire l'agression de l'ennemi pendant la réunion même de nos forces, comme en 1809, c'est un corps spécial qui forme *couverture*.

La mission et la tactique de ce corps de couverture sont bien définies : il s'agit de gagner du temps, c'est-à-dire d'en faire perdre à l'ennemi, en le trompant sur la force des troupes de

---

[1] 15 mars 1813.

protection, en le forçant à se déployer pour une bataille toujours éludée.

Une fois connue la marche de l'ennemi, le *corps de couverture* doit, de préférence, se porter sur ses flancs pour le mordre, le forcer à s'arrêter, à faire face, à se déployer. S'il se trouve une ou plusieurs lignes de défense en travers de l'offensive ennemie, le corps de couverture les utilisera pour une *guerre de positions*.

Si la réunion de l'armée doit exiger un délai considérable, comme en 1807 pendant les cantonnements de la Passarge, ou en 1813, c'est par l'organisation d'une ligne de défense, avec débouchés fortifiés, qu'on obtient ce délai.

Attente stratégique. — La manœuvre sur les derrières comporte organiquement une *attente stratégique*.

Après avoir massé son armée dans une *position d'affût*, Napoléon doit le plus souvent attendre pour déclencher sa manœuvre que l'ennemi se soit mis en prise, se soit « *enfourné* », suivant une expression qu'il a maintes fois employée[1].

En 1796, à Lodi et à Bassano, en 1800, en 1805, s'il n'y a pas attente stratégique de notre armée réunie sur une position d'affût, c'est que, antérieurement à la réunion de nos forces, Beaulieu, Wurmser, Mélas et Mack ont mordu à l'appât qui leur était offert.

En 1806, l'attente stratégique est marquée et la position d'affût oscille même, dans les ordres de Napoléon, entre Bamberg et Würzbourg, suivant qu'il croit les Prussiens résolus à se porter vers le Rhin ou vers Dresde pour attirer à eux les Autrichiens.

En 1807, Napoléon prend position d'attente autour de Varsovie, organisé comme centre d'opérations ; c'est de là qu'il part sur les derrières de Benningsen lorsque ce dernier prend l'offensive dans la direction de Thorn.

En 1809, il avait fixé tout d'abord la position d'affût de l'ar-

---

[1] « Je ne pense pas que le prince Schwarzenberg *s'enfourne* sur Fontainebleau tant que nous serons maîtres du pont de Nogent ; les Autrichiens connaissent trop ma manière d'opérer et en ont trop longtemps porté les marques, et ils se doutent bien que s'ils nous laissent maîtres du pont de Nogent, je déboucherai sur leurs derrières comme je l'ai fait ici. » *Napoléon à Joseph.* Février 1815, 21236.

mée à Ratisbonne pour pouvoir se jeter sur les derrières des Autrichiens, s'ils se portaient soit en Saxe, soit vers Augsbourg.

Devancé par l'Archiduc qui débouche de l'Isar à Landshut, il fait la réunion de nos forces en avant d'Ingolstadt pour les jeter de là sur les derrières de l'Archiduc à Landshut.

En 1812, il attend derrière la grande forêt de Wilkowiski, en face de Kowno, que Bagration, amorcé par les corps de Reynier, et de Schwarzenberg et par l'armée de Jérôme, s'engage sur Varsovie.

En 1814, il attend à Nogent que Blücher soit bien engagé sur la Marne pour se jeter sur ses derrières à Montmirail, et, pendant son expédition contre l'armée de Silésie, il surveille l'offensive de Schwarzenberg sur la Seine, se promettant, s'il « s'enfourne sur Fontainebleau », de se jeter sur ses derrières.

4° Débouché ; interception des lignes de retraite de l'ennemi. Dispositif de barrage stratégique. — Réunie sur un front étroit, l'armée française, pénétrant brusquement dans la zone arrière des forces ennemies, court vers la barrière choisie pour intercepter leurs lignes de retraite.

Cette barrière, Napoléon l'organise pour n'avoir à consacrer à sa défense qu'un faible effectif. Il fait mettre en état de défense les villes qui s'y trouvent. Avant 1815, la plupart des villes avaient encore de vieilles fortifications qui, complétées par des terrassements, des palissades, les rendaient susceptibles d'une résistance de quelques jours.

> « Pendant tout le temps qu'une armée manœuvre, évacue une aile pour se porter sur une autre aile, fait quelques marches en arrière pour se réunir à des secours ou renforts...... l'ennemi n'a ni le temps, ni les moyens de faire un siège ; il bloque toutes les places, tire quelques obus, quelques salves d'artillerie de campagne ; c'est juste le degré de force que doit avoir un *plan de campagne*[1]. »

L'aménagement du Lech, en 1805, sur les derrières de Mack offre un exemple typique.

---

[1] Napoléon. — Lettre au général Dejean, Ministre de la guerre, du 17 juin 1806, 10419.

La barrière organisée, nos différents corps se rabattent sur l'ennemi pour l'envelopper ; leur ensemble forme chaque jour un *dispositif de barrage*, minutieusement calculé pour permettre leur soutien réciproque.

« L'art du placement des troupes est le grand art de la guerre, écrivait en 1809 Napoléon au prince Eugène. Placez toujours vos troupes de manière que, quelque chose que fasse l'ennemi, vous vous trouviez toujours en peu de jours réunis. »

La base des calculs pour l'établissement de ce dispositif, c'est la résistance d'un corps d'armée isolé. Pour évaluer cette résistance, Napoléon, nous l'avons dit, a une règle empirique :

« Un corps de 25,000 à 30,000 hommes peut être isolé ; bien conduit, il peut se battre ou éviter la bataille et manœuvrer selon les circonstances sans qu'il lui arrive malheur, parce qu'on ne peut le forcer à un engagement et qu'enfin, il doit se battre longtemps[1]. »

Après son débouché sur les derrières de l'ennemi, notre armée faisant face à l'Ouest devait assurer sa sécurité vers l'Est contre les forces adverses demeurées de ce côté ou contre une armée de secours. Aussi, pendant que notre gros travaille face à l'Ouest contre la portion des forces ennemies isolée par la manœuvre, une *masse secondaire* d'un ou deux corps d'armée, face à l'Est, lui constitue une *zone de sécurité*, et mène au besoin, sur les lignes naturelles du sol, *une guerre de positions*.

1800. — Au débouché du Grand-Saint-Bernard, l'armée de réserve est divisée en trois fractions :

1° *Un corps de démonstration*, confié à Lannes et formé par la division Watrin. Il est chargé d'attirer Mélas vers Chivasso et de flanquer la marche du gros sur la Stradella ;

2° *Le gros* qui par Milan gagne la Stradella ;

3° *Des détachements* chargés d'assurer la sécurité du gros :

Au sud du Pô, un corps d'observation sous Murat formé par la cavalerie et la division Boudet. Il doit enlever Plaisance et assurer une zone de sécurité à l'est de la Stradella.

---

[1] Lettre au prince Eugène du 7 juin 1809.

Au nord du Pô, des troupes aux ordres de Moncey doivent couvrir notre ligne par Milan sur le Saint-Gothard. Ces troupes s'appuieront vers l'Est sur l'Oglio. Cette ligne forcée, elles s'ap-

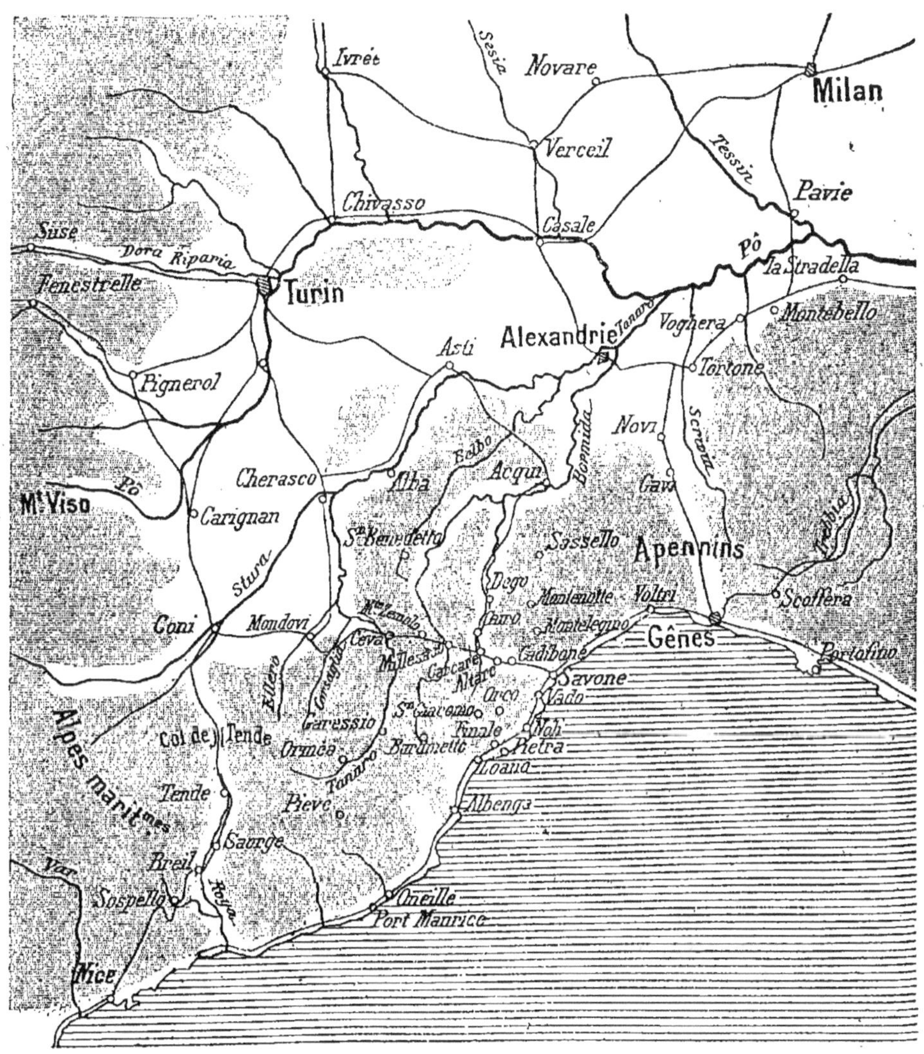

puieront sur l'Adda et les places de Créma et de Pizzighettone. Duhesme avec la division Loison passe l'Adda à Lodi pour marcher de là d'un côté sur Orsinovi, de l'autre sur Pizzighettone.

Vers l'Ouest, sur le Tessin [1].

La place de Plaisance sera le centre d'opérations de l'armée; elle donnera vivres, hôpitaux et ponts sur le Pô.

Une fois l'armée française à la Stradella, que fera Mélas ?

Trois partis s'offrent à lui :

a) Se rouvrir sa retraite par la Stradella ;

b) Franchir le Pô près de Turin pour s'échapper par la rive gauche ;

c) Gagner Gênes par Novi pour s'y enfermer.

S'il vient sur la Stradella, il y trouvera le gros de l'armée française.

S'il tente d'échapper par la rive gauche du Pô, il se heurtera aux forces réunies par Moncey, sur le Tessin ou l'Adda, qui l'arrêteront le temps nécessaire au Premier Consul pour accourir avec son gros.

S'il essaye de gagner Gênes, la division Boudet, que Desaix va conduire à Novi, l'arrêtera, ou ralentira sa marche s'il est déjà passé.

Si enfin Mélas se pelotonne à Alexandrie, notre gros poussera droit sur lui, tandis que Desaix l'assaillera sur son flanc gauche.

1805. — Notre armée passe le Danube en 3 colonnes sur un front de 60 kilomètres marqué par les ponts d'Ingolstadt, Neubourg, Donauwœrth et Munster [2].

Mack pour s'échapper a le choix entre 3 directions : la rive gauche ou la rive droite du Danube, les montagnes du Tyrol.

Par la rive gauche, il nous laisserait grande ouverte la route directe de Vienne. Par la rive droite, il s'interposera entre notre armée et la capitale ; il peut espérer avoir le temps de repasser le Lech avant que nous en ayons fermé les passages. Ces passages fermés, il lui resterait encore les routes du Tyrol. Mack

---

[1] Au général Berthier, Milan, 9 juin, 4902 «..... Il faut penser à la défense du Tessin, à celle de l'Oglio ou de l'Adda, et enfin au pont de Plaisance. Il faut charger le général Moncey de toutes ces opérations..... » (Voir pour le détail cette pièce 4902.)

[2] Croquis, page 52.

est d'ailleurs attiré sur la rive droite et vers le Tyrol par ses magasins.

Sur cette rive droite, les lignes de retraite des Autrichiens sont les routes qui, partant d'Ulm, se dirigent :

Sur Augsbourg
Sur Landsberg } et de là sur Munich ;

Sur Günzbourg et de là, par Burgau et Zusmarhausen, sur Augsbourg ou Rain (rive droite) et Donauwœrth (rive gauche) ; sur Memmingen et de là en Tyrol.

Pour intercepter ces différentes lignes de retraite, c'est sur le Lech que Napoléon établit son *dispositif de barrage stratégique ;* il prend pour centre Augsbourg, où la route d'Ulm à Munich passe le Lech. Il s'y tient provisoirement avec la Garde et le corps de Marmont.

Pour intercepter la ligne de retraite du Sud, il envoie Soult à Landsberg, à 35 kilomètres d'Augsbourg. Après avoir mis Landsberg en état de défense, Soult marchera sur Memmingen, pour fermer à Mack la route du Tyrol.

Pour barrer la route d'Ulm à Augsbourg et ensuite celle d'Ulm à Günzbourg, l'Empereur dirige Murat et Lannes droit sur Ulm. Au nord d'Augsbourg, le pont de Rain sur le Lech est mis en état de défense.

Sur la rive gauche du Danube, pour arrêter éventuellement les Autrichiens, l'Empereur laisse la division de dragons Bourcier, le 6e corps (Ney), la division Gazan du 5e corps (Lannes), et en arrière les 4,000 dragons à pied de Baraguey d'Hilliers.

Au moment où il passe le Danube, Napoléon est loin d'être fixé sur la distribution exacte des forces autrichiennes. Ce qui paraît certain, c'est que Mack est près d'Ulm et que les Russes sont proches ; il est à présumer d'autre part que Mack a laissé entre Ulm et Munich un ou plusieurs corps pour maintenir sa liaison avec les Russes.

En conséquence, Napoléon constitue avec le corps de Bernadotte et les Bavarois un corps d'observation qui interdira la zone entre Isar et Lech, tandis que le gros de nos forces écrasera l'armée de Mack. Forcé sur l'Isar, Bernadotte défendrait le Lech.

On pourrait au besoin le rappeler sur Landsberg ou sur Augsbourg ; à Munich, il ne sera qu'à 50 kilomètres de ces deux points.

Davout, dirigé sur Aicha poussera ensuite sur Dachau ; suivant les circonstances, il appuiera Bernadotte, ou gagnera soit Augsbourg soit Landsberg.

Tel est, dans son ensemble, le dispositif de barrage établi sur le Danube, à hauteur d'Augsbourg. Ce dispositif est semblable à celui établi sur le Pô en 1800 à hauteur de la Stradella ; mais les divisions sont devenues des corps d'armée [1].

Cette fois, l'armée française est de taille à entourer l'armée autrichienne même en rase campagne. Elle n'est pas liée à la barrière du Lech comme elle l'a été en 1800 au défilé de la Stradella faute d'artillerie et de cavalerie.

1806. — Pour franchir le Franken-Wald, massif de 40 kilomètres d'épaisseur, dont les crêtes se trouvent à 350 mètres au-dessus des hautes vallées du Main et de la Saale, Napoléon forme 3 colonnes :

Colonne de droite : Soult, Ney, 10,000 Bavarois (60,000 hommes), par Hof-sur-Plauen.

Colonne du centre : Bernadotte, Davout, réserve de cavalerie, Garde (70,000 hommes), par Kronach, Lobenstein, Schleiz.

Colonne de gauche : Lannes, Augereau (40,000 hommes), par Cobourg, Græfenthal, Saalfeld.

Entre les corps de chaque colonne, une demi-marche de distance. La cavalerie légère de la réserve explore surtout le front qui mesure 30 kilomètres pour un effectif de 170,000 hommes.

Les forces prussiennes actuellement à l'ouest d'Erfurth ont pour lignes de retraite :

---

[1] La ligne du Lech représente le défilé de Stradella ; Munich, c'est Plaisance ; le corps de Bernadotte, c'est la division Loison ; Memmingen, c'est Novi ; Soult, c'est Desaix ; Ney remonte la rive gauche du Danube comme la division Lapoype remonta la rive gauche du Pô.

1º La route de Weimar à Dresde, par Iéna et Géra, ligne naturelle de retraite vers les Russes ;

2º La route de Weimar à Naumbourg } Leipzig-Dresde et Halle-Berlin ;

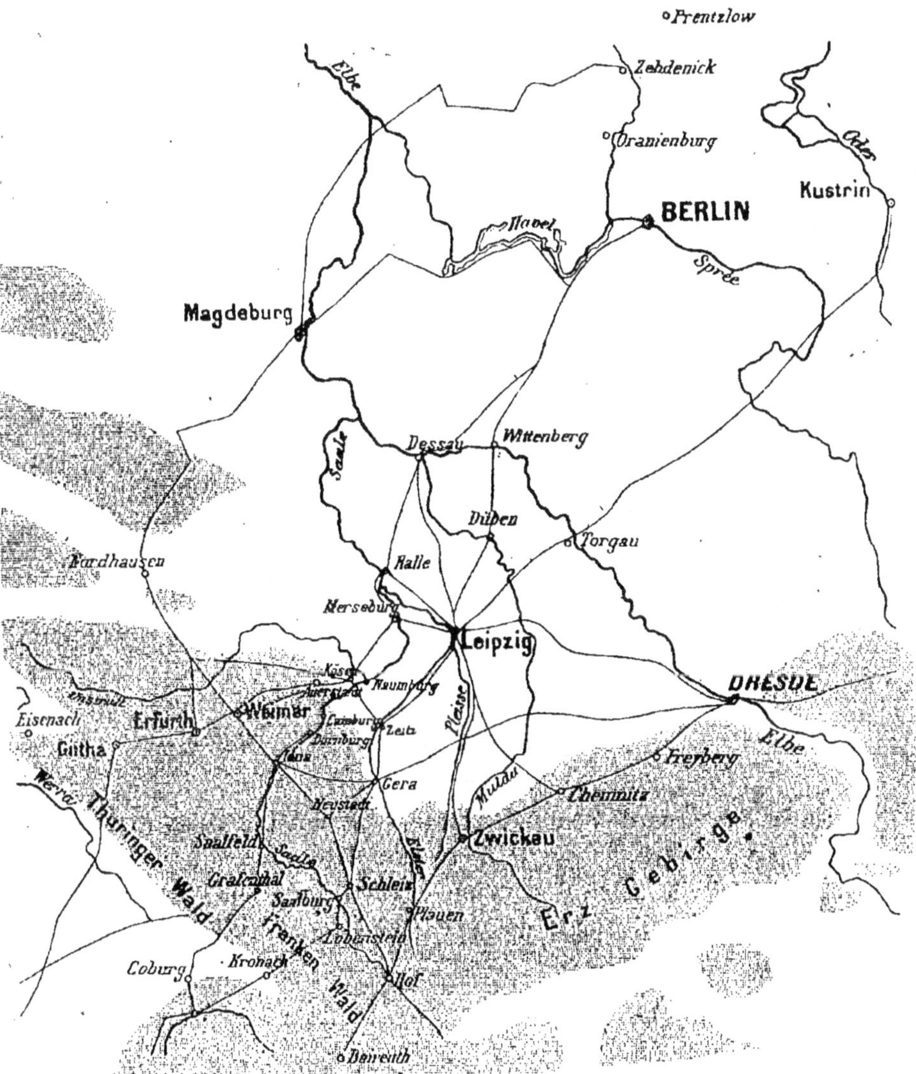

3º Enfin, la route de Magdebourg par Sommerda.
Ce sont ces lignes qu'il faut atteindre tout d'abord. Dans ce

but, le dispositif en 3 colonnes adopté pour le franchissement des montagnes fait place à un dispositif de barrage qui doit permettre d'intercepter le plus rapidement possible à l'ennemi ses lignes de retraite, tout en assurant la concentration immédiate de nos forces en cas d'attaque inopinée.

Le 4e corps (Soult), tête de la colonne de gauche, est mis dans la direction de Dresde pour former tampon de sécurité face à l'Est ; il serait au besoin appuyé par le 6e corps qui le suit. Mais bientôt Napoléon apprend que les Russes sont loin et il appelle Soult comme les autres, contre les Prussiens.

5° **Changement de ligne d'opérations.** — La manœuvre sur les derrières comporte généralement un changement de ligne d'opérations.

1800. — **Manœuvre de la Stradella**[1]. — Primitivement décidé à passer par le Simplon ou le Saint-Gothard, le Premier Consul a fait préparer des approvisionnements, d'une part dans le Valais, d'autre part entre Lucerne et le Saint-Gothard[2].

Le 27 avril, sur la nouvelle que Masséna est bloqué dans Gênes sans grandes ressources en vivres, il se décide à passer par le Grand Saint-Bernard pour se porter au plus vite au secours de son lieutenant s'il est nécessaire. Mais il espère encore pouvoir exécuter sa manœuvre sur Stradella par Milan. Il écrit alors à Berthier, général en chef nominal :

> « Vous voyez que, dans l'une ou l'autre de ces opérations, vous aurez toujours ou les débouchés du Dauphiné sur votre flanc droit, ou les débouchés de la Suisse, occupés par l'armée du Rhin, sur votre flanc gauche. Ainsi dans tous les cas, vous avez une ligne d'opérations assurée. »

A Ivrée, le Premier Consul croit avoir encore le temps d'exécuter intégralement son plan et marche sur Milan. Une fois l'ar-

---

[1] Croquis page suivante.
[2] A Lucerne, 500,000 rations de biscuit, un million de cartouches, 100,000 boisseaux d'avoine.
Instruction du 12 mars 1800 à Moreau.

mée au cœur du Milanais, il interrompt les arrivages par le Grand Saint-Bernard et prend sa ligne sur le Saint-Gothard.

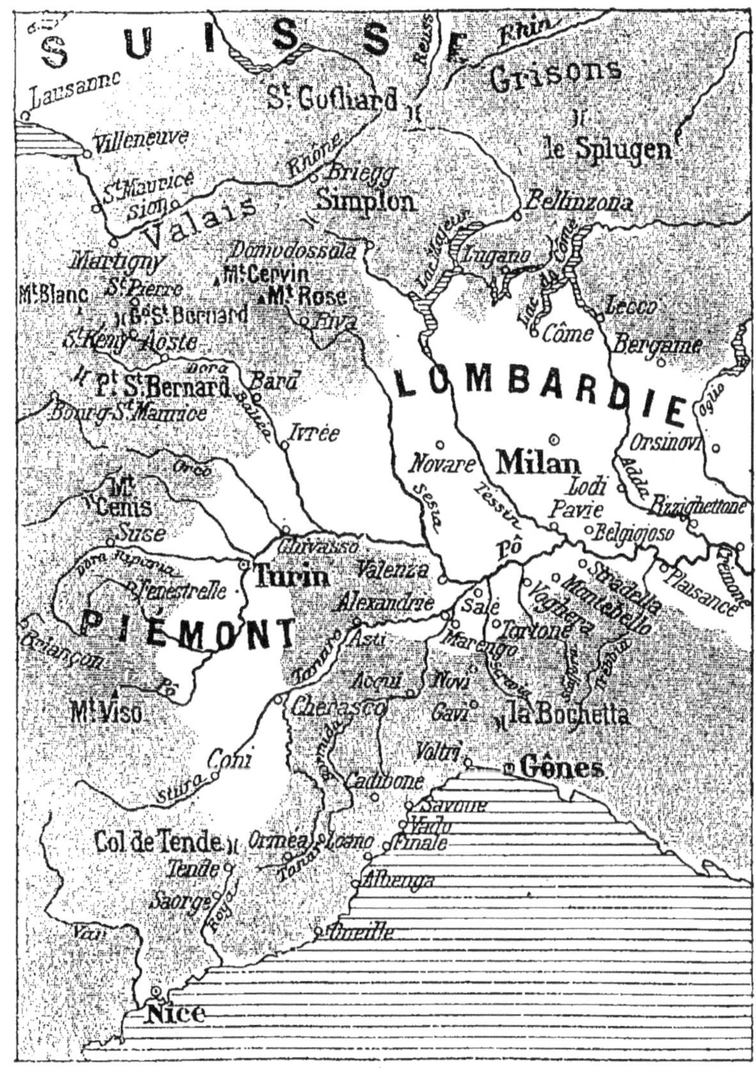

Dans ses *Mémoires*, répondant aux critiques faites à la manœuvre de la Stradella, Napoléon a écrit :

« Le 3ᵉ parti, au contraire (manœuvre de Stradella), offrait tous les avantages. L'armée française maîtresse de Milan, on s'emparait de tous les magasins, de tous les dépôts, de tous les hôpitaux de l'armée ennemie ; on se joignait à la gauche, que commandait le général Moncey ; on avait une retraite assurée par le Simplon et le Saint-Gothard. Le Simplon conduisait sur le Valais et sur Sion, où l'on avait dirigé tous les magasins de vivres pour l'armée. Le Saint-Gothard conduisait sur la Suisse, dont nous étions en possession depuis deux ans et que couvrait l'armée du Rhin, alors sur l'Iller. Dans cette position, le général français pouvait agir selon sa volonté. Mélas marchait-il avec son armée réunie de Turin sur la Sésia et le Tessin, l'armée française pouvait lui livrer bataille avec l'immense avantage que, si elle était victorieuse, Mélas sans retraite serait poursuivi et jeté en Savoie, et dans le cas où l'armée française serait battue, elle se retirait par le Simplon et le Saint-Gothard. Si Mélas, comme il était naturel de le supposer, se dirigeait sur Alexandrie pour s'y réunir à l'armée qui venait de Gênes, on pouvait espérer, en se portant à sa rencontre en passant le Pô, de le prévenir et de livrer bataille, l'armée française ayant ses derrières assurés sur le fleuve et Milan, le Simplon et le Saint-Gothard ; tandis que l'armée autrichienne, ayant sa retraite coupée et n'ayant aucune communication avec Mantoue et l'Autriche, serait exposée à être jetée sur les montagnes de la rivière du Ponent et entièrement détruite ou prise au pied des Alpes, au col de Tende et dans le comté de Nice. »

1805. — Avant Austerlitz, Napoléon, profitant des approvisionnements considérables trouvés à Brünn, en fait un second centre d'opérations. De Brünn, il pourrait se retirer sur Linz.

« Dans la campagne de Moravie, l'Empereur comprit que les Russes, n'ayant point un bon général de première force, devaient penser que la retraite de l'armée française était sur Vienne ; ils devaient mettre la plus grande importance à en intercepter la route. Cependant la retraite de l'armée dans toute la campagne n'a jamais dû être sur Vienne. Cette seule circonstance rendait faux tous les calculs de l'ennemi et devait le déterminer à des mouvements qui le conduisaient à sa perte[1].

« Il voulait que les Russes fissent de fausses manœuvres et des fautes toutes résultantes de son plan de campagne en Moravie, plan

---

[1] Observations de Napoléon sur les marges du rapport officiel russe 28 mars 1806. (Corresp. 10032.)

que l'ennemi ne devait, ni ne pouvait pénétrer. Aussi l'Empereur disait-il l'avant-veille en parcourant les hauteurs de Pratzen :

« Si je voulais empêcher l'ennemi de passer, c'est ici que je me placerais ; mais je n'aurais qu'une bataille ordinaire. Si, au contraire, je refuse ma droite en la retirant vers Brünn et que les Russes abandonnent ces hauteurs, fussent-ils 300,000 hommes, ils sont pris en flagrant délit et perdus sans ressources. »

1806. — Napoléon aménage deux lignes de communication ; l'une vient de France par Mayence, Francfort, Würzbourg, Bamberg, l'autre d'Ulm et d'Augsbourg par Anspach, Forcheim, Bamberg. De cette façon il pourra, une fois ses troupes réunies sur Bamberg, abandonner la première ligne et vivre sur la seconde située immédiatement derrière son armée.

« Mon intention, écrivait-il le 30 septembre au roi de Hollande, est de concentrer toutes mes forces sur l'extrémité de ma droite en laissant tout l'espace entre le Rhin et Bamberg entièrement dégarni, de manière à avoir près de 200,000 hommes réunis sur un même champ de bataille. Si l'ennemi pousse des partis entre Mayence et Bamberg, je m'en inquiéterai peu, parce que ma ligne de communication sera établie par Forcheim qui est une place forte et de là sur Würzbourg. La nature des événements qui peuvent avoir lieu est incalculable parce que l'ennemi, qui me suppose la gauche au Rhin et la droite en Bohême et qui croit ma ligne d'opérations parallèle à mon front de bataille, peut avoir un grand intérêt à déborder ma gauche et qu'en ce cas je puis le jeter sur le Rhin. »

1809. — A l'entrée en campagne de 1809, Napoléon a ses magasins à Donauwerth, Dillingen, Ingolstadt, Augsbourg. Dès l'instant où il porte le gros de ses forces sur Landshut, il prend sa ligne sur Augsbourg. Donauwerth, Dillingen, trop difficiles à protéger, sont abandonnés. Le 21, à 3 heures du matin, c'est-à-dire la nuit qui précède le combat de Landshut, Napoléon fait écrire au général Moulin, gouverneur d'Augsbourg, d'assurer la route de l'armée par Augsbourg et Landshut, en envoyant à Dachau un bon corps et un bon général.

« Instruisez-le de ce qu'il (général Moulin) a à faire, écrit l'Empereur à Masséna ; cerné par toute l'armée ennemie, il faut qu'il s'y défende et s'y maintienne jusqu'à ce que les pièces de siège soient arrivées et la brèche faite. Donnez les derniers ordres pour que les fossés soient remplis. Tout ce qui arrivera de Français isolés, de compagnies, bataillons et escadrons de marche accroîtra la garnison..... Répondez-moi dans la nuit et faites-moi connaître s'il y a suffisamment de munitions, vivres et approvisionnements à Augsbourg; vous sentez que je parle dans le cas d'un siège. S'il y

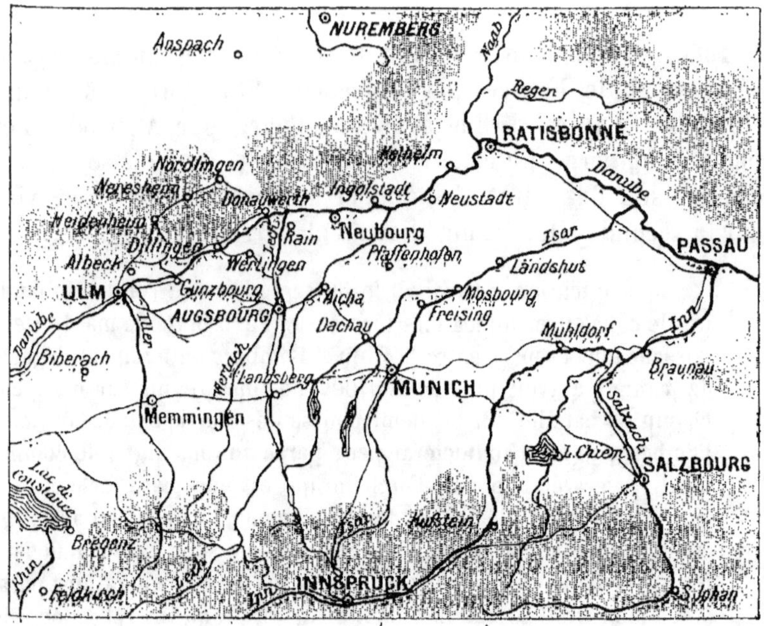

a en munitions et approvisionnements de quoi tenir 12 ou 15 jours, c'est tout ce qu'il faut..... Tous les bagages qui se trouveraient entre Ulm et Augsbourg doivent être enfermés dans Augsbourg, de sorte que quand même des partis ennemis viendraient entre Ulm et Augsbourg, ils ne nous enlèvent rien. »

Remettant à la troisième partie l'étude de l'Investissement et de la Bataille, je passe à la poursuite.

6° Poursuite stratégique. — Elle a pour objet d'atteindre les derniers débris de l'armée vaincue. Elle achève la poursuite tactique qui est l'exploitation de l'attaque décisive[1].

---

[1] Voir 3ᵉ partie : les Batailles.

Chaque arme a un rôle nécessaire :

La cavalerie retarde la marche de l'adversaire pour donner à l'infanterie le temps de le joindre. Son rôle est de : « talonner l'ennemi sans cesse, ne pas le perdre de vue et le mettre souvent dans le cas de s'arrêter pour se défendre ; ainsi il se fatiguera, sa marche sera retardée et l'armée aura le temps d'avancer pour le combattre et achever de le détruire » [1].

Pour retarder l'adversaire, le meilleur procédé c'est de : « manœuvrer sur le flanc afin de le déborder et le gagner de vitesse » [2].

La cavalerie s'efforce de devancer l'ennemi et d'occuper, sur sa ligne de retraite, un point de passage obligé sur un cours d'eau, et de le défendre jusqu'à l'arrivée de l'infanterie, tout au moins de le couper. Elle doit agir avec prudence.

Pour gagner l'ennemi de vitesse, la cavalerie fait au besoin de longues marches de nuit.

L'artillerie légère jette le désordre et la démoralisation dans les colonnes en retraite, les force à quitter les routes, à se défiler pour se soustraire à ses coups ; elle brise les obstacles que la cavalerie trouve devant elle.

L'infanterie suit la cavalerie d'aussi près que possible et met à profit toutes les occasions que celle-ci lui procure de joindre l'adversaire. Elle est également astreinte à des marches énormes. Dans la poursuite après Iéna, les soldats de Lannes et de Bernadotte firent 12 et 15 lieues par jour. De pareilles marches forcées créent de nombreux traînards. Il faut les ramasser et pourvoir à leur commandement.

« Dans des marches forcées, le parti qu'il faut prendre est de former tous les jours des traîneurs une arrière-garde de 400 hommes avec lesquels vous laissez un bon officier d'état-major, qui sera chargé de la faire rejoindre. Par ce moyen, on empêchera qu'il ne se commette de désordres, et que les soldats ne fatiguent trop [3]. »

---

[1] Instruction du maréchal Soult au général Margaron, commandant de sa cavalerie. 15 octobre 1806. (Foucart, 1806.)

[2] Soult au Major général, le 15 octobre 1806.

[3] Lettre de Napoléon à Lannes, du 28 octobre 1806, midi.

En 1806, Soult et Bernadotte laissèrent leurs hommes fatigués sous le commandement de chefs de bataillon d'infanterie.

Avant de lancer la cavalerie, il faut reconnaître la direction prise par les colonnes ennemies. C'est l'affaire de partis de 40 à 50 hommes, pris dans la cavalerie légère, et jetés à 8 ou 10 lieues en avant des divisions de cavalerie et dont les découvertes sont centralisées par le chef du bureau des renseignements [1].

Ces partis sont mis en route vers 2 heures après minuit pour que leurs dépêches parviennent au matin. Commandés par des officiers intelligents, ils ramènent des notables susceptibles de fournir des renseignements exacts.

> « Tous ces partis seront commandés par des officiers intelligents qui, non seulement prendront des renseignements sur une colonne ennemie qu'ils doivent trouver coupée, mais encore prendront dans chaque endroit un homme principal du lieu qu'ils mèneront au général Lasalle qui les fera interroger sur tout ce qui peut être à leur connaissance ; il gardera ces hommes jusqu'à ce que l'on ait la certitude qu'ils ont dit vrai [2]. »

Après une grande bataille, la poursuite était menée par Murat avec sa réserve de cavalerie et un ou deux corps d'armée.

Le dispositif de poursuite est fonction de l'ennemi. D'ordinaire, celui-ci fuit sur plusieurs directions, d'où nécessité de diviser soi-même ses forces.

En 1806, Napoléon écrit à Murat [3] :

> « Le maréchal Soult est entre l'Elbe et la colonne du duc de Weimar. Son instruction est d'abord de l'empêcher de passer l'Elbe ; si elle parvient à le passer, il la poursuivra et la mettra entre vous et lui. Suivez Hohenlohe partout. Si vous pouvez l'empêcher de passer l'Oder, ce sera heureux. S'il le passe, passez-le après lui. Faire du mal à l'ennemi, c'est le grand objet. Vous avez les corps des maréchaux Lannes et Bernadotte ; c'est tout ce qu'il vous faut. Dirigez-les sur deux directions parallèles, de manière qu'elles se trouvent à 3 ou 4 lieues au plus de distance l'une de l'autre. »

---

[1] Le général Savary, en 1806.
[2] Napoléon, octobre 1806.
[3] 28 octobre.

C'est-à-dire en mesure de se soutenir en trois ou quatre heures de temps.

Les embarras les plus considérables viennent des grands cours d'eau que peut défendre l'ennemi. Napoléon en tente le passage sur plusieurs points.

« Il est bien important d'avoir un pont sur l'Elbe, écrivait-il le 20 octobre 1806 à Davout, je fais essayer par trois corps d'armée différents. »

Dans ces passages, il faut prévoir un retour offensif de l'ennemi, par suite être prudent : établir de suite une tête de pont.

« Le pont une fois jeté, faites tracer une bonne tête de pont et faites-y travailler, » écrit le 20 octobre Napoléon à Davout; et à Lannes : « Que votre cavalerie, qui est passée sur la rive droite de l'Elbe, n'aille pas trop loin jusqu'à ce que vous soyez passé en force. Placez de la manière la plus avantageuse tous les canons que vous n'avez pas encore pu transporter à la rive droite afin de protéger ce qui est déjà passé, car il est prudent de s'attendre que l'ennemi fera un effort pour jeter dans l'Elbe tout ce que vous auriez sur la rive droite, avant que le pont ne soit réparé et que nous soyons assez en force. »

Pour éviter les accidents et pouvoir profiter des occasions, il est nécessaire, dans les poursuites menées par la réserve de cavalerie et plusieurs corps d'armée, que chaque commandant de corps connaisse toujours exactement la situation :

« Envoyez des officiers d'état-major pour suivre la marche du grand-duc de Berg afin que vous soyez prévenu à temps. »

écrit Napoléon à Bernadotte le 27 octobre 1806.

Napoléon prescrit d'autre part que chaque commandant de colonne lui donne des nouvelles deux fois par jour.

Murat avait toute initiative pour diriger la cavalerie de réserve et recueillir les renseignements nécessaires à Napoléon pour orienter son dispositif général. Il s'arrangeait de façon à être toujours relié aux corps d'infanterie à sa suite et à Napoléon. A cet effet, il multipliait les détachements.

« Sire, demain 5 divisions de cavalerie inonderont les plaines de Magdebourg, écrivait-il le 29 octobre 1806 à l'Empereur, et j'espère, à force de détachements, me lier avec les maréchaux Bernadotte et Davout..... Je désire surtout savoir où se trouve Votre Majesté, et comme je présume qu'elle peut être sur Halle ou Naumbourg, je vais y adresser mon rapport. »

Tout en orientant chaque jour ses maréchaux d'après les renseignements recueillis par Murat, Napoléon leur laisse une certaine latitude.

De Berlin, le 29 octobre 1806, le Major général écrit au maréchal Soult.

« L'Empereur, Monsieur le Maréchal, continue à vous laisser carte blanche sur vos mouvements ; mais si vous n'avez aucune espérance de faire grand mal à l'ennemi, portez-vous à Ferhbelin ; le général Savary doit y être ; il pourra vous donner des renseignements ; ce général qui a avec lui le 1er de hussards et le 7e de chasseurs, a eu l'ordre de pousser des partis et des reconnaissances sur toutes les directions.

« Suivant les nouvelles que vous recevrez, vous êtes le maître de vous porter sur l'ennemi ainsi que vous le jugerez convenable. »

La poursuite la plus remarquable est sans contredit la poursuite d'Iéna ; c'est elle que nous étudierons [1].

Poursuite stratégique après Iéna. — Par sa manœuvre Napoléon, avant la bataille, a coupé à l'armée prussienne ses différentes lignes de retraite, sauf celle sur Magdebourg. Dans la nuit du 4 octobre, ignorant encore que Davout a eu affaire à toute l'armée du roi, il est en droit de penser que Magdebourg est le point de ralliement des débris prussiens ; d'autre part, la place d'Erfurt, proche du champ de bataille, attirera certainement tout d'abord les fuyards. Napoléon se préoccupe donc d'enlever Erfurt et de pousser une partie de ses forces sur Magdebourg.

Le soir du 14, Murat, avec sa cavalerie et le corps de Ney,

---

[1] J'ai cru nécessaire de l'étudier avec assez de détails pour bien faire comprendre la technique d'une poursuite. L'ouvrage du colonel Foucart m'a fourni tous les documents nécessaires.

était arrivé à Weimar. Napoléon le dirige sur Erfurt et envoie sur Büttelstedt, direction de Magdebourg, le corps de Soult.

Quant à lui, il s'apprête à marcher le plus rapidement pos-

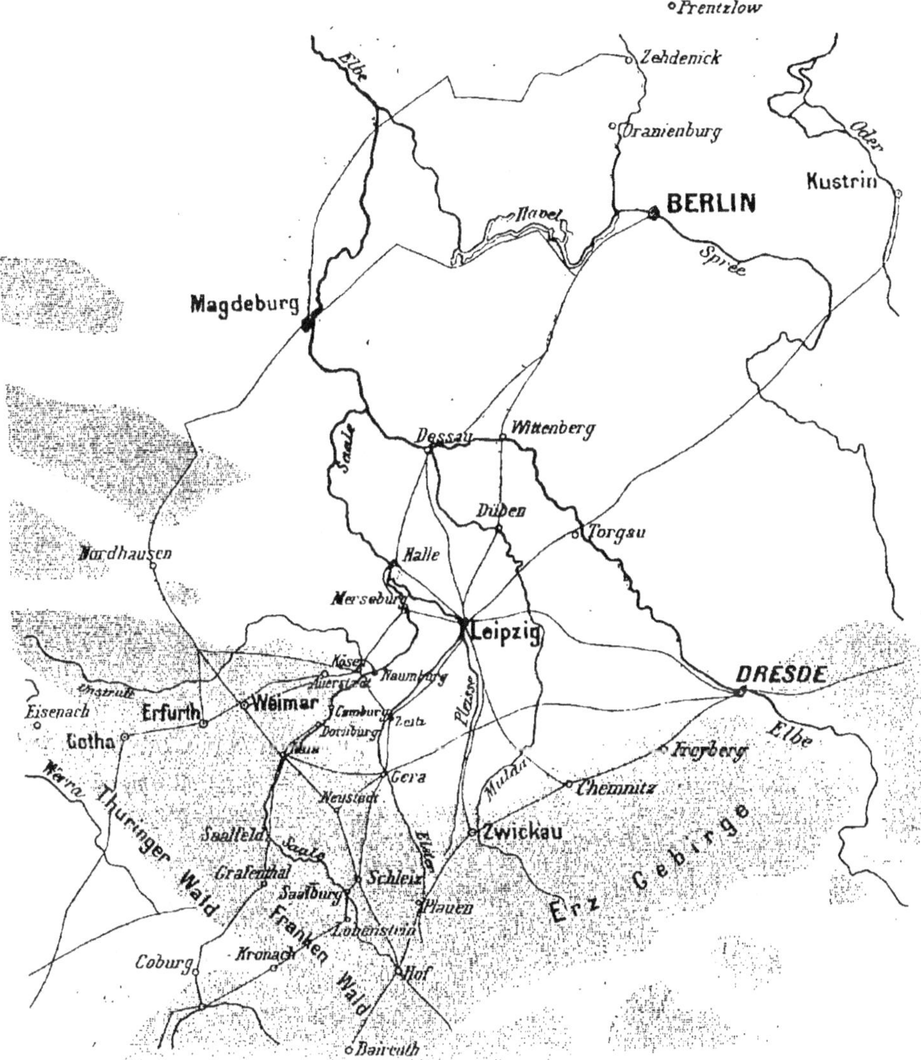

sible sur Berlin, avec le gros de ses forces, pour y devancer l'ennemi. Ses premiers ordres sont du 15 à 5 heures du matin.

Pour maintenir fermée la route de Berlin par Leipzig, il reporte Davout à Naumbourg et place Bernadotte entre Soult et

Davout. Lannes se tiendra près de Weimar, Augereau demeurera sur place jusqu'à ce que la situation soit éclaircie.

A 9 heures du matin, le rapport de Davout sur la journée du 14 montre à Napoléon que le 3e corps a eu affaire à toute l'armée du roi. Puisque cette armée a voulu percer par Naumbourg, c'est que la ligne de retraite des Prussiens est de ce côté et non sur Magdebourg.

Pour être prêt à y diriger ses forces, Napoléon prescrit à Murat de ne pas enfourner toute sa cavalerie sur Erfurt. Bientôt mesurant mieux l'étendue du désastre prussien, l'Empereur pousse résolument Bernadotte et Davout sur la route de Berlin.

Le 15 octobre, Murat et Ney arrivent devant Erfurt qui capitule le 16. Nous y trouvons 120 pièces de canon et 15,000 prisonniers, dont 6,000 blessés.

Les fuyards de l'armée du roi ont été formés en deux colonnes, l'une sous Blücher, l'autre sous Kalkreuth. Le 16 octobre, la division de cavalerie Klein et la brigade Lasalle atteignent Blücher à Weissensée. Blücher donne sa parole d'honneur qu'un armistice a été conclu et nos cavaliers le laissent passer. Ils laissent aussi passer Kalkreuth avec l'autre colonne; mais, dans la soirée, la brigade de cavalerie Margaron du 4e corps rejoint l'arrière-garde de cette colonne. Un officier prussien parle d'armistice au maréchal Soult qui, n'ayant pas encore son infanterie, feint d'y croire. Sur le soir, l'infanterie du 4e corps étant arrivée, Soult attaque les Prussiens qui se dérobent pendant la nuit, mais sont atteints de nouveau le lendemain 17 à Nordhausen. Soult les suit de près jusqu'à Magdebourg qu'il investit.

Blücher s'est rejeté plus à l'Ouest; il a joint le corps du duc de Weimar[1] et s'est dirigé avec lui sur Havelsberg pour y passer l'Elbe.

Le prince de Wurtemberg, avec ses 12,000 hommes, a pris position à Halle. Atteint le 16 par Bernadotte, il a été battu,

---

[1] Prince de la maison de Saxe qui a fait sa paix avec Napoléon, le duc de Weimar remet le commandement de son corps au général Winning.

perdant 7,000 hommes, dont 5,000 prisonniers. Il se dérobe pendant la nuit sur Dessau et quitte le commandement de son corps dont les débris se réfugient à Magdebourg.

Il importait de ne pas être retardé par le passage de l'Elbe ; aussi Napoléon fait-il aborder ce fleuve à la fois par les trois corps de Davout, Lannes et Bernadotte.

> « Il est bien important d'avoir un pont sur l'Elbe, écrit-il le 20 octobre à Davout. Je fais essayer par trois corps d'armée diffé- rents ; mais comme le vôtre est le seul qui ait des bateaux [1], je ne doute point que ce pont ne soit jeté dans la journée ou la nuit du 20 au 21. Le pont une fois jeté, faites tracer une bonne tête de pont et faites-y travailler. »

Les 3 corps de Davout, Lannes et Bernadotte sont dirigés en éventail sur l'Elbe de Wittenberg à Barby. La Garde et le corps d'Augereau suivent le corps de Davout.

Le 20 octobre, en arrivant à Wittenberg, Davout trouve le pont en flammes ; on éteint le feu, et en deux heures le passage est rétabli. Le même jour, Lannes fait en trois heures traverser l'Elbe à son corps à Dessau sur des barques. Bernadotte ne réussit à passer le fleuve que le 22 octobre, moitié à Barby, moitié à Dessau.

Laissant de côté la poursuite menée par Soult et Ney, étudions celle des colonnes de Hohenlohe par la cavalerie de Murat et les corps de Lannes et de Bernadotte.

Murat était arrivé avec Soult et Ney devant Magdebourg. Le 20, estimant que Soult et Ney suffisent devant cette place, l'Empereur prescrit à Murat de passer l'Elbe à Dessau ou à Barby et de porter sa cavalerie en avant du corps de Davout qui tient la droite. Murat formera notre avant-garde sur Berlin.

Ordre est donné à Soult de se ménager un pont à une ou deux lieues de Magdebourg pour être en mesure de rejoindre, au besoin, avec Ney, le gros de notre armée sur Berlin.

Le 24 octobre, Murat arrive à Potsdam où Napoléon place son quartier général.

---

[1] Le 3ᵉ corps avait pris un équipage de pont à Naumbourg. Tous les corps d'armée avaient bien des pontonniers, mais pas d'équipage.

Ce même jour, averti qu'une colonne assez considérable est partie de Magdebourg sur Stettin, l'Empereur prend ses dispositions pour la couper. Cette colonne est celle du prince de Hohenlohe.

26 octobre. — Combat de Zednick. — Le prince de Hohenlohe avec les débris des forces prussiennes avait pu atteindre Magdebourg. Le 21 octobre, à l'approche de la cavalerie française, il se décide à continuer sa retraite vers le bas Oder en contournant Berlin par l'Ouest. Il forme 4 colonnes qu'il réduit à 2 le 26. Dès le 24, sa marche est éventée par les partis du général Savary.

Le 26 octobre, vers 1 h. 45, Murat apprend que Lasalle a trouvé l'ennemi à Zednick, que cet ennemi s'est retiré de l'autre côté de la rivière, a coupé le pont et paraît se diriger sur Templin. Immédiatement, Murat fait partir Grouchy avec 2 brigades de dragons, conserve la 3e et prévient Lannes de hâter sa marche.

Lasalle, avec sa brigade, a dû s'arrêter devant 4 régiments de cavalerie en bataille dans la petite plaine en arrière de Zednick. Dès qu'arrive la division Grouchy, Lasalle charge l'ennemi, le rejette dans le bois où la route forme un défilé de 4 kilomètres. Faute d'infanterie, on ne peut forcer le défilé. Les Prussiens se retirent pendant la nuit.

Le 27, à 7 heures du matin, Murat se porte sur Templin. Sa colonne marche dans l'ordre suivant : brigade Lasalle, 13e chasseurs, division Grouchy, division Beaumont; Murat marche en avant du 13e chasseurs.

Suivant les renseignements parvenus le 27, à 7 heures du matin, au grand quartier général de Charlottenbourg, Hohenlohe a :

« 12,000 à 15,000 hommes en bon ordre et 12,000 à 15,000 autres derrière en petites parties [1]. »

Pour appuyer la réserve de cavalerie, Napoléon dirige Bernadotte sur Gransee et Lannes sur Zednick.

« Il n'y a aucune espèce de doute que vous n'ayez aujourd'hui

---

[1] Lettre du Major général à Bernadotte.

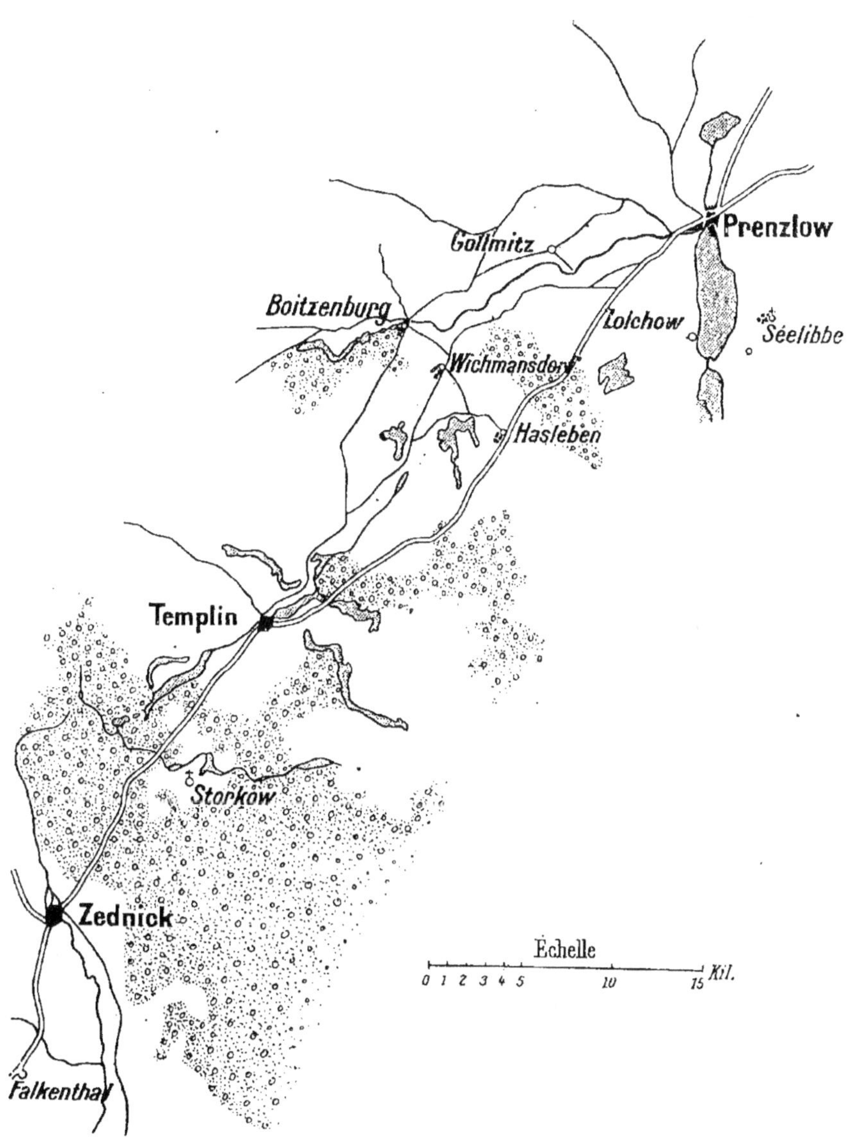

Prenzlow
Gollmitz
Boitzenburg
Wichmansdorf
Zolchow
Séelibbe
Hasleben
Templin
Storkow
Zednick
Echelle
0 1 2 3 4 5   10   15 Kil.
Falkenthal

débordé le prince de Hohenlohe, écrit le Major général à Murat, et avec les corps d'armée des maréchaux Lannes et Bernadotte vous avez plus qu'il ne vous en faut pour en faire bonne raison ; il est fâcheux que M. le maréchal Lannes n'ait pas couché à Falkenthal, comme il le pouvait.

« L'Empereur, Monseigneur, se fie sur votre activité ordinaire pour poursuivre vivement l'ennemi comme il compte sur votre prudence pour ne l'attaquer qu'en règle s'il se trouvait en force.

« L'ennemi se voyant débordé, il est à croire qu'il cédera pour vous échapper ; ayez donc soin de lui tenir toujours l'épée dans les reins.

« Le maréchal Bernadotte marche sur Gransee, le maréchal Lannes sur Zednick, ainsi vous avez deux corps d'armée à votre hauteur.

« L'Empereur espère que vous lui amènerez le prince de Hohenlohe et que dans quelques jours vous aurez tout son corps et le reste de l'artillerie et des bagages des Prussiens.

« Je vous envoie copie de la lettre que j'écris au maréchal Bernadotte. »

Napoléon fait gourmander Lannes par le Major général.

« L'Empereur est bien fâché que vous ayez si peu marché. Sa Majesté vous avait mandé que le prince de Hohenlohe avec les débris de son corps avait passé à Rathenow, Neustadt et vraisemblablement se portait sur Rheinsberg pour gagner Stettin ; si vous aviez pu coucher hier à Falkenthal, ou enfin, si vous marchiez aujourd'hui avec toute l'activité possible avec votre cavalerie légère afin de l'avoir disponible pour la jeter aux trousses de l'ennemi, il n'y a aucune espèce de doute que rien n'échappera du corps ennemi.

« Quant aux vivres, votre corps d'armée a pris hier à Spandau 12,000 rations de pain. Avec de la viande et des pommes de terre, on peut vivre pendant quelques jours lorsqu'il s'agit d'arriver à d'aussi grands résultats, tombez donc sur l'ennemi ; que vos troupes mangent le pain qu'il a fait faire ; ce pain sera plus savoureux pour vos braves que ne le serait de la brioche ; dites d'ailleurs à vos soldats que quand ils auront pris le prince de Hohenlohe, l'Empereur les fera relever aux avant-postes et les fera venir quelques jours à Berlin pour se refaire et se reposer. »

Revenons à Murat.

27 octobre. — Combat de Boitzenburg. — Arrivé à Tem-

plin vers midi, Murat apprend que l'ennemi semble avoir suivi la route de Boitzenburg. Il dirige le général Milhaud avec le 13e chasseurs et le régiment de dragons sur Boitzenburg et prend avec le gros de sa cavalerie la route de Prenzlow. De Wichmansdorf à 11 heures du soir, il envoie à l'Empereur le compte rendu suivant :

« Sire, ainsi que j'ai eu l'honneur de l'annoncer à Votre Majesté, la journée a été assez belle. De Templin, j'ai dirigé le général Milhaud avec le 13e chasseurs et 1 escadron de dragons sur Boitzenburg pour avoir des nouvelles de l'ennemi et faire couper le pont si la colonne prussienne n'avait pas encore passé. Je me suis dirigé moi-même avec le reste de la cavalerie sur Prenzlow. Arrivé à Hasleben, où je devais coucher, j'ai entendu du canon sur Boitzenburg. Pensant que l'ennemi voulait forcer le passage, ou qu'il se retirait sur cette route, je me suis porté rapidement avec 1 régiment de hussards et la division Grouchy sur Boitzenburg, laissant à Wichmansdorf 2 régiments de dragons pour conserver ma retraite et me soutenir. La division Beaumont était restée en position sur les hauteurs de Hasleben pour observer Prenzlow, jusqu'à ce que j'aie connu par moi-même la force des ennemis et quels pouvaient être leurs fronts. Le général Lasalle avait ordre de se porter sur Prenzlow avec 1 régiment.

« À peine ai-je été en bataille devant Boitzenburg, que l'ennemi qui était parvenu à forcer le 13e et l'escadron de dragons à évacuer le village et à quitter le pont *qu'ils avaient défendu pendant trois heures contre tout le corps du prince de Hohenlohe*, que l'ennemi, dis-je, a battu le pas de charge et a fait mine de charger sur moi. Quelques coups de canon l'ont arrêté. Pendant ce temps, le régiment des gendarmes prussiens avait manœuvré à la faveur de la nuit sur ma gauche et venait attaquer le village de Wichmansdorf qui se trouvait sur mes derrières ; je me suis porté sur ce régiment avec 3 régiments de dragons et je suis arrivé au moment où il voulait forcer le passage ; le charger, le culbuter dans un marais a été l'affaire d'un moment et ce corps, se voyant sur le point d'être jeté dans les lacs, a demandé à capituler. Si l'infanterie de Lannes eût pu arriver, l'ennemi n'aurait pas forcé le passage et le prince de Hohenlohe aurait pu être forcé de capituler. J'attends l'infanterie, et si elle arrive avant minuit, j'espère pouvoir reprendre le village. Je vais de nouveau demander à M. le maréchal Lannes d'être rendu demain de très bonne heure auprès de moi et nous attaquerons l'ennemi s'il n'a pas effectué sa retraite ou je marcherai vigoureusement sur ses derrières ; cependant, je ne le crois pas assez déterminé pour oser passer, et j'espère demain avoir bon marché du prince de Hohenlohe ; toute cette affaire s'est passée au clair de lune. C'est l'avant-garde de l'armée ; il n'est encore passé personne [1]. »

En fait le 5e corps n'avait encore à 11 heures du soir que 3,000 hommes à Templin, son gros était à Zednick.

Lannes, parti de Spandau le 26 au matin pour Oranienburg, y arriva probablement le 27 vers 2 heures, après une marche de 24 heures. Il y reçut bientôt l'appel de Murat et prit ses dispositions pour lui envoyer quelque infanterie.

« Sire, écrit Lannes à l'Empereur, le grand-duc de Berg vient de m'écrire qu'il avait rencontré l'ennemi en avant de Zednick. Il me demande de le faire soutenir par de l'infanterie ; comme le 5e corps d'armée est très fatigué par le manque de subsistances, j'ai rassemblé tous les voltigeurs que j'ai joints au

---

1 Le rapport ci-après du chef d'escadron Delaas, sur ce combat de Boitzenburg, montre ce que peut faire une cavalerie vigoureuse.

« Après avoir exécuté les ordres qui m'avaient été donnés pour l'occupation de Templin, j'ai été détaché avec 100 dragons des 10e et 11e pour passer sous le commandement de M. le général de brigade Milhaud. A 2 heures du soir, Boitzenburg fut occupé, on y prit les officiers de logement du corps du prince de Hohenlohe. Le général Milhaud me donna deux pelotons de chasseurs à cheval du 13e régiment et m'ordonna de m'emparer du pont avec mes dragons.

Nos troupes et celles des ennemis s'étant présentées ensemble pour occuper le pont, on combattit et le pont resta en notre possession. Nous avons continué de l'occuper jusqu'à 6 heures du soir. L'ennemi fort de 8,000 à 10,000 hommes d'infanterie, de plusieurs escadrons de cavalerie, soutenus par le feu de 10 pièces de canon, tenta plusieurs fois, mais vainement de nous déloger de notre position.

A l'entrée de la nuit, le général Milhaud reprit le 13e de chasseurs et me fit dire de suivre son mouvement. La retraite fut exécutée au pas.

Les dragons conservèrent une partie du village. Notre artillerie s'étant fait entendre (l'artillerie de la division de dragons de Grouchy), ils essayèrent de le reprendre à coups d'épée ; mais l'infanterie prussienne s'était déjà logée dans les jardins et le cimetière, de sorte que la charge, quoique vive et impétueuse, ne put avoir le succès qu'on s'était proposé. Plusieurs chasseurs furent tués ou mis hors de combat. »

17e d'infanterie légère avec 6 pièces de canon, ce qui fera une colonne de 2,000 et quelques cents hommes. Cette colonne partira ce soir à 9 heures après un peu de repos et sera au point du jour à Falkenthal. Demain, au point du jour, la 1re brigade du général Suchet partira également pour se rendre sur ce point et tout mon corps d'armée successivement par échelon. »

C'est cette colonne de près de 3,000 hommes qui était à Templin le 27 à 11 heures du soir.

28 octobre. — Combat de Prenzlow. — Dans la matinée du 28, Murat arrivait devant Prenzlow. Bien que n'ayant que la brigade Lasalle et les divisions Grouchy et Beaumont, il somme Hohenlohe de se rendre. Hohenlohe, voyant ses troupes sans vivres, exténuées par une marche ininterrompue de 32 heures, incapables de soutenir un combat sérieux, essaie de parlementer pour gagner du temps. Mais Murat veut qu'il capitule et lui annonce l'arrivée prochaine de Lannes. Hohenlohe hésite. Murat prescrit alors à Lassalle d'attaquer les faubourgs, à Grouchy de se porter sur le flanc gauche de la colonne ennemie, à Beaumont de tourner la ville pour couper la retraite.

Après un court engagement, pendant lequel Lannes est arrivé de sa personne, Hohenlohe envoie son chef d'état-major à Murat. Apercevant Lannes près de Murat, l'officier prussien ne doute plus de la présence du 5e corps ; son rapport décide Hohenlohe à capituler avec 16,000 fantassins, 6 régiments de cavalerie, 64 canons et 45 drapeaux.

Le général Milhaud avec 600 cavaliers avait rejoint à Passewalk la 2e colonne prussienne comprenant 6,000 hommes dont 1800 cavaliers, et l'avait décidée à mettre bas les armes.

Voici en quels termes Murat rendit compte à l'Empereur.

« Sire, les ordres de Votre Majesté sont exécutés. Le prince de Holenlohe est en mon pouvoir ainsi que son corps d'armée. Comme je l'avais prévu, il avait manœuvré par ma gauche, et s'était porté sur Prenzlow après avoir marché toute la nuit. Me doutant du mouvement, j'avais ordonné au général Lasalle de se rendre dans la nuit à Prenzlow, les deux têtes de colonne sont arrivées ensemble à cette ville ; les hussards ont dû faire les honneurs et laisser passer la colonne prussienne.

« A 6 heures du matin, j'étais en marche avec toute la cavalerie pour appuyer le général Lasalle. Le général Milhaud suivait l'ennemi avec le 13e de chasseurs et le 9e de dragons ; j'étais à deux heures de Prenzlow lorsque le général Lasalle m'a fait prévenir du mouvement de l'ennemi et de sa position ; j'ai hâté ma marche et dès 9 heures je découvrais la marche de l'armée prussienne. J'ai ordonné au général Lasalle d'arriver sur le faubourg et d'attaquer. Je le faisais soutenir par 6 bouches à feu et par la division Grouchy et par 3 régiments de la division Beaumont. Le général Beaumont, mon aide de camp, a eu ordre de passer le pont au village de Gollmitz avec une brigade de dragons de la division Beaumont pour aller menacer et attaquer les derrières et le flanc de l'ennemi. Pendant ce temps, un parti reconnaissait si l'on pouvait se porter par ma droite de Zolchow sur Seelibbe afin de tourner la ville.

« L'attaque a commencé ; la canonnade s'est engagée de part et d'autre d'une manière très vive, l'artillerie de Votre Majesté a fait taire le feu de l'artillerie ennemie et l'a forcée de se retirer ; de position en position, nous étions arrivés auprès du faubourg ; voyant que la colonne était sur le point de m'échapper, j'ai fait passer à un gué la brigade du général Boussard et j'ai ordonné au général Grouchy de charger à sa tête sur les ennemis, ce qu'il a exécuté avec une intrépidité inconcevable ; il a culbuté l'infanterie, la cavalerie, a pris 18 pièces de canon, et allait entrer pêle-mêle dans la ville avec les Prussiens, lorsqu'on a fermé les portes ; tout ce qui se trouvait de ce côté a été pris. J'ai fait venir du canon et envoyé le général Belliard pour sommer le prince de Hohenlohe. Pendant ce temps, les dragons ont enfoncé la porte de Stettin et allaient déboucher sur l'ennemi lorsque ce prince a consenti à déposer les armes.

« Les officiers sont prisonniers de guerre, conservent leur épée et leurs bagages et peuvent retourner chez eux jusqu'à l'échange ; les troupes ont déposé les armes, sont prisonnières de guerre, renvoyées en France. 16,000 hommes d'infanterie et 6 régiments de cavalerie ont défilé devant la cavalerie de Votre Majesté.

« Sire, 16,000 hommes d'infanterie, 6 régiments de cavalerie, 60 pièces de canon, 60 drapeaux, les princes Auguste-Ferdinand, Hohenlohe, Tauenzien et plusieurs autres officiers généraux sont le résultat de cette brillante journée. Je désire, Sire, avoir rempli les intentions de Votre Majesté et l'avoir convaincue de mon amour et de mon zèle pour son service. »

Murat omettait de dire que c'était l'approche des premières troupes d'infanterie du 5° corps et la présence de Lannes qui avaient déterminé Hohenlohe à capituler. Lannes se plaignit vivement à Murat de son omission et fit ressortir dans sa lettre à l'Empereur la part qui revenait au 5° corps dans la prise de la colonne du prince de Hohenlohe.

« J'ose dire que la prise de cette colonne est due en grande partie aux marches forcées de l'infanterie et à sa présence à Prenslow. Le prince Hohenlohe avait envoyé son chef d'état-major pour s'assurer si nous étions là ; il a marqué le plus grand étonnement en me voyant, et il m'a dit que puisque mon corps d'armée était sur les flancs, ils n'avaient autre chose à demander qu'une capitulation honteuse, mais qu'ils comptaient sur la générosité française. »

Voici d'ailleurs la marche du 5° corps[1].

Le 26, il fait 24 kilomètres de Spandau à Orianenburg. L'avant-garde, 3,000 hommes d'infanterie légère, repart à 10 heures du soir après un repos de sept à huit heures et arrive le 27 à 9 heures du matin à Zednick, ayant mis onze heures dont huit de nuit pour faire 28 kilomètres ; il est probable que le maréchal Lannes fit faire un repos vers 4 ou 5 heures du matin à Falkenthal. Après un repos de cinq heures l'avant-garde quitte Zednick probablement vers 2 heures de l'après-midi et arrive à 7 heures du soir à Templin, marche de 20 kilomètres. Elle se remet en route vers 11 heures du soir; à 4 heures du matin elle est à Boitzenburg, marche de nuit de 17 kilomètres. Elle repart presque immédiatement, probablement vers 5 heures et arrive à Prenslow à 9 heures, marche de 16 kilomètres.

Ainsi, l'avant-garde, composée il est vrai de troupes d'élite (17° d'infanterie légère, tous les voltigeurs du corps d'armée et 6 pièces de canon), avait parcouru sans s'arrêter au moins 105 kilomètres en 50 heures ; elle avait fait trois longs repos : le premier de huit heures, le second de cinq heures et le troi-

---

[1] Foucart.

sième de quatre heures, et avait terminé par une marche de 33 kilomètres parcourus la nuit[1].

Le corps d'armée avait fait 104 kilomètres en 60 heures. Cette rapidité de marche stupéfiait les généraux prussiens. « Quand les Prussiens font 6 à 8 lieues par jour, ils croient avoir tout fait, écrivait Lannes à Napoléon, et leurs généraux ne veulent pas croire que nous fassions 12 à 15 lieues par jour. »

L'artillerie avait été, en l'absence de l'infanterie, d'un puissant secours à la cavalerie, comme en témoigne le rapport ci-après du général Ruty au général Songis :

« L'artillerie de la 3e division de dragons commandée par le capitaine Churland, ayant par son feu jeté le désordre dans une colonne ennemie qui cherchait à se retirer dans la ville, donna à la cavalerie française le moyen de charger cette colonne, de la culbuter et d'entrer dans la ville où l'on prit 8 pièces d'artillerie dont plusieurs se trouvèrent démontées. Au delà de la ville, un bataillon carré de Prussiens commandé par le prince Auguste arrêtant le mouvement de la cavalerie, le capitaine Churland s'y porta avec sa batterie et fit canonner à mitraille le bataillon carré, qu'il força d'abord à un mouvement rétrograde et enfin à mettre bas les armes. »

D'autres exemples de poursuites donneraient également d'utiles enseignements : poursuite de l'armée de Kutusof en 1805, poursuite de l'armée de l'archiduc Charles sur Znaïm après Wagram.

Telle est la technique de la manœuvre sur les derrières dont l'objet est de terminer la guerre d'un seul coup, de façon à éviter les pertes d'une longue campagne. Par la désagrégation

---

[1] De son côté, l'infanterie du 1er corps avait fait 120 kilomètres en 59 heures.

26, de 6 heures du matin.........	40 kilom......	40 kilom.
27, de 6 h. 1/2 du matin à midi...	22 kilom.	
de 3 heures à 10 heures du soir.	22 kilom.	44 kilom.
28, de 1 heure du matin.................		35 kilom.
	Total............	119 kilom.
29, de 5 heures du matin..................		35 kilom.

et la démoralisation préalables de l'ennemi, elle dispense nos soldats d'efforts coûteux, mais elle exige du général en chef des qualités singulières d'imagination dans sa conception, de prévoyance dans sa préparation ; et, dans son exécution, un rare sang-froid et une extraordinaire énergie.

CHAPITRE V

REVUE SOMMAIRE DES PRINCIPALES MANŒUVRES SUR LES DERRIÈRES

Campagne de 1796-1797 [1]. — La coalition comprend l'Angleterre, l'Autriche et la Sardaigne. Le Directoire forme trois armées : de Sambre-et-Meuse sous Jourdan, de Rhin-et-Moselle sous Moreau, d'Italie sous Bonaparte ; il leur donne Vienne comme objectif commun. L'Italie ne doit être qu'un théâtre secondaire ; le génie de Bonaparte en fera le théâtre décisif.

Italie. — Maîtres des crêtes de l'Apennin par la campagne de 1795, nous avons, de Nice à Loano, l'armée d'Italie (45,000 hommes) et à sa gauche l'armée des Alpes (20,000 hommes sous Kellermann). Les Autrichiens et les Sardes tiennent les pentes septentrionales. Lès Sardes ont 50,000 hommes sur pied : 10,000 dans les places, 20,000 hommes devant chacune de nos armées des Alpes et d'Italie. Les Autrichiens, en cantonnements vers Alexandrie, peuvent amener 30,000 hommes sur l'Apennin.

PREMIÈRE PÉRIODE : PREMIER ACTE. — Bonaparte débute par une campagne sur position centrale. Nous l'étudierons plus loin. Elle se termine par la mise hors jeu des Sardes qui signent un armistice de 20 jours à Chérasco.

---

[1] Je ne donnerai de chaque manœuvre que les traits essentiels ; le lecteur se reportera au Précis des Campagnes pour le détail des opérations.

Deuxième acte. — Les Autrichiens se sont arrêtés derrière le Mincio à Valenza ; leur ligne de communication est sur Mantoue (place forte) et de là sur le Tyrol [1].

L'armistice de Chérasco donne à Bonaparte vingt jours pour écraser les Autrichiens ou tout au moins les pousser assez loin des Sardes pour que ceux-ci, isolés, soient réduits à accepter les conditions du Directoire ; c'est à une manœuvre sur les derrières que Bonaparte a recours.

Manœuvre de Lodi. — Son plan est, par une rapide marche de flanc sur la rive droite du Pô, de porter son armée à Plaisance, d'y passer le Pô et de gagner l'Adda, qui sera sa ligne de barrage sur les derrières des Autrichiens.

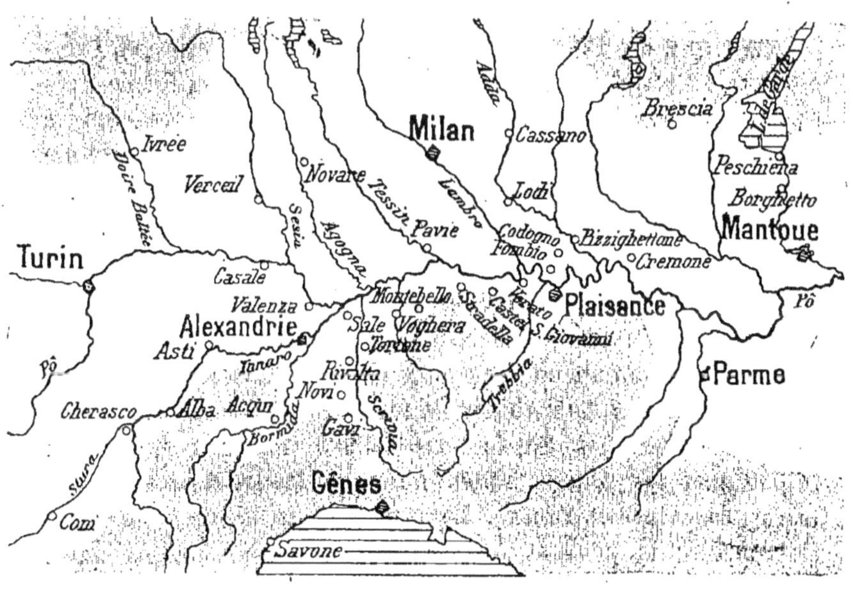

La manœuvre comporte : 1° des démonstrations de passage devant Valenza pour y retenir les Autrichiens ; 2° une marche de flanc sur Plaisance ; 3° l'établissement d'un barrage stratégique sur l'Adda.

---

[1] Le Frioul, appartenant alors à la République de Venise, leur était fermé.

Les *démonstrations* devant Valenza sont effectuées par Augereau qui tient la tête de notre colonne, puis par Masséna, puis enfin par Serurier qui ferme la marche. Pour mieux abuser les Autrichiens, Bonaparte s'est fait octroyer par les Sardes libre passage à Valenza. Beaulieu se laisse tromper. La *marche de flanc sur Plaisance* est couverte par le Pô contre les coureurs et les espions autrichiens, et aussi contre les attaques possibles de Beaulieu.

Bonaparte a choisi Plaisance comme point de passage parce qu'il s'y trouve un pont de bateaux permanent et que, par ses ressources, cette ville pourra, le passage effectué, servir de centre d'opération à l'armée. La distance de Plaisance à Valenza était suffisante pour qu'on pût espérer gagner sur Beaulieu le temps nécessaire au passage[1]. Notre ligne de communication est formée par les places de Coni, Mondovi, Ceva, Chérasco, Alexandrie, Tortone.

Bonaparte a choisi comme ligne de barrage l'Adda. Les lignes de retraite de Beaulieu sont vers Mantoue ou le Tyrol. Vers Mantoue par Pavie, Pizzighettone[2] ou Lodi, sur le Tyrol par Milan et Brescia. A Plaisance, nos troupes seront à faible distance de Pizzighettone, mais assez loin de Lodi et de Cassano.

Des retards imprévus dans notre marche, tenant en particulier au mauvais état des chaussures, permirent à Beaulieu de repasser l'Adda, moitié à Lodi, moitié à Cassano ; mais il est définitivement séparé des Sardes qui se résignent à faire la paix aux conditions du Directoire.

TROISIÈME ACTE. — Bonaparte a dès lors toute liberté contre Beaulieu. Le général autrichien s'est établi derrière le Mincio et y a reçu des renforts ; il appuie sa droite à Peschiera, ville vénitienne qu'il a occupée, son centre à Vallegio et à Borghetto, sa gauche à Goïto, sa réserve à Villafranca.

---

[1] En passant le Pô à Crémone, Bonaparte aurait plus sûrement devancé les Autrichiens sur leurs lignes de retraite de Lodi et de Cassano, mais il eût donné à Beaulieu la possibilité d'utiliser l'Adda comme barrière contre nous et de faire rentrer les Sardes dans la lutte. En passant le Pô près de Pavie vers Belgiojoso par exemple, il eût atteint plus rapidement l'Adda, mais Beaulieu aurait pu nous surprendre en flagrant délit de passage.

[2] Petite place aux Autrichiens.

Manœuvre de Castelnovo. — Le plan de Bonaparte consiste, après avoir attiré Beaulieu hors du rayon de Mantoue par une menace sur sa ligne de retraite du Tyrol, c'est-à-dire vers Castelnovo, à le prendre dans la vallée de l'Adige.

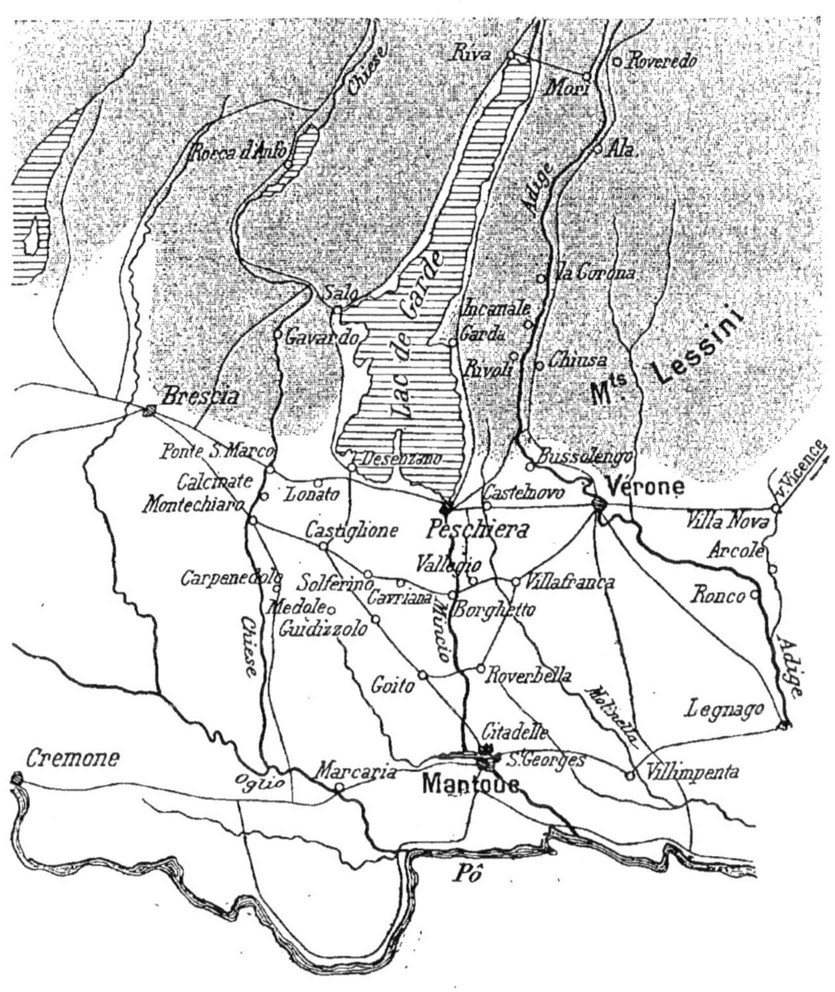

La nécessité de couper à la fois à Beaulieu sa retraite sur le Tyrol et sur Mantoue, et l'étroit rayon où doivent se passer les opérations augmentent singulièrement les difficultés de la manœuvre.

Le 27, de Brescia, Bonaparte dirige une brigade sur Salo,

comme s'il voulait y traverser le lac de Garde ou passer au nord
du lac par Riva.

Le 30, tandis qu'Augereau vers Peschiera et Serurier vers
Goïto attirent l'attention des Autrichiens, notre gros force le passage du Mincio à Borghetto [1]. L'ennemi semble nous attendre en
bataille entre Vallegio et Villafranca. Dès ce moment Beaulieu
est coupé de Mantoue ; il reste à le prendre. Augereau vient
passer le Mincio à Borghetto [2], puis remonte le fleuve pour
atteindre Castelnovo sur les derrières des Autrichiens ; afin de
masquer ce mouvement, Bonaparte fait canonner le village de
Vallegio. Mais Beaulieu instruit du mouvement d'Augereau se
met en retraite, trouve bientôt un refuge derrière l'Adige et
gagne le Tyrol par la rive gauche. Si Beaulieu n'est pas pris,
Mantoue est isolée ; Bonaparte essaie contre la place une attaque
brusquée. Il échoue ; il est réduit à la bloquer en attendant la
constitution d'un parc de siège. Trop faible pour, à la fois, poursuivre Beaulieu en Tyrol et faire le siège de Mantoue, Bonaparte
atteint le point-limite de son offensive ; il s'établit en attente
stratégique sur l'Adige.

Deuxième période : Premier acte. — Wurmser a remplacé
Beaulieu, il descend avec son gros la vallée de l'Adige tandis que
Quasdanovisch marche par l'ouest du lac de Garde sur Brescia.
La situation est grave, Bonaparte a recours à des manœuvres
sur position centrale [3]. Elles aboutissent à la victoire de Castiglione après laquelle Bonaparte, à bout de force, ne peut empêcher Wurmser de rentrer en Tyrol.

Deuxième acte. — **Manœuvre de Bassano.** — Pour attirer
Wurmser hors du Tyrol, et s'en débarrasser, Bonaparte combine
la manœuvre de Bassano. Laissant Kilmaine en observation sur
l'Adige au-dessous de Vérone pour couvrir nos derrières et le

---

[1] Bonaparte ne peut envoyer son gros comme dans la manœuvre de Lodi sur
la ligne de retraite du Tyrol, puisqu'il doit aussi être en mesure de couper
Beaulieu à Mantoue.

[2] La nécessité pour Augereau de venir passer le Mincio à Borghetto, par
suite de l'existence d'une place forte à Peschiera, retarde sa marche sur Castelnovo.

[3] Elles seront étudiées plus loin. Voir : Manœuvre sur position centrale.

siège de Mantoue, il entrera en Tyrol comme s'il voulait rejoindre Moreau à ce moment près d'Insprück. Il prévoit que Wurmser, à la nouvelle de ce mouvement, accourra sur Mantoue en descennant la Brenta pour ravitailler la place et se jeter ensuite sur nos communications.

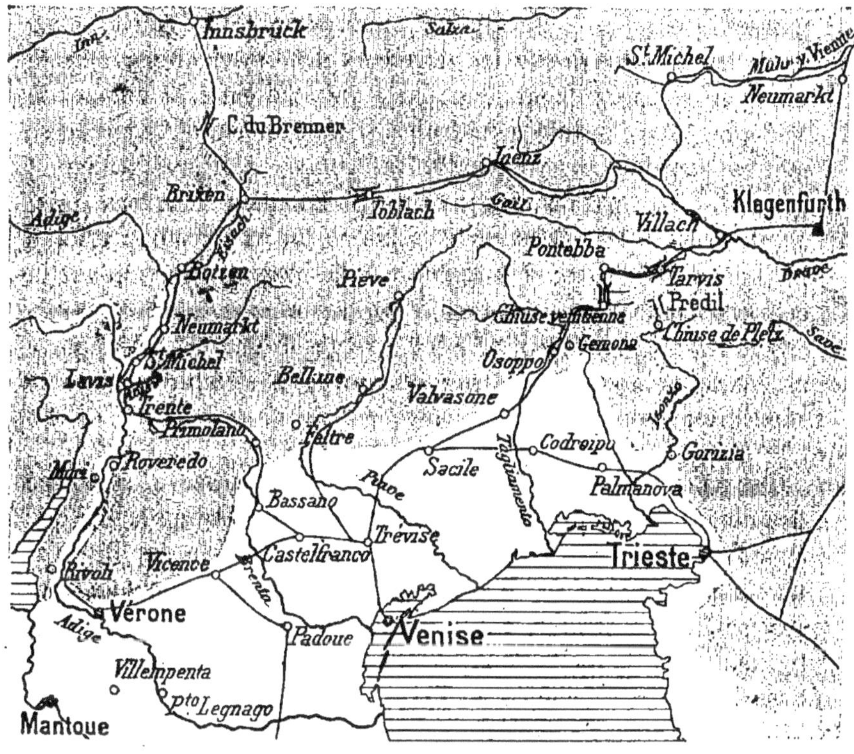

Mais, tandis que Kilmaine l'arrêtera sur l'Adige, Bonaparte descendant lui aussi la Brenta viendra se jeter sur les derrières des Autrichiens, les coupant de Trieste leur centre d'approvisionnement. Il ne doute pas qu'à cette menace Wurmser ne se mette immédiatement en retraite, lui donnant l'occasion de l'accabler en flagrant délit.

Tout se passa comme Bonaparte l'avait prévu ; les divisions autrichiennes surprises sont écrasées séparément. Wurmser se voyant barrer la route de Trieste fuit vers Mantoue. Un singulier malentendu lui ouvre le passage de l'Adige à Legnago ;

il peut atteindre Mantoue, il n'est pas pris ; mais il est en cage.

Rivé de nouveau à Mantoue où est enfermé Wurmser, Bonaparte reprend son *attente stratégique* sur l'Adige.

TROISIÈME ACTE. — L'Autriche forme une nouvelle armée qui descend en deux colonnes sur Mantoue. Davidovich par la vallée de l'Adige, Alvinzi avec le gros par la route de Vicence. Les deux généraux doivent se réunir à Vérone pour marcher sur Mantoue. Profitant de sa position centrale, Bonaparte fait contenir Davidovich sur la Corona par Vaubois et se porte contre Alvinzi. Il échoue à Caldiéro, ramène ses troupes sur Vérone et imagine alors la manœuvre d'Arcole sur les derrières d'Alvinzi.

Manœuvre d'Arcole[1]. — En venant sur Caldiéro, Alvinzi a décelé l'intention de faire sa jonction avec Davidovich par la route de Vérone ; mais il lui faut préalablement enlever cette place. L'idée de Bonaparte, c'est de le laisser pénétrer avec toute son armée dans la nasse formée par l'Adige et les monts Lessini et dont Vérone ferme le fond. Alors, par une marche de nuit couverte par l'Adige, il viendra, après avoir passé le fleuve sur un pont de bateaux improvisé à Ronco, fermer sur l'Alpone, à Villanova, la retraite aux Autrichiens.

S'ils veulent s'ouvrir un passage, les marais et les montagnes qui resserrent la route en ce point de Villanova leur enlèveront l'avantage que leur donnerait ailleurs leur supériorité numérique.

La marche de nuit et le passage de l'armée à Ronco s'effectuent sans encombre. Comme aucun chemin ne conduit à Villanova par la rive droite de l'Alpone, il faut, pour atteindre ce point, passer à Arcole sur la rive gauche de la rivière. Or le passage est vivement défendu[2].

Alvinzi, averti du danger qui le menace, se hâte de faire refluer

---

[1] Serait mieux dénommée : « Manœuvre de Villanova ». La ligne de barrage stratégique est ici l'Alpone.

[2] En suivant la rive gauche de l'Alpone, Bonaparte eut évité le passage de vive force à Arcole. Mais il eut risqué de voir Alvinzi utiliser contre lui l'Alpone comme ligne de défense et pendant ce temps enlever Vérone et faire sa jonction avec Davidovich sur les derrières de l'armée française.

son armée au delà de Villanova. Le pont d'Arcole ne tombe en notre pouvoir qu'à 7 heures du soir lorsque Guieu, envoyé par Albaredo sur l'autre rive, arrive à hauteur d'Arcole.

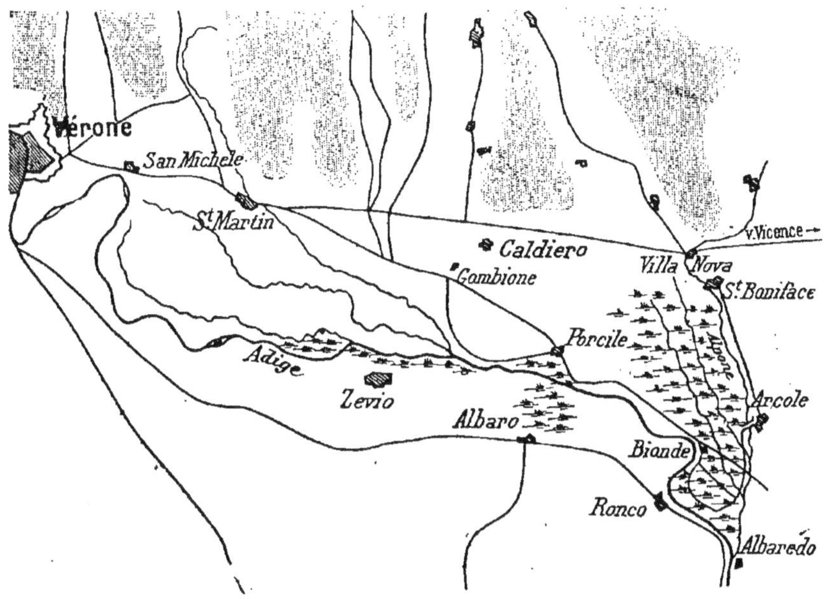

Le lendemain 16, on se bat à égalité sur les digues de la rive droite de l'Alpone ; le 17, Alvinzi ramène toutes ses forces sur la rive gauche où Bonaparte l'attaque et le bat. Alvinzi se met en retraite.

Manœuvre de Dolce. — Bonaparte peut alors se reporter contre Davidovich qui, poussant devant lui Vaubois, s'est avancé jusqu'à Castelnovo. Tandis qu'il l'attaque de front, il envoie Augereau sur Dolce pour lui couper la retraite. Mais Davidovich échappe. Alvinzi se met définitivement en retraite.

Quatrième acte. — Des deux côtés on reforme les armées. Bonaparte, toujours lié au blocus de Mantoue, ne peut que reprendre son attente stratégique. Cette attente stratégique se résout par la victoire de Rivoli [1].

---

[1] Voir plus loin : Manœuvre sur position centrale.

Troisième période : **Marche sur Vienne**. — L'Autriche forme une nouvelle armée et en donne le commandement à son meilleur général, l'archiduc Charles. Bonaparte, ayant reçu lui-même quelques renforts, prend la route de Vienne par le Frioul et les Alpes Carniques. Différentes manœuvres sont tentées par lui sur les derrières de l'archiduc ; elles n'aboutissent pas à la capture de l'armée autrichienne, mais elles amènent sa retraite sur Vienne, et, le 18 avril 1797, des préliminaires de paix sont signés à Léoben.

En résumé, dans cette campagne, début de Napoléon dans la carrière de général en chef, nous comptons quatre *manœuvres sur les derrières* dans leur entier développement, formant chacune la trame d'un acte distinct : Lodi, Castelnovo, Bassano, Arcole. D'autres font partie intégrante des opérations sur position centrale de Dégo, Mondovi, Castiglione, Dolce et de la marche sur Vienne.

Ces quatre manœuvres capitales de Lodi, Castelnovo, Bassano, Arcole, Bonaparte a dû les improviser dans des conditions extrêmement défavorables, avec des effectifs insuffisants : à Lodi, il fallait atteindre l'Adda par une marche parallèle difficile à cacher bien longtemps à Beaulieu ; à Castelnovo, il fallait couper Beaulieu à la fois du Tyrol et de Mantoue. Quelle audace n'a-t-il pas fallu pour oser entreprendre la manœuvre de Bassano et quelle force de caractère pour tenter la manœuvre d'Arcole ?

Aucune de ces manœuvres n'a atteint son plein effet : la capture de l'adversaire. Chaque fois il s'en est manqué de peu : à Lodi, du mauvais état des chaussures qui retarde la marche ; à Bassano, de l'inadvertance d'un sous-ordre qui ouvre à Wurmser le passage de Legnago ; à Arcole, d'une défaillance passagère des soldats d'Augereau qui empêche Bonaparte d'arriver à temps à Villanova.

Alors même que ces manœuvres ne donnent pas leur plein effet, elles procurent des résultats immenses. Par celle de Lodi, les Sardes, séparés définitivement des Autrichiens, sont réduits à traiter ; par celle de Castelnovo, Beaulieu est forcé de rentrer dans le Tyrol, Mantoue est isolé ; par celle de Bassano, Wurmser est enfermé dans Mantoue, ses divisions dispersées ; Arcole sauve notre armée.

Mais qu'est-ce encore que ces résultats matériels à côté de l'effet moral produit par ces triomphantes manœuvres sur les troupes autrichiennes ?

S'il a fallu les ajouter les unes aux autres pour amener la paix, c'est que, sur ce théâtre secondaire d'Italie, chacune des défaites infligées aux Autrichiens n'atteignait qu'une faible portion de leurs forces totales et pouvait être facilement réparée.

Campagne de 1800. — Premier Consul, libre de répartir suivant ses idées les forces de la République, Bonaparte prend l'Allemagne comme théâtre principal, l'Italie comme théâtre secondaire [1]. 120,000 hommes commandés par Moreau sont rassemblés vers Bâle, derrière le Rhin, face aux forces autrichiennes de Kray cantonnées aux sources du Danube.

C'est une manœuvre sur les derrières que Bonaparte propose à Moreau. Après des démonstrations devant Bâle pour y attirer Kray, Moreau, remontant la rive gauche du fleuve avec ses 120,000 hommes, franchirait le Rhin à Schaffhouse et se jetterait entre les Autrichiens et leurs magasins. Rappelés en arrière par cette brusque offensive et assaillis en flagrant délit de retraite, les Autrichiens seraient anéantis :

> « En jetant quatre ponts à la fois à la hauteur de Schaffhouse, toute l'armée française passerait en vingt-quatre heures, arriverait sur Stockach et culbuterait la gauche de l'ennemi, prendrait *par derrière* tous les Autrichiens placés entre la rive droite du Rhin et les défilés de la Forêt-Noire. [2] »

Mais Moreau s'effraie de ce plan, le refuse et Bonaparte, perdant l'espoir d'une victoire décisive en Allemagne, se résout à chercher lui-même cette victoire en Italie. A Moreau, il ne demande que deux choses : éloigner les Autrichiens de la Suisse et lui envoyer Lecourbe avec 25,000 hommes.

---

[1] Suivant les principes de son Mémoire de 1794 : « C'est l'Allemagne qu'il faut accabler ; cela fait, l'Espagne et l'Italie tombent d'elles-mêmes. »

[2] Napoléon, Correspondance, t. XXX, p. 399. — Campagne de 1800.

Manœuvre de la Stradella. — Conception. — En Italie, les Autrichiens ont 120,000 hommes sous Mélas ; nous les 40,000 hommes de la petite armée de Ligurie qui sous Masséna, autour de Gênes, vont servir d'appât aux Autrichiens.

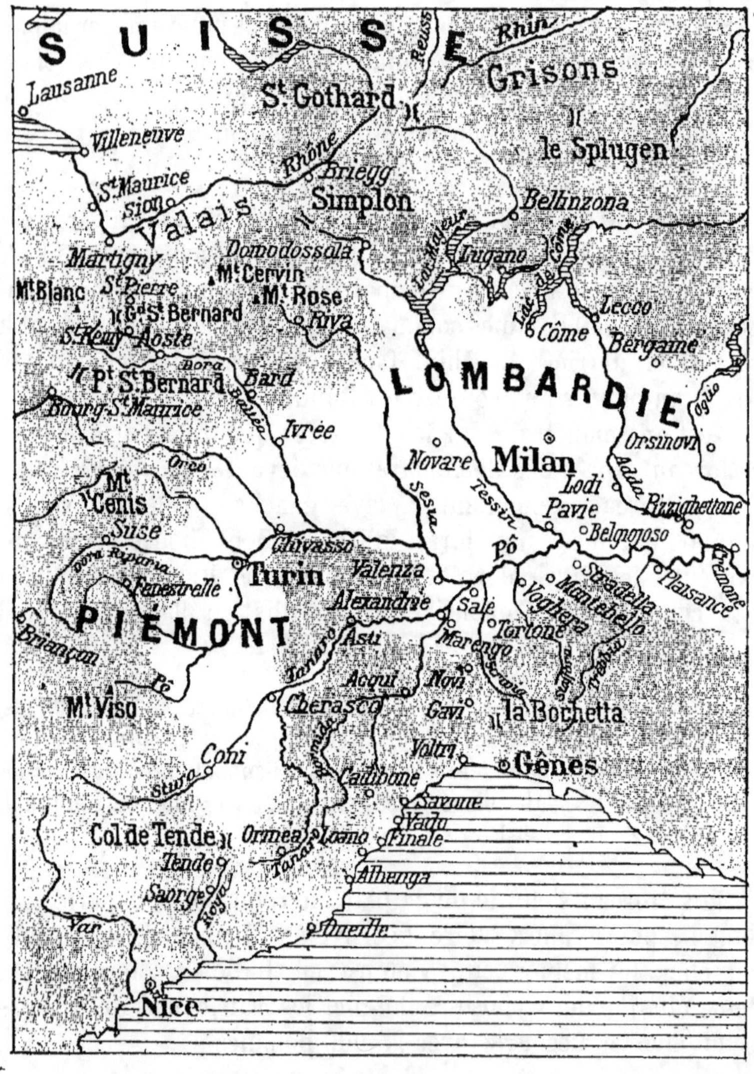

Engagée vers Gênes, l'armée autrichienne aura sa ligne de retraite naturelle sur Plaisance et Mantoue. Or, aux environs de la Stradella, la grande route de Gênes à Plaisance, serrée par les Apennins contre le Pô, forme un défilé de plusieurs lieues. En portant inopinément à la Stradella son armée, armée de nouvelle formation dite armée de réserve, le Premier Consul rappellera Mélas brusquement en arrière et l'obligera, pour se rouvrir sa retraite, à forcer ce défilé[1]. Dans cette opération, la supériorité des Autrichiens ne leur sera d'aucune utilité. Si Mélas essaie de fuir par la rive gauche du Pô ou par les mauvais chemins qui, de la rivière de Gênes, conduisent à travers l'Apennin sur Plaisance et Mantoue, quelques détachements l'arrêteront et donneront à Bonaparte le temps d'accourir.

Comment atteindre sans encombre la Stradella? Bonaparte voulait s'y porter par le Saint-Gothard en prenant sa ligne sur la Suisse dont Moreau doit éloigner Kray. Mais, tandis que Moreau tarde à entamer ses opérations, Mélas assaille l'armée de Ligurie, la coupe en deux, rejette Suchet sur le Var et Masséna dans Gênes, sans approvisionnements. Bonaparte décide alors de passer au plus court par le Grand-Saint-Bernard, malgré l'inconvénient de déboucher plus près des Autrichiens et d'avoir à faire une marche de flanc pour gagner la Stradella. Comme, en 1796, il a tourné les Grandes Alpes par Carcare, il espère que Mélas ne voudra croire à cette entreprise extraordinaire de leur traversée dans la neige qu'au moment où notre armée sera déjà en Italie. Thurreau avec ses 3,000 hommes contribuera, par des démonstrations au Mont-Cenis, à abuser le général autrichien.

Mélas a 120,000 hommes. L'armée de réserve compte 40,000 hommes ; elle en aura 65,000 après la jonction de Lecourbe. Masséna retiendra au moins devant lui un effectif d'Autrichiens égal au sien, soit 40,000 hommes. On sera donc 65,000 Français contre 80,000 Autrichiens. Mais l'armée française, une fois à la Stradella, n'aura pas à se préoccuper de son infériorité numérique; et si l'artillerie et les munitions sont retardées au passage des Alpes, on trouvera en Lombardie les parcs autrichiens. Dans leur marche vers la Stradella, nos troupes vivront sur le pays; une fois réunies à la Stradella, elles vivront sur les maga-

---

[1] « Si l'ennemi voulait rouvrir ses communications, c'était par la Stradella qu'il fallait qu'il passât et qu'il marchât sur le ventre de l'armée française. » Napoléon : Campagne de 1800.

sins formés à Plaisance par les Autrichiens. Cette place sera notre centre d'opérations. La ligne de communications de l'armée sera par le Saint-Gothard.

Par-dessus tout, Bonaparte compte sur son génie, sur l'effet moral, sur les fautes de l'ennemi.

Opérations. — Le 25 avril, Moreau entre enfin en campagne et, par la victoire de Stockach, rejette Kray loin de la Suisse. Le 9 mai, commence le prodigieux passage des Alpes; mais le 16 on se heurte au petit fort de Bard insuffisamment reconnu et qui intercepte complètement la vallée. On tente de l'enlever, on échoue; l'infanterie et la cavalerie tournent le fort par de mauvais sentiers; l'artillerie, sauf les six pièces de l'avant-garde passées par surprise, est arrêtée jusqu'à la reddition du fort, le 1er juin. Par bonheur, Mélas s'est laissé abuser.

Pour attirer et retenir Mélas vers Turin, Bonaparte dirige Lannes et l'avant-garde droit sur Chérasco tandis qu'il gagne, avec son gros, Milan, où doit le rejoindre Lecourbe avec ses 25,000 vieux soldats. Mais Moreau ne lui a envoyé que Moncey et 18,000 hommes tirés de tous les corps.

Le 2 juin, l'armée entre à Milan sans avoir rencontré de résistance sérieuse.

Pour établir son barrage stratégique, Bonaparte envoie, *au sud du Pô*, sur Plaisance, notre futur centre d'opérations, Murat avec sa cavalerie et la division Boudet. A Plaisance, Murat barrera la retraite aux Autrichiens s'ils essaient de regagner Mantoue par les mauvais chemins de l'Apennin. *Au nord du Pô et vers l'Est*, il s'assure de la ligne de l'Oglio en faisant enlever la petite place d'Orsinovi et de la ligne de l'Adda en prenant Crema et Pizzighettone. *Vers l'Ouest*, il pousse sur le Tessin les premières troupes de Moncey.

Pendant ce temps, notre gros s'achemine vers la Stradella; Lannes, se dérobant aux Autrichiens, passe le Pô à Belgiojoso.

« L'armée sera réunie en grande partie dans la journée de demain dans la position de Stradella, écrivait, le 7 juin au soir, Bonaparte aux Consuls. Il ne reste plus de ressources à Mélas qu'une bataille sans autre retraite qu'une des forteresses de Tortone ou d'Alexandrie. »

Ces lignes étaient à peine écrites que la nouvelle de la capitulation de Gênes venait briser son plan. Que Mélas se jette dans Gênes, il peut, ravitaillé par la flotte anglaise, y tenir indéfiniment et donner à l'Autriche le temps de lever une nouvelle armée.

Pour éviter une telle mésaventure, un seul moyen : joindre Mélas dans la plaine d'Alexandrie pour l'empêcher de gagner Gênes par Novi. Notre armée, réduite par les détachements laissés sur la rive gauche du Pô, compte à peine 28,000 hommes ; elle a peu de cavalerie, à peine une douzaine de canons. Mais nécessité fait loi : Bonaparte marche vers Alexandrie. Avec son gros, il intercepte la route de Plaisance et détache, vers Novi, Desaix avec la division Boudet en lui donnant mission de barrer la route de Gênes à Mélas, s'il en est temps encore. Tout au moins, Desaix devra accrocher le général autrichien et le retarder, s'il est passé, pour donner à notre gros le temps d'accourir. Si Mélas est encore aux environs d'Alexandrie, Desaix reviendra en toute hâte à la bataille en débordant le flanc droit des Autrichiens.

Le 13 juin au soir, notre gros atteint la Bormida sans rencontrer l'ennemi. Le 14 au matin, par des ponts que nos avant-gardes n'ont pas su découvrir, l'armée autrichienne tout entière débouche sur nos divisions surprises. Une première bataille est perdue dans la matinée ; nos troupes sont repoussées sur San Giuliano. Notre ligne brisée, l'armée autrichienne se forme en colonne pour gagner Plaisance. Mais au moment où elle s'ébranle, Desaix amène au Premier Consul la division Boudet. Payant d'audace, Bonaparte, après avoir fait préparer l'attaque par les quelques pièces qui nous restent, jette les 5,700 hommes de Boudet sur les Autrichiens que Kellermann charge de flanc avec 700 cavaliers. La colonne ennemie, surprise, se débande tandis que nos troupes, reformées derrière la division Boudet, rejettent les Autrichiens au delà de la Bormida.

Nos pertes sont grandes ; le Premier Consul, généreux par nécessité, accorde à Mélas, avec les honneurs de la guerre, la liberté de se retirer derrière le Mincio.

Mélas n'est pas pris, mais l'armée autrichienne d'Italie est hors jeu. Si l'admirable manœuvre du Premier Consul n'a pas tenu toutes ses promesses, c'est qu'il s'est abattu sur elle une série d'accidents. Il a fallu l'indomptable volonté de Bonaparte pour la conduire à cet aboutissement : la retraite de Mélas au delà du Mincio.

Campagne de 1805. — Bonaparte est passé Empereur. Il a formé, à Boulogne, pour une descente en Angleterre, une armée de 200,000 hommes divisée en corps d'armée de 25,000 à 30,000 hommes. Mais l'irrésolution de l'amiral Villeneuve fait manquer ses projets ; il se résout à tourner contre l'Autriche ses 200,000 hommes.

Première période. — Premier acte : **Manœuvre d'Augsbourg**[1]. — **Plan général.** — Il compte que les Autrichiens,

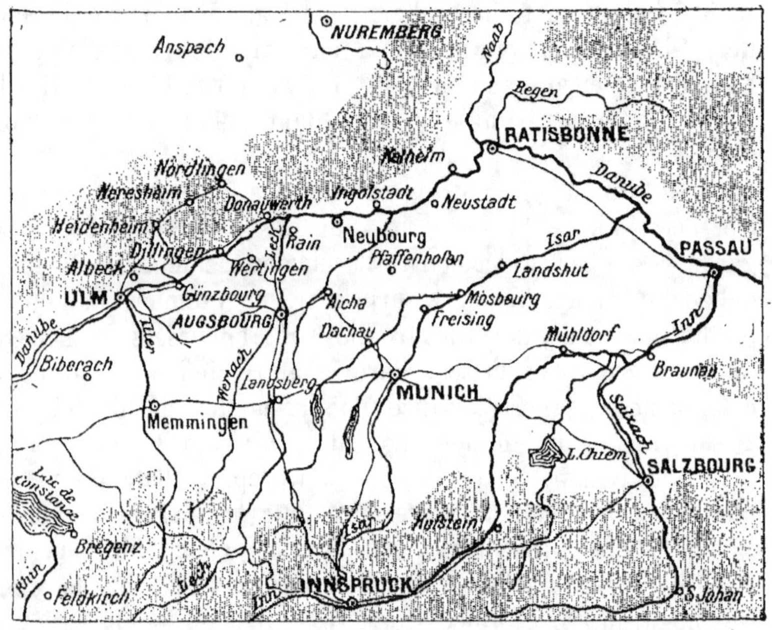

suivant leur constante routine, enverront une armée sur les débouchés de la Forêt-Noire ; il fera d'ailleurs le nécessaire pour les y décider. Dès lors, c'est à Augsbourg sur le Lech, choisi

---

[1] Ou Manœuvre du Lech.

comme ligne de barrage stratégique, qu'il portera son armée sur les derrières des Autrichiens. Tout au moins, tombera-t-il au milieu de leurs corps s'ils sont demeurés en Bavière.

Opérations. — Il dirige ses troupes à grandes enjambées de Boulogne au Rhin. Pendant ce temps, l'armée autrichienne de Mack et du prince Ferdinand s'avance sur l'Iller.

Tandis que Lannes et la division de dragons Baraguey d'Hilliers font des démonstrations sur la route du Kniebis pour attirer Mack sur la Forêt-Noire, Napoléon, avec son gros, passe le Danube sans encombre à l'embouchure du Lech. Il a choisi cette rivière marécageuse, qui coule Sud-Nord des montagnes du Tyrol au Danube, pour intercepter les lignes de retraite des Autrichiens. Prenant Augsbourg comme centre d'opérations, l'Empereur tend autour de cette place son dispositif de barrage. A Augsbourg, où il se tient de sa personne, il a sa Garde et le corps de Marmont (le 2e).

A Munich, sur l'Isar, face à l'Est où l'on signale les Russes, il place en observation le 1er corps (Bernadotte) et les Bavarois. Davout (3e corps) se tient à mi-distance de Munich et d'Augsbourg. Pour couper les routes du Sud, il envoie Soult à Landsberg ; de Landsberg, Soult se portera sur Memmingen. Enfin il fait marcher sur Ulm, par la rive gauche du Danube, le 6e corps (Ney) et, par la rive droite, Murat avec sa cavalerie et le corps de Lannes.

Instruit que les Russes sont encore loin, Napoléon va investir de près l'armée autrichienne pelotonnée auprès d'Ulm. Ney remonte la rive gauche ; Murat et Lannes longent la rive droite ; Soult descend de Memmingen ; Marmont, la Garde et la réserve d'artillerie viennent d'Augsbourg. Mais Mack porte son armée sur la rive gauche du Danube ; la bataille attendue sur l'Iller n'a pas lieu.

Ney, par une erreur de Murat, passe sur la rive droite et ouvre ainsi la rive gauche à l'armée autrichienne qui, par bonheur, reste autour d'Ulm. Nos troupes l'enveloppent. Mack capitule. La manœuvre a réussi pleinement [1].

---

[1] Cette manœuvre d'Augsbourg est la répétition de celle de la Stradella : les corps d'armée ont remplacé les divisions. Le Danube, c'est le Pô ; les

Deuxième acte : **Marche sur Vienne.** — Débarrassé de l'armée autrichienne de Bavière, Napoléon marche sur Vienne par la rive droite du Danube, poussant devant lui l'armée russe de Kutusof qui passe sur la rive gauche pour rejoindre une autre armée russe vers Olmütz.

Manœuvre d'Hollabrünn. — N'ayant pu accrocher Kutusof, Napoléon machine contre lui la manœuvre d'Hollabrünn. Tandis que Bernadotte, traversant le Danube à Mölk, s'efforcera, avec l'aide de Mortier, de ralentir l'armée russe, Murat, courant sur Vienne avec sa cavalerie et les corps de Lannes et de Soult, tâchera d'avoir intacts les ponts du Danube, passera sur la rive gauche et se dirigera à toute allure vers Hollabrünn pour barrer à Kutusof la route d'Olmütz.

Pendant ce temps, posté à Schœnbrunn avec les corps de Davout et de Marmont, Napoléon gardera les approches de Vienne.

Mais Murat, berné par Kutusof qui lui parle d'armistice, laisse échapper les Russes.

« Vous me faites perdre le fruit d'une campagne. »

lui écrit Napoléon qui va prendre la direction de ses corps.

---

défilés du Lech, c'est la Stradella ; Munich, c'est Plaisance ; Bernadotte sur l'Isar, c'est la division Loison face à l'Est sur l'Oglio : Memmingen, c'est Novi : Soult doit y barrer la dernière ligne de retraite des Autrichiens comme Desaix la route de Gênes à Mélas ; Ulm, c'est Alexandrie ; Ney remonte la rive gauche du Danube comme la petite division Lapoype a remonté la rive gauche du Pô pour compléter l'investissement de l'ennemi. Mais, cette fois, Napoléon dispose de forces suffisantes pour n'être pas lié aux passages du Lech, comme il l'a été en 1800, au défilé de la Stradella. C'est en toute confiance qu'il se porte à l'investissement de l'armée autrichienne sur l'Iller.

« L'armée du prince Ferdinand est entièrement tournée. Tous les débou« chés, le long du Lech, sont occupés par le maréchal Soult. » Lettre à M. Otto, 9355, du 11 octobre.

« L'armée ennemie, trompée par nos manœuvres, par la rapidité de nos « mouvements, est entièrement tournée. Elle ne se bat que pour son salut ; « elle voudrait bien retourner chez elle ; il n'est plus temps. » Proclamation à l'armée, 9381.

« L'Empereur avait placé l'armée du prince Ferdinand dans la même situation où il plaça celle de Mélas. » 6e Bulletin 9392.

L'Empereur entre à Brünn où la fatigue de ses troupes l'oblige à s'arrêter.

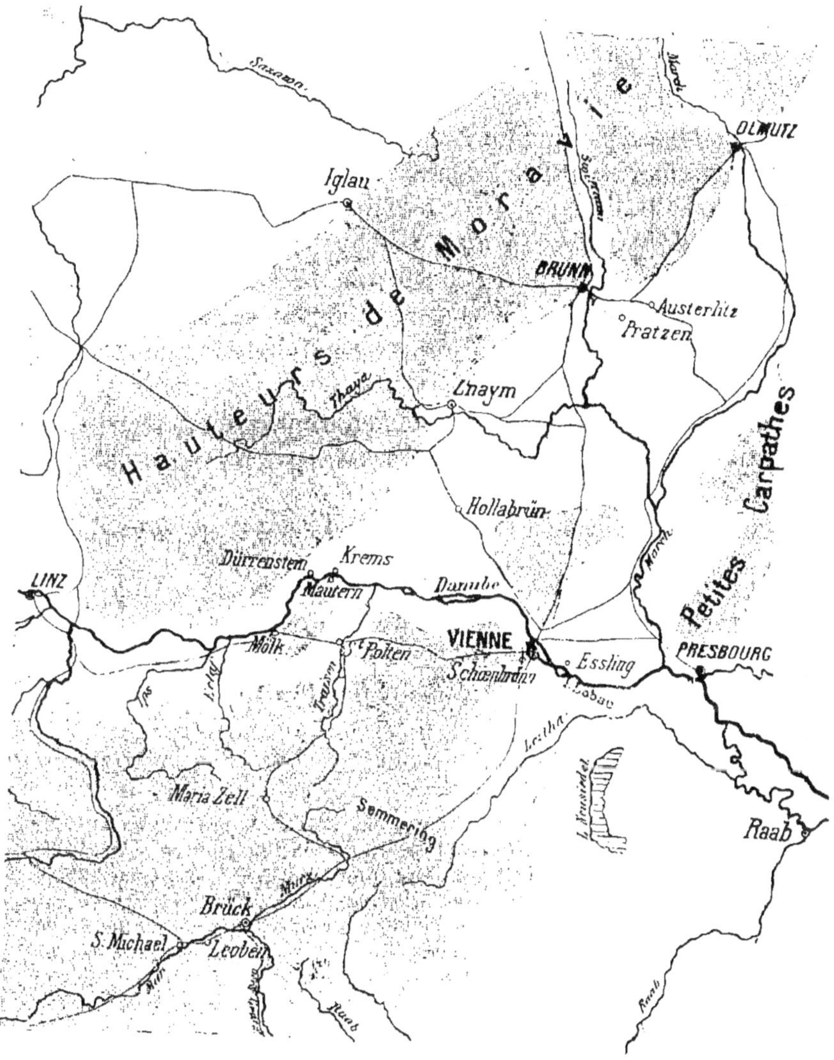

Deuxième période : **Attente stratégique autour de Vienne.**— La situation est délicate. Sur notre armée convergent des forces considérables, russes et autrichiennes, auxquelles sont prêtes à se joindre les troupes prussiennes déjà mobilisées. Il faudrait courir vers Olmütz, pour écraser les Russes, nos adversaires les plus redoutables. Mais nos troupes sont fatiguées ; elles doivent de plus être tenues prêtes à marcher au secours de Marmont que l'archiduc Charles, avec l'armée autrichienne d'Italie, peut assaillir d'un jour à l'autre. Napoléon est forcé d'attendre, dans sa position centrale autour de Vienne, qu'une armée ennemie s'offre à ses coups. Nous étudierons plus loin [1] le dispositif d'attente stratégique. Bientôt les événements se précipitent et amènent la bataille d'Austerlitz.

Manœuvre d'Austerlitz. — Le 27 novembre, l'empereur d'Autriche offre un armistice, stratagème pour attendre l'arrivée de la 3e armée russe. Napoléon feint d'accepter. Devinant la bataille prochaine, il appelle à lui les corps pouvant rejoindre en deux jours, c'est-à-dire ceux de Bernadotte et de Davout, et machine la bataille d'Austerlitz.

Ne pouvant courir sur les Russes, il les attirera à lui ; Austerlitz sera une manœuvre sur les derrières ramassée dans l'espace et le temps. Ayant sa ligne d'opérations sur Brünn, l'Empereur abandonne aux Russes les belles hauteurs de Pratzen et se place derrière le Goldbach. Quand, trompés par cette attitude et croyant notre ligne sur Vienne, les Russes descendent inconsidérément des hauteurs pour nous couper nos communications, Napoléon jette d'un bloc ses 65,000 hommes sur le plateau de Pratzen, c'est-à-dire, sur leurs derrières. Il les y rappelle en désordre par cette offensive inattendue et les accable dans le flagrant délit de leur retraite précipitée. La victoire est décisive ; elle nous donne la paix de Presbourg.

Campagne de 1806-1807 : Contre les Prussiens. — En 1805, les Prussiens ont hésité à prendre les armes ; en 1806, ils s'y décident, comptant y entraîner les Russes encore en Galicie. Napoléon peut se trouver en face d'une coalition : Prusse, Russie, Autriche. Pour l'instant, la Prusse s'offre seule, il faut s'en débarrasser sur l'heure. L'Empereur est renseigné sur l'armée prussienne : belle façade derrière laquelle tout est vermoulu. Les Prussiens en sont restés, comme les Autrichiens, au système des

---

[1] Manœuvre sur position centrale.

magasins et des convois ; la manœuvre sur les derrières qui, en
1796, 1800, 1805, a réussi contre les seconds doit réussir contre
eux.

Premier acte : **Manœuvre d'Iéna**[1]. — **Plan général**. — Où
prendre les forces prussiennes ? Les Prussiens veulent la guerre,
donc ils ont confiance dans leurs forces, donc ils prendront l'offensive et s'avanceront vers le Rhin.

En rassemblant notre armée à Bamberg, tout contre la frontière autrichienne, Napoléon sera en mesure de la lancer par la
Saxe droit sur Berlin. Il se trouvera sur les derrières des forces
prussiennes, aventurées à l'Ouest, et en position centrale entre
les Prussiens, les Russes et éventuellement les Autrichiens. La
Saale ou l'Elster lui serviront pour tendre son dispositif de barrage stratégique, comme le Lech lui a servi en 1805.

L'approche à marches forcées de l'armée française vers Berlin
et en travers des routes par lesquelles il attend les Russes,
amènera le roi de Prusse à reporter en toute hâte ses troupes en
arrière, et Napoléon aura beau jeu, avec son armée bien en
main, pour écraser les corps prussiens dans le désordre d'un
sauve-qui-peut général.

Si, au lieu de fuir, l'armée prussienne se pelotonne, Napoléon
l'enveloppera comme l'armée autrichienne à Ulm.

Si les Prussiens descendent en Saxe pour faire d'abord leur
jonction avec les Autrichiens et les Russes, la zone de réunion
choisie par Napoléon permet encore une manœuvre sur les derrières qui les couperait de Berlin ; il suffira de reporter le point
de réunion de Bamberg à Würzbourg[2].

Le 5 décembre, Napoléon arrête son plan.

Pour attirer les forces prussiennes vers le Rhin inférieur, des
démonstrations sont faites de Wesel contre la Prusse rhénale par
le roi de Hollande.

Napoléon aménage deux lignes de communications : l'une
venant de Mayence par Francfort, Würzbourg, Bamberg ; l'autre

---

[1] Ou Manœuvre de la Saale.
[2] Et de fait Napoléon prescrira la réunion à Würzbourg, à un moment où il
craint de voir l'Autriche entrer dans la coalition. Finalement, il la reporte à
Bamberg.

d'Ulm et d'Augsbourg par Anspach, Forchheim, Bamberg. De Bamberg, ces deux lignes n'en formeront qu'une sur Kronach. Au cours de la manœuvre, alors que les Prussiens croiront sa ligne sur Mayence, il la prendra sur Augsbourg.

La réunion de nos corps s'effectue dans la seconde quinzaine de septembre. Le 2 octobre, Napoléon est à Würzbourg. A ce moment, il sait le gros des forces prussiennes sur Erfurt et Weimar et les Russes en marche vers la Silésie.

Il fait déboucher du Franken-Wald ses corps en trois colonnes. *Colonne de gauche :* Lannes, Augereau (40,000 hommes) par Cobourg, Græfenthal, Saafeld ; *colonne du centre :* Bernadotte, Davout, réserve de cavalerie, Garde (70,000 hommes) par Kronach, Lobenstein, Schleiz ; *colonne de droite :* Soult, Ney, 10,000 Bavarois (60,000 hommes) par Hoff sur Plauen [1].

Napoléon ne doute pas qu'à la nouvelle de l'arrivée de l'armée française en Saxe, l'armée prussienne fasse immédiatement demi-tour pour ne pas laisser intercepter ses lignes de retraite. Ces lignes sont : 1° la route de Weimar à Dresde par Iéna et Géra, ligne naturelle de retraite vers les Russes ; 2° la route de Weimar à Naumbourg et de là par Leipzig sur Dresde et par Halle sur Berlin ; 3° la route de Magdebourg par Sommerda. Ce sont ces routes qu'il faut atteindre avant les Prussiens.

Nos corps vont établir leur barrage stratégique par une marche de flanc, sous la protection de notre colonne de gauche (Lannes et Augereau). Dès le 10, apprenant que les Russes sont encore loin, Napoléon rappelle à lui sa colonne de droite (Soult et Ney) destinée tout d'abord à former masse d'observation vers l'Est. Notre dispositif est le suivant : d'une part, le gros, dans un rayon tel qu'il puisse être réuni en un jour ; d'autre part, en avant du gros, pour couper promptement à l'adversaire ses lignes de retraite, enlever ses magasins, ses courriers : une *masse secondaire*, ayant comme organe de rapidité une fraction de la cavalerie de Murat et comme organe de force un corps d'armée, lié lui-même au gros par un corps intermédiaire (Davout et Bernadotte).

---

[1] Qui auraient joué le rôle de corps d'observation vers l'Est, comme Bernadotte, les Bavarois et Davout en 1805.

Ainsi constituée, cette masse secondaire est de taille à arrêter l'ennemi et à donner au gros le temps d'accourir.

Si l'ennemi vient sur notre gros, la masse secondaire accourra à la bataille, interceptant toujours à l'adversaire sa ligne de retraite, et rendra la victoire décisive. Pour qu'elle puisse intervenir à temps, Napoléon n'en porte l'infanterie qu'à une journée de marche du gros.

Le 10 octobre, notre dispositif est formé sur Schleiz-Auma, le 11, sur Auma-Géra. A ce moment, les renseignements recueillis par Murat à Géra montrent la réunion des forces prussiennes sur Erfurt. Ainsi, la menace sur ses communications n'a pas fait refluer en désordre l'armée prussienne sur Dresde.

Une fois réunie à Erfurt, que fera cette armée? Viendra-t-elle sur Dresde ou sur Naumbourg? Attendra-t-elle l'armée française sur place? Fuira-t-elle sur Magdebourg?

Notre gros, qui est à Auma, peut, en une marche, se porter sur Géra pour y intercepter la route de Dresde; la masse secondaire peut arriver à Naumbourg pour y barrer la seconde ligne de retraite. Il resterait à intercepter la route de Magdebourg; mais on n'y peut songer pour l'instant, car il faudrait progresser vers le Nord-Ouest, ce qui découvrirait derrière nous la route de Dresde. Et pourtant, si l'armée prussienne file par Magdebourg, la campagne est manquée. Le seul moyen d'éviter cet accident est de marcher sur elle pour l'accrocher [1].

En marchant de Géra sur Weimar par Iéna, on continue à intercepter aux Prussiens leur ligne naturelle de retraite sur Dresde. Mais si l'armée prussienne se trouvait entre Weimar et Naumbourg, elle pourrait filer par Naumbourg. Il faut donc, avant de porter le gros au delà d'Iéna sur la route de Weimar, porter la masse secondaire à Naumbourg. Ce mouvement, qui s'exécutera dans la journée du 13, fera perdre cette journée pour la marche vers l'Ouest. Elle ne sera pas perdue pour l'armée : elle lui donnera un repos nécessaire après sept jours de marches forcées, le temps de charger les voitures de vivres pour la bataille, de mettre les armes en état, de faire rejoindre les traî-

---

[1] Même situation que la veille de Marengo.

nards. Le 14 on se portera sur Weimar, le gros directement par la route d'Iéna, la masse secondaire se dirigeant de Naumbourg et de Dornbourg par Apolda sur les derrières de l'ennemi.

Le 12 octobre, à 4 heures du matin, Napoléon envoie sur Naumbourg, Murat, Davout et Bernadotte. Lannes est arrivé près d'Iéna occupé par l'ennemi ; Augereau est à Kahla, il y barre un des débouchés de la Saale. L'Empereur est tranquille : l'ennemi ne peut échapper vers l'Est[1].

Le 13, notre armée aura repos et, après sa marche du 14, se présentera fraîche et complète à la bataille de Weimar, le 15.

Devant agir face à l'Ouest, l'Empereur fait organiser derrière lui, à Auma, un centre d'opérations. Il y dirige les parcs d'artillerie et du génie et y arrête, comme garnison, les divisions de grosse cavalerie Nansouty, d'Hautpoul et Klein.

13 octobre. — Mais le 13, à 9 heures du matin, les rapports de Lannes et d'Augereau montrent l'ennemi entamant la retraite sur Magdebourg :

> « Enfin le voile est déchiré, écrit Napoléon à Murat ; l'ennemi commence sa retraite vers Magdebourg. »

Fera-t-on repos, au risque de laisser échapper l'armée prussienne et de perdre tout le fruit de la manœuvre ? Non, Napoléon appelle les corps de son gros, à toute vitesse, à Iéna, et prescrit à Davout et Bernadotte de marcher sur Weimar pour y déborder la gauche de l'ennemi.

Les forces prussiennes n'étaient pas en retraite vers Magdebourg : l'armée de Brunswick avec le roi allait tenter de s'échapper vers Leipzig tandis que celle de Hohenlohe, flanquant la première, empêcherait l'armée française de déboucher de la Saale à Iéna.

14 octobre. — Le lendemain 14, Davout arrêtait et culbutait, à lui seul, l'armée du roi à Auerstædt tandis que Napoléon écrasait l'armée de Hohenlohe à Iéna. Bernadotte restait inerte entre les deux batailles.

---

[1] « Vous verrez par la situation de l'armée que j'enveloppe tout à fait l'en-
« nemi. » A Murat, 12 oct. 10983.

Deuxième acte : **Exploitation de la victoire.** — Murat, Ney, Soult poursuivent les débris de l'armée prussienne sur Erfurt. Puis, tandis que Ney et Soult poussent sur Magdebourg et que Bernadotte culbute, à Halle, le corps de réserve du prince de Wurtemberg, Murat, Davout, Lannes, Augereau, la Garde, marchent directement sur Berlin, où Napoléon entre le 25 octobre.

Poursuite de Zednick. — Ayant réorganisé ses débris à Magdebourg, l'armée prussienne se dirige vers l'Oder pour rejoindre les Russes. Murat, suivi de Lannes, la gagnant de vitesse, marche sur Zednick pour lui barrer la route. Il écrase le corps de flanc des Prussiens ; leur colonne principale remonte plus au Nord ; il l'atteint à Prenslow et la force à capituler. L'arrière-garde peut s'échapper sur Lubeck, où elle capitulera le 7 novembre. Magdebourg se rend à Ney.

En un mois, la campagne de 1806 est terminée. Il ne reste guère au roi de Prusse, réfugié à Kœnigsberg, que 15,000 hommes. Bientôt Napoléon pousse son armée au-devant des Russes.

Campagne contre les Russes. — Leur armée la plus proche, forte de 50,000 hommes et commandée par Benningsen, occupe Varsovie et la rive droite de la Vistule.

Le 18 novembre, Murat entre dans Varsovie que Benningsen a évacué. A Varsovie, Napoléon atteint le point-limite de son offensive ; il s'établit en attente stratégique autour de cette ville, prise comme centre d'opérations.

Première partie. — **Campagne d'hiver.** — Premier acte. — Benningsen s'est retiré sur Pultusk, au-devant de renforts amenés par le maréchal Kamenski qui prend le commandement en chef. La réunion faite, les Russes se reportent en avant.

Manœuvre sur la Narew. — L'idée de Napoléon c'est, après avoir attiré les Russes vers Thorn, au moyen d'une offensive faite de ce point sur Biézun par les corps de Bernadotte, de Ney et le corps de cavalerie de Bessières, de se jeter lui-même avec la cavalerie de Murat, les corps de Davout, Augereau et Lannes sur Pultusk, derrière des Russes. Le corps de Soult reliera les deux masses. Varsovie est notre centre d'opérations. L'armée de Bernadotte, outre son rôle de démonstration, aura mission de couper éventuellement aux Russes la retraite vers l'Ouest, c'est-à-dire, vers Kœnigsberg [1].

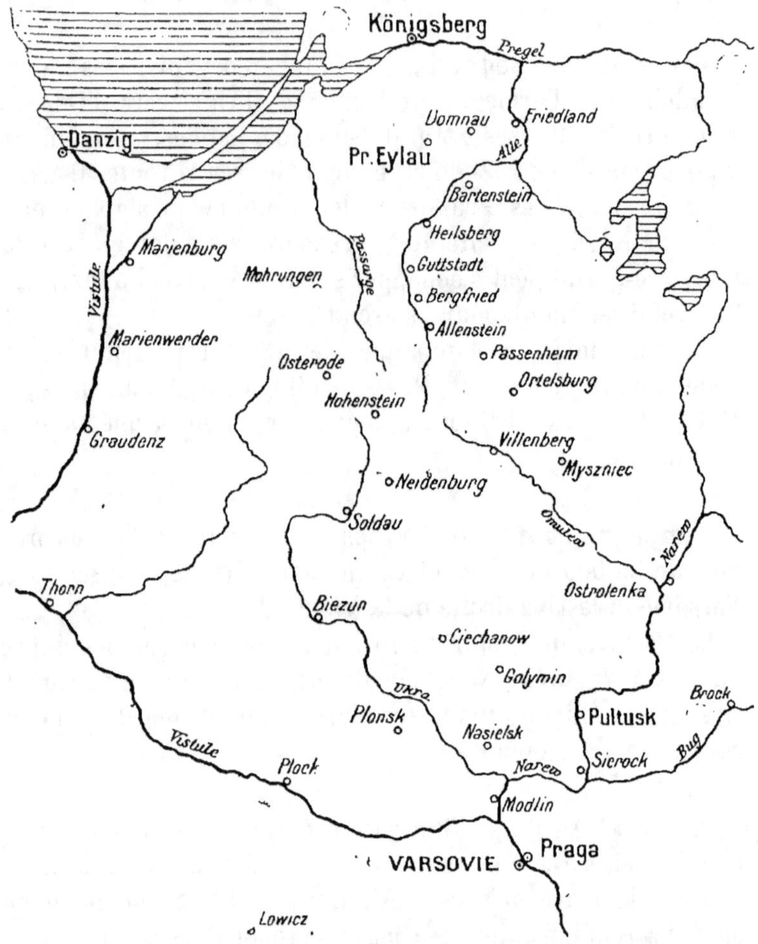

   Bientôt de faux renseignements, qui montrent l'armée russe se portant sur Neidenburg, vers les Prussiens, amènent Napoléon à diriger une partie de ses forces droit sur Golymin. Murat, Augereau et Davout battent à Golymin 50.000 Russes ; mais Lannes

---

[1] Même dispositif que dans la Manœuvre sur la Saale (Manœuvre d'Iéna).

se heurte, à Pultusk, à 40,000 ennemis et ne peut les empêcher de se retirer derrière la Narew. Les divers corps de l'armée russe battent en retraite sur Ostrolenka. Le temps est horrible; l'artillerie ne peut suivre ; Napoléon doit mettre ses troupes en cantonnements derrière la Passarge. Il couvre par sa gauche le siège de Danzig.

L'armée russe est en retraite ; c'est beaucoup, c'est peu en regard des résultats des manœuvres de Marengo, d'Ulm et d'Iéna ; la mauvaise saison, l'état des chemins où l'artillerie reste embourbée, où les hommes enfoncent jusqu'à la cuisse, ont privé Napoléon du principal élément de succès de sa manœuvre : la vitesse.

Une autre cause de l'insuccès, cause qui subsistera durant toute la campagne, c'est l'impossibilité, pour Napoléon, de discerner *a priori* la ligne de retraite de l'adversaire. Est-elle à l'Ouest, c'est-à-dire vers les Prussiens ; ou à l'Est, vers de nouveaux renforts ? Dans le doute, il doit partager ses forces et, par suite, n'a pas de supériorité notable sur le point où l'on rencontre l'ennemi.

Deuxième acte : **Manœuvre sur l'Alle**. — Vers la fin de janvier, Napoléon est informé que Benningsen a repris le commandement de l'armée russe renforcée et s'avance sur les cantonnements de Ney et de Bernadotte comme pour couper nos communications. Cette offensive, Napoléon l'a prévue; il lève ses quartiers d'hiver et va laisser les Russes s'enfourner vers le Sud-Ouest à la suite de Bernadotte, tandis que, avec le gros de ses forces, il se jettera sur leurs derrières, vers Allenstein, où ils ont passé l'Alle. Varsovie est son centre d'opérations [1].

Le 30 janvier, il marche vers Allenstein, par la rive droite de l'Alle, en trois colonnes, avec les corps de Davout, Soult et Augereau, la réserve de cavalerie devant la colonne du centre ;

---

[1] « Je suis aujourd'hui à Villemberg, à 40 lieues de Varsovie, écrit le « 1er février Napoléon à Cambacérès. Je manœuvre sur l'ennemi. S'il ne se « retire pas à temps, il pourrait fort bien être enlevé. » Napoléon espère se débarrasser de l'ennemi par des engagements de détail. « L'ennemi est tou- « jours disséminé, écrit-il le 2 février à Murat, ne paraît pas faire de grands « mouvements et occupe un grand espace....... Je crois qu'en poussant vive- « ment l'ennemi, on lui fera beaucoup de mal. »

la Garde suit cette colonne. Le corps de Lannes, momentanément commandé par Savary, garde notre ligne d'opérations sur Varsovie.

Les Russes ont deux directions possibles de retraite : derrière l'Alle (rive droite) ou sur Kœnigsberg pour y rejoindre les Prussiens [1].

Pour empêcher les Russes de repasser sur la rive droite de l'Alle, Napoléon tient, avec son gros, Allenstein [2] et veut faire arriver sur Guttstadt la masse secondaire de Murat et de Soult. Pour barrer la route de Kœnigsberg, il lui faudrait progresser au nord de Guttstadt ; mais il risquerait ainsi de rouvrir aux Russes, derrière lui, le passage d'Allenstein.

Sur de nouveaux renseignements, il incline à croire que l'ennemi viendra, non sur Guttstadt, mais sur Allenstein ; il prépare une concentration de forces sur ce point. Dans la matinée, il s'y rend lui-même et voit l'armée russe en bataille face à l'Alle. Il l'attaque immédiatement, avec les forces dont il dispose [3]. Après une après-midi de lutte acharnée, l'ennemi s'échappe pendant la nuit vers le Nord.

La manœuvre de l'Alle n'a pas amené la reddition complète des forces russes : ayant surpris les instructions envoyées à Bernadotte, les Russes ont pu s'y soustraire. Mais partis pour l'offensive, ils sont maintenant en pleine retraite. C'est un résultat considérable.

Troisième acte : **Manœuvre d'Eylau**. — Napoléon poursuit les Russes et veut les couper à la fois de l'Alle et de Kœnigsberg. Il les trouve formés en bataille au nord d'Eylau. Ne disposant que des corps de Soult, d'Augereau, de la Garde et de la réserve de cavalerie de Murat, il les assaille pourtant et appelle les corps de Ney et de Davout sur les ailes de l'ennemi. La victoire, très sanglante, n'est pas décisive.

Le dégel décide l'Empereur à reprendre ses cantonnements sur la Passarge. Il couvre le siège de Danzig.

---

[1] Le 3 février, Napoléon se trouve vis-à-vis des Russes dans une situation analogue à celle où il s'est trouvé, le 13 octobre précédent, vis-à-vis des Prussiens, ayant à couper à l'adversaire deux lignes de retraite.

[2] Comme il a tenu Iéna.

[3] Comme il a fait à Iéna.

Manœuvre de Guttstadt-Heilsberg. — Dans les premiers jours de mai, nos cantonnements sont levés et notre armée vient camper derrière la Passarge. Danzig capitule le 26 mai. L'Empereur se prépare à reprendre les opérations lorsque, le 5 juin, les Russes le préviennent : ils glissent devant nos cantonnements de l'Ouest à l'Est. Quel est leur plan ? Mystère [1]; une chose

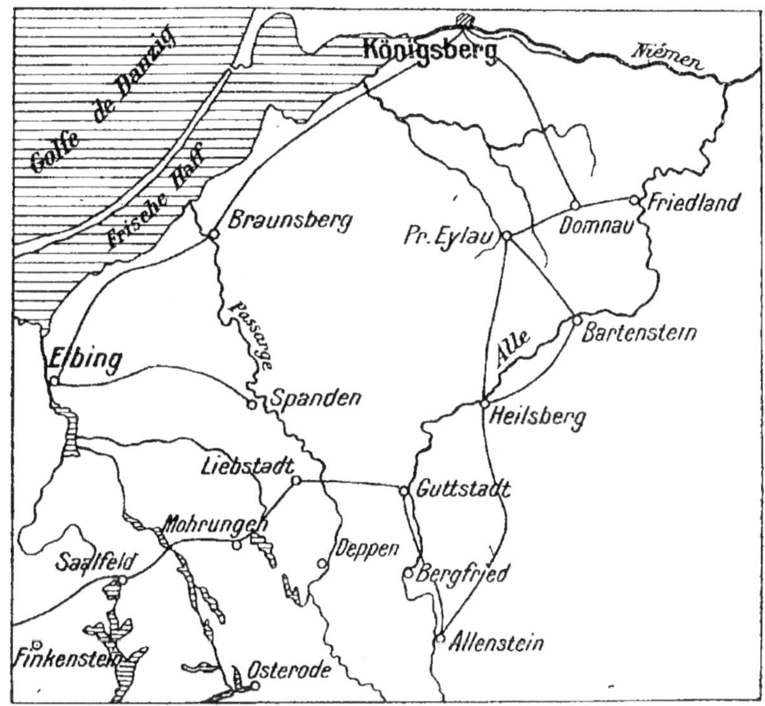

paraît certaine, c'est que Kœnigsberg est leur centre d'opérations. Napoléon base là-dessus sa manœuvre. Il pivotera sur sa droite formée par le corps de Davout à Osterode et les coupera de Kœnigsberg en prenant sa ligne sur Marienwerder et Danzig.

Davout s'efforcera de les retenir devant lui sans se compromettre [2]. Le 8, sur des renseignements qui montrent les Russes

---

[1] « Je suis encore à deviner ce que l'ennemi a voulu faire. » Napoléon à Bernadotte le 7 juin.

[2] Napoléon lui écrit le 5 juin : « Vous aurez choisi des positions à Osterode

vers Guttstadt, Napoléon projette de se porter sur ce point pour les y attaquer et les couper de Kœnigsberg. Mais les Russes se retirent sur Heilsberg qu'ils ont fortifié. Attaqués témérairement par Soult et Murat, ils peuvent, à la faveur de leurs retranchements, se retirer pendant la nuit.

Manœuvre de Domnau. — Le 13 juin induit à penser, d'après les renseignements reçus, que les Russes se réunissent à Domnau, Napoléon prépare sur ce point sa manœuvre favorite. Avec son gros, il s'y dirige. Lannes, qui tient la tête, se glissera sur Friedland pour fermer à l'ennemi la retraite vers l'Est; Murat et Soult intercepteront la route de Kœnigsberg; Davout reliera Murat au gros[1].

Les Russes ne se réunissaient pas à Domnau : Lannes les trouve à Friedland passant de la rive droite à la rive gauche de l'Alle. Napoléon prévenu accourt en toute hâte et les écrase. La victoire décide de la paix.

Campagne de 1809. — Vers la fin de 1808, voyant Napoléon entravé en Espagne, l'Autriche, à l'instigation de l'Angleterre, veut en profiter : elle espère soulever l'Allemagne contre nous. Napoléon se refuse longtemps à croire à la guerre; pourtant il quitte Madrid le 15 janvier. La situation est grave : il n'a pour l'instant aucune armée à jeter sur l'Autriche. En Allemagne, une seule masse organisée : les 60,000 hommes de Davout. L'Allemagne sera son théâtre principal, l'Italie le théâtre secondaire; il n'y laissera que 45,000 hommes sous le prince Eugène que Marmont, venu de Dalmatie, doit rejoindre avec 15,000 hommes.

Du côté autrichien, l'archiduc Charles aura 200,000 hommes en Allemagne; l'archiduc Jean 50,000 hommes en Italie.

Première période. — Napoléon fait choix de Ratisbonne comme

« qui en offre de si avantageuses, pour retenir l'ennemi s'il avance jusque-là
« Vous êtes l'extrémité de ma droite; jusqu'à cette heure, mon intention
« de pivoter sur vous. Je compte sur le courage de votre corps d'armée et sur
« votre fermeté; mais beaucoup de canons et de bonnes positions, afin, à tout
« événement, de gagner tout le temps possible. »
[1] C'est le même dispositif qu'avant Iéna; mais tourné vers l'Est, Soult tient la place de Davout, Davout celle de Bernadotte.

position d'attente stratégique. De Ratisbonne, il pourra se jeter sur les derrières des Autrichiens, soit qu'ils débouchent en Saxe, soit qu'ils pénètrent en Allemagne, au nord ou au sud du Danube[1]. Il demeure à Paris pour ne pas déchaîner la guerre.

Le 9 avril, les Autrichiens passent l'Isar à Braunau sans déclaration de guerre. Davout est à Nuremberg, Masséna à Augsbourg, Lefebvre avec les Bavarois en couverture sur l'Isar. Napoléon se hâte de partir pour Donauwerth. D'après ses instructions, la réunion de l'armée doit se faire à Ratisbonne si l'offensive des Autrichiens ne nous devance pas, sinon derrière le Lech. Berthier accourt de Strasbourg à Donauwerth, croyant encore possible la concentration à Ratisbonne.

A l'arrivée de Napoléon à Donauwerth, notre armée est partagée en deux masses sous Davout et Masséna, à Ratisbonne et à Augsbourg, à 30 lieues l'une de l'autre. Entre ces deux masses, vers Ingolstadt, quelques divisions de confédérés allemands et les trois divisions bavaroises du maréchal Lefebvre qui reculent devant les colonnes autrichiennes. Sur l'ennemi, cet unique renseignement : des colonnes importantes ont débouché de l'Isar par Landshut.

Napoléon ordonne immédiatement la réunion de ses forces vers Ingolstadt, à mi-chemin de Ratisbonne et d'Augsbourg. Le maréchal Lefebvre, avec les Bavarois, couvrira cette réunion.

Premier acte : **Manœuvre de Landshut.** — D'après les renseignements, les Autrichiens ont franchi l'Isar à Landshut ; Napoléon décide de se jeter avec le gros de ses forces en ce point, c'est-à-dire sur leurs derrières, pendant que Davout, avec la valeur d'un corps d'armée, les retiendra devant lui. Pour déclencher sa manœuvre, il lui faut attendre que Davout soit assez rapproché pour, éventuellement, être secouru. Il prend sa ligne d'opérations sur Augsbourg.

Le 19 Davout, ramenant sur Ingolstadt ses quatre divisions, rencontre à Tengen et culbute les têtes de colonnes de l'Archiduc. Le même jour, Lefebvre a aussi des combats heureux.

Désireux de ne pas donner à l'Archiduc le temps de se sous-

---

[1] Position identique à celle prise entre Wurzbourg et Baireuth en 1806.

traire à sa manœuvre, Napoléon, le 19 à minuit, prescrit à Masséna, de marcher par Mosburg sur Landshut, avec une partie de ses forces et de lui envoyer l'autre.

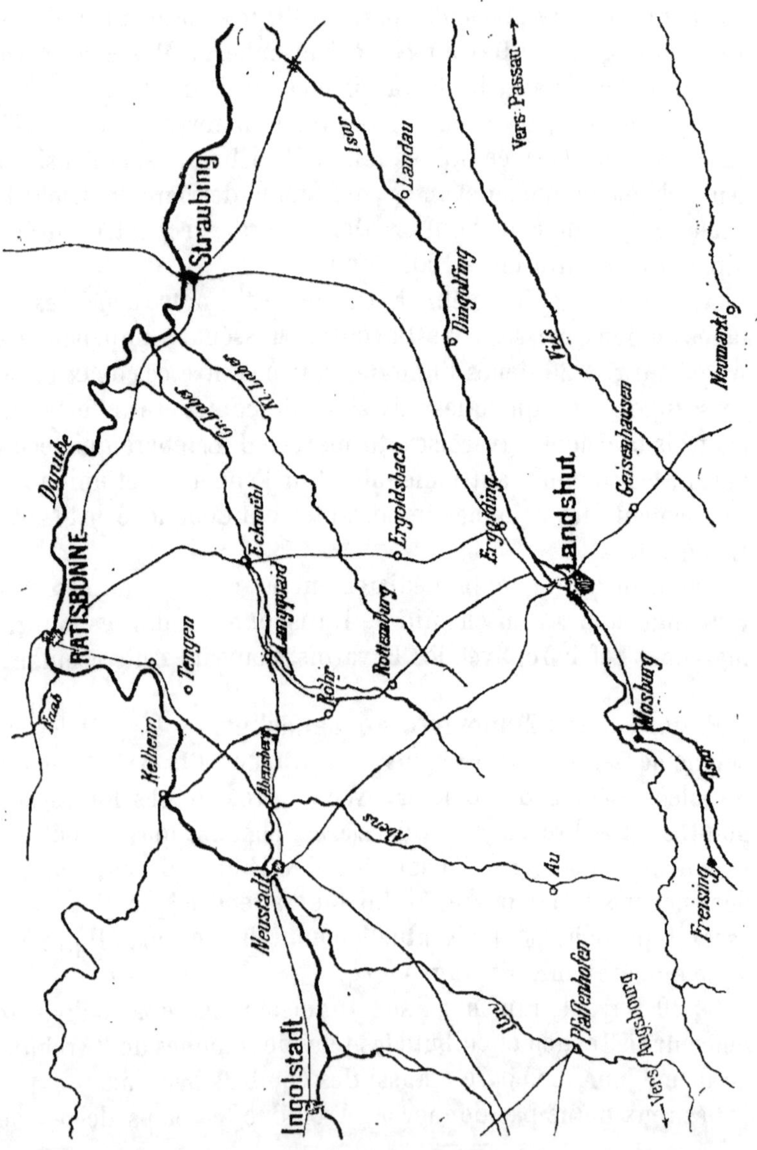

Le 20 au matin, sachant Davout en sûreté, il ne lui laisse que deux divisions pour contenir l'ennemi, et improvise de toutes pièces une armée avec laquelle il débouche sur le front Arnhofen-Siegenburg dans la direction de Landshut. On se heurte bientôt aux colonnes autrichiennes que l'on rejette en désordre. C'est la bataille d'Abensberg. Napoléon croit avoir mis en déroute la majeure partie des forces autrichiennes et espère que ces forces vont se mettre en retraite de tous côtés. Aussi, dans la nuit du 20 au 21 avril, donne-t-il des ordres de poursuite en éventail. En réalité, il n'a mis en déroute que les deux corps de gauche des Autrichiens.

Le 21, il marche lui-même sur Landshut, où il espère que Masséna aura devancé les fuyards. Mais Masséna s'est mis en retard et les débris des deux corps autrichiens battus à Abensberg peuvent s'échapper. Ils ont perdu 10,000 hommes tant tués que blessés, 30 bouches à feu, 600 caissons, 3,000 voitures.

Le 21 au soir, la situation se présente ainsi à Napoléon : des trois lignes de retraite de l'Archiduc par Landshut, Straubing et Ratisbonne : la première est coupée, la seconde est facile à atteindre, la troisième est fermée, puisque nous occupons la place de Ratisbonne. Il ne reste plus à l'Archiduc qu'à s'ouvrir de force une de ces lignes ou à se pelotonner pour nous offrir la bataille générale à fronts renversés [1].

Par malheur, le 20 avril au soir, le colonel Coutard, que Davout a laissé à Ratisbonne avec un régiment, manquant de munitions, a rendu la ville avec son pont de pierre intact, à des corps autrichiens venus de la Bohême par la rive gauche du Danube.

Mais Napoléon ne peut croire que l'archiduc fuit à Ratisbonne sans avoir fait tous ses efforts pour se replacer devant nous sur la route directe de Vienne par Landshut ou Straubing. Il attend donc l'effet de la manœuvre.

Dans la journée, Davout rend compte qu'il a devant lui, sur Eckmuhl, l'armée autrichienne tout entière. Lefebvre, à la droite de Davout, s'est heurté à des forces considérables. Napo-

---

[1] C'est la même situation que le 12 octobre 1806, avec cette différence que les Prussiens avaient leur troisième ligne de retraite encore libre vers Magdebourg tandis que nous tenons Ratisbonne qui barre cette troisième ligne.

léon est persuadé que l'Archiduc tient bon pour se donner le temps d'évacuer ses bagages et son artillerie, et qu'il ne peut tarder à se mettre en retraite. Viendra-t-il sur Landshut, ira-t-il sur Straubing ?

Jusqu'à nouveaux renseignements, Napoléon est rivé à Landshut : il ne peut courir à Eckmuhl, car pendant ce temps l'Archiduc s'échapperait peut-être par Straubing; il ne peut courir à Straubing, car il découvrirait la route directe de Vienne.

Pour hâter l'évacuation d'Eckmuhl, l'Empereur dirige, dès 2 heures du matin, Vandamme avec 25,000 hommes, sur Ergoltsbach et, pour être rapidement averti, il envoie vers Straubing la cavalerie Saint-Sulpice. A 3 heures du matin, aucun corps autrichien n'est signalé vers Straubing ou vers Landshut ; par contre, une lettre de Davout annonce que l'armée autrichienne tient toujours à Eckmuhl. Napoléon se décide alors à porter son gros sur ce point[1] tandis qu'avec 20,000 hommes Bessières poursuivra les Autrichiens.

A Eckmuhl, Napoléon ne trouve que deux corps autrichiens ; c'est une sorte de flanc-garde que l'archiduc Charles a laissé devant Davout et Lefebvre pour couvrir sa retraite sur Ratisbonne, pendant qu'avec le gros de ses forces il remontait la rive droite du Danube dans le but de nous couper des ponts de Neustadt et d'Ingolstadt. On écrase ces deux corps qui se retirent sur Ratisbonne. Pour prendre l'armée autrichienne, il eût fallu pousser dans la nuit même sur cette place; mais nos troupes sont fatiguées. L'Archiduc peut repasser le Danube. Le lendemain matin, on attaque Ratisbonne qui est enlevé seulement dans la soirée.

Quoi qu'il en soit, le résultat est beau : l'armée autrichienne est en fuite; la coalition écrasée dans l'œuf. Il s'agit d'aller imposer la paix à l'empereur d'Autriche dans sa capitale.

Deuxième acte : **Marche sur Vienne.** — Napoléon ne peut songer à poursuivre l'archiduc Charles sur les montagnes de Bohême. En marchant droit sur Vienne, il est sûr de le ramener à lui. Il arrive, le 10 mai, dans la capitale de l'Autriche après les

---

[1] Même situation que le 13 juin 1800 et aussi que le 13 octobre 1806.

sanglants combats de Weltz et d'Ebersberg. Le 13, la ville ouvre
ses portes sous les menaces d'un bombardement; mais les Autrichiens ont coupé les ponts du Danube.

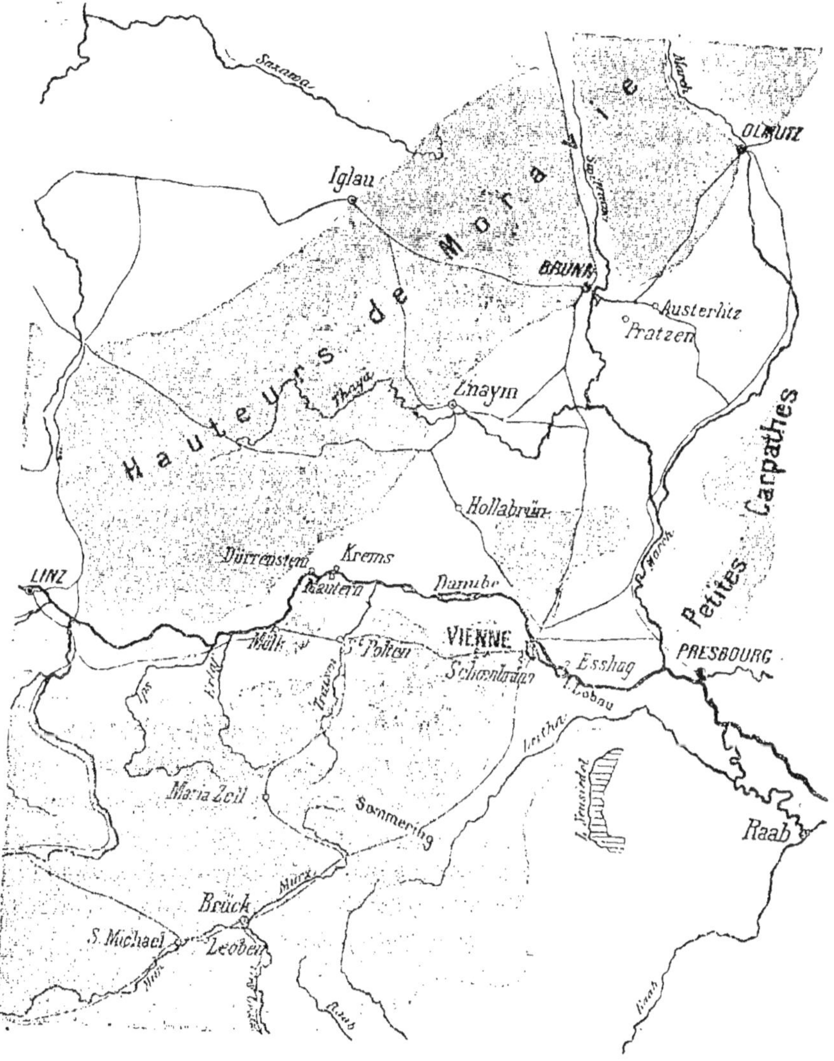

Deuxième période : **Attente stratégique sur Vienne.** — L'archiduc Charles a conduit dans la plaine de Wagram son armée
réorganisée. L'archiduc Jean ramène d'Italie l'armée qui a battu
le vice-roi à Sacile. Faisant surveiller l'archiduc Jean par Davout

et le prince Eugène, Napoléon va porter le gros de ses forces contre l'archiduc Charles en forçant le Danube à l'île Lobau, en face d'Aspern et d'Essling. Déjà 30,000 hommes sont passés quand les ponts se rompent entre l'île et la rive droite ; l'ennemi nous attaque sans pouvoir nous rejeter dans l'île. Le lendemain, le pont est rétabli, puis de nouveau rompu : il faut repasser dans l'île Lobau. Un mois s'écoule à construire des ponts indestructibles, à amasser des forces immenses, puis Napoléon livre la bataille de Wagram. L'Archiduc vaincu se retire sur Znaïm.

Manœuvre de Znaïm. — Incertain de la direction prise par le gros des Autrichiens, Napoléon envoie Masséna sur Znaïm, Davout et Marmont sur Brunn. Lui-même, avec la Garde et Oudinot, se tient entre les deux directions. Bientôt, informé que l'Archiduc est sur Znaïm où il aura à traverser la Thaya, l'Empereur le suit avec Masséna et tout ce qu'il a sous la main, tandis que Marmont, franchissant la rivière plus à l'Est, cherchera à fermer le passage aux Autrichiens. Quand Marmont se présente devant Znaïm par la rive gauche, l'Archiduc occupe déjà le pont ; Masséna n'arrive par la rive droite que le lendemain. Après un combat vigoureusement mené par nos maréchaux, l'Archiduc demande un armistice préliminaire de la paix.

Campagne de 1812. — La campagne de 1812 marque une nouvelle étape dans l'évolution de la guerre napoléonienne. Des effectifs de 200,000 hommes, Napoléon passe aux effectifs de 400,000 hommes et de la stratégie d'une armée à la stratégie d'un groupe d'armées.

Des forces énormes, un théâtre d'opérations unique, immense, mal routé et pauvre, et, comme conséquence, le retour à l'emploi des magasins roulants, telles sont les caractéristiques de campagne de 1812.

Voulant terrasser les Russes en une seule campagne, Napoléon croit nécessaire de passer le Niémen avec 400,000 hommes.

Pour mouvoir et nourrir ces masses énormes, il imagine une nouvelle organisation stratégique : le groupe d'armées.

Il répartit ses 400,000 hommes en une armée principale de

250,000 hommes sous sa main propre. Il en choisit les éléments, la forme presque exclusivement de soldats français avec ses meilleurs généraux ; il y joint quelques divisions étrangères pour les corvées qui se présentent journellement à la guerre : escorte d'un convoi, garde des prisonniers, occupation de certains points. Pour donner à cette armée principale pleine indépendance, pour qu'elle n'ait à se préoccuper ni de ses derrières, ni de ses flancs, il lui adjoint deux *armées auxiliaires* composées de troupes étrangères : l'une de 80,000 hommes, Italiens et Bavarois, sous le vice-roi d'Italie, son beau-fils ; l'autre de 70,000 hommes, Westphaliens, Hessois, Polonais, sous le roi de Westphalie, Jérôme, son frère. Ces armées auxiliaires, Napoléon les utilisera d'abord à des feintes, à des démonstrations pour tromper les Russes et les déterminer à se placer d'eux-mêmes dans la situation où il désire les trouver, celle qui facilitera la tâche de l'armée principale.

Quant à la masse principale, en dehors des deux corps de cavalerie de Murat, il la divise en trois corps d'armée : le 1er corps, sous les ordres de Davout 70,000 hommes, le 3e corps (Ney) 40,000 hommes ; le 2e corps (Oudinot) 36,000 hommes.

Ces masses énormes, dans une contrée très pauvre, ne pourront plus, comme en 1800, 1805, 1806, 1809, vivre sur le pays, mais sur convois comme avant la Révolution. Napoléon se flatte d'organiser ses convois de façon que la marche des opérations n'en soit pas ralentie : il veut, en passant le Niémen, avoir des farines, biscuits, riz, légumes, eau-de-vie, sur roues, pour vingt jours, laps de temps qui lui semble nécessaire pour terrasser les armées russes.

La viande sera fournie par des bœufs en troupeaux et par ceux qui traînent une partie des convois. Il aura 6,000 voitures derrière l'armée, attelées de 20,000 bœufs. Ajoutez-y les 30,000 chevaux de son artillerie, les 80,000 chevaux de sa cavalerie ! Aussi ne veut-il commencer ses opérations qu'à l'époque où l'herbe des prairies fournira le fourrage nécessaire. Aux convois de vivres ajoutons ceux des munitions, les ambulances, les deux équipages de 100 bateaux.

Pour subsister, en attendant les convois, les hommes ont dans le sac quatre jours de vivres. L'Empereur compte sur le réseau fluvial pour former des magasins au fur et à mesure de ses opérations : ainsi, tout d'abord, le Niémen doit lui amener grains et munitions de Tilsitt à Kowno.

Le plan de campagne [1]. — C'est *a priori*, comme toujours, d'après les dispositions devinées de son adversaire et la configuration générale du théâtre de la guerre, que Napoléon établit les bases de son plan de campagne. Sachant la majeure partie des forces russes en cordon le long du Niémen, au sud de Kowno, son plan est de porter notre gros de *Kowno* sur *Vilna,* point où la ligne de retraite naturelle des forces russes vers leur capitale politique Pétersbourg vient couper la Vilia. Il envisage trois hypothèses : 1° à la nouvelle de notre marche vers Vilna, les Russes se reploieront en toute hâte pour nous barrer les routes de leur capitales, Pétersbourg et Moscou, et lui fourniront l'occasion de les attaquer en flagrant délit de retraite ; 2° les Russes se pelotonneront au sud de Grodno ; alors, par un rabattement à droite de toutes ses forces, il les poussera dans la nasse formée par les marais du Pripet, le Bug, la Narew, nasse qui s'ouvre de Grodno à Slonim ; ce sera une nouvelle édition de la campagne d'Ulm en 1805 ; 3° la gauche russe prendra l'offensive vers Varsovie, ce qui ne fera qu'aggraver sa position.

Pour atteindre Vilna avant que les Russes aient pu s'y reporter (première hypothèse), pour attirer les forces russes qui sont au sud de Grodno dans la nasse où il veut les enfermer (deuxième et troisième hypothèse), Napoléon, par des démonstrations faites de Lublin et de Varsovie, s'efforce de faire croire que son plan est de marcher sur Moscou par la Volhynie, c'est-à-dire par les riches contrées au sud des marais de Pinsk. Schwarzenberg et Reynier à Lublin, le roi Jérôme à Varsovie, sont chargés de ces démonstrations.

Une fois à Vilna et pendant son opération contre les forces russes du Sud, Napoléon se constituera une zone de sécurité au nord de la ligne Niémen-Vilia. C'est d'ailleurs par cette ligne d'eau que ses ravitaillements lui arriveront jusqu'à Vilna.

---

[1] Dans la campagne de 1812, les deux manœuvres de Napoléon, coup offensif et manœuvre sur les derrières, coexistent, montrant ainsi l'unité de sa conception.

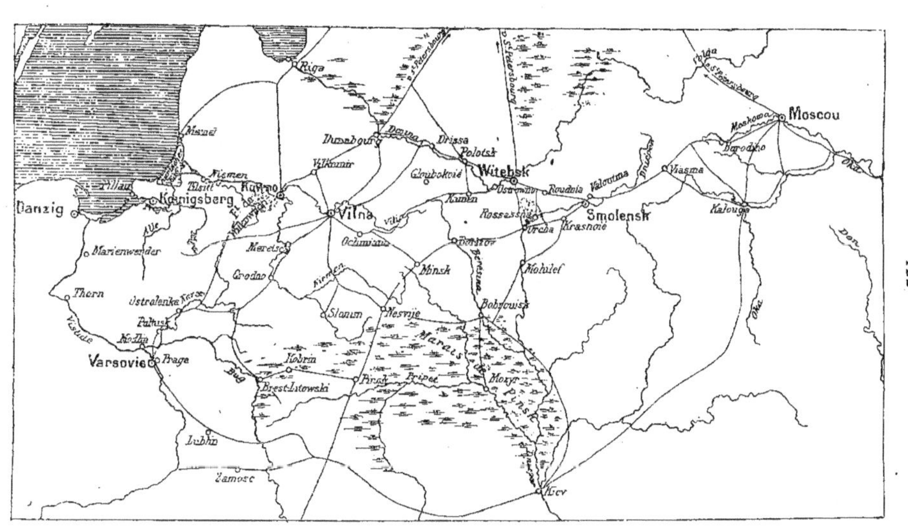

Riga
Memel
Tilsit
Danzig
Kœnigsberg
Kowno
Marienwerder
Thorn
Ostralenka
Pultusk
Modlin
Varsovie
Praga
Lublin
Zamosc
Grodno
Meretsc
Niemen
Vilna
Vilia
Ochmiana
Slonim
Nesvije
Kobrin
Brest-Litowski
Pinsk
Pripet
Marais
Minsk
Mozyr
Kiev
Bobrouisk
Mohilef
Borisov
Beresina
Vilkomir
Dunabourg
Dwina
Drissa
Polotsk
Gloubokoié
Witebsk
Kamen
Ostrowno
Rossasna
Orcha
Krasnoie
Roudnia
Valoutina
Smolensk
Dnieper
Viasma
Kalouga
Borodino
Moskowa
Moscou
Oka
Don
S.t Petersbourg

En résumé, le mouvement de l'armée française sera une sorte de grande conversion à droite comme celle de 1805 et dans laquelle Jérôme formera le pivot mouvant. Jérôme attirera à lui, sans se compromettre, les Russes vers Varsovie, pendant que Napoléon gagnera Kowno, y passera le Niémen et marchera sur Vilna, flanqué à droite par l'armée d'Eugène. A mesure que le mouvement de l'armée principale s'accentuera, Jérôme retirera peu à peu ses troupes sur la Narew pour se rapprocher du Vice-Roi ; le mouvement achevé, Napoléon se trouvera avoir ses 400,000 hommes sur le flanc droit et les derrières des Russes enfermés dans la nasse formée par les marais du Pripet, le Bug et la Narew. L'ennemi n'aura que l'alternative de nous passer sur le corps ou de se rendre.

Si Jérôme est trop vivement pressé par les Russes, il aura la ressource de se réfugier derrière les fortifications de la Vistule et de la Narew. Napoléon compte terminer la campagne en vingt jours.

Opérations. — Premier acte : **Manœuvre de Vilna.** — Le 23 juin, la masse principale est rassemblée derrière la grande forêt de Wilkowiski, et Napoléon passe le Niémen par surprise. Il s'agit d'atteindre au plus vite, à 100 kilomètres de Kowno, Vilna, point de ralliement naturel des forces russes.

Murat, avec sa cavalerie et le corps de Davout, pourrait, à la rigueur, y être le 27 au matin. Mais Napoléon veut y arriver avec tout son gros ; or il lui faut attendre, pour quitter Kowno, que l'armée du Vice-Roi y soit parvenue pour ne pas rouvrir cette porte aux forces russes du Sud. Le Vice-Roi, du fait de ses convois, a deux jours de retard et ne pourra passer le Niémen que le 27 ou même le 28. Enfin les convois de Davout sont encore en arrière et Napoléon désire les attendre, car il prévoit une station de plusieurs jours devant Vilna pour préparer la bataille.

Ainsi, dès le premier moment, les convois entravent la manœuvre.

Trois routes mènent de Kowno à Vilna : l'une côtoie la rive droite de la Vilia, une autre la rive gauche, la troisième et la meilleure est plus au Sud.

Sur cette dernière, Napoléon lance les 22,000 cavaliers de Murat avec leurs 60 canons, les 70,000 hommes de Davout et la

Garde. Sur la route centrale, les 40,000 hommes de Ney; sur la route du Nord, Oudinot qui, franchissant la Vilia à Kowno, se reliera à Macdonald vers l'Ouest, à Ney vers l'Est. On fait de Kowno une place du moment.

Le 26 au soir, nos têtes de colonnes sont à 5 lieues de Vilna. D'après les dépêches interceptées, Alexandre, avec sa Garde, occupe ce point et les forces russes doivent s'y réunir.

Napoléon serre ses forces, et le 28 au matin, l'armée s'ébranle sur Vilna. Mais l'ennemi fait sauter le pont de la Vilia, met le feu à ses magasins et nous abandonne la ville. La manœuvre de Vilna est manquée.

Manœuvres sur la position centrale de Vilna. — Napoléon apprend qu'une partie des forces russes s'est retirée sur Dunabourg (route de Saint-Pétersbourg) et que 45,000 hommes environ, sous Bagration, se trouvent au sud de Vilna vers Ochmiana. Nous sommes entre les forces russes du Nord et du Sud; il s'agit de les écraser sans leur laisser le temps de se mettre hors d'atteinte.

Contre les forces russes du Sud. — Poursuivant son plan du début, Napoléon veut opérer tout d'abord contre Bagration dont il espère avoir rapidement raison; tout au moins l'empêchera-t-il de rejoindre le gros des forces russes à Dunabourg. Pour surveiller ses derrières, il donne à Murat cinq divisions de cavalerie et les deux divisions d'infanterie Friant et Gudin formant un nouveau corps aux ordres du comte Lobau. Murat se liera à droite à Oudinot et aura derrière lui Ney; il dispose de 110,000 hommes.

Contre Bagration, Napoléon organise trois colonnes sous le haut commandement de Davout et les dirige droit vers l'Est pour intercepter le passage de la Vilia; sur Ochmiana, il appelle les forces du Vice-Roi encore en arrière. Enfin Jérôme doit accrocher Bagration en retraite. L'Empereur compte réunir contre ce général 110,000 hommes.

Pour lui, avec sa Garde et les divisions Dessaix (allemande) et Claparède (polonaise), il reste entre ses deux masses à Vilna, dont il fait son centre d'opérations; mais le mauvais temps retarde l'artillerie et les convois de Davout et entrave ainsi sa marche. Le Vice-Roi, d'autre part, s'arrête maladroitement à Piloni, et Jérôme, craignant de se compromettre, n'accroche pas Bagration. Ce dernier, peu désireux de revenir sur Vilna, fait un détour au Sud par Slonim pour remonter ensuite sur Minsk. Le 6 juillet, il marchait sur cette ville. Apprenant que Davout s'en approche, il redescend sur Neswig pour prendre la route de Bobruisk.

Il a échappé à Napoléon, mais il ne pourra, de quelque temps, joindre le gros des forces russes installé dans le camp retranché de Drissa sur la Dwina.

Le 9 juillet, impatient d'agir contre ces forces, Napoléon, laissant Davout poursuivre Bagration, met en scène la manœuvre de Witebsk.

Contre les forces russes du Nord.—Manœuvre de Witebsk. — Tandis que Murat, laissé devant Drissa, amusera les Russes, Napoléon, passant la Dwina entre Drissa et Witebsk vers Polotsk, menacera de couper leur retraite sur Pétersbourg et vers Bagration. Il compte déterminer ainsi la retraite de l'ennemi et faire naître l'occasion d'en écraser successivement les corps et de les prendre.

Mais l'armée russe de Drissa se met en retraite avant que Napoléon ait franchi la Dwina. Elle peut se retirer sur Witebsk. Bagration, de son côté, a échappé à Davout.

La réunion des deux armées russes va se faire sur Smolensk, et l'Empereur, en raison de la fatigue de ses troupes, ne pourra l'empêcher. Il n'y tient plus d'ailleurs ; il sent que le seul moyen d'avoir une bataille est de laisser s'opérer cette réunion pour inspirer confiance à l'état-major russe ; il se décide donc à donner huit jours de repos à son armée.

Napoléon espère que les Russes réunis lui livreront bataille à Smolensk. Bientôt il apprend qu'ils semblent engagés dans un mouvement offensif sur Roudnia. Il combine alors la manœuvre de Smolensk.

Manœuvre de Smolensk. — Son plan est, en dérobant son mouvement derrière la forêt de Bieski, de diriger ses forces sur Rossasna, d'y faire sa jonction avec l'armée de Davout, de franchir le Dniéper et de se porter sur Smolensk, d'y franchir à nouveau le Dniéper pour se placer en travers de la route de Moscou. Il est persuadé qu'il rappellera ainsi l'ennemi en arrière, ce qui lui permettra, comme il l'a écrit à Sainte-Hélène, « d'attaquer par derrière l'armée russe en désordre et non réunie. »

De fait, Barclay rétrograde en toute hâte ; par malheur pour nous, une division, qu'il a renvoyée à Smolensk, y devance nos troupes et donne au général russe le temps d'écouler ses forces sur la route de Moscou.

La manœuvre est manquée, et c'est de front que Napoléon se heurtera à l'armée russe à la Moskowa.

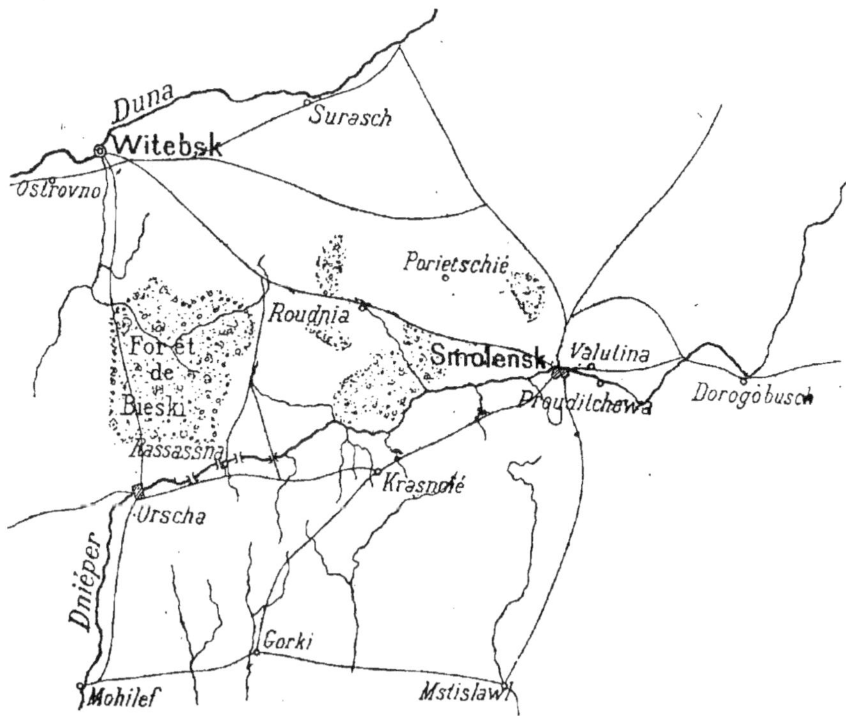

Les trois manœuvres sur les derrières tentées par Napoléon dans cette campagne : contre Bagration, contre l'armée de Drissa, contre les deux armées réunies, ont échoué toutes les trois. Sur ce théâtre russe, la manœuvre sur les derrières s'est heurtée à de multiples difficultés : pénurie des ressources locales qui forcent l'armée française à revenir au système des magasins et convois ;

difficultés de faire avancer ces convois sur des routes non empier-
rées, qu'une pluie d'orage suffit à rendre impraticables ; héca-
tombes de chevaux qu'on ne peut soustraire au froid des nuits ;
épuisement des hommes dû à la triple cause des marches dans la
poussière sous un soleil brûlant, des nuits au bivouac faute de
villages où cantonner, du manque de vivres puisque les convois
ne suivent pas. Ces difficultés, qui eussent déjà causé de graves
mécomptes avec une armée de 200,000 hommes, sont exagérées
dans des proportions énormes par ce fait que Napoléon a passé
le Niémen avec 400,000 hommes. Ajoutez-y le choix malheureux
de Jérôme et d'Eugène pour le commandement des deux armées
auxiliaires.

Campagne de 1813. — **Campagne de printemps.** — Le
plan primitif de Napoléon, c'est, après avoir attiré ses adversaires (Russes et Prussiens) sur Dresde, de filer à grandes marches de Magdebourg par Berlin sur Stettin. Il compte, par cette
manœuvre, rappeler les Russes en arrière et transporter la guerre
de l'Elbe sur l'Oder. De plus, il pourra tirer des places fortes de
l'Oder et de la Vistule les vieux soldats que la retraite de Russie
y a laissés.

Mais l'ennemi franchit l'Elbe entre Wittemberg et Dresde
avant que Napoléon soit prêt. Courant au plus pressé, l'Empereur prescrit la réunion, pour le 1er mai, derrière la Saale,
entre Naumbourg et Mersebourg, de l'armée du vice-roi à celle
du Mein. Cette réunion faite, il disposera de 150,000 hommes.

Son plan est maintenant d'attirer l'ennemi sur Baireuth, avec
le corps de Bertrand (armée d'Italie) et de se jeter, par Leipzig,
vers Dresde, sur ses derrières, « par un mouvement inverse de
celui d'Iéna. »

Manœuvre de Leipzig. — Le 2 mai, comme on sait l'ennemi
au sud de Leipzig, nos corps s'avancent avec précaution vers
cette ville, par divisions massées, prêtes à se former en carrés,
car on manque de cavalerie pour assurer la sécurité ; la marche
est d'une lenteur extrême.

Tout à coup, l'ennemi nous assaille en flanc ; on fait front ;
c'est la bataille de Lutzen, où nos jeunes troupes supportent vic-
torieusement les efforts des coalisés. Russes et Prussiens se

dérobent derrière le rideau de leur immense cavalerie. La manœuvre est manquée.

Napoléon présume que les alliés se replient par Dresde vers la

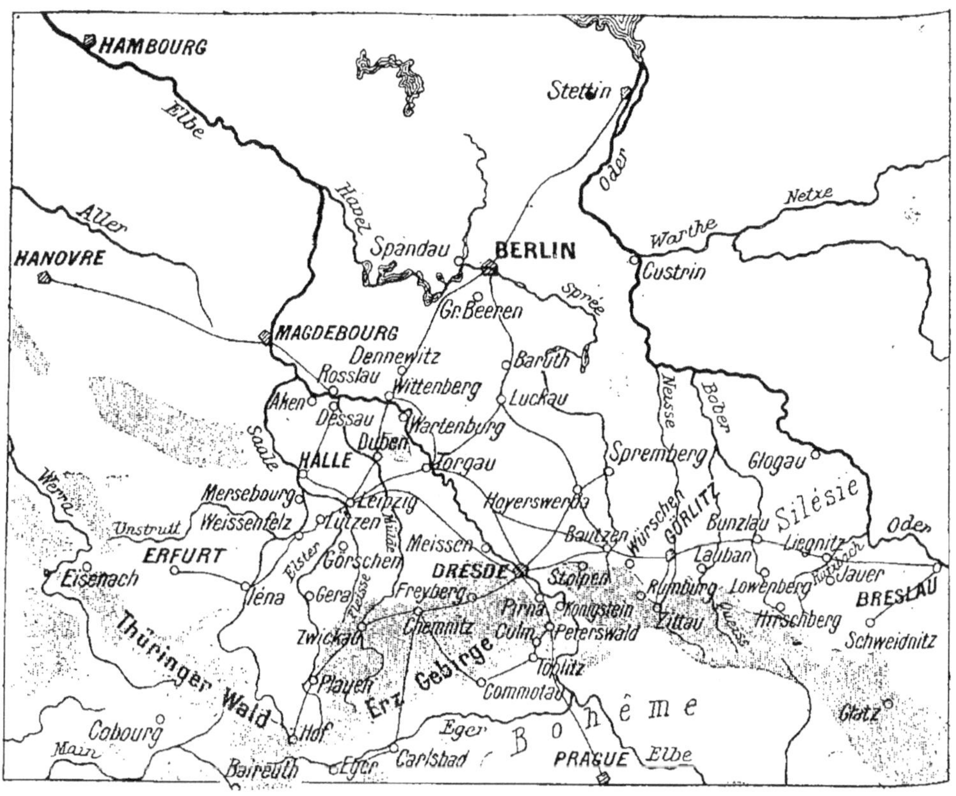

Silésie sur la grande ligne de communication des Russes et de l'armée de Blücher, et où ils auront l'avantage de se maintenir au contact immédiat de l'Autriche prête à entrer dans la coalition.

Manœuvre de Bautzen. — Pour amener leur séparation et produire l'occasion de les assaillir séparément et en flagrant délit de retraite, voici la manœuvre que l'Empereur met en scène.

Tandis qu'avec son gros il suit les coalisés sur Dresde, il envoie Ney, avec une masse de près de 100,000 hommes, dans la direction de Berlin. Il espère que les Prussiens se porteront au secours de leur capitale. S'ils restent liés aux Russes, Ney se rabattra sur la droite de la position commune.

En fait, Russes et Prussiens nous attendent sur la position fortifiée de Bautzen. La bataille, par la faute de Ney, trop prudent contre son habitude, n'est pas décisive ; les alliés se retirent sur Schweidnitz. Ainsi les Prussiens en sont venus à de meilleurs principes de guerre : ils préfèrent sacrifier leur capitale que de se séparer des Russes.

A ce moment, l'Autriche s'entremet pour un armistice. En réalité, elle veut profiter des embarras de Napoléon pour reprendre ses provinces perdues et ne songe qu'à gagner le temps nécessaire pour réunir des forces suffisantes. Napoléon n'est pas dupe ; mais il accepte l'armistice, comptant en profiter pour faire rejoindre ses immenses levées et sa cavalerie. Les délais écoulés, il repousse les exigences de l'Autriche qui entre dans la coalition.

Campagne d'automne. — 1er ACTE : L'armistice a été prolongé jusqu'au 10 août. A cette date, les coalisés disposent de trois armées : l'armée du Nord (110,000 hommes), vers Berlin ; l'armée de Silésie (110,000 hommes), à Schweidnitz ; l'armée austro-russe (230,000 hommes) sous Schwarzenberg et Barclay de Tolly, en Bohême.

Napoléon adopte le système des manœuvres sur position centrale. Il prend Dresde comme centre de ravitaillement et Gœrlitz comme position centrale[1].

Manœuvre contre l'armée de Silésie. — Il se porte d'abord contre l'armée de Silésie qui recule devant lui.

Manœuvre contre l'armée de Bohême. — Pendant ce temps, la grande armée de Schwarzenberg a débouché à l'ouest de Dresde. Napoléon voudrait, pendant que Saint-Cyr défendra Dresde, se jeter avec son gros, par Pirna, sur ses derrières. Ce serait la répétition d'Arcole. Mais Gouvion-Saint-Cyr ne croit pas pouvoir tenir pendant les trois jours qu'exigerait la manœuvre, et Napoléon se décide à aller sur Dresde avec son gros ; il n'envoie sur les derrières de Schwarzenberg que Vandamme, avec 18,000 hommes.

---

[1] Nous étudierons plus loin en détail ce 1er acte.

Vandamme, appuyé sur les défilés de Péterswalde, sera l'enclume sur laquelle, après la victoire, on écrasera les alliés.

Le 26 août, notre gros débouche de Dresde devant les alliés surpris; le 27, notre armée attaque l'ennemi qui, à 3 heures du soir, se met en retraite. Le 28, on le poursuit, mais, par un con-cours inouï de fatalités, Vandamme se fait prendre à Culm avec une partie de son corps.

Persuadé que, s'il reste près de Dresde, il ne pourra obtenir une victoire décisive sur l'armée de Bohême qui peut trop facilement se réfugier derrière les montagnes, Napoléon transporte sa position centrale de Gœrlitz à Leipzig et prend Torgau comme centre de ravitaillement. Il prépare la constitution de trois masses : l'une au Nord sous Ney, l'autre au Sud sous Murat, la troisième centrale sous sa propre main pour appuyer, suivant le cas, l'une ou l'autre.

2e ACTE : **Manœuvre de Wittemberg.** — Le 4 octobre, Napoléon est informé que l'armée de Blücher a filé du côté de Wittemberg pour rejoindre Bernadotte, puis que l'ennemi a passé l'Elbe à Wartemburg, Dessau et Acken. Il projette de se jeter par la rive droite de l'Elbe sur ses derrières, de lui couper ses ponts et de l'acculer ainsi à la bataille.

> « Je me propose de me porter sur Torgau, et de là marcher sur la rive droite, écrit-il à Marmont, afin de couper l'ennemi et de lui enlever tous ses ponts sans être obligé de lutter contre ses têtes de pont. »

Bientôt, apprenant que l'armée de Silésie a pris position à Düben, il se décide à marcher directement sur elle par la rive gauche, espérant pouvoir, avant la bataille, la couper de l'Elbe. Mais le mauvais temps retarde notre marche; Blücher, averti, se met en retraite, non pas vers l'Est, mais vers l'Ouest, en abandonnant sa ligne primitive. A ce moment, Napoléon apprend que l'armée de Bohême menace Leipzig. Il ramène sur cette ville sa masse centrale et y reçoit, le 16 octobre, le choc des coalisés.

Ce premier jour, la bataille, dont différents accidents dérangent le plan, est douteuse. Le 17, Napoléon resserre ses troupes autour de Leipzig. Le 18, les coalisés, qui ont réuni 300,000 hommes, recommencent l'attaque. La bataille reste indécise jusqu'au moment où les Saxons passent à l'ennemi. Dans la nuit, Napoléon doit ordonner la retraite que la destruction prématurée du pont de Leipzig rend désastreuse. Les alliés nous suivent jusqu'au Rhin.

Campagne de 1814. — Vue d'ensemble, c'est une campagne sur une série de positions centrales prises dans le secteur entre Seine et Marne, où se trouve, sur Paris, notre ligne de communication. Mais chaque fois qu'il s'attaque à l'une des armées ennemies, c'est par une manœuvre sur les derrières.

Première période. — 1er ACTE : **Contre l'armée de Silésie.** C'est au moment où l'armée de Silésie s'avance de Ligny sur Saint-Dizier poussant devant elle les faibles forces de Ney et de Victor, que l'Empereur réunit, comme par miracle, à Vitry, une armée de 80,000 hommes, dont 12,000 de cavalerie, avec le chiffre énorme de 300 bouches à feu.

Manœuvre de Saint-Dizier. — Le 26 janvier, avec le gros de ses forces, il marche directement sur Blücher vers Saint-Dizier, tandis qu'il appelle Marmont, de l'Argonne, vers Bar-le-Duc, sur les derrières de l'ennemi[1]. Mais Victor s'est retiré devant Blücher qui a passé la Marne à Saint-Dizier pour se rapprocher de l'armée de Bohême en ce moment vers Chaumont.

Manœuvre de Brienne. — Napoléon veut refaire sur Brienne le coup qu'il vient de manquer sur Saint-Dizier. Tandis qu'il dirige son gros par la traverse d'Éclaron et de Montiérender sur Brienne, il envoie Marmont sur Vassy, et en avant de Marmont la division Duhesme, à Doulevant, pour couper la ligne de communication de Blücher sur Saint-Dizier et sur Joinville. En cas de bataille à Brienne, Marmont et Duhesme y accourront, prenant à revers, par la direction même de leur marche, la droite de l'ennemi.

Blücher, qui s'est avancé sur Arcis pour y écraser Mortier, se

---

[1] Manœuvre analogue à celle d'Iéna-Auerstædt.

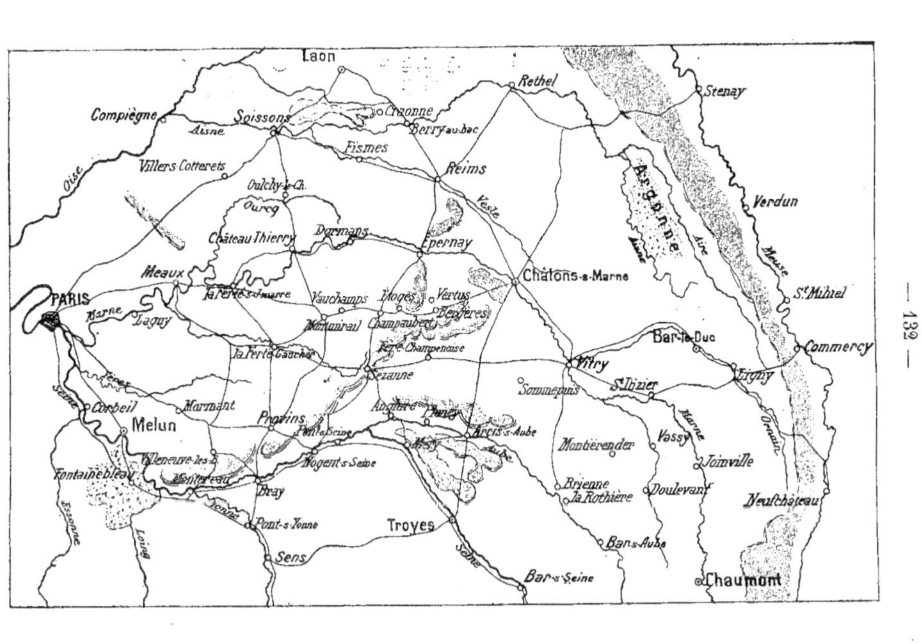

Laon
Rethel
Stenay
Compiègne
Soissons
Craonne
Berry-au-bac
Aisne
Fismes
Reims
Verdun
Villers Cotterets
Oulchy-le-Ch.
Ourcq
Veste
Argonne
Aire
Château Thierry
Dormans
Épernay
Meuse
Meaux
Châlons-s-Marne
St Mihiel
Paris
la Ferté-s-Jouarre
Vauchamps
Étoges
Vertus
Marne
Lagny
Mirmirail
Champaubert
Bergères
Bar-le-Duc
Commercy
la Ferté-Gaucher
Ferté-Champenoise
Vitry
St Dizier
Ligny
Seine
Corbeil
Marmant
Provins
Sézanne
Anglure
Planey
Sommepuis
Marne
Vassy
Ornain
Melun
Pont-s-Seine
Arcis-s-Aube
Montiérender
Joinville
Villeneuve-les-B.
Nogent-s-Seine
Brienne
la Rothière
Doulevant
Neufchâteau
Fontainebleau
Montereau
Bray
Yonne
Troyes
Bar-s-Aube
Essonne
Loing
Pont-s-Yonne
Sens
Seine
Bar-s-Seine
Chaumont
Oise

hâte, à la nouvelle de l'approche de Napoléon, de faire demi-tour. On le poursuit jusqu'à la Rothière où, ayant reçu des renforts de l'armée de Bohême, il fait ferme et attaque même Napoléon le 1er février. Ne disposant que de forces trop inférieures, Napoléon traîne le combat jusqu'à la nuit et passe alors sur la rive gauche de l'Aube.

2e ACTE : **Contre l'armée de Bohême**. — En se portant vers Troyes et en découvrant la route directe de Paris, Napoléon espère que Blücher s'y engagera en se séparant de Schwarzenberg. Il compte, en attendant, pouvoir écraser Schwarzenberg, mais celui-ci ne se met pas en prise.

3e ACTE : **Contre l'armée de Silésie**. — Bientôt Napoléon apprend que Blücher marche par Arcis sur Nogent-sur-Seine ; il s'y porte en toute hâte et y recueille de nouvelles troupes. Averti que Blücher remonte vers la Marne, il imagine de se jeter avec le gros de ses forces sur ses derrières.

Le 9 février au matin, l'armée de Silésie s'allonge en une longue colonne de 60 kilomètres, de Bergères à Montmirail : Sacken (20,000 hommes) tient la tête à Montmirail, Olsuvief (50,000 hommes) est à Étoges, à 22 kilomètres de Sacken, le quartier général à Vertus ; Kleist (10,000 hommes) et Kappezewich (10,000 hommes) arrivent seulement à Bergères. La cavalerie, jugée inutile dans la colonne, est en avant. York (15,000 hommes) est à Dormans.

C'est à ce moment que Blücher apprend l'approche de Napoléon. Il rappelle immédiatement York et Sacken sur Montmirail ; lui-même, avec Kleist et Kappezewich, se dirige sur Fère-Champenoise en vue d'envelopper l'armée française. Ses ordres trouvent Sacken à la Ferté et York à Château-Thierry ; les deux généraux se mettent en retraite dans la nuit.

Champaubert. — Le 10 février, à 10 heures du matin, Olsuvief, surpris par Marmont et Ney, est écrasé à Champaubert et fait prisonnier. Laissant à Étoges Marmont, avec 5,000 hommes, face à l'Est, Napoléon se porte dans la nuit même sur Montmirail.

Le 11 février, avec 15,000 hommes, il bat, à Montmirail, les

20,000 hommes de Sacken et l'avant-garde d'York. Les débris de Sacken rejoignent le corps d'York sur la route de Château-Thierry.

Le 12, Napoléon donne l'ordre à Marmont de marcher sur Vertus, tandis qu'il poursuit, sur Château-Thierry, les troupes d'York et de Sacken. Il compte que Macdonald sera venu de Meaux leur barrer le passage. Mais Macdonald reste immobile à Meaux. L'ennemi peut repasser la Marne et brûler le pont ; son arrière-garde et ses convois restent entre nos mains.

Le 13, Napoléon fait rétablir le pont de Château-Thierry, et vers 4 heures de l'après-midi les troupes de Mortier et la majeure partie de la cavalerie continuent la poursuite au delà de la Marne. Ce même jour, Blücher, qui croit Napoléon retourné vers l'armée de Bohême, attaque, à Étoges, avec 20,000 fantassins et 2,000 cavaliers, Marmont, qui se retire lentement devant lui.

Le 14, Napoléon accourt, de Château-Thierry, avec l'infanterie de Ney et la cavalerie de Grouchy, et enfonce, à Vauchamps, Blücher qui fait sa retraite en désordre, mais croit pouvoir, à la nuit, s'arrêter à Étoges ; Marmont l'y attaque, l'en chasse et le rejette sur Bergères dans une déroute complète : les débris des corps de Kleist et de Kappezewich s'enfuient jusque vers Châlons où ils sont rejoints par ceux des corps d'York et de Sacken qui ont fait leur retraite par la rive droite.

Dans cette campagne de six jours, l'armée de Silésie a perdu plus de 20,000 hommes sur 55,000 hommes et la plus grande partie de son artillerie et de ses bagages. Ses pertes eussent été plus grandes encore si, d'une part, Macdonald s'était trouvé à temps à Château-Thierry, si, d'autre part, Napoléon n'avait été rappelé sur l'Aube par l'offensive de l'armée de Bohême.

Quoi qu'il en soit, l'efficacité de la manœuvre sur les derrières apparaît ici bien nettement. Napoléon, avec des forces inférieures à l'armée ennemie, l'a battue, parce qu'il a pu « l'attaquer par derrière en désordre et non réunie[1]. »

4° ACTE : **Retour sur l'armée de Bohême. — Projet de manœuvre sur les derrières de Schwarzenberg.** — Pendant

---

[1] Napoléon à Saint-Hélène, à propos de la manœuvre de Smolensk.

les opérations contre l'armée de Silésie, Schwarzenberg, s'enhardissant, s'est porté sur Nogent. L'Empereur, tout d'abord, projette de se jeter sur les derrières de Schwarzenberg, « s'il s'enfourne sur Fontainebleau. » Mais il apprend que les colonnes de l'armée de Bohême ont forcé le passage de la Seine à Pont-sur-Seine, Nogent et Bray et se portent directement sur Paris. Il se résout alors à s'interposer entre l'ennemi et sa capitale. L'ennemi se met bientôt en retraite.

Manœuvre de Montereau. — Laissant Macdonald suivre sur Bray l'ennemi, Napoléon voudrait, avec son gros, déboucher par Montereau pour se jeter sur les derrières des Autrichiens. Mais Victor s'arrête à Valjouan devant une faible résistance et il faut perdre la journée du 18 à déloger, des hauteurs de Montereau, le prince de Wurtemberg. L'armée de Bohême s'échappe.

Manœuvre sur Troyes. — Napoléon voudrait recommencer sur Troyes la manœuvre qu'il vient de manquer à Montereau. Il espère, en marchant directement sur cette ville, y devancer les colonnes autrichiennes qui, par le Nord, ne disposent que de routes plus longues. Mais la gelée permet à l'ennemi de fuir à travers champs. Il arrive à repasser la Seine, à Troyes, avant que Napoléon ait pu lui barrer la route. Une arrière-garde défend les ponts. Napoléon, ne voulant pas exposer la ville à une attaque de vive force, et n'ayant pas d'équipage de ponts pour passer dans le voisinage, laisse échapper l'armée ennemie [1].

Le 25, nos troupes entrent à Vandœuvre et à Bar-sur-Seine. Schwarzenberg ne s'arrêtera qu'à Chaumont.

Ainsi, les manœuvres sur les derrières tentées par Napoléon dans le 4e acte n'ont pas eu leur plein effet, mais elles ont ramené Schwarzenberg à Chaumont et sauvé Paris.

Deuxième période. — 1er ACTE : **Contre l'armée de Silésie.** — Tandis que nos troupes entraient à Troyes, Blücher, rappelé par Schwarzenberg, ramenait sur l'Aube l'armée de Silésie réorganisée ; il franchit l'Aube, s'avance jusqu'à Méry. Comme Schwar-

---

[1] Analogue à la manœuvre de Lodi ; mais à Lodi, Napoléon avait attaqué.

zenberg ne se décide pas à livrer bataille, Blücher reprend sa liberté d'action, repasse l'Aube, le 24, à Anglure, et se dirige sur la Marne pour y rallier les corps de Bulow (17,000 hommes) et de Winzingerode (26,000 hommes) qui, venant de Belgique pour renforcer son armée, s'approchaient de Soissons. Il compte marcher avec eux sur Paris. Dans sa marche, il trouve devant lui et pousse le corps de Marmont.

De Troyes, Napoléon suit les mouvements de Blücher ; « aussitôt que je verrai ce que Blücher veut faire, écrit-il le 25 février au roi Joseph, je tâcherai de tomber sur ses derrières et l'isoler. »

Manœuvre sur les ponts de l'Aube. — Il enlève à Blücher ses ponts de l'Aube par où passe sa ligne naturelle de retraite sur l'armée de Bohême et lance à sa suite Ney, Victor et la cavalerie du duc de Padoue. Il croyait ainsi le rappeler en arrière. Mais Blücher ne songeait qu'à rejoindre au plus tôt Bulow et Winzingerode pour marcher avec eux sur Paris.

Le 27, l'Empereur se décide à se jeter, avec une partie de ses forces, à la suite de l'armée de Silésie contenue en tête par Marmont et Mortier, tandis que Macdonald, avec près de 40,000 hommes, contiendra l'armée de Bohême.

Blücher, en apprenant l'arrivée de Napoléon, fait passer toutes ses troupes sur la rive droite de la Marne par le pont de la Ferté-sous-Jouarre qu'il coupe derrière lui. N'ayant pas encore l'équipage léger qu'il réclame depuis le commencement de la campagne, Napoléon ne peut que canonner l'arrière-garde ennemie.

Manœuvre de Soissons. — Comptant que Mortier et Marmont contiendront Blücher, l'Empereur se dirige rapidement vers Château-Thierry et de là vers Fismes, sur les derrières de Blücher. Il espère ainsi rappeler en arrière l'armée de Silésie ou la prendre dans la nasse dont la place de Soissons forme le fond.

Mais bientôt il est averti que Soissons s'est rendu sans combat, à Bulow et à Winzingerode, tandis que Marmont et Mortier ne bougeaient pas de leur position derrière l'Ourcq. Non seulement Blücher est sauvé, mais, par sa jonction avec Winzingerode et Bulow, il va disposer de 100,000 hommes.

Bien qu'il n'ait pas plus de 50,000 hommes, Napoléon

se met à la poursuite de Blücher. Il passe l'Aisne à Berry-au-Bac et appelle à lui Mortier et Marmont. Le 6 mars, il se heurte à l'ennemi installé sur le plateau de Craonne et l'en déloge le 7. Le 8, il poursuit l'armée de Silésie sur Laon et le 9 l'attaque, malgré son infériorité numérique, sur la forte position au sud de la ville où cette armée s'est installée. Mais après en avoir imposé à l'ennemi deux jours durant, il doit se mettre en retraite.

2e ACTE : **Contre l'armée de Bohême.** — Pendant ces opérations, Schwarzenberg a repris l'offensive, timidement il est vrai, toujours inquiet de voir son terrible adversaire arriver soudain sur ses derrières. Le 17, il franchit la Seine à Nogent ; Macdonald et Oudinot se retirent sur Provins. Paris est de nouveau menacé.

Manœuvre de Méry-sur-Seine. — Napoléon, laissant devant Blücher Mortier et Marmont, prend, avec son gros, la direction d'Arcis-sur-Aube pour se jeter, par Méry, sur les derrières de l'armée de Silésie. Comme Arcis est occupé, on passe à Plancy le 19 mars.

Mais, à la nouvelle de l'approche de l'Empereur, Schwarzenberg, que Macdonald n'a pas su retenir, a opéré sa retraite en toute hâte et il est déjà vers Troyes, si bien qu'on ne peut prendre que des bagages et un bel équipage de pont.

Napoléon estime alors que, dans l'état moral où se trouve le quartier général des alliés, le moment est venu de mettre en scène la large manœuvre sur les derrières, par Saint-Dizier et Joinville, à laquelle il songe depuis le commencement du mois.

Troisième partie. — **1er** ACTE : **Manœuvre de Saint-Dizier.** — L'idée de Napoléon est d'aller se placer à Saint-Dizier, entre les routes de Paris à Strasbourg et de Chaumont à Bâle, qui sont les deux lignes de communication de l'ennemi, et là, d'attirer à lui les garnisons des places de Lorraine et d'Alsace. Il aura lui-même, comme *centres d'opérations*, les deux places de Metz et de Verdun.

Le 20, notre armée, qui est à Méry, entamant le mouvement vers Saint-Dizier, s'avance sur Arcis par les deux rives de l'Aube, quand elle se heurte à l'armée de Schwarzenberg qui a cru les circonstances favorables pour l'attaquer. Le 20, Napoléon repousse l'ennemi qui se retire pour bivouaquer. Le 21, Napoléon, le croyant en retraite, se porte en avant. Mais il trouve les 100,000 hommes de l'armée de Bohême rangés en demi-cercle autour d'Arcis. Il n'y a plus qu'à repasser l'Aube en maintenant l'ennemi par des démonstrations. Schwarzenberg ne poursuit pas et notre armée se retire par Sommepuis vers Saint-Dizier.

Du 23 au 27 mars, Napoléon demeure à Saint-Dizier, attendant l'effet de sa manœuvre. Le 27, il apprend que les armées de Silésie et de Bohême marchent ensemble vers Paris, et que Marmont et Mortier ont subi un grave échec à Fère-Champenoise.

Voici en effet ce qui s'est passé : à la nouvelle de la marche de Napoléon sur Saint-Dizier, le grand quartier général des coalisés, dans un conseil de guerre tenu à Pougy le 22 mars, avait d'abord agité la question d'une retraite vers la Suisse. Puis on avait décidé que l'armée de Bohême, abandonnant sa ligne d'opérations sur Chaumont, rejoindrait, à Châlons, l'armée de Silésie et vivrait avec elle sur la ligne de communication tracée par Reims et par Mons, sur les Pays-Bas, et qu'ainsi réunis, on se porterait contre Napoléon à Saint-Dizier. Le mouvement commença aussitôt.

Mais le 24 mars, sur des sollicitations venues de Paris, un nouveau conseil de guerre se réunit à Sommepuis, à la suite duquel il fut décidé que les deux armées marcheraient immédiatement sur la capitale, qu'on pouvait atteindre deux jours avant Napoléon et dont les immenses ressources suffiraient à toutes les forces coalisées.

La trahison avait fait manquer la manœuvre dans laquelle l'Empereur avait mis sa dernière espérance ; Napoléon ramène son armée à marches forcées sur Paris. Le 31, près d'Essonnes, il apprenait la reddition de sa capitale. Le 11 avril, à Fontainebleau, il signait son abdication.

Campagne de 1815. — Le plan de Napoléon est de dissimuler la réunion de ses forces derrière la Sambre, de passer cette rivière en masse à Charleroi, de se jeter au point de jonction des deux armées ennemies, et là, tandis qu'il se couvrira, par une masse secondaire, vis-à-vis d'un des deux adversaires, d'écraser l'autre. Il veut assaillir tout d'abord l'armée prussienne, parce que Blücher est plus entreprenant que Wellington.

On voit que son plan est celui d'une campagne sur une position centrale prise par un coup offensif entre les deux armées ennemies.

Résumé. — La revue sommaire des principales manœuvres sur les derrières exécutées par Napoléon nous montre, qu'incontestablement, cette manœuvre fut son procédé favori et qu'il l'employa de sa première à sa dernière campagne.

Comptons-les à nouveau :

1796. — Lodi, Castelnovo, Bassano, Arcole, Dolce.
1800. — Marengo.
1805. — Ulm, Hollabrünn.
1806. — Iéna.
1807. — Pultüsk, Allenstein, Friedland.
1809. — Landshut, Eckmühl.
1812. — Vilna, Witebsk, Smolensk.
1813. — Leipzig, Bautzen, Dresde, Düben.
1814. — Saint-Dizier, Brienne, Montmirail, Soissons, Méry-sur-Seine, Saint-Dizier.

Sans parler de la guerre d'Espagne, nous trouvons donc 27 manœuvres bien caractérisées. Mais Napoléon en a tenté beaucoup plus et projeté plus encore.

Les unes ont donné des résultats foudroyants : Bassano, Arcole, Marengo, Ulm, Iéna, Friedland, Landshut, Montmirail.

Certaines, pour lesquelles les difficultés d'exécution étaient trop considérables, ou par suite d'incidents imprévus, n'ont pas produit leur plein effet. Pourtant elles ont rejeté l'ennemi au loin et fait gagner une large zone de terrain : Lodi, Castelnovo, Dolce, Hollabrünn, Pulstück, Allenstein, Eckmühl, Vilna, Witebsk, Smolensk, Leipzig (Lützen), Bautzen, Dresde, Düben, Saint-Dizier, Brienne, Soissons, Méry-sur-Seine.

Une seule a été fatale : Saint-Dizier.

CHAPITRE VI

LA MANŒUVRE SUR POSITION CENTRALE

Conception générale. — Lorsque Napoléon n'a pas sur son théâtre principal la supériorité réelle, il cherche à diviser les forces adverses ou bien à profiter de leur séparation initiale, pour prendre entre leurs diverses fractions une *position centrale*[1], d'où il manœuvre pour les écraser successivement.

> « Lorsque, avec de moindres forces, j'étais en présence d'une grande armée, groupant avec rapidité la mienne, je tombais comme la foudre sur l'une de ses ailes et je la culbutais ; je profitais du désor-
> dre que cette manière ne manquait jamais de mettre dans l'armée

---

[1] *Position centrale.* — Quand une armée est au milieu, au centre de divers corps ennemis, Napoléon dit que cette armée occupe une *position centrale* ; il n'a jamais dit qu'elle tenait la *ligne d'opérations intérieure*, expression d'une complète obscurité.

Parlant de César qui, à Dyrrachium, enveloppa le camp de Pompée par une ligne de contrevallation de six lieues : « Les manœuvres de César à Dyrrachium sont extrêmement téméraires ; aussi en fut-il puni. Comment pouvait-il espérer se maintenir avec avantage, le long d'une ligne de contre-vallation de six lieues, entourant une armée qui avait l'avantage d'être maîtresse de la mer et d'occuper une *position centrale?* » (*Précis des guerres de Jules César*, t. XXXII, p. 57.)

Dans la campagne de 1762, le prince Henri de Saxe défendait la Saxe contre les Autrichiens : « Dans cette campagne, a écrit Napoléon, ce prince a constamment violé les principes que les camps d'une même armée doivent être placés de manière à pouvoir se soutenir. Les Autrichiens, qui occupaient la *position centrale* de Dresde et les débouchés des montagnes de la Bohême, pouvaient l'en faire cruellement repentir. » (*Précis des guerres de Frédéric II*, t. XXXII, p. 237.)

Dans la campagne de 1800 en Allemagne, l'armée autrichienne, hormis le corps du prince de Reuss de 20,000 hommes qui était dans le Tyrol, se trou-vait toute réunie dans le camp retranché d'Ulm. « Le général autrichien pou-vait manœuvrer sur les deux rives du Danube ; protégeant à la fois la Souabe ennemie pour l'attaquer dans une autre partie, toujours avec toutes mes forces. Je la battais ainsi en détail, et la victoire, qui en était le résultat, était toujours, comme vous le voyez, le triomphe du grand nombre sur le petit [1].

Dans cet état d'infériorité, deux cas peuvent se présenter : ou bien Napoléon est libre de ses mouvements, ou bien il est lié à quelque place qu'il doit à tout prix garantir contre les entreprises de l'adversaire, comme Mantoue en 1796; Dresde, son centre d'opérations dans la campagne d'automne de 1813; Paris, dans la campagne de 1814.

S'il est libre de ses mouvements, Napoléon prend sa position centrale par un *coup offensif* sur le centre du déploiement stratégique adverse : c'est ainsi qu'il a opéré dans les entrées en campagne de 1796, de 1812 et de 1815.

S'il est lié à une place, c'est du terrain et des fautes stratégiques de l'adversaire qu'il attend la division des forces ennemies. Les opérations proprement dites sont précédées d'une phase d'attente. On peut appeler ce procédé *l'attente stratégique.*

Les principaux exemples de ce second procédé sont les suivants :

Campagne de 1796 : autour de Mantoue, actes de Castiglione, d'Arcole, de Rivoli.

Campagne de 1805 : autour de Vienne avant Austerlitz.

Campagne de 1807 : autour de Varsovie.

Campagne de 1813. { Campagne d'au-tomne....... { 1er acte sur la position centrale de Gœrlitz. 2e acte sur la position centrale de Leipzig.

Campagne de 1814 : ensemble de la campagne.

---

et la Bavière, couvrant la Bohême comme l'Autriche, il recevait tous les jours des recrues, des vivres, et paraissait résolu à vouloir se maintenir dans cette *position centrale*, malgré l'infériorité bien constatée de ses forces et les échecs qu'il avait essuyés. » (T. XXX, p. 403).

[1] Napoléon dans un dîner chez le directeur Gohier, au retour de la campagne de 1796.

Dans l'entrée en campagne de 1812, les deux manœuvres, position centrale par coup offensif et manœuvre sur les derrières, coexistent, montrant ainsi l'unité de la conception napoléonienne.

Que la *position centrale* soit prise par un coup offensif sur le centre du déploiement ennemi ou qu'elle résulte de l'offensive de l'adversaire, le principe de sa manœuvre est le même : écraser une des fractions de l'ennemi en réalisant contre elle une supériorité totale[1] pendant qu'il se borne à contenir les autres fractions.

Si l'ennemi a divisé ses forces en deux fractions E E′, il travaille à écraser la fraction E avec sa masse principale M, pendant qu'il fait contenir la fraction E′ par sa masse secondaire m.

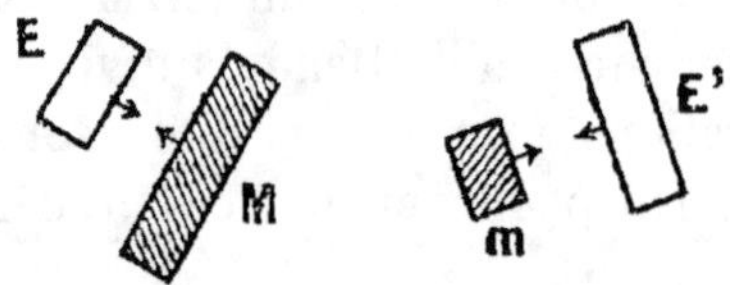

Deux conditions s'imposent : la première, c'est que la fraction E′ ne puisse rejoindre à temps la fraction E et reformer avec elle un effectif supérieur au nôtre.

La seconde, c'est que E′ ne puisse infliger un désastre à notre masse m, qui, par disposition, lui est inférieure.

La première condition exige que les deux masses ennemies soient séparées par un intervalle assez considérable ou que les difficultés du terrain tiennent lieu de cet intervalle.

La seconde condition exige que la masse secondaire trouve dans le terrain un accroissement important de forces, et le système de guerre à employer par cette masse secondaire, c'est celui de la *guerre de positions*.

Si l'adversaire a réparti ses forces en plusieurs fractions,

---

[1] Somme des forces matérielles et morales.

Napoléon oppose à chacune de ces fractions une masse circonférentielle d'effectif moindre et réserve une masse centrale. Cette masse centrale, il la porte à l'aide de la masse circonférentielle contre laquelle se produit l'attaque la plus dangereuse.

Les économies qu'il peut réaliser sur les masses circonférentielles au profit de la masse centrale sont fonction de la valeur des généraux qui les commandent, du terrain, des généraux qui leur sont opposés.

Pour arrêter sa répartition, Napoléon se servait de sa profonde connaissance des hommes et de l'art militaire.

MANŒUVRE SUR POSITION CENTRALE PAR COUP OFFENSIF.

Lorsque Napoléon doit faire tête à une coalition de deux adversaires ayant des intérêts distincts et des lignes d'opérations divergentes, comme à l'entrée en campagne de 1796 et en 1815, ou à un adversaire unique, mais en cordon le long de la frontière, comme à l'entrée en campagne de 1812, il cherche, par une brusque offensive, à prendre position au milieu du déploiement ennemi.

Il profite de la surprise initiale pour accabler l'un des tronçons, le rejeter aussi loin que possible de l'autre, le surveiller avec un minimum de forces, pendant qu'avec le gros de ses troupes il accable l'autre tronçon.

Expliquant son plan de 1815, Napoléon a écrit à Sainte-Hélène.

« L'Empereur adopta le parti de couvrir ses mouvements par la Sambre et de percer la ligne des deux armées à Charleroi, point de leur jonction ; manœuvrant avec rapidité et habileté, il pouvait espérer de les séparer et de les attaquer isolément. Il trouva ainsi dans les secrets de l'art des moyens supplémentaires qui lui tinrent lieu des 100,000 hommes qui lui manquaient.

« Dans la journée du 17 juin (le lendemain de la bataille de Ligny) l'armée française se trouva partagée en trois parties : 62,000 hommes et 212 canons, sous les ordres de l'Empereur, marchèrent sur Bruxelles par la chaussée de Charleroi ; 34,000 hommes et 108 canons, sous les ordres du maréchal Grouchy, se dirigèrent sur cette capitale par la chaussée de Wavre, à la suite des Prussiens ; 3,000 hommes restèrent sur le champ de bataille de Ligny pour porter secours aux blessés et former, dans les cas imprévus, une réserve aux Quatre-Bras ; 4,000 à 5,000 hommes, formant les parcs de réserve, restèrent à Fleurus et à Charleroi.

« Les 34,000 hommes du maréchal Grouchy, ayant 108 canons, étaient suffisants pour culbuter l'arrière-garde prussienne dans toutes les positions qu'elle prendrait, presser la retraite de l'armée vaincue et la contenir. C'était un beau résultat de la victoire de Ligny de pouvoir ainsi opposer 34,000 hommes à une armée qui avait été de 120,000 hommes.

« Les 62,000 hommes sous les ordres de l'Empereur étaient suffisants pour battre l'armée anglo-hollandaise de 90,000 hommes. La disproportion qui existait le 15 entre les deux masses belligérantes, qui était alors dans le rapport de 2 à 1, était bien changé, elle n'était plus que dans le rapport de 3 à 4.... »

LA PRÉPARATION. — Ses campagnes sur position centrale ont toutes comporté une préparation très minutieuse. Son plan de campagne détermine :

Le point d'attaque ;

La fraction de l'ennemi qu'il assaillera tout d'abord ;

Les démonstrations destinées à attirer l'attention et les forces de l'ennemi loin du point d'attaque ;

Les mesures propres à assurer le secret le plus absolu ;

Les marches de concentration à exécuter pour amener nos troupes devant le point d'attaque ;

L'organisation d'une ou plusieurs lignes d'opérations, de façon à pouvoir, éventuellement, opérer un changement de ligne ;

La protection de ces lignes d'opérations.

Passons en revue ces différentes questions.

Le point d'attaque. — S'il a devant lui deux adversaires, c'est leur point probable de jonction qu'il vise : Carcare en 1796, Sombreffe en 1815. S'il n'a devant lui qu'un seul adversaire, mais qui se réunit en deux masses, ce qu'il vise, c'est l'intervalle entre ces masses : Vilna en 1812.

La fraction à attaquer. — Il prend comme objectif la plus dangereuse : la surprise lui donnera la chance la plus favorable qu'il puisse avoir d'en triompher.

A l'entrée en campagne de 1796, c'est l'armée autrichienne qu'assaille Napoléon ; en 1815, c'est l'armée prussienne ; à l'entrée en campagne de 1812, ce sont les forces de Bagration qui, placées au sud de Kowno, sont les plus dangereuses pour notre ligne d'opérations.

Démonstrations. — Si l'adversaire est en parfaite quiétude, comme les Prussiens et les Anglais en 1815, il prend toutes précautions pour ne pas troubler leur tranquillité.

Si l'adversaire est en éveil, il s'efforce d'attirer, par une démonstration son attention et ses forces loin du point qu'il veut atteindre.

En 1796, voulant porter ses forces de Savone sur Carcare, il organise des démonstrations sur le col de Tende (Macquard et Garnier) et sur Orméa, dans la vallée du Tanaro (Sérurier) ; en 1812, voulant passer le Niémen à Kowno pour percer sur Vilna, il s'efforce d'attirer Bagration loin de ce point par des démonstrations qu'exécutent les corps de Schwarzenberg et de Reynier vers Lublin, et l'armée du roi Jérôme au sud-est de Varsovie.

Il a soin de ménager à ces corps de démonstration des refuges pour le cas où l'ennemi les pousserait trop vivement. En 1812, la Vistule, avec Varsovie et Modlin, devait, le cas échéant, servir de refuge aux troupes de Jérôme.

Souvent il prépare ostensiblement des magasins dans la direction où il veut attirer l'ennemi.

En 1796, il organise des magasins dans la vallée du Tanaro, par où s'avancera Sérurier, pour faire craindre aux Sardes une attaque du côté de Turin.

Marches de concentration. — La surprise de l'ennemi est fonction du *secret* et de la *vitesse*.

En 1796, nos troupes, concentrées par des marches considérables sur Carcare, surprennent absolument l'ennemi. En 1812, le rassemblement de nos forces est effectué derrière la grande forêt de Wilkowisky. Les plus minutieuses précautions sont prises pour cacher aux Russes les mouvements préparatoires du passage du Niémen ; jusqu'au dernier moment, on ne montre sur les rives du fleuve que la cavalerie polonaise.

Dans la nuit du 22 au 23 juin, Napoléon, empruntant à un chevau-léger polonais sa capote et son bonnet, fait la reconnaissance du fleuve, seul avec le général du génie Haxo.

En 1815, Napoléon concentre ses forces par des marches énormes sur Charleroi. Dès le 7 juin, on interrompt absolument les communications sur les frontières [1]. Le secret de la concentration fut bien assuré, car, le 14 juin seulement, l'état-major prussien a vent que des corps français sont en mouvement. Dans la nuit du 14 au 15, il apprend que nous nous renforçons devant Charleroi et il ne reçoit de nouvelles sûres que trente-six heures avant le commencement de la bataille de Ligny. Le 15 juin, alors que l'Empereur a déjà le pied sur le territoire belge, Wellington expose tranquillement, dans une longue lettre au tsar, la façon dont il compte prendre l'offensive à la fin du mois.

Lignes d'opérations et changement de ligne d'opérations. — Napoléon a soin de s'assurer une ligne d'opérations que l'armée puisse protéger par son offensive même. De plus, il prévoit généralement un changement de ligne en cours de manœuvre.

En 1796, décidé, après avoir frappé et mis en retraite les Autrichiens, à se retourner contre les Sardes, il a prévu un changement de ligne sur Orméa, dans la vallée du Tanaro. Ainsi il n'aura pas à consacrer des forces notables à la garde de sa ligne primitive sur Savone. Il a fait, à cet effet, préparer des magasins dans la vallée du Tanaro.

Ayant prévu qu'il prendra ensuite sa ligne directement sur Nice par le col de Tende, il a fait garder cette direction par Macquard et Garnier.

L'EXÉCUTION. — Une fois installé entre les deux fractions adverses, et après avoir frappé l'une, Napoléon travaille à

---

[1] « Donnez les ordres les plus positifs, écrit, le 7 juin, Napoléon au maréchal Soult, major général, pour que sur toute la ligne du Nord, du Rhin et de la Moselle, toutes les communications soient fermées et qu'on ne laisse passer aucune voiture ni diligence. Recommandez qu'on exerce la plus grande surveillance pour qu'aucune lettre ne puisse passer si cela est possible. Voyez les ministres de la police et des finances pour qu'ils écrivent à leurs agents pour intercepter absolument les communications. »

accroître leur intervalle en frappant l'autre immédiatement.

En 1815, le 16 juin, il accable les Prussiens à Ligny et se porte le 17 contre les Anglais.

Il s'efforce, d'ailleurs de provoquer une rapide retraite de la fraction battue par une menace sur ses derrières. A l'entrée en campagne de 1796, après avoir battu les Autrichiens à Montenotte le 12 avril, il tourne, le 13, son gros contre les Sardes qu'il bat à Millesimo, tandis que Masséna, que doit joindre Laharpe, menace la retraite des Autrichiens sur Dego. Nous reviendrons sur cette question.

Une des conditions les plus favorables qu'on puisse souhaiter, c'est que notre masse secondaire dispose d'une barrière pour lui faciliter la mission d'empêcher la fraction battue de rejoindre l'autre. En 1796, à l'entrée en campagne, les Autrichiens ne pouvaient rejoindre les Sardes que par de mauvais chemins faciles à défendre; en 1815, aucun accident notable du sol n'existait pour faciliter la tâche de Grouchy.

Dispositif stratégique. — Quoi qu'il en soit, l'ennemi se déplaçant, il y a lieu de fixer, chaque jour, un *dispositif stratégique* qui assure la meilleure utilisation possible des forces. Lorsqu'il

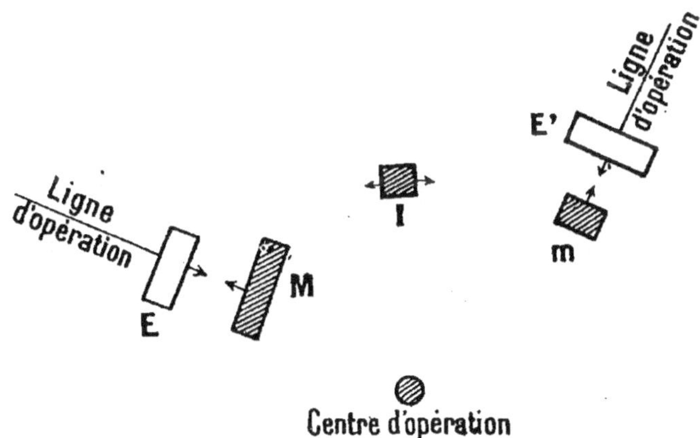

se trouvait entre deux adversaires, nous avions supposé, pour la commodité de l'exposition, que Napoléon ne divisait ses forces qu'en deux masses et une réserve qu'il portait alternativement à l'appui de l'une ou l'autre masse. En réalité, son dispositif et un peu plus compliqué : il comprend un corps intermédiaire I menaçant les derrières des deux attaques ennemies.

Prenons, par exemple, celui du 17 avril 1796 : Bonaparte a été avisé dans la nuit qu'Augereau (masse de l'Ouest) a échoué dans l'attaque du camp retranché de Ceva. Tranquillisé du côté des Autrichiens, refoulés au delà de Dego le 15, Bonaparte transporte son quartier général de Carcare à Millesimo, et prescrit à

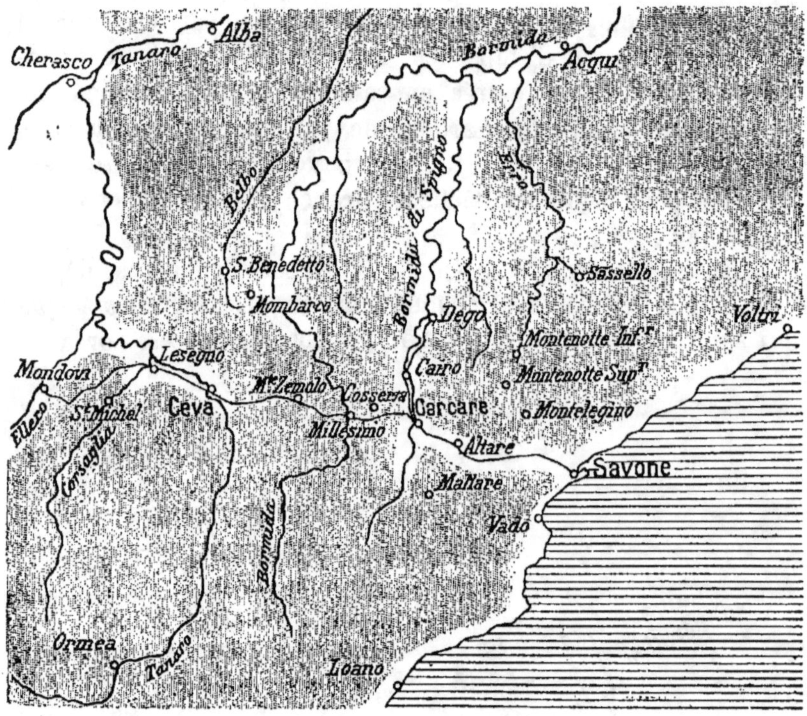

Laharpe de relever à Dego la division Masséna. Ainsi couvert par Laharpe du côté des Autrichiens, il dirige Masséna sur Montbarco (San Benedetto), entre les Autrichiens et les Sardes, d'où il menace les derrières des uns et des autres.

Pendant la nuit, Colli se dérobe et va occuper, près de Mondovi, la position de flanc de la Bicoque (la Bicocia), derrière la Corsaglia.

Le 18, Bonaparte fait descendre à Augereau la rive droite du Tanaro pour menacer les derrières des Sardes, tandis que Sérurier marche droit sur leurs positions ; Masséna reste à San Benedetto. Une attaque de Sérurier, à laquelle Augereau, arrêté par le Tanaro grossi, ne peut coopérer, échoue. La situation devient difficile. Il faut trouver du monde pour enlever la position de Colli.

Un changement de ligne de communications va tirer Bonaparte d'affaire. Abandonnant sa ligne sur Savone, il la prend sur Orméa. N'ayant plus à garder aussi fortement la route de Savone, il appelle à lui la division Laharpe, qui ne laissera qu'une demi-brigade à Cairo.

Le 20, Laharpe relève à San Benedetto la division Masséna qui vient s'intercaler entre Sérurier et Augereau pour renouveler, le 21, l'attaque de Saint-Michel. Colli n'attend pas le choc.

A Sainte-Hélène, dans sa relation de sa campagne d'Italie, Napoléon a tenu à appeler l'attention sur le placement de la division Laharpe à San Benedetto.

« Lorsque l'armée française se dirigea sur Ceva pour attaquer l'armée piémontaise, la division Laharpe fut laissée en observation contre le camp d'Acqui, où Beaulieu ralliait toute l'armée autrichienne. Il paraîtrait que la position naturelle de ce corps d'observation aurait dû être sur les bords de la Bormida, en avant de Dego, afin de couvrir la ligne d'opérations sur Savone. Il est à remarquer que si Napoléon préféra la position sur le Belbo, en avant de San Benedetto, à deux marches sur la gauche de Dego, laissant la chaussée de Savone à découvert, c'est qu'il voulut tenir son armée réunie pour que Beaulieu ne pût se placer entre ses divisions et les isoler. Le camp de San Benedetto couvrait l'armée qui manœuvrait sur Ceva. Si Beaulieu se fût porté sur Dego, le corps placé à San Benedetto l'eût attaqué en flanc et par derrière. D'ailleurs, la communication de Garessio-Orméa était ouverte. Le choix du camp de San Benedetto pour placer un corps d'observation contre Beaulieu mérite d'être médité [1]. »

---

[1] T. 29, p. 326. Deuxième observation sur la campagne de 1796.

MANŒUVRES SUR POSITION CENTRALE AVEC ATTENTE
STRATÉGIQUE.

Conception générale. — Lorsque Napoléon s'est trouvé lié à un point fixe [1], faute de forces suffisantes pour prendre l'offensive tout en gardant ce point, c'est, avons-nous dit, du terrain et des erreurs stratégiques de ses adversaires qu'il attend la division de leurs forces. Ses opérations proprement dites sont alors précédées d'une phase d'attente, et, pour distinguer ce procédé, on peut l'appeler « l'attente stratégique [2] ».

Pour que ce système de guerre donne des résultats satisfaisants, il faut que le théâtre d'opérations force l'ennemi à se diviser et permette, au contraire à nos forces de se réunir rapidement. Cela exige autour de la position centrale une barrière ne laissant à l'ennemi qu'un petit nombre de débouchés.

Le théâtre d'opérations idéal est celui qui ne laisse à l'ennemi, comme lignes d'invasion, que d'étroits couloirs séparés par des massifs impénétrables : tel le théâtre autour de Mantoue en 1796.

C'est en arrière des débouchés de la barrière ou dans les couloirs voies d'invasion que sont établis les *corps d'observation.* Leur résistance doit permettre de distinguer l'attaque principale des attaques secondaires et donner à la masse centrale le temps de se porter contre cette attaque ou d'achever une opération entamée sur un autre point. Pour remplir leur mission, le système de guerre que doivent employer les corps d'observation, c'est celui de la *guerre de positions.*

Pour asseoir son attente stratégique, Napoléon n'a pas toujours disposé d'un cirque montagneux comme celui qui entoure Mantoue. A défaut de montagnes, il a souvent utilisé des cours

---

[1] Comme à Mantoue en 1796 après Arcole ; à Dresde dans la campagne d'automne de 1813 ; à Paris en 1814.

[2] Dans le *Précis des campagnes*, j'ai employé le mot « dispositif d'attente stratégique ». J'ai trouvé depuis la même expression dans Jomini. Parlant de la répartition des divisions françaises le long de l'Adige avant Rivoli, Jomini écrit : « Cette ligne qu'au premier abord on trouvera un peu étendue, n'était qu'un dispositif d'attente. »

d'eau comme barrières et s'est plusieurs fois placé à un nœud fluvial. Un nœud fluvial est une bonne position d'attente à condition que l'on dispose de ponts fortifiés pour passer rapidement d'un secteur dans un autre, l'ennemi en étant dépourvu. Il est alors possible de surprendre l'adversaire en flagrant délit de passage, ou, s'il s'avance vers le centre, de se jeter sur ses derrières.

D'autre part, les corps d'observation, laissés dans les différents secteurs, ne courent aucun risque majeur, puisque, par les ponts fortifiés, ils peuvent toujours se dérober à l'ennemi.

A la fin de 1806, Napoléon plaça son armée autour de Modlin et de Varsovie, au nœud fluvial si remarquable de la Vistule avec la Narew, l'Ukra, le Bug et leurs affluents. Pour passer facilement d'un secteur dans un autre, il fit établir sur ces différents cours d'eau des ponts avec têtes fortifiées.

C'est de cette position qu'il prit les offensives qui aboutirent aux batailles de Pultusk et Golymin le 26 décembre 1806, d'Allenstein et d'Eylau en février 1807.

En 1814, c'est sur un réseau fluvial qu'il appuya sa campagne contre les armées de Blucher et de Schwarzenberg.

La Seine et la Marne formaient, avec leurs riches vallées et les villes importantes de leurs cours, les lignes d'invasion forcées de l'armée de Silésie et de l'armée de Bohême. Ces rivières sont séparées par une zone marécageuse, alors mal routée, pauvre en ressources. C'est dans cette zone que Napoléon se tient avec sa masse centrale, ayant sa ligne d'opérations sur Paris. Dans chacune des vallées de la Seine et de la Marne, une masse secondaire doit maintenir l'ennemi en prenant position sur les portions des cours des rivières perpendiculaires aux lignes d'invasion. Suivant les nécessités stratégiques, Napoléon réunit sa masse centrale à l'une des masses secondaires pour écraser l'armée de Silésie ou l'armée de Bohême.

ORGANISATION DE LA ZONE-MANŒUVRE. — Dans l'attente stratégique, un des éléments du succès, c'est la rapidité avec laquelle chacune des masses circonférentielles peut être secourue par les masses voisines et par la masse centrale. Cette rapidité est fonction de trois facteurs : distance des masses entre elles, rapidité de transmission des ordres, rapidité de marche des troupes.

Distance entre les différentes masses. — Plus grande est la distance qui sépare les différentes fractions de l'ennemi, plus grand est le temps dont la masse centrale dispose pour écraser une de ces fractions.

D'autre part, plus les effectifs croissent, plus il faut de temps à la masse centrale pour écraser une des fractions de l'ennemi : entre deux effectifs médiocres, les affaires sont plus rapidement réglées qu'entre deux gros effectifs.

Il y aurait donc intérêt à agrandir le plus possible le rayon du dispositif. Mais ce rayon est essentiellement fonction du terrain, de l'effectif des masses circonférentielles, du talent du général qui les commande et du général ennemi qui les attaque.

Transmission des renseignements et des ordres. — Il est essentiel que cette transmission soit rapide. Napoléon s'est toujours occupé personnellement du service des estafettes et courriers. En 1796, autour de Mantoue, il organisa même un service d'avertissement instantané à coups de canon[1].

Rapidité de marche des troupes. — Cette rapidité est accrue dans une large mesure si l'on peut débarrasser les troupes de leurs *impedimenta* : malades, blessés, bagages, munitions. Une masse circonférentielle appelée sur un autre point du théâtre d'opérations doit pouvoir laisser tous ses *impedimenta* en sécurité dans une place voisine.

Sur la fin de 1808, Napoléon pense à la défense de l'Italie. Il voudrait qu'en cas d'attaque des Autrichiens, le prince Eugène portât ses troupes en Frioul et prît une position d'attente à Udine (au nord-est de Codroipo), au centre de la barrière montagneuse qui court le long de l'Isonzo et se retourne sur le haut Tagliamento.

---

[1] Lettre à Berthier, 1301.

Sur cette barrière, trois débouchés seulement : au Sud, celui qui conduit à Palmanova ; au Centre, celui de Caporetto ; au Nord, celui qui, par Tarvis, aboutit à Osoppo. Napoléon a déjà fait organiser Palmanova en grande place de dépôt ; il voudrait avoir deux autres places de dépôt près de Caporetto et à Osoppo.

> « On désire, écrit-il à Eugène le 29 octobre 1808, qu'une division étant promptement rappelée de devant Osoppo, pour livrer bataille sous Palmanova, ses bagages, ses blessés, ses malades puissent être enfermés dans Osoppo. Enfin, on désire que la division qui défendrait le haut Tagliamento, étant battue, trouve un camp retranché pour se reformer et, de là, prendre toute autre délibération. Osoppo, dans la situation actuelle, ne m'offre point cet avantage ; c'est un rocher trop élevé ; je ne saurais où mettre 200 ou 300 voitures d'artillerie ou de bagages.... »

Et le 20 janvier 1807, il lui écrivait encore au sujet d'Osoppo :

> « Ce qui m'a forcé à fortifier Osoppo, c'est que cette position originale remplit d'elle-même deux conditions : elle peut offrir protection à une division, en contenir les magasins, et peut être défendue par une poignée d'hommes. Alors elle n'est jamais d'aucun embarras ; car les places fortes sont aussi embarrassantes, affaiblissent une armée et sont la cause de la perte d'une bataille ou d'une campagne. »

Quand il opère sur position centrale, ayant des munitions dans les places de la zone-manœuvre, il réduit son parc d'artillerie pour être plus mobile.

Dispositif stratégique. — La zone-manœuvre organisée, il y a lieu d'étudier un dispositif stratégique qui permette, dans toutes les hypothèses, de tirer le meilleur rendement des forces.

> « L'art de la guerre est de disposer ses troupes de manière qu'elles soient partout à la fois. L'art du placement des troupes est le grand art de la guerre. Placez toujours vos troupes de manière que, quelque chose que fasse l'ennemi, vous vous trouviez toujours en peu de jours réunis [1]. »

---

[1] Lettre du 9 août 1806 au roi de Naples, 10629.

Comme il est impossible de prévoir exactement la valeur des différentes attaques de l'ennemi, Napoléon échelonne ses réserves entre sa position centrale et ses masses circonférentielles de façon qu'elles puissent, suivant les besoins, renforcer l'une ou l'autre de ses masses et empêcher que l'ennemi ne pénètre entre elles.

Il faut que le dispositif stratégique permette de contenir les attaques secondaires de l'ennemi pendant que l'on prend l'offensive sur l'attaque la plus redoutable pour l'instant. C'est ce qu'énonçait Napoléon dans sa lettre au roi de Naples du 28 juillet 1806.

« Vous devez partir d'un ordre défensif tellement redoutable que l'ennemi n'ose vous attaquer..... et être tout offensif contre l'ennemi...... C'est là l'art de la guerre. Vous verrez beaucoup de gens qui se battent bien et aucun qui sache l'application de ce principe.

« Il faut tenir vos troupes en échelons..... C'est par le placement en échelons qu'on est sur la défensive, à l'abri de tout les événements ; en ce que, lorsqu'on veut prendre l'offensive dans un but déterminé, l'ennemi ne peut le savoir, parce qu'il vous a vu sur une défensive redoutable, et qu'avant qu'il apprenne les changements qui se sont passés sur la défensive, les dix ou douze jours d'opérations seront terminés (les dix ou douze jours pendant lesquels on aura écrasé une des fractions de l'ennemi).

« Je ne sais si l'on comprendra quelque chose à ce que je dis [1]. »

« Des échelons et des échelons » lui écrit-il encore le 30 juillet 1806 [2].

Les dragons, infanterie montée, donnent avec leur artillerie le moyen de renforcer rapidement telle ou telle masse circonférentielle.

« Vous avez 5 régiments de dragons disséminés, écrit le 9 août 1806, Napoléon à Joseph, vous devrez les réunir et en former une réserve avec 4 pièces d'artillerie légère attelées. Ces 4,000 hommes, capables de faire 30 lieues en 2 jours, peuvent se porter..... sur tout..... point qui serait menacé..... Je vous le répète réunissez vos

---

[1] Lettre du 28 juillet 1806 au roi de Naples, 10558, au sujet de la défense du royaume de Naples.

[2] 10573.

dragons, donnez-leur 4 ou 6 pièces d'artillerie légère, avec des caissons et des cartouches ; considérez-les comme infanterie et organisez-les de manière à être promptement partout.... En les tenant sous les ordres d'un seul commandant, qui les exercera tous les jours à pied, vous aurez là une excellente infanterie..... »

Il est de principe que la ligne de retraite d'une masse circonférentielle soit sur le gros des troupes, parce qu'il importe par-dessus tout de pouvoir, à un moment donné, se réunir.

Centre d'opérations. — Position centrale. — Le *centre d'opérations* est le point où se trouvent les magasins à vivres, à munitions, les hôpitaux, les petits dépôts.

La *position centrale* est le point où le gros de la réserve est le mieux placé pour se porter le plus rapidement possible sur les différentes attaques de l'ennemi.

Le centre d'opérations n'est pas forcément la position centrale : en 1813, dans le 1er acte de la campagne d'automne, Gœrlitz est notre position centrale et Dresde notre centre d'opérations.

C'est que Gœrlitz, petite ville ouverte, n'offrait aucune ressource comme centre d'opérations. Dresde, au contraire, présentait toutes les ressources d'une capitale : ancienne place forte, baignée par l'Elbe, elle pouvait, avec quelques travaux, devenir une assez bonne place du moment.

Au second acte de la campagne d'automne, quand Napoléon transporta sa position centrale à Leipzig, il prit Torgau, petite place, mais place forte véritable, pour centre d'opérations. On y conduisit une partie des approvisionnements amassés à Dresde.

Lorsque le centre d'opérations est une place forte, il peut être temporairement abandonné à lui-même et Napoléon en reforme un provisoire avec ses parcs sur sa *position centrale*. C'est sur cette position que viennent aboutir les lignes d'opérations des différentes masses circonférentielles.

Ligne d'opérations. — Lorsque le gros quitte la position centrale pour se réunir à l'une des masses circonférentielles, la masse circonférentielle placée à l'extrémité opposée du diamètre doit empêcher l'ennemi de pénétrer jusqu'à la position centrale, c'est-à-dire, entre nos masses. Le 23 août 1813, Napoléon charge Macdonald du commandement de l'armée du Bober opposée à l'armée de Blücher, tandis qu'il projette d'aller lui-même chercher l'armée de Schwarzenberg jusqu'en Bohême. Il fait écrire à Macdonald :

> « Dès le moment que je prendrai ce parti, je mettrai Gœrlitz sous ses ordres...; que pendant tout le temps que j'aurai ma ligne sur Zittau (de Bohême sur Zittau), il est de la plus haute importance qu'en aucun cas l'ennemi ne puisse se porter sur Zittau, et que si, par un mouvement inopiné ou par la perte d'une bataille, il était obligé de prendre la ligne de la Queiss, il faudrait s'y maintenir et enfin faire sa retraite sur Zittau, puisque alors, une fois réunis, on pourra aviser à ce qui convient.... »

Mais en imposant à une masse circonférentielle la charge de garder la ligne de communication du gros, il lui lie d'autant les mains. C'est par un changement de ligne de communications qu'il pare à cet inconvénient. Aussi, ajoute-t-il :

> « Si je me porte sur Prague, la première opération sera de tâcher de prendre une ligne d'opération sur Dresde (par Schandau), et dès ce moment le duc de Tarente sera plus libre de ses mouvements. »

Les opérations. — Le dispositif d'attente stratégique ainsi établi, voyons les opérations. L'approche de l'ennemi est signalée de plusieurs côtés. Ici se place la grosse difficulté de la manœuvre sur position centrale : discerner l'attaque principale ou du moins la plus dangereuse pour l'instant, celle contre laquelle il convient de concentrer ses forces.

Chacun des chefs des masses circonférentielles se figure naturellement qu'il a sur lui la principale attaque et réclame de prompts secours :

> « Ce qu'il y a de fâcheux dans la position des choses, écrivait, le 22 août 1813, Napoléon au duc de Bassano, c'est le peu de confiance qu'ont les généraux en eux-mêmes. Les forces de l'ennemi leur paraissent considérables partout où je ne suis pas. »

Il faut au général en chef un imperturbable sang-froid pour ne pas s'engager à faux.

> « Dans la position actuelle des affaires, écrivait Napoléon, le 21 juillet 1808, dans les instructions pour l'armée d'Espagne, l'armée française occupe le centre; l'ennemi, un grand nombre de points de la circonférence.
>
> « Dans une guerre de cette nature, il faut du sang-froid, de la patience et du calcul; il ne faut pas épuiser les troupes en fausses marches ou contremarches. Il ne faut pas croire, quand on fait une fausse marche de trois à quatre jours qu'on l'ait réparée par une contremarche. C'est ordinairement deux fautes au lieu d'une. »

Il y a une résolution décisive à prendre sur des données incertaines; c'est là une de ces situations qui réclament les qualités primordiales de l'homme de guerre : le sang-froid, la clairvoyance, la décision.

Pour y voir clair, Napoléon prend d'ordinaire l'offensive sur l'attaque qu'il croit la principale.

Exploitation de la victoire. — Napoléon ayant démêlé la principale attaque de l'ennemi, a pu concentrer sur elle des forces supérieures qui lui ont donné la victoire. Il s'agit de l'exploiter.

Si dans la manœuvre sur les derrières, il lui a été souvent possible d'exploiter à fond la victoire, dans la manœuvre sur position centrale il n'en fut pas de même. Presque toujours, il a été rappelé d'urgence sur un autre point de l'échiquier stratégique. Après Arcole, il doit abandonner à Masséna la poursuite d'Alvinzi pour se reporter en hâte contre Davidovich parvenu près de Castelnovo. Après Rivoli, rappelé contre Provera qui s'approche de Mantoue, il doit laisser à Joubert le soin de pousser Alvinzi sur la Corona. En 1813, à l'acte de Gœrlitz, à peine a-t-il eu le temps de faire reculer Blücher en Silésie qu'il est rappelé vers Dresde par l'offensive de l'armée de Bohême. Après la bataille de Dresde, au moment où il commence la poursuite, il lui faut, de sa personne, revenir à Dresde pour remédier aux échecs de la Katzbach et de Grossbeeren. En 1814, il n'a jamais le loisir d'anéantir la fraction qu'il vient de battre. Après

Ligny, il doit laisser à Grouchy la poursuite de Blücher pour se porter avec Ney contre les Anglais.

Tant que ses lieutenants n'ont eu que de faibles effectifs à diriger, le procédé a réussi ; lorsque les effectifs ont été considérables, nous avons essuyé des revers.

Le remède eût été de pouvoir anéantir du coup la fraction assaillie ; aussi, Napoléon s'efforçait-il de mettre en scène contre elle une manœuvre sur les derrières.

A l'acte d'Arcole, c'est par une manœuvre sur les derrières qu'il se débarrasse d'Alvinzi, et, quand il revient sur Davidovich, il essaie de le prendre par la manœuvre de Dolce qui échoue. En 1812, en attente stratégique entre les forces russes du Nord et du Sud, il tente contre les forces du Nord, de Drissa à Smolensk, une série de manœuvres sur les derrières qui échouent par suite du parti pris des Russes de battre précipitamment en retraite. En 1813, ayant Gœrlitz comme position centrale, au moment où il est rappelé contre l'armée de Bohême qui menace Dresde, il médite contre cette armée une manœuvre sur les derrières. Quand il porte sa position centrale à Leipzig et fait de Torgau son centre de ravitaillement, c'est par une manœuvre sur les derrières de Blücher et de Bernadotte, à Düben, où ils viennent de franchir l'Elbe, qu'il essaie de se débarrasser de ces deux généraux. En 1814, il refait dix fois la manœuvre sur les derrières, soit contre Blücher, soit contre Schwarzenberg.

Mais, toujours étroitement lié par le temps, il est dans de mauvaises conditions pour réussir sa manœuvre, d'autant que l'ennemi, par principe, fuit devant lui, n'acceptant la lutte qu'avec ses lieutenants.

Les généraux. — Nous arrivons à l'un des plus graves inconvénients du système : c'est qu'il exige plusieurs généraux capables de diriger isolément des effectifs considérables.

Lorsque les masses circonférentielles étaient petites, comme en 1796, Napoléon a trouvé des généraux capables de les commander. Il a eu Masséna, Joubert, Augereau, l'Augereau de Castiglione ; d'ailleurs le théâtre d'opérations était restreint,

Napoléon conduisait tout lui-même et pouvait facilement réparer l'erreur d'un de ses lieutenants [1].

En 1805, autour de Vienne, il a trouvé encore pour commander ses masses secondaires Ney, Marmont, Davout.

Mais lorsque les effectifs ont crû dans des proportions énormes comme en 1813, et que les distances ont grandi dans les mêmes proportions isolant absolument de l'Empereur ses lieutenants, Macdonald, Gouvion-Saint-Cyr, Vandamme, Oudinot, Ney, ceux-ci se sont montrés partout au-dessous de leur tâche.

En résumé, le système de manœuvres sur position centrale exige, pour réussir, un certain nombre de conditions difficiles à réunir : barrière circonférentielle n'offrant à l'ennemi qu'un petit nombre de débouchés, terrain propice pour les masses d'observations, troupes rompues aux mouvements rapides, plusieurs excellents généraux. Il faut surtout un général en chef de première force, car son cerveau doit racheter l'infériorité du nombre.

Et de fait, c'est dans ses manœuvres sur position centrale que Napoléon apparaît le plus grand ; c'est alors qu'il tire de son génie et des ressources de l'art militaire les plus admirables combinaisons.

Comparaison du coup offensif et de l'attente stratégique. — Bien que les deux procédés conduisent, l'un et l'autre, à des manœuvres sur position centrale, ils appartiennent, comme on dirait en histoire naturelle, à deux espèces différentes ; le premier est un procédé *a priori*, comme la manœuvre sur les derrières, le second un procédé *a posteriori*.

Dans le *coup central*, Napoléon obtient la supériorité sur l'adversaire par une combinaison *a priori*, et, s'il réussit, la campagne est terminée. Dans l'attente stratégique, il ne réalise cette supériorité qu'*a posteriori*, puisque, pour agir, il est forcé d'attendre d'avoir discerné les projets de son adversaire.

---

[1] A l'acte de Rivoli, Augereau, chargé de contenir Provera sur l'Adige, l'a laissé passer sans le suivre.

Le second procédé bien inférieur au premier est aussi plus délicat. Aussi ne l'a-t-il employé que quand les circonstances l'y ont obligé.

En 1815, il aurait pu recommencer entre Seine et Marne la campagne de 1814 avec des moyens supérieurs ; il préféra opérer par coup offensif au milieu du déploiement stratégique des forces combinées de Blücher et de Wellington.

Dans le *coup central*, Napoléon a toute son armée dans sa main, et quand, après sa victoire sur une des fractions de l'ennemi, il en abandonne la poursuite à un de ses lieutenants, la distance entre ce lieutenant et le gros est assez peu considérable pour qu'il n'y ait pas de faute grave à craindre. Il a fallu toute l'insuffisance de Grouchy pour amener la défaite de Waterloo.

GENÈSE DE LA MANŒUVRE SUR POSITION CENTRALE
PAR COUP OFFENSIF.

En 1794, Bonaparte qui venait de commander l'artillerie de l'armée d'Italie et de jouer un rôle prépondérant près des Représentants du peuple à cette armée, fut appelé au bureau topographique du Comité de Salut public pour y rédiger les instructions adressées aux armées des Alpes et d'Italie. Sans nul doute, il étudia à ce moment le bel ouvrage du marquis de Pezay sur les campagnes du maréchal de Maillebois en 1745 et 1746 en Italie, et il paraît vraisemblable que le plan de Maillebois en 1745 lui suggéra l'idée fondamentale de tous ses projets d'opérations pour l'armée d'Italie de 1794 à 1796[1].

Campagne de 1745 en Italie. — De 1744 à 1748, la France et l'Espagne guerroyent en Italie en vue de constituer avec le Milanais, qui appartient à l'Autriche, et les duchés de Parme et de Plaisance une principauté pour don Philippe, gendre de

---

[1] *Histoires des campagnes de M. le maréchal de Maillebois en Italie pendant les années 1745 et 1746.* par M. le marquis DE PEZAY, mestre de camp de dragons, aide-maréchal général des logis. Paris, Imprimerie royale, 1775, 3 volumes et 1 atlas. — Au moment où il reçut le commandement de l'armée d'Italie, Bonaparte voulut emporter cet ouvrage et en fit la demande au Dépôt de la guerre. Cette demande a été retrouvée par M. le général Pierron.

Louis XV. Elles ont à lutter contre les Autrichiens et les Piémontais appuyés par l'Angleterre, maîtresse de la mer. Gênes est notre alliée. Du côté de nos adversaires, la situation est, on le voit, la même qu'en 1796.

En 1744, on a mis aux ordres de don Philippe une armée combinée de 30,000 Français sous le prince de Conti èt de 17,000 Espagnols sous M. de La Mina. En 1745, le maréchal de Maillebois a remplacé le prince de Conti, et M. de Castelar, M. de La Mina.

L'idée de tourner les grandes Alpes avait été présentée en 1744 par le marquis de La Mina et rejetée sur l'avis de Bourcet, conseiller de M. le prince de Conti. Bourcet eut voulu, suivant les errements anciens, forcer le front des Alpes en menaçant plusieurs passages et en concentrant des forces sur l'un d'eux.

Le maréchal de Maillebois admit le plan de M. de La Mina; il semble même qu'allant plus loin que ce dernier, il ait eu l'idée d'écraser les Piémontais avant qu'ils pussent être secourus par les Impériaux cantonnés dans le Milanais.

« Plus d'un motif, a écrit Pezay, déterminait le maréchal de
« Maillebois à avancer de préférence par la rivière de Gênes;
« cette route le mettait plus à portée d'exécuter les clauses de
« l'alliance; mais il voulait encore, en entrant en Piémont, pro-
« fiter promptement de sa supériorité pour combattre le roi de
« Sardaigne avec avantages et le contraindre, s'il était possible,
« à se retirer vers Turin. Alors le plan du maréchal de Maille-
« bois était de faire derrière lui, et par détachement, les sièges
« de Ceva, de Mondovi et de toutes les petites places qui se
« trouvent sur la Bormida et dans la montagne, tandis qu'il
« attaquerait en forces Tortone et Alexandrie et s'ouvrirait les
« portes du Montferrat. Enfin ce plan, vraiment militaire, don-
« nait à espérer, avec le concours de quelques circonstances
« heureuses, de pouvoir bientôt forcer le roi de Sardaigne à
« renoncer à l'alliance de la reine de Hongrie. Il devenait du
« moins très probable que ce monarque se trouverait prompte-
« ment hors d'état de fournir à cette princesse les secours qui
« lui étaient indispensables pour se maintenir en Italie. »

Maillebois voulait, une fois en Piémont, prendre sa communication directement par la vallée d'Oulx, sur Briançon.

« La communication du Var au Tanaro était longue; les
« succès mêmes que l'on pouvait espérer ajoutaient à cet incon-
« vénient, en permettant à l'armée de faire des progrès et de
« s'avancer dans le Piémont. C'est ce qui fit concevoir au maré-
« chal de Maillebois le projet d'établir une communication plus
« courte par la vallée d'Oulx. Les bataillons français qu'on
« laissait en Dauphiné et ceux d'Espagne restés en Savoie, éga-
« lement commandés par le comte de Lautrec, étaient originai-
« rement chargés de cette expédition, dont le siège d'Exiles
« faisait nécessairement partie. Le succès de cette opération
« assurait la communication en la raccourcissant; il rendait de
« plus au corps de l'armée toutes les troupes qu'elle allait être
« obligée de laisser le long de la rivière du Ponant, à mesure
« des progrès de sa marche. »

Il semblait facile d'enlever Ceva, Mondovi, Acqui, Serravale, tous les forts de la Bormida et de la Scrivia.

« Le général français, concluait Pezay, pouvait alors rassem-
« bler ses forces, écraser le roi de Sardaigne ou le contraindre
« à une paix particulière, et, dans l'un et l'autre cas, chasser
« les Autrichiens du Plaisantin, du Parmesan, de tout le Mila-
« nais, et les pousser jusqu'aux montagnes du Tyrol. »

Ce plan est bien celui qui inspirera Bonaparte dans tous ses projets pour le théâtre des Alpes de 1794 à 1796; c'est le plan général de sa campagne de 1796.

En réalité, en 1745 l'exécution fut assez médiocre. Partie de Menton le 1er juin, l'armée franco-espagnole se porta le 23 juin à Finale. Le 4 juillet elle était à Carcare, et le 16 devant Acqui. Elle n'avait rencontré aucune résistance, car les Piémontais avaient cru devoir, pour défendre Turin, se placer sur le Tanaro.

Le 1er juillet, le comte de Gages se porta au col de la Bocchetta, et, le 14, les deux armées faisaient leur jonction, dans la plaine d'Alexandrie, à San Guiliano (près Marengo). Ensemble elles comptaient 70,000 hommes. A la même date, le comte de

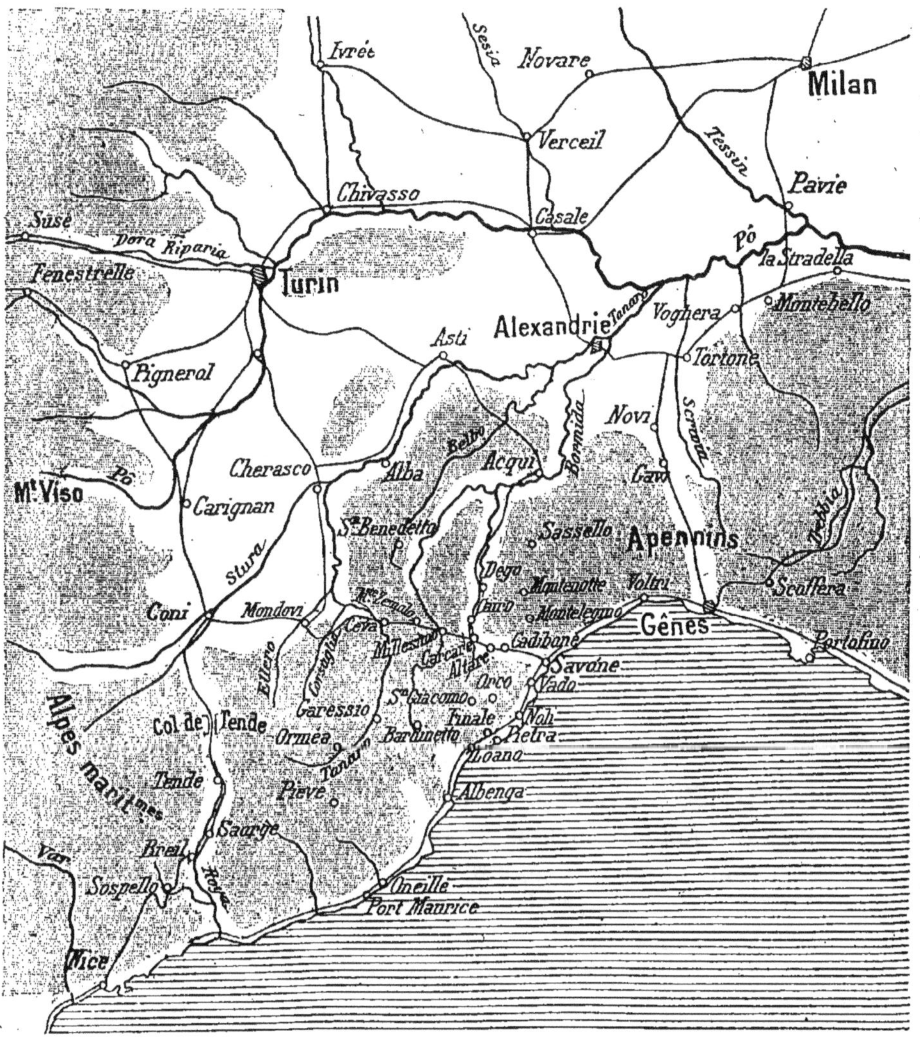

Schulembourg, commandant l'armée impériale, et le roi de Piémont étaient venus prendre une forte position derrière le Tanaro, au nord-est d'Asti; la gauche à Bassignana, appuyée au Pô, et la droite à Montecastello.

Désireux de séparer ses deux adversaires, Maillebois fit construire un pont sur le Pô, en face de Stradella, et y fit passer un petit détachement. Craignant pour Milan, le comte de Schulémbourg abandonna le Piémontais et passa sur la rive gauche du Pô ; les Piémontais, trop faibles pour s'opposer au passage du fleuve, se retirèrent vers Turin.

Pezay avait relevé, dans les termes suivants, le stratagème de Maillebois pour séparer les Autrichiens des Piémontais :

« Il appartenait encore au génie de sentir que, malgré la réu-
« nion des intérêts de ces deux nations, le roi de Sardaigne
« apporterait toujours une attention privilégiée à la conserva-
« tion de ses propres États, de même que le comte de Schu-
« lembourg (avec l'armée autrichienne) serait toujours plus dis-
« posé à régler ses mouvements d'après les intérêts personnels
« de la souveraine et le système le plus convenable à la défense
« particulière de ses possessions en Italie. »

Quoi qu'il en soit, aucune action décisive ne se produisit, et la guerre traîna en Italie jusqu'à la paix d'Aix-la-Chapelle.

**GENÈSE DE LA MANŒUVRE SUR POSITION CENTRALE
PAR ATTENTE STRATÉGIQUE.**

« Lorsqu'on veut garder un pays, a écrit Montecuculli, on
« doit s'établir et s'affermir dans quelque poste qui soit comme
« un *centre* fixe et capable de soutenir tous les mouvements
« qu'on fait ensuite, se rendre maître des grandes rivières et
« des passages, former bien sa ligne de communication et de
« correspondance. »

Le précepte, recueilli par Folard [1], lui avait servi pour criti-
quer la position prise à Aretium par le consul Flaminius, chargé
par le Sénat d'interdire à Annibal dans la Tyrrhénie (Toscane
et Étrurie) l'approche de Rome.

« Flaminius, avait écrit Folard, se trouva-t-il dans ce centre

---

[1] *Commentaires sur Polybe*, t. IV, p. 168.

« fixe ? Forma-t-il une ligne de communication et de correspon-
« dance ? Non, sans doute, puisqu'il ne pouvait communiquer
« de son camp d'Aretium dans la Tyrrhénie sans un grand
« détour ; le marais de Clusium (à l'Ouest du lac de Trasimène)
« le séparait de cette province et lui en ôtait toute communica-
« tion. On pouvait dire qu'il formait l'arc lorsque l'ennemi fai-
« sait la corde et gagnait par là trois bonnes marches sur le
« Consul [1]. »

Suivant Folard, Flaminius aurait dû se placer à l'entrée de
l'Apennin vers les sources du Tanaro.

En 1794, dans son passage au Bureau topographique du
Comité de Salut public, Bonaparte avait dû avoir à sa disposition
le manuscrit de Bourcet sur les *Principes de la guerre de montagnes*, écrits en 1775. Il est probable d'ailleurs que ces principes, professés par Bourcet à la pseudo-École de guerre de
Grenoble, étaient très connus, encore qu'ils ne fussent pas im-
primés.

Bourcet, à la défensive simple, qui dispose ses forces en cor-
dons pour barrer les différents débouchés de la frontière, oppose
la défensive active :

« On entend par défensive active les mouvements et les opéra-
« tions d'offensive que peuvent faire les troupes de défensive
« réunies sur une ou deux bonnes positions. »

Il admet d'ailleurs qu'il y a des places fortes aux différents
débouchés :

« Le général de défensive..... choisira une position avanta-
« geuse d'où il pourra se porter sur tel point qu'il voudra de la
« frontière et où il puisse se trouver en état de résister à tout
« l'effort de l'ennemi..... Ce général de défensive observera donc
« dans le choix de sa position, que les derrières puissent tou-
« jours être libres, il s'y retranchera et formera les communi-
« cations les plus commodes que faire se pourra pour se porter
« sur les places qui seront à sa droite et à sa gauche ou devant
« lui.

---

[1] Napoléon a souvent employé cette expression : « Gagner des marches. »

« Si ce général prend le parti de se rassembler dans une posi-
« tion de cette espèce et de s'y tenir tout. réuni, quelles entre-
« prises pourra donner le général d'offensive ? »

1º Faire le siège d'une place ; 2º chercher à dépister son
ennemi ; 3º marcher sans s'embarrasser des places fortes.

« Il est donc bien prouvé que le parti de se réunir en force
« sur quelque position pour manœuvrer suivant les circon-
« stances est le meilleur.

« C'est dans le cas d'une défensive active que l'attention d'un
« général doit principalement s'étendre sur les communications
« de sa droite et de sa gauche, et sur le choix d'une *position
« centrale* dont l'accès soit difficile à l'ennemi et qui lui per-
« mette de se porter en force et en peu de temps sur la partie la
« plus critique de la frontière.

« Il doit donc passer pour constant que la défensive active
« mérite la préséance dans tous les pays et principalement dans
« les montagnes, puisque par sa méthode on peut réduire les
« opérations d'une armée supérieure à très peu de chose, éviter
« qu'elle ne forme des établissements et souvent faire changer
« de nature à la guerre si l'on sait bien profiter des fautes que
« pourra faire le général d'offensive et attendre que l'armée supé-
« rieure soit affaiblie par les maladies ou par les désertions. »

Attente stratégique de Catinat sur l'Adige en 1701. —
Une attente stratégique célèbre était celle qu'avait prise Catinat
à l'Est de Mantoue pour empêcher le prince Eugène de Savoie
de pénétrer en Italie avec une armée impériale. Feuquières,
dans ses Mémoires, avait à la fois critiqué les instructions
données à Catinat par la Cour et les dispositions de ce général.

Catinat avait reçu l'ordre de tenir ses troupes derrière l'Adige
dans la plaine de Vérone. « Il ne lui avait pas été permis, avait
écrit Feuquières[1], de s'opposer au débouchement[2] de l'armée de
l'empereur à sa sortie du Trentin », de sorte que le prince

---

[1] Feuquières, t. III, p. 316.
[2] Napoléon, dans un ordre en 1813, emploie le mot « *débouquement* ».

Eugène put amener sans coup férir toute son armée sur l'Adige de Vérone à Legnago.

« L'armée du roi était séparée en plusieurs corps. Une partie de l'infanterie occupait le poste de Rivoli sur le bord de l'Adige,

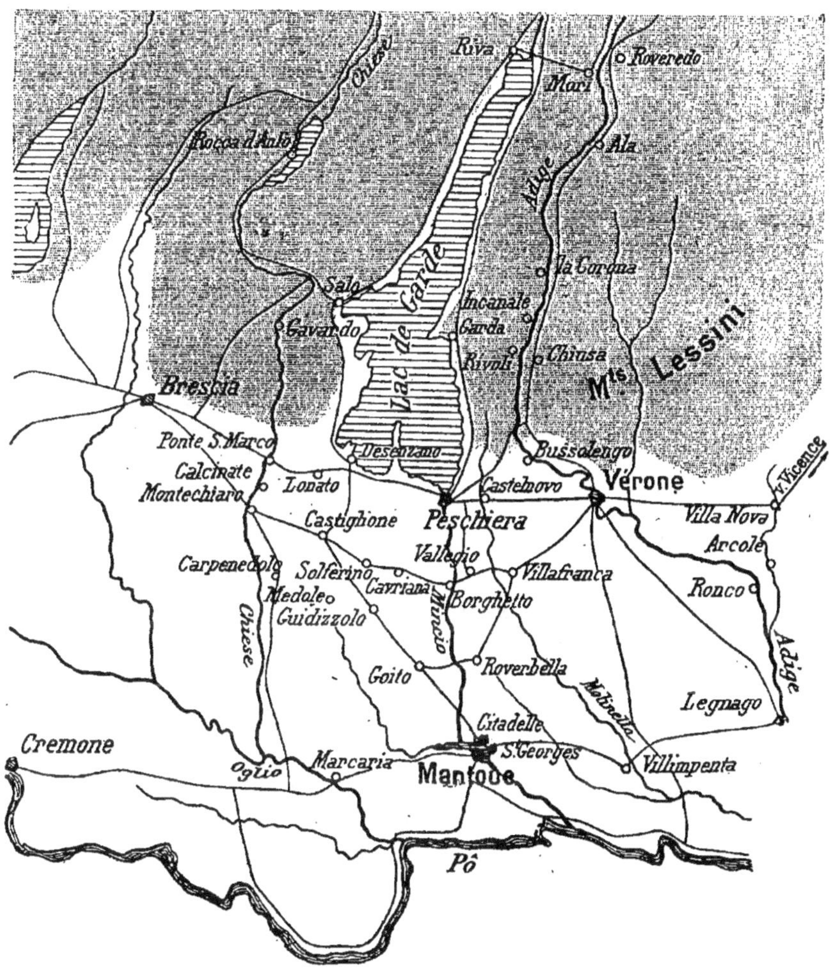

au-dessus de Vérone et poussait des postes sur le mont Baldo pour empêcher seulement que l'ennemi ne prît sa marche entre le lac de Guardia et l'Adige, et ne se portât d'abord auprès de Peschiera et du Mincio. La plus grande partie de la cavalerie et le reste de l'infanterie étaient vis-à-vis de Vérone. Par cette première disposition, M. le maréchal de Catinat crut s'opposer également aux premiers efforts de M. le prince Eugène, soit que son dessein fût de porter son armée d'abord à Peschiera, soit que ce prince voulût passer l'Adige à Vérone ou sur des ponts proches de cette place. »

Mais Eugène, ayant bientôt étendu son armée jusqu'à Badia [1] au-dessus de Legnago, « M. de Catinat s'étendit aussi de son côté et porta sa droite jusqu'à Saint-Pierre-de-Laignago (Legnago), et à Carpi [2], sans diminuer pourtant le corps d'infanterie qu'il avait à Rivoli, parce que le prince Eugène avait laissé de l'infanterie vis-à-vis de Rivoli qui paraissait toujours vouloir passer l'Adige en cet endroit [3]. »

Comme le fait remarquer Feuquières, l'avantage était pour le prince Eugène qui pouvait plus rapidement que Catinat réunir son armée sur un point quelconque de l'Adige.

« On sait que l'Adige qui coule au Midi depuis sa source jus-
« qu'au Pô, un peu au-dessus de Vérone, tourne tout à coup
« au Levant. Il est donc aisé de voir que M. le prince Eugène
« ainsi étendu pouvait être ensemble en bien moins de temps
« que M. de Catinat, qui avait bien plus de chemin à faire pour
« se rassembler.

« Aussi ce prince se servit-il de cet avantage pour faire passer
« une partie de son armée au-dessous de l'Abbadia (Badia),
« pendant qu'il laissait encore à M. de Catinat des attentions du
« côté de Rivoli. Après cela, ce prince mit ce corps assez en
« force pour, à l'aide du pays fort coupé qui est entre l'Adige et
« le Pô, ne pas craindre ce quartier trop faible de Carpi, ni celui
« de Saint-Pierre-de-Laignago, où était M. de Tessé avec la plus
« grande partie de la cavalerie, comme dans un centre, à se
« pouvoir porter également à Carpi, et du côté de Vérone, sui-
« vant qu'il en serait besoin [4]. »

---

[1] Badia est à quatre lieues en aval de Legnago.
[2] Carpi est à deux lieux en aval de Legnago.
[3] Feuquières, p. 318.
[4] A l'acte de Rivoli, dans son dispositif d'attente, Bonaparte n'eut pas d'infanterie au sud de Legnago. Il mit seulement un détachement de cavalerie à Badia.

Feuquières critique les dispositions de Catinat, en particulier l'extension de son dispositif défensif sur la rive du Pô jusqu'à Carpi.

« Cette disposition de M. le maréchal de Catinat ne m'a « jamais paru bonne. Son armée était trop séparée. Je suis per- « suadé qu'on ne peut efficacement s'opposer à un ennemi qui « est ou qui peut être ensemble, en moins de temps qu'on ne « peut en avoir pour se rassembler, en se séparant soi-même, « et que l'on risque d'avoir des quartiers battus quand on se « sépare ainsi. »

C'est ce qui arriva à Catinat. Le prince Eugène, tout en continuant ses démonstrations sur Rivoli, fit travailler à un pont près de Ferrare, comme s'il voulait franchir là le Pô, et y fit même passer un peu de cavalerie. Ce qui poussa Catinat à s'étendre encore davantage.

Le prince Eugène prit alors des dispositions pour écraser en détail nos différents détachements en commençant par celui de Carpi.

Tandis qu'il se dirigeait avec un fort corps de troupes droit sur Carpi, il envoyait M. de Commercy entre Carpi et l'Adige pour couper la retraite à notre détachement. Mais un orage « prodigieux » survint qui rendit impraticable le pays où devait passer M. de Commercy, et les débris du détachement de Carpi purent s'échapper.

Catinat abandonnant alors l'Adige, prit comme ligne de défense le Mincio, puis l'Oglio et l'Adda.

Manœuvre sur position centrale, en 207, en Italie. — Folard décrit une manœuvre de ce genre qui sauva Rome.

Après l'insuccès de sa manœuvre sur Rome en 211, Annibal, laissé par Carthage sans renforts dans le midi de l'Italie, s'épuisait par ses victoires mêmes. En 207, Asdrubal arriva enfin à son secours avec une armée de 30,000 hommes. Annibal se porta au-devant de son frère jusqu'au milieu de l'Apulie, où il attendit dans un camp retranché qu'il eût des renseignements certains sur sa marche.

Le Sénat plaça entre eux 100,000 légionnaires aux ordres des consuls Livius et Néro. Tandis que Livius retardait la marche d'Asdrubal, Néro contenait Annibal. Les messagers d'Asdrubal tombèrent entre les mains de Néro.

« Celui-ci, a écrit Folard, prit alors la résolution la plus
« hardie de cette guerre : il choisit 7,000 hommes d'élite, tra-
« versa toute l'Italie centrale en six jours et rejoignit Livius. Il
« entra de nuit dans le camp, mais au réveil des troupes les
« trompettes sonnèrent deux fois : Asdrubal reconnaît à ce signe
« que les consuls sont réunis ; il croit son frère vaincu, tué peut-
« être, et toutes les forces de Rome rassemblées contre lui. Il
« fuit : ses guides l'égarent, puis l'abandonnent ; les consuls l'at-
« teignent et il est obligé de recevoir la bataille dans un poste
« désavantageux. 56,000 hommes avec leur général restèrent
« sur le champ de bataille. La nuit même qui suivit le combat,
« Néro se mit en route et, le treizième jour après son départ,
« il rentrait dans ses lignes. La tête d'Asdrubal, jetée dans le
« camp d'Annibal, apprit à celui-ci la ruine de ses dernières
« espérances. Alors, il se renferma dans le Bruttium, il y tint
« cinq années encore. »

**Manœuvre de Frédéric II en 1757[1]. — Rosbach et Leu-
then.** — Sans remonter d'ailleurs aux Romains et aux Carthaginois, c'était par des manœuvres sur position centrale qu'en
1757 Frédéric, à Rosbach et à Leuthen, avait triomphé de la
coalition formée contre lui par l'Autriche, la France, les Cercles
et la Russie. Et, en 1796, ces victoires prussiennes étaient
encore l'émerveillement des militaires.

En 1757, Frédéric avait à lutter contre trois armées : l'armée
autrichienne de 80,000 hommes, sous le prince de Lorraine, en
Silésie ; l'armée franco-allemande de Soubise et d'Hildburg-
hausen, de 50,000 hommes, en Saxe ; l'armée russe de 60,000
hommes, encore sur le Niémen. Aux Russes, Frédéric opposa
le maréchal Lehwal, avec 30,000 hommes, qui se fit battre à
Jægendorf. Le 30 août, les Russes n'en repassèrent pas moins le
Niémen.

Frédéric était près de Gœrlitz quand il apprit l'arrivée sur la
Saale de l'armée franco-allemande. Laissant Bevern avec

---

[1] Voir croquis, p. 128.

56 bataillons et 100 escadrons pour la défense de la Silésie, il se porta à la rencontre de l'ennemi avec 16 bataillons et 23 escadrons, se fit joindre en route par le prince Maurice avec 20 bataillons et 20 escadrons, jeta dans Dresde 4 bataillons comme garnison et se porta sur Erfurt avec 32 bataillons et 43 escadrons.

A son approche, l'armée combinée rétrograda vers Eisenach; Frédéric poussa jusqu'à Gotha; mais, inquiet pour Berlin, où un corps de partisans autrichiens était entré, il revint vers Leipzig et s'établit un peu au nord de Weimar. Il y resta jusqu'au 10 octobre. Le 27 septembre, l'armée combinée s'était remise en marche; elle passa la Saale, mais la repassa lorsque Frédéric se porta au-devant d'elle. Elle s'établit alors à l'Ouest de Rosbach.

Frédéric reconnut sa position, la trouva trop forte, rétrograda sur Rosbach, où il prit lui-même position. Enhardis par cette retraite, les coalisés résolurent d'attaquer l'armée prussienne le 5 novembre en tournant sa gauche. Le roi les surprit en flagrant délit, leur prit 7,000 hommes, 27 drapeaux, un grand nombre de canons. Les coalisés ne se rallièrent qu'au delà des montagnes de Thuringe.

Pendant ce temps qu'était-il advenu en Silésie? Bevern, après une série de marches et de contremarches, avait fini par se faire battre à l'ouest de Breslau le 22 novembre, et le 23 avait été pris dans une reconnaissance.

Ziethen, prenant le commandement, avait alors ramené sur la rive droite de l'Oder les débris de l'armée prussienne, avait descendu la rive gauche et s'était porté par Glogau au-devant de Frédéric, qui, débarrassé de l'armée combinée, accourait avec 18 bataillons et 28 escadrons.

La jonction se fit le 3 novembre à Parschwitz; mais la désertion avait été telle dans les troupes battues à Breslau que Frédéric ne put réunir que 36,000 hommes. Les Autrichiens avaient un effectif double. Le 4 décembre pourtant, Frédéric marcha sur Neumarkt (route de Liegnitz à Breslau), où son avant-garde mit en déroute 4,000 Croates.

Le prince de Lorraine était venu camper à Leuthen, à l'Ouest de Breslau. Frédéric, malgré la disproportion des forces, résolut de l'y attaquer, mais en manœuvrant.

Faisant défiler son armée devant le front ennemi par un vallon marécageux et à la faveur du brouillard, Frédéric la porta sur l'extrême-gauche de ce front qu'il surprit. Les Autrichiens, après de vains efforts pour faire face à l'attaque, durent abandonner le champ de bataille où ils laissèrent 6,500 tués et blessés, 3,000 prisonniers, 150 pièces de canon.

L'armée prussienne, qui n'avait perdu que 2,000 hommes, entra en quartiers d'hiver.

Manœuvre sur les derrières, manœuvre sur position centrale : tels sont donc les deux procédés stratégiques de Napoléon. Il emploie la manœuvre sur les derrières, quand il a la supériorité totale sur l'adversaire; la manœuvre sur position centrale, par coup offensif, ou par attente stratégique, lorsqu'il n'a pas cette supériorité.

D'ailleurs les deux procédés se combinent sans cesse.

En 1800, la marche sur la Stradella forme coup offensif entre les fractions de l'armée autrichienne situées à l'Est et à l'Ouest de ce point. Face à l'Est, le Premier Consul place des troupes d'observation.

En 1805, la marche sur Augsbourg forme coup offensif entre l'armée de Mack et les forces autrichiennes qui ont pu rester à la défense de l'Inn. Vis-à-vis de celles-ci et des Russes qu'il croit proches, Napoléon met en observation Bernadotte avec son corps et les Bavarois. Davout est placé en intermédiaire entre notre gros et Bernadotte.

En 1806, le dispositif du débouché est pris de façon à pouvoir, avec la colonne de droite, Ney et Soult, former une masse d'observation face aux troupes prussiennes et russes situées vers Dresde.

En 1812, la pénétration des deux systèmes est tellement intime qu'on ne sait dans lequel on se trouve.

Inversement, lorsqu'il opère sur position centrale, Napoléon s'efforce de mettre toujours définitivement hors jeu, par une manœuvre sur les derrières, la masse à laquelle il s'attaque.

Ainsi s'affirme l'unité des procédés napoléoniens.

CHAPITRE VII

REVUE SOMMAIRE DES PRINCIPALES MANŒUVRES SUR POSITION CENTRALE PAR COUP OFFENSIF

Campagne de 1796. — PREMIÈRE PÉRIODE. — 1er ACTE : Ayant moins de 45,000 hommes contre plus de 30,000 Autrichiens sous Beaulieu et 20,000 Sardes sous Colli, Bonaparte demande la victoire à des manœuvres sur position centrale. Cette position il la prendra par un *coup offensif*.

Le seuil de Carcare, où convergent les routes de Turin par Ceva et d'Alexandrie par Dego, est le point de jonction des Sardes et des Autrichiens. C'est à Carcare que Bonaparte portera son armée. De Savone, d'où il partira, à Carcare, il n'y a qu'une journée de marche. Une fois l'armée française à Carcare, ses deux adversaires, séparés par les longs contreforts des Apennins où n'existent que de mauvais sentiers, ne pourront se réunir que par la route Acqui-Alba à plus de soixante-dix kilomètres de Carcare.

Démonstration. — Bonaparte a basé la réussite de son coup offensif sur les intérêts divergents de ses deux adversaires ; il va les inquiéter par des démonstrations d'une part sur Turin, de l'autre sur Alexandrie et la Lombardie.

Pour retenir les Sardes dans la plaine Mondovi-Coni, il organise vers Turin deux démonstrations : l'une de Macquardt et Garnier avec 4,500 hommes sur le col de Tende, l'autre de Sérurier avec 12,500 hommes par le Tanaro. Il prépare de plus, dans la

vallée du Tanaro, à Garessio et à Orméa, des magasins considérables qui achèveront d'abuser Colli et qui serviront ulté-

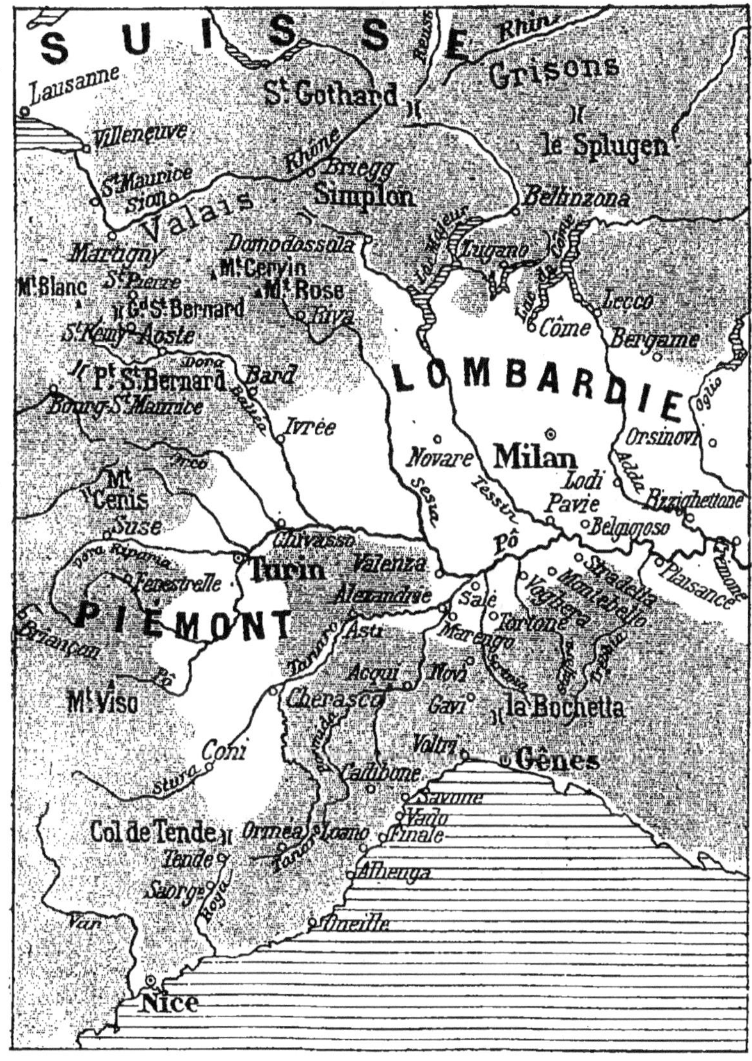

rieurement à notre armée lorsque, de Carcare, elle marchera sur
Ceva.

Pour retenir le gros des Autrichiens vers Novi, Bonaparte tire
parti de la pointe faite sur Gênes par la brigade Pijon en vue de

peser sur le Grand Conseil et l'amener à fournir des fonds.
Gênes, c'est la route d'Alexandrie par Novi.

Marche de flanc; sa protection. — Notre marche, de Nice
sur Savone, sera une marche de flanc qui découvrira Nice. Mais
Macquardt et Garnier d'une part, Sérurier de l'autre, suffiront,
dans les montagnes, à arrêter les Sardes que rappellera bientôt
l'apparition de Bonaparte sur leurs derrières.

Changement de ligne. — Une fois entre les Autrichiens et
les Sardes, l'armée française prendra sa *ligne* sur les magasins
d'Orméa et de Garessio.

En défalquant les 12,500 hommes de Sérurier et les 4,500
hommes de Macquardt et Garnier, Bonaparte disposera de 27,000
à 28,000 hommes pour son offensive sur Carcare. Il compte ne
trouver là que de faibles détachements autrichiens.

Les opérations [1]. — **Contre les Autrichiens**. — Le 2 avril,
Bonaparte transporte son quartier général de Nice à Albenga.
Sur la nouvelle que les Autrichiens, réveillés par l'offensive de
la brigade Pijon, sont en mouvement, il se rend aux avant-
postes.

Le 10, les Autrichiens assaillent à Voltri la brigade Pijon et,
le 11, attaquent nos avant-postes à Montenotte. Rampon, avec
1,200 hommes contre 4,000, défend énergiquement la redoute
de Montelegino.

Bonaparte ne peut plus différer son offensive. Confiant à un
faible détachement la défense de Savone, son centre d'opérations
initial, il fait approcher, de nuit, ses troupes des hauteurs de
Montenotte pour les y jeter le 12 aux premières lueurs du jour.

Laharpe et Masséna attaqueront de front : Laharpe en partant de Montelegino avec 9,000 hommes, Masséna en partant
d'Altare avec les 4,000 hommes de Ménard et les 5,000 hommes
de Joubert et de Dommartin. Augereau, avec 6,000 hommes,
tournera la droite de l'ennemi par Cairo et menacera sa ligne de
retraite sur Dego [2]. Enfin Sérurier fera des démonstrations pour

---

[1] Voir croquis p. 149.
[2] Correspondance : 131, 133, 134, 135, 136.

retenir devant lui les Piémontais. La brigade Rusca, de la division Augereau, poussée à Bardinetto, reliera Sérurier à notre gros. Bonaparte se tiendra à Carcare avec une petite réserve.

L'affaire ne se passe pas comme Bonaparte l'a prévu : Joubert, Dommartin et Augereau manquent au rendez-vous ; ce qui n'empêche pas Laharpe avec ses 9,000 hommes et Masséna avec les 4,000 hommes de Ménard (soit au total 13,000 hommes) d'écraser les 6,000 hommes d'Argenteau.

Quoi qu'il en soit l'armée française, réunie autour de Carcare, est en *position centrale* entre les Autrichiens et les Sardes ; elle forme deux ailes et une réserve centrale. Masséna et Laharpe (13,000 hommes) constituent la droite ; Sérurier (12,500 hommes) la gauche ; Augereau, Joubert, Dommartin (11,000 hommes) la réserve centrale.

Contre les Sardes. — Le 13, comptant que les Autrichiens se tiendront tranquilles ce jour-là, Bonaparte veut pousser Augereau avec sa réserve vers Millesimo pour refouler les Sardes, faire jonction avec Sérurier et s'ouvrir la ligne de ravitaillement préparée sur Garessio et Orméa [1]. Masséna, formant corps d'observation vis-à-vis des Autrichiens, doit se porter sur Dego. Laharpe, après une rapide démonstration sur Sasselo, se rendra à marches forcées à Cairo [2] d'où il pourra, suivant le besoin, appuyer Masséna ou Augereau, celui-ci en débordant l'aile gauche des Sardes [3]. Les distances sont minimes : 10 kilomètres de Carcare à Dego et à Millesimo.

Combat de Millesimo. — Le 13 au matin, Augereau attaque les avant-postes piémontais, les débusque et occupe Millesimo. Mais il ne peut pousser plus loin, ayant sur son flanc droit le vieux château de Cosseria où s'est jeté le général autrichien Provera, dont le petit corps devait assurer la liaison des Sardes et des Autrichiens. En vain Provera est sommé de se rendre. Bonaparte est lui-même rappelé vers Dego où Masséna lui signale les Autri-

---

[1] Correspondance : 138.
[2] Correspondance : 143.
[3] Nous retrouvons ce dispositif avec corps intermédiaire dans toutes les opérations sur position centrale.

chiens en forces, il porte Laharpe au secours de Masséna. En son absence, l'assaut sur Cosseria échoue.

Contre les Autrichiens. Combat de Dego. 14 avril. — Il importe de refouler définitivement les Autrichiens. Bonaparte combine, pour le 14, une attaque en règle sur Dego. Tandis que sa gauche contiendra Colli, Masséna attaquera de front, s'efforçant même de déborder la gauche ennemie. Laharpe, descendant la Bormida, franchira la rivière au-dessous de Dego, tournera la droite des Autrichiens et menacera leur ligne de retraite.

Le plan réussit : « L'ennemi enveloppé fait de grosses pertes et nous laisse beaucoup de prisonniers[1]. » D'ailleurs Colli, abusé par les démonstrations de Sérurier, mal informé de la situation des Autrichiens, peu soucieux peut-être de leur porter secours, Colli n'attaque pas.

Deuxième combat de Dego. 15 avril. — Le 15, Bonaparte compte attaquer les Sardes vers Montezemolo. Tandis que Masséna gardera Dego, Laharpe viendra à Salicetto sur la Bormida occidentale. Là, il interceptera aux Sardes toute communication avec les Autrichiens, leur barrera la retraite par la Bormida et pourra au besoin se porter au secours de Masséna[2].

Ce projet avorte : cinq bataillons autrichiens, égarés au sud de Dego, tombent en effet, au point du jour, sur les soldats de Masséna débandés à la recherche de vivres, et les chassent de Dego. Il faut reprendre ce point avec le concours de Laharpe, ce qui fait perdre la journée du 15.

Toutefois, devant Augereau, les Sardes ont évacué les redoutes de Montezemolo, ce qui permet la jonction avec Sérurier[3].

Le 16, Augereau se porte à l'attaque des redoutes avancées du camp retranché de Ceva. Bonaparte, craignant un retour offensif des Autrichiens sur Dego, ne peut appuyer cette attaque, qui échoue.

Contre les Sardes. — Le 17 au matin, Bonaparte se prépare

---

[1] Correspondance : 165.
[2] Correspondance : 170.
[3] Correspondance : 174.

à forcer les Sardes à évacuer Ceva. Son dispositif stratégique est le suivant :

> *Masse d'attaque* : Augereau et Sérurier.
>
> *Masse d'observation* en face des Autrichiens : Laharpe à Dego où il couvrira notre ligne d'opérations sur Savone.
>
> *Masse intermédiaire* : Masséna à Montbarco—San Benedetto. Dans cette position, il menacera la retraite des Sardes sur Cherasco et pourra se porter sur les derrières des Autrichiens s'ils repoussent Laharpe de Dego[1].

Dans la nuit du 17 au 18, craignant d'être tournés, les Sardes évacuent le camp retranché de Ceva. Le 18 au matin, Sérurier occupe la ville et investit la citadelle. Colli a été prendre la position de la Bicoque, derrière la Corsaglia. Notre armée a maintenant sa *position centrale* sur Montezemolo. Savone demeure notre *centre d'opérations*.

Attaque du plateau de la Bicoque. — Bonaparte combine, pour le 19, l'attaque du plateau de la Bicoque. Sérurier l'attaquera de front ; Augereau descendra le Tanaro pour le franchir au delà du confluent de la Corsaglia et menacer les derrières des Sardes[2], Masséna et Laharpe garderont leurs positions du 17 et du 18.

---

[1] C'est un dispositif identique à celui du 13. J'ai appelé l'attention, page 149, sur cette disposition que Napoléon a pris soin de faire remarquer dans sa relation de Sainte-Hélène.

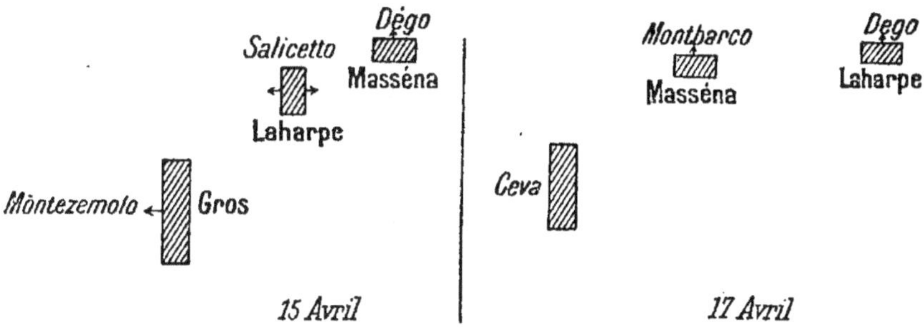

Correspondance : 189 et 190.

Mais une crue du Tanaro empêche Augereau de le passer et d'appuyer l'attaque de Sérurier qui échoue.

Changement de ligne de communication. — Il fallait trouver des renforts pour enlever la position de Colli : un changement de ligne d'opérations va les donner. Abandonnant sa ligne sur Savone, Bonaparte la prend sur les magasins de Garessio et d'Orméa. Dès lors Laharpe peut quitter Dego et aller à Montbarco relever Masséna qui vient à Lesegno sur la Corsaglia ; un seul régiment est laissé à Cairo ; la brigade Rusca, dans le camp retranché de Ceva, garde notre nouvelle ligne. Ces mouvements s'exécutent le 20. Notre dispositif stratégique est donc transporté à l'ouest de Ceva.

Le plan de Bonaparte c'est, tandis que Sérurier attaquera de front les Autrichiens devant Saint-Michel, de franchir la Corsaglia à Lesegno avec son gros pour se porter sur les derrières des Sardes. Mais Colli se dérobe le 21 à la pointe du jour. Sérurier et Masséna, lancés à sa poursuite, entrent à Mondovi à 4 heures du soir.

La journée du 22 est employée à remettre de l'ordre dans les divisions.

L'épouvante est au comble à la cour de Turin qui fait des propositions d'armistice et de paix. La marche de l'armée française n'en est pas ralentie. Le 25, Augereau entre à Alba consommant ainsi la séparation des Alliés. Masséna entre à Cherasco. On communique avec Macquardt et Garnier. Le 26, Bonaparte prend directement sa ligne sur Nice par le col de Tende ; il va pouvoir se relier à l'armée des Alpes.

Armistice de Cherasco. — Le 28, aux propositions de la cour de Turin, il répond qu'il n'a pas reçu pouvoir pour traiter, mais qu'il consent à suspendre les hostilités jusqu'au retour de la réponse du Directoire, moyennant la cession des forteresses de Coni, Tortone et Alexandrie. Ces places, avec Cherasco, jalonneront sa ligne de communication lorsqu'il se portera contre les Autrichiens.

En dix jours, Bonaparte s'est débarrassé des Sardes, suivant un plan formulé à l'avance. Des conditions particulières ont favorisé ce plan : la lassitude des Sardes et leur mésintelligence avec les Autrichiens ; un pays dont les accidents topographiques isolaient, après le coup de force initial, ses deux adversaires ; l'habileté de nos troupes, de nos généraux dans la guerre de montagnes ; des effectifs faciles à mouvoir et à nourrir ; l'incompétence stratégique des généraux ennemis. Cette incompétence a été relevée par Napoléon dans les observations qu'il a écrites, à Sainte-Hélène, sur cette campagne[1].

> « Après la bataille de Montenotte, les Autrichiens se rallièrent sur la route du Montferrat (c'est-à-dire sur Dego-Acqui) ; ils ne pouvaient pas faire autrement puisque la majorité de leurs forces étaient sur Voltri, Sasselo et encore éparpillées sur leur gauche. Mais l'armée piémontaise, sous les ordres du général Colli, au lieu de se porter sur Millesimo eût dû appuyer sur Dego et former la gauche de Beaulieu. C'était une erreur de supposer que, pour couvrir Turin, il fallait se trouver à cheval sur la route de cette ville : les armées réunies à Dego eussent couvert Milan, parce qu'elles eussent été à cheval sur la grande route du Montferrat ; elles eussent couvert Turin, parce qu'elles eussent été sur le flanc de la chaussée de cette ville. »

Le plan de Bonaparte était basé sur cette conviction que les généraux alliés, devant des menaces faites concurremment vers Acqui, c'est-à-dire vers le Milanais et vers Turin, se sépareraient. Ils se séparèrent en effet, dès le coup initial ; s'ils s'étaient réunis, Bonaparte avait prévu de nouvelles manœuvres pour les diviser. Dans la Note qu'il écrivit, le 19 janvier 1796, sur l'armée d'Italie, lorsqu'il était employé au bureau topographique du Comité de Salut public, on lit en effet ceci :

> « Si, à la vue des préparatifs que feraient les Français, les Autrichiens, longeant derrière le Tanaro, venaient se réunir avec les Piémontais, il faut que notre armée fasse deux marches sur Acqui, c'est-à-dire aille à Cairo et à Spigno ; l'on peut être assuré qu'alors les Autrichiens s'empresseront de s'en retourner défendre leurs communications avec le Milanais. »

Et plus loin :

---

[1] *Observations sur les campagnes de 1796 et 1797*, t. XXIX, p. 324.

« Les Autrichiens ont-ils le bon esprit de se réunir à Montezemolo avec les Piémontais ? Il faut les en séparer et, pour cela,
marcher sur Alexandrie, et, dès l'instant qu'ils seront séparés,
avoir vingt-quatre heures à soi pour forcer le camp retranché de
Ceva [1]. »

Dans les entrées en campagne de 1812 et de 1815, Napoléon
ne retrouvera plus des conditions aussi favorables.

Campagne de 1812. — La campagne de 1812 est, dans son
ensemble, de même espèce que le premier acte de la campagne
de 1796, c'est-à-dire une campagne sur une série de positions
centrales prises par un mouvement en avant ininterrompu. Elle
débute par un coup offensif analogue à celui de Montenotte [2].

Croyant les forces russes en cordon le long du Niémen, au
nord et au sud de Kowno, Napoléon veut passer le fleuve en ce
point, couper en deux tronçons le déploiement adverse et porter
son gros d'un bond à Vilna, en position centrale entre les deux
tronçons. Pour faciliter la manœuvre, l'Empereur organise des
démonstrations aux deux ailes du déploiement ennemi : Jérôme
partant de Varsovie avec une armée secondaire en menacera
l'aile gauche, Macdonald, franchissant le Niémen à Tilsitt, en
menacera l'aile droite.

Le rassemblement de nos forces est effectué derrière la grande
forêt de Wilkowisky, vis-à-vis Kowno. Les plus minutieuses précautions sont prises pour cacher aux Russes les préparatifs du
passage. Le 23 juin, le Niémen est passé par surprise.

Il s'agit de franchir le plus rapidement possible les 100 kilomètres qui séparent Kowno de Vilna. Mais déjà le retard de nos
convois entrave le mouvement.

Trois routes mènent de Kowno à Vilna : l'une côtoie la rive
droite de la Vilia, une autre la rive gauche, la troisième, et la
meilleure, est plus au Sud. Sur cette dernière, Napoléon lance
les 22,000 cavaliers de Murat, les 70,000 hommes de Davout et
la Garde. Sur la route centrale les 40,000 hommes de Ney ; sur

---

[1] Pièce 83. Note sur l'armée d'Italie, du 19 janvier 1796.
[2] Le débouché du Niémen rappelle aussi le débouché du Danube en 1805.
— Nouvelle preuve de l'unité de la stratégie napoléonienne.

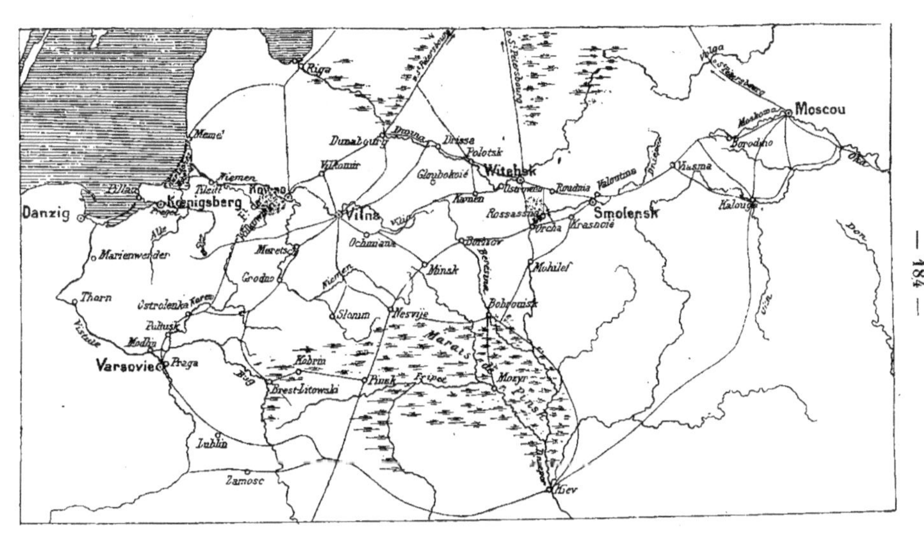

Danzig
Riga
Memel
Dunabourg
Dvina
Drissa
Polotsk
Witebsk
Moskowa
Moscou
Borodino
Oka
Wilkomir
Glaubokoïé
Viasma
Niemen
Kowno
Vilna
Kamen
Ouszacz
Roudnia
Valoutina
Kaloug
Koenigsberg
Tilsitt
Rossassna
Orcha
Krasnoïé
Smolensk
Pregel
Dniepr
Don
Alle
Meretsch
Ochmiana
Borisov
Mohilef
Marienwerder
Grodno
Niemen
Minsk
Bobrouisk
Beresina
Thorn
Ostrolenka Narew
Slonim
Nesvije
M a r a i s
Pripet
Pultusk
Vistule
Modlin
Bug
Kobrin
Pinsk
Pripet
Mozyr
Varsovie Praga
Brest-Litowski
Lublin
Zamosc
Kiev

la route du Nord, Oudinot qui, franchissant avec 36,000 hommes la Vilia à Kowno, se reliera par sa droite à Ney, par sa gauche à Macdonald. On travaille à faire de Kowno une place du moment.

Le 26, nos têtes de colonne arrivent à 5 lieues de Vilna où Alexandre est encore avec sa Garde. Napoléon fait serrer ses troupes et le 28 se porte en avant. Mais déjà Alexandre s'est retiré vers Drissa sur la route de Saint-Pétersbourg.

Ainsi, le coup initial n'a pas donné, comme en 1796, la défaite d'une des fractions de l'ennemi. Pourtant, son principal objet est atteint : notre gros se trouve en *position centrale* entre les masses russes de Bagration et de Barclay.

Contre l'armée de Bagration. — Les forces de Bagration, au sud de Vilna, sont les plus dangereuses pour notre ligne de communication ; aussi est-ce contre elles que Napoléon agit tout d'abord.

Confiant à Murat le soin de contenir Barclay avec sa cavalerie, les corps de Ney et d'Oudinot, c'est-à-dire avec 110,000 hommes, il dirige de divers côtés contre Bagration des forces montant aussi à 110,000 hommes sous Jérôme et Davout.

Tandis que Jérôme s'efforcera de retenir devant lui le général russe, Davout se jettera sur ses derrières.

Avec le reste de ses forces, Napoléon attend à Vilna le résultat de la manœuvre.

Cette manœuvre échoue ; Jérôme ne sait pas retenir Bagration, qui peut échapper à Davout.

Contre l'armée de Barclay. — Laissant Davout poursuivre Bagration, Napoléon se tourne contre Barclay. Murat doit le retenir à Drissa, tandis que l'Empereur avec sa masse centrale se jettera sur ses derrières.

Mais Barclay décampe brusquement, et plusieurs manœuvres sur ses derrières, tentées pendant sa retraite, avortent. Barclay peut atteindre Witebsk, puis Smolensk, où il fait sa jonction avec Bagration.

Une nouvelle manœuvre essayée à Smolensk, sur les derrières des forces russes réunies, échoue également : la campagne est manquée.

Obligé à revenir aux convois en raison de la pauvreté du pays et de l'immensité des effectifs mis en jeu, Napoléon n'a pu imprimer à ses masses la rapidité nécessaire. Toutes les manœuvres successivement tentées sur les derrières des Russes n'ayant pas réussi, la manœuvre sur position centrale n'a pas donné de résultat : Napoléon ne peut empêcher les forces russes, séparées par le coup offensif initial, de se rejoindre. Finalement, à la Moskowa il doit attaquer un adversaire numériquement supérieur et en position.

Campagne de 1815. — Comme des forces anglo-prussiennes sont en larges cantonnements en Belgique, Napoléon veut, par un coup de foudre, les écraser avant que les Russes soient prêts et que soit renforcée la grande armée de Schwarzenberg. Il frappera ainsi de terreur la coalition.

Sur ce théâtre de Belgique, Napoléon, très inférieur encore à ses adversaires, demandera la victoire à des manœuvres sur position centrale.

Il prendra sa *position centrale* par un coup offensif sur le point de réunion des deux armées alliées. Son plan est de « percer la ligne des deux armées à Charleroi, point de leur jonction ; manœuvrant avec rapidité et habileté, il pouvait espérer de les séparer et de les attaquer isolément. Il trouva ainsi dans les secrets de l'art des moyens supplémentaires qui lui tinrent lieu des 100,000 hommes qui lui manquaient [1] ».

Il compte d'ailleurs accentuer la séparation des Prussiens et des Anglais par des menaces, vers Namur et Liége où se trouvent les magasins des premiers ; vers Bruxelles où passe la ligne de retraite des seconds sur Anvers.

Le 14 juin au soir, les armées ennemies sont en complète quiétude : celle de Blücher forme la gauche, ayant son quartier général à Namur à 16 lieues de Bruxelles, quartier général de Wellington.

L'armée prussienne, forte de 120,000 hommes, compte les 4 corps de Ziethen, Pirsch, Thielmann, Bulow ; son point de réunion est Fleurus. L'armée anglo-hollandaise, forte de 104,000 hommes, a comme point de réunion Bruxelles.

La chaussée de Namur à Bruxelles par Sombreffe et les Quatre-

---

[1] Napoléon, *Campagne de 1815*, t. XXXI, p. 206.

Bras est la route de jonction la plus directe des deux armées. En fait, il leur faudrait deux jours entiers pour se réunir sur un même champ de bataille ; elles présenteraient alors une force de 224,000 hommes.

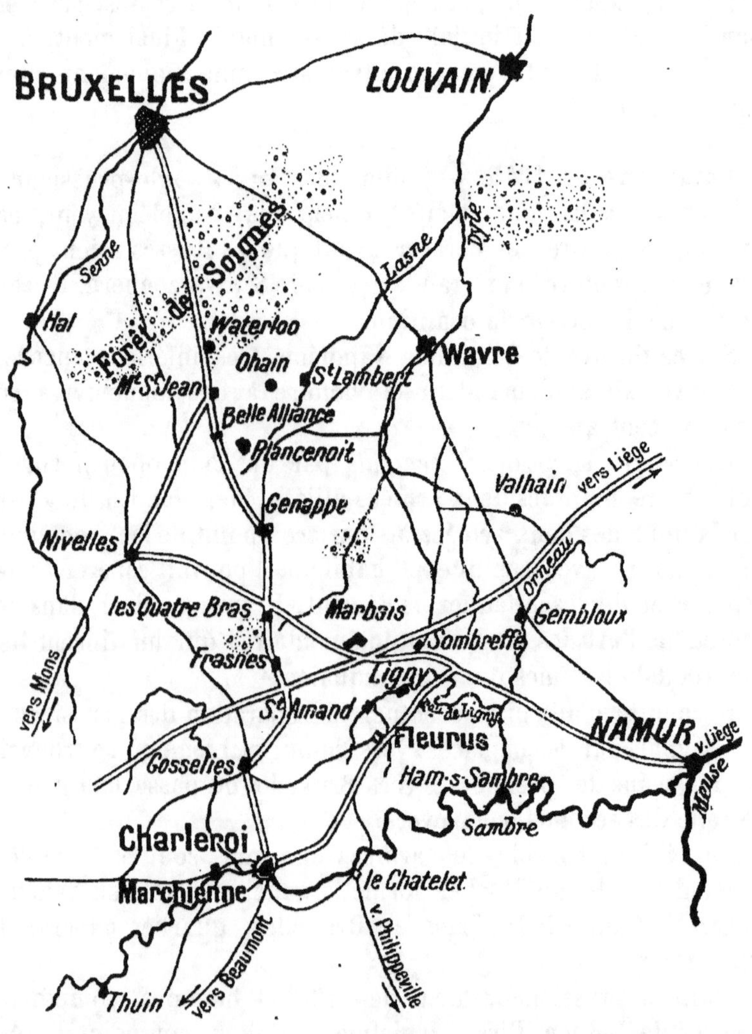

Au commencement de juin, nous avons 6 corps d'armée et 4 corps de réserve de cavalerie cantonnés de Lille à Thionville ; la Garde est à Paris. C'est au total 130,000 hommes.

Préparation stratégique. — Napoléon a tablé sur la surprise absolue de l'ennemi ; aussi cette fois ne fait-il aucune démonstration préalable sur les ailes du déploiement adverse.

Par des marches énormes, il réunira brusquement ses corps sur le front Philippeville, Beaumont, Solre-sur-Sambre, qui ne mesure guère que 30 kilomètres, et débouchera ensuite de la Sambre à Charleroi sur 5 kilomètres.

Il prend les dispositions les plus sévères pour que cette concentration ne soit divulguée ni par les journaux, ni par les espions de l'ennemi.

Notre ligne de communication est sur Avesnes, Laon, Soissons.

Aucun obstacle de terrain n'existant sur cette frontière, Napoléon ne prépare pas de changement de ligne.

Le 14 juin, nos corps viennent former 3 masses qui donneront les 3 colonnes du débouché. Le 15, nos troupes se mettent en mouvement dès 3 heures du matin.

Le secret est si bien assuré que l'état-major prussien apprend, le 14 seulement, qu'il y a des troupes françaises en mouvement et, dans la nuit du 14 au 15, que nous nous renforçons devant Charleroi. Le 15 juin, alors que l'Empereur est déjà sur le territoire belge, Wellington écrit au Czar qu'il compte prendre l'offensive à la fin du mois.

Débouché de l'armée française. — Napoléon a tout calculé en vue de l'écoulement rapide de nos masses. Pour rétablir les ponts de Charleroi, il a placé en avant de la colonne du centre tous les sapeurs de l'armée avec le corps de cavalerie du général Pajol. Il espère que les têtes des corps de Reille et de Vandamme commenceront à passer à 10 heures du matin. Mais des contre-temps se produisent. D'une part, avertis de notre offensive par la désertion du général Bourmont, les Prussiens opposent quelque résistance à Charleroi et en imposent à Pajol. Vandamme, qui n'a pas reçu ses ordres parce que l'officier qui les portait s'est cassé la jambe, n'arrive qu'à 3 heures. Gérard a aussi un fort retard. L'Empereur doit, avec des détachements de la Garde, ouvrir lui-même le passage. Comme il y a un retard de cinq heures, on ne peut plus espérer arriver avant la nuit à Sombreffe à 20 kilomètres de Charleroi. Quoi qu'il en soit, le débouché a réussi.

Il s'agit maintenant de séparer les deux armées alliées. Pour cela, il faut atteindre la chaussée de Bruxelles. Le moment est venu de former le dispositif stratégique en deux ailes et une réserve, auquel Napoléon s'est arrêté. « J'ai adopté comme principe général dans cette campagne, écrira-t-il à Ney, de diviser mon armée en deux ailes et une réserve... La Garde formera la réserve, et je me porterai sur l'une ou l'autre aile suivant les circonstances... Selon les circonstances, j'affaiblirai l'une ou l'autre aile en augmentant ma réserve. »

Ney aura le commandement de l'aile gauche, Grouchy de l'aile droite.

A 3 heures après midi, l'Empereur est rejoint par Ney ; il lui donne le commandement des 1er et 2e corps, d'Erlon et Reille, auxquels doivent se joindre le lendemain les cuirassiers de Kellermann ; il lui prescrit de pousser l'ennemi sur la route de Bruxelles et de prendre position aux Quatre-Bras. En même temps, il donne à Grouchy le commandement de l'aile droite et lui prescrit d'attaquer, avec le corps de Vandamme, la division prussienne qui s'est retirée sur les hauteurs au nord de Charleroi, de la poursuivre sur Sombreffe et d'y prendre position.

Une fois parvenues à Sombreffe et aux Quatre-Bras, nos ailes ne seront pas à plus de 12 kilomètres l'une de l'autre, et les deux armées ennemies ne pourront plus se rejoindre que par des chemins de traverse au nord de la grande chaussée de Namur à Bruxelles.

Mais ces ordres ne sont exécutés ni par Grouchy, ni par Ney.

A notre droite, Vandamme, froissé d'être sous les ordres de Grouchy, juge ses troupes trop fatiguées et les arrête devant Fleurus ; à notre gauche, Ney, après s'en être laissé imposer devant Gosselies par quelques troupes prussiennes qui se sont retirées de ce côté, ne pousse ensuite sur Frasnes que de la cavalerie. Cette cavalerie se heurte à 4 bataillons et à 6 pièces d'artillerie. Ney, averti, n'amène sur Frasnes à 7 heures du soir qu'un bataillon et n'ose attaquer le bois du Bossu où l'ennemi s'est retiré.

Malgré tout, « dans la nuit du 15 au 16, l'armée bivouaqua dans un carré de 4 lieues de côté [1] ».

---

[1] Napoléon, t. XXXI, p. 168.

16 juin. — **Projet d'opérations contre l'armée anglaise**. — Comptant que le trouble jeté par notre offensive dans l'armée prussienne empêchera cette armée de l'attaquer le lendemain, Napoléon voudrait le 16, tandis que Grouchy refoulera facilement les Prussiens au delà de Gembloux, marcher lui-même avec le gros de ses forces sur Bruxelles où, par une étape de nuit, il pourrait être le 17 au matin.

Il espère, par ce brusque mouvement vers les communications de l'armée anglaise, en ramener tous les détachements en arrière et la séparer ainsi définitivement de l'armée prussienne. De plus, la nouvelle de son entrée dans la capitale de la Belgique, éclatant comme un coup de foudre, porterait au moral de ses ennemis une atteinte irrémédiable.

Mais, à 9 heures du matin, il apprend que des forces prussiennes considérables débouchent vers Brye et Saint-Amand. Grouchy intimidé n'a pas cru pouvoir s'avancer au delà de Fleurus.

Opérations contre les Prussiens. — Bataille de Ligny. — Abandonnant son projet sur Bruxelles, Napoléon prépare la concentration de ses forces contre les Prussiens qui prennent position à Ligny. Tandis que Grouchy immobilisera et usera l'ennemi sur son front, Ney qui, suivant ses rapports, n'a personne devant lui, se rabattra avec ses 2 corps sur la droite prussienne. La Garde formera l'attaque décisive. Le corps de Lobau, venant de Fleurus, formera notre réserve générale. Mais Ney s'en laisse imposer aux Quatre-Bras par quelques détachements et la bataille de Ligny en manque d'être décisive.

Contre les Anglais. — Quoi qu'il en soit, les Prussiens sont en retraite. Persuadé qu'ils ne peuvent songer à l'attaquer de deux ou trois jours, Napoléon, laissant Grouchy à leur poursuite, va marcher avec Ney sur Bruxelles.

> « L'armée française se trouva partagée en trois parties, a écrit Napoléon à Saint-Hélène : 62,000 hommes et 212 canons, sous les ordres de l'Empereur, marchèrent sur Bruxelles par la chaussée de Charleroi ; 34,000 hommes et 108 canons, sous les ordres du maréchal Grouchy, se dirigèrent vers cette capitale par la chaussée de Wavre, à la suite des Prussiens ; 3,000 hommes restèrent sur le

champ de bataille de Ligny (c'était la division Girard) pour porter secours aux blessés et former, dans tous les cas imprévus, une réserve aux Quatre-Bras ; 4,000 à 5,000 hommes, formant les parcs de réserve, restèrent à Fleurus et à Charleroi.

Les 34,000 hommes du maréchal Grouchy, ayant 108 pièces de canon, étaient suffisants pour culbuter l'arrière-garde prussienne dans toutes les positions qu'elle prendrait, presser la retraite de l'armée vaincue et la contenir.

C'était un beau résultat de la victoire de Ligny, de pouvoir ainsi opposer 34,000 hommes à une armée qui avait été de 120,000.

Les 62,000, sous les ordres de l'Empereur, étaient suffisants pour battre l'armée anglo-hollandaise de 90,000 hommes.

La marche sur Bruxelles en deux colonnes, pendant la journée du 17, avait plusieurs avantages : la gauche poussait et contenait l'armée anglo-hollandaise ; la droite, sous les ordres du maréchal Grouchy, poursuivait et contenait l'armée prusso-saxonne ; et, le soir, toute l'armée française devait se trouver réunie sur une ligne de 5 petites lieues, de Mont-Saint-Jean à Wavre, ayant ses avant-postes au bord de la forêt.

Mais la faute que fit le maréchal Grouchy de s'arrêter le 17 à Gembloux, n'ayant fait dans la journée que 2 petites lieues, au lieu de continuer jusque vis-à-vis de Wavre, c'est-à-dire d'en faire environ 3, fut aggravée et rendue irréparable par celle qu'il fit le lendemain 18 en perdant douze heures et n'arrivant qu'à 4 heures après midi devant Wavre au lieu d'y arriver à 6 heures du matin. Il n'avait cependant que 7,000 à 8,000 toises (16 kilomètres à faire).

Chargé de poursuivre le maréchal Blücher, Grouchy le perdit de vue pendant vingt-quatre heures, depuis le 17 à 4 heures après midi jusqu'au 18 à 4 heures après midi... Le maréchal Grouchy, avec 34,000 hommes et 108 pièces de canon, a trouvé le secret qui paraissait introuvable, de n'être, dans la journée du 17, la nuit du 17 au 18 et la matinée du 18, ni sur le champ de bataille de Mont-Saint-Jean, ni sur Wavre. La conduite du maréchal Grouchy, qui s'était si souvent distingué depuis vingt ans à la tête de la cavalerie, était aussi imprévoyable que si, sur sa route, son armée eût éprouvé un tremblement de terre qui l'eût engloutie. »

Le 18, c'était Waterloo.

Les plans d'entrée en campagne de 1815 et de 1796 sont identiques et la situation paraît analogue : nos deux adversaires ont des intérêts différents et des lignes de communication divergentes. Ce n'est toutefois qu'une apparence : la haine des Prussiens et des Anglais pour Napoléon effaçait toute divergence ; les deux armées restent en étroite communication et se portent secours.

D'autres éléments étaient cette fois contre nous :

Le théâtre d'opérations était loin de valoir, pour une campagne sur position centrale, le terrain de Montenotte, Dego, Mondovi : aucun obstacle sérieux ne pouvait être utilisé pour séparer nos deux adversaires.

Blücher et Wellington à l'inverse de Colli et de Beaulieu n'offraient pas prise à la démoralisation ; par contre nos généraux n'avaient plus l'ardeur de 1796.

Les masses à manier étaient beaucoup plus considérables qu'en 1796 : 125,000 hommes et 350 bouches à feu au lieu de 45,000 hommes sans artillerie. Grouchy et Ney, découragés, n'étaient pas capables de bien employer les petites armées qui leur étaient confiées. Enfin, Napoléon n'avait plus l'activité physique de 1796.

CHAPITRE VIII

REVUE SOMMAIRE DES PRINCIPALES MANŒUVRES SUR POSITION CENTRALE PAR ATTENTE STRATÉGIQUE.

Campagne de 1796. — 2e PÉRIODE. — 1er ACTE (30 mai 1796).
— Après avoir refoulé Beaulieu dans le Tyrol, Bonaparte échoue
dans une attaque brusquée sur Mantoue. Il a atteint pour l'instant le point-limite de son offensive et s'établit *en attente stratégique* sur l'Adige, pendant que Sérurier fait le siège de Mantoue.

A la fin de juin, Wurmser, investi du commandement en Italie, amène du haut Rhin 25,000 hommes qui, ajoutés aux
25,000 reconstitués dans le Tyrol, vont former une armée de
50,000 hommes. Bonaparte a lui-même 44,000 hommes.

L'Adige, les monts Lessini, le lac de Garde, les montagnes du
Brescian, constituent, autour de Mantoue, la barrière solide que
réclame toute attente stratégique. Quatre routes seulement la traversent : 1º celle de la Chiese qui, longeant le lac d'Idro, arrive
sur Brescia ; 2º la grande chaussée de Trente à Vérone (rive Est
de l'Adige) ; 3º la chaussée Vicence-Vérone ; 4º la route du bas
Adige par Legnago.

Ces quatre routes sont séparées l'une de l'autre, jusqu'aux
environs immédiats de Mantoüe, par des secteurs impraticables
constitués : 1º à l'ouest de la Chiese par les montagnes du Brescian et du Bergamesque, infranchissables en hiver ; 2º entre la
Chiese et l'Adige par le lac de Garde, long de 50 kilomètres et
large de 5 à 18 kilomètres ; 3º à l'est de l'Adige par « l'âpre »
système des monts Lessini, de Roveredo à Vérone ; 4º enfin, audessous de Ronco, par un pays tout coupé de petits cours d'eau
et de canaux d'irrigation.

Dispositif d'attente stratégique. — Pour se servir de l'Adige, comme barrière, Bonaparte met la main sur Vérone, place vénitienne, et prend, autour de Mantoue, le dispositif stratégique suivant :

Sauret, à Salo, barre la route de la Chiese ; Masséna, à la Corona,

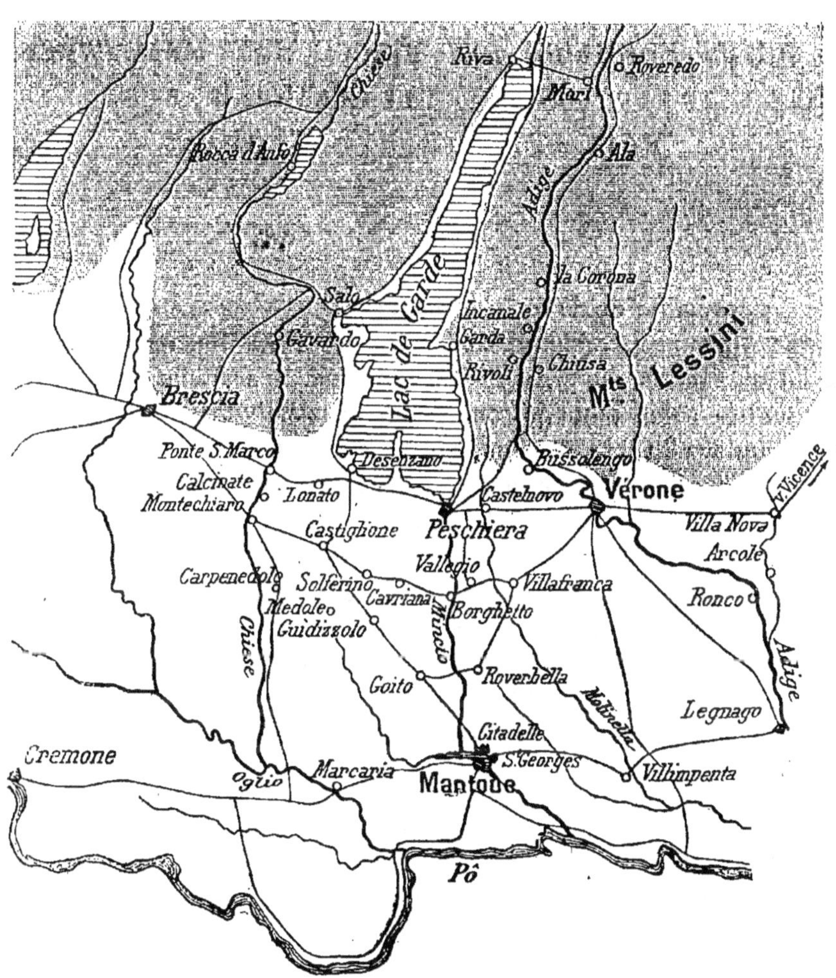

barre la route de l'Adige ; Despinoy prolonge Masséna au-dessous de Vérone jusqu'à Ronco ; Augereau est à Legnago. Ainsi sont barrées les différentes routes d'accès vers Mantoue.

Au centre du dispositif, à Valeggio, se trouvent la cavalerie et la réserve d'artillerie sous Kilmaine.

Chacune des divisions françaises occupe une position très forte ; les distances entre ces divisions sont minimes, si bien qu'en quelques heures la division attaquée peut recevoir le secours de ses voisines ; de Vérone à Legnago, il y a 40 kilomètres ; de Vérone à la Corona, 45.

Les opérations. — Le 29 juillet au matin, une colonne autrichienne attaque Masséna et le rejette de la Corona ; une autre colonne est signalée sur Vérone, Sauret n'annonce aucune attaque.

Comme le terrain sur lequel se trouve Masséna permet de lutter avec avantage contre des forces supérieures, Bonaparte lui prescrit de reprendre la Corona, tandis qu'avec Augereau et Despinoy il s'efforcera d'atteindre et de battre la colonne signalée à l'est de Vérone.

Mais, dans la journée, Bonaparte apprend que Masséna, bien loin de reprendre la Corona, a été rejeté sur Castelnovo, où il n'a plus l'appui du terrain. Il faut, de toute nécessité, contenir cette attaque, qui paraît être la principale, et se donner le temps d'évacuer tout ce qui est en avant de Mantoue.

A cet effet, Bonaparte envoie Despinoy avec sa division et Kilmaine avec la réserve d'artillerie et de cavalerie au secours de Masséna et appelle Augereau à Roverbella, sur la Molinella, pour protéger l'évacuation des malades, des gros bagages et du trésor.

Bientôt arrive la nouvelle qu'une forte colonne autrichienne a repoussé Sauret de Salo et marche vers Brescia sur notre ligne de retraite du Nord. Cette colonne, forte de 18,000 hommes, est commandée par Quasdanovich.

Dans cette situation si grave, Bonaparte se décide à prendre sa *position centrale* entre le Mincio et la Chiese, appuyée au lac de Garde. La distance entre les deux rivières n'est que de 6 lieues. Pour avoir toutes ses forces, il lève le siège de Mantoue.

Manœuvres sur la position centrale entre la Chiese et le Mincio. — La première tâche qui s'impose, c'est de reprendre Brescia pour rouvrir notre ligne de retraite du Nord. Ne laissant qu'un peu de cavalerie sur le Mincio pour cacher son mouvement, Bonaparte se dirige vers Brescia avec le gros de ses forces, tandis qu'il fait menacer par une colonne secondaire les derrières de Quasdanovich vers Gavardo.

Quasdanovich se hâte d'évacuer Brescia, mais veut percer sur Mantoue, d'où un premier combat à Lonato.

Heureusement, Wurmser nous croit définitivement en retraite. Préoccupé de ravitailler Mantoue et d'y faire une entrée triomphale, il se borne à diriger ses avant-gardes sur le Mincio.

Bonaparte envoie pour les contenir une brigade d'Augereau, pendant qu'avec le reste de ses troupes il oblige Quasdanovich à se mettre définitivement en retraite.

Le 5 août, il peut ramener toutes ses forces contre Wurmser qui s'est porté en avant. D'où la bataille de Castiglione. La déroute des Autrichiens est complète, mais nos troupes harassées ne peuvent poursuivre le jour même et rendre la victoire décisive. Wurmser repasse le Mincio et se sauve en Tyrol.

3e ACTE : **Arcole** — Par la manœuvre de Bassano, Bonaparte a enfermé Wurmser dans Mantoue; mais lui-même est rivé à cette place. Nos armées d'Allemagne sont en pleine retraite. Ne pouvant espérer que de faibles renforts, Bonaparte est réduit à reprendre son *attente stratégique* autour de Mantoue.

Il place Vaubois à Trente, Masséna à Bassano, Augereau à Vérone, Kilmaine commande le blocus de Mantoue.

Rassurés du côté de l'Allemagne, les Autrichiens portent leurs efforts en Italie pour débloquer Wurmser et forment une nouvelle armée aux ordres d'Alvinzi.

A la fin d'octobre, Bonaparte est informé que les Autrichiens retirent des troupes du Tyrol et se concentrent dans le Frioul. Pour vérifier ces renseignements, il ordonne à Vaubois de prendre l'offensive. Vaubois se heurte avec 10,000 hommes à des forces supérieures et doit se replier.

En fait, les Autrichiens s'avancent en deux masses : Davidovich avec 18,000 hommes par le Tyrol ; Alvinzi avec 27,000 hommes par le Frioul. Contre ces 45,000 hommes, Bonaparte ne dispose que de 30,000 hommes, dont plusieurs milliers de malades.

Le 2 novembre, les avant-gardes autrichiennes paraissent sur la Piave. Comptant que Vaubois tiendra ferme dans les montagnes, Bonaparte voudrait tout d'abord, avec Masséna et Augereau, les écraser. Mais ce coup de main échoue et, sur de mauvaises nouvelles de Vaubois, Bonaparte se résout à ramener Masséna et Augereau à Vérone, en *position centrale*, entre les deux masses ennemies que sépare le massif impénétrable des monts Lessini.

Manœuvres sur la position centrale de Vérone. — Le plan d'Alvinzi est de rallier Davidovich avant de marcher sur Mantoue. A cet effet, il franchit l'Alpone à Villanova avec 19,000 hommes, ayant envoyé 3,500 hommes en démonstration entre Ronco et Legnago, et laissé 3,500 hommes sur ses derrières. Bonaparte, bien qu'il n'ait que 16,000 hommes disponibles, se risque à attaquer Alvinzi à Caldiero ; il est repoussé.

La situation est grave, car, s'il ne peut empêcher Alvinzi de faire sa jonction avec Davidovich, l'Italie est perdue pour nous.

Le terrain entre Vérone, l'Adige et l'Alpone, lui inspire l'idée de la manœuvre de Villanova, sur les derrières d'Alvinzi, qui va sauver l'armée française.

1re journée. — Dans la première journée, 15 novembre, Bonaparte est parvenu, avec maintes difficultés, à menacer Villanova. Il a ainsi déterminé Alvinzi à repasser l'Alpone.

Mais, dans la soirée, craignant d'être forcé de courir au secours de Vaubois, il ramène ses troupes sur la rive droite de l'Adige.

Et, de fait, Davidovich s'est emparé de la Corona et a rejeté Vaubois sur les hauteurs de Bussolengo.

2e journée. — Le 16 au matin, informé que Davidovich ne bouge pas, Bonaparte franchit à nouveau l'Adige et reprend le combat sur les digues.

Le soir, pour le même motif que la veille, il fait repasser tout son monde sur la rive droite.

3e journée. — Enfin, le 17, comme Davidovich n'a toujours pas bougé, Bonaparte, assuré maintenant d'avoir la supériorité tant matérielle que morale sur Alvinzi, le fait attaquer par les deux rives de l'Alpone. Les Autrichiens battus se mettent en retraite. Bonaparte, ne laissant devant Alvinzi que Masséna, ramène le reste de ses forces contre Davidovich qui a rejeté Vaubois sur Castelnovo.

Contre Davidovich. — Le 20, Davidovich est repoussé. Le 21, tandis que le gros le poursuit, Augereau tente de le devancer par la rive gauche de l'Adige à Dolce. Davidovich échappe, mais laisse entre nos mains 1,500 hommes, 2 équipages de pont, 9 canons et beaucoup de bagages.

Avisé de la défaite de Davidovich, Alvinzi se met définitivement en retraite.

4ᵉ ACTE : **Rivoli. — La Favorite (Janvier 1797)**[1]. — Obligé de reposer ses troupes, d'attendre quelques renforts, de réorganiser ses divisions, Bonaparte reprend son attente stratégique autour de Mantoue.

Son dispositif est le suivant : Rey, avec une division de nouvelle formation à Desenzano ; Joubert[2], à Rivoli ; Masséna, à Vérone ; Augereau entre Ronco et Badia ; Sérurier autour de Mantoue. Au centre du dispositif, à Roverbella, sur la Molinella, Victor avec une demi-brigade et Dugua avec 2 régiments 1/2 de cavalerie forment une petite réserve. Le quartier général est à Roverbella. Notre ligne de communication va par Brescia et Bergame sur Milan.

Le dispositif vu d'ensemble, examinons-en le détail sur les quatre routes d'invasion.

1ʳᵉ ROUTE : **De la Chiese.** — Elle conduit dans les plaines de Brescia, sur les derrières de notre armée. Elle ne convient heureusement qu'à une attaque secondaire ; car l'artillerie ne peut passer qu'au défilé de la Rocca d'Anfo. D'autre part, une contre-offensive de nos troupes sur Trente, par la vallée de l'Adige, couperait la retraite à l'ennemi aventuré sur Brescia.

---

[1] L'acte de Rivoli et l'acte de Dresde sont étudiés ici avec quelques détails pour montrer les difficultés des manœuvres sur position centrale par attente stratégique.

[2] Joubert remplace Vaubois, « brave homme, propre à soutenir un siège dans une place ; mais nullement propre à commander une division dans une armée aussi active et dans un genre de guerre aussi décidé ». (Bonaparte au Directoire).

La division Rey (4,000 hommes) tient cette route, sa gauche à Lonato, son gros à Desenzano, sa droite à Peschiera, ses avant-postes à Salo, à 16 kilomètres de Desenzano[1].

Un ouvrage à la Rocca d'Anfo eût suffi à interdire cette voie d'invasion et à mettre notre armée à l'abri d'une entreprise comme celle de Quasdanovich à l'acte de Castiglione. Bonaparte y avait songé ; on lui proposa un plan trop vaste ; rien ne fut fait.

Pour maîtriser le lac de Garde, le général Guillaume, qui commande à Peschiera, dispose de 6 galères armées.

2e ROUTE : **De Trente à Vérone.** — Entre le lac de Garde et le massif impénétrable des monts Lessini, l'Adige coule dans une vallée étroite. Sur la rive orientale du fleuve, la chaussée de Trente à Vérone traverse plusieurs défilés dont celui de Calliano, au nord de Roveredo et celui de la Chiusa à hauteur de Rivoli. Le petit fort de la Chiusa barre la route ; il force l'assaillant, pour progresser vers le Sud, à passer sur l'autre rive, en montant sur le plateau de Rivoli par la rampe d'Incanale. Mais, dominée par les hauteurs de Ceradino, à l'extrémité du Monte Pastello, la Chiusa ne peut tenir plus de deux ou trois jours. Une traille avec tête défensive devait être établie plus bas vers Polo pour permettre le passage de renforts de la rive droite à la rive gauche[2].

Sur la rive occidentale de l'Adige, un chemin aboutit à la rampe d'Incanale. De plus, à 8 kilomètres au nord de Rivoli, des sentiers en escaliers, praticables seulement à l'infanterie, permettent d'aborder la position de la Corona.

Dans ces conditions topographiques, que peut faire un ennemi

---

[1] 1277.

[2] « Le Général en chef désirerait que l'on pût établir une traille soit à Polo, soit à tout autre endroit, entre Rivoli et Bussolengo, et que l'on construisît de l'autre côté de la traille une redoute fraisée et palissadée, capable de contenir 100 hommes. L'avantage qu'il prévoit dans cette espèce de tête de pont serait que nous pourrions facilement surveiller les bords de l'Adige, empêcher l'ennemi d'y pénétrer par Sant'Ambrozio, et de s'en emparer avec très peu de monde. Le Général en chef vous prie, Général, de veiller sur les travaux de la Chiusa, et de lui faire savoir si ce poste peut résister trois fois 24 heures après notre évacuation de Rivoli. » C. 1300. — En fait, 100 hommes y arrêtèrent 4 bataillons de Wukassovich.

qui, du Tyrol, veut se porter sur Mantoue? Trois partis s'offrent à lui : 1° Suivre la chaussée de Trente à Vérone, après avoir fait tomber la Chiusa, en prenant pied sur le Monte Pastello.

Mais il est ainsi obligé de défiler sous le feu de l'artillerie placée sur la rive opposée. Plus tard, parvenu devant les deux châteaux de Vérone qui, adossés aux montagnes, ferment totalement la vallée, il se trouve dans un cul-de-sac.

2° L'assaillant peut aussi, après avoir forcé la Chiusa, descendre l'Adige jusqu'à Polo, y passer le fleuve sur un pont d'équipage, et marcher sur Castelnovo, ayant ainsi tourné les défenseurs du plateau de Rivoli.

Mais le passage de vive force de l'Adige est une opération difficile. De plus, en cas de revers, la situation serait critique pour l'assaillant. Car le défenseur, maître de Rivoli, menace la retraite.

3° Le 3e parti consiste à emporter le Monte Baldo et le plateau de Rivoli, en les abordant avec l'infanterie par le Nord, c'est-à-dire par la Corona, tandis que l'artillerie et la cavalerie forceraient l'escalier d'Incanale — opération dangereuse devant un défenseur actif.

Joubert avec 10,000 hommes garde cette voie d'invasion depuis la Corona jusqu'à Bussolengo, où il se relie à Masséna. Son gros est à Rivoli, son avant-garde à la Corona. Il peut utiliser trois positions successives : la Corona, Rivoli, Castelnovo[1].

La position de la Corona est très forte : sur son front, les rochers de Brentino forment une escarpe dont le fossé est un torrent. Cette escarpe se retourne, toujours à pic, sur l'Adige et borde le chemin de Rivoli. La gauche de la position, appuyée au Monte Baldo, qui n'est accessible que par un étroit sentier, a été de plus renforcée par des retranchements.

Le plateau de Rivoli, à 8 kilomètres en arrière de la Corona est notre position principale de résistance. Tant que nous en serons maîtres, l'artillerie et la cavalerie ennemies ne pourront, par l'escalier d'Incanale, rejoindre l'infanterie qui aurait forcé la Corona.

---

[1] Lettre de Joubert à Bonaparte.

Les emplacements à occuper par l'artillerie ont été minutieusement reconnus[1].

Position de Castelnovo. — On doit y organiser un camp retranché ; mais rien ne sera fait au moment de l'offensive d'Alvinzi.

Approvisionnements. — Bonaparte s'est préoccupé d'avoir des approvisionnements considérables sur le plateau de Rivoli[2].

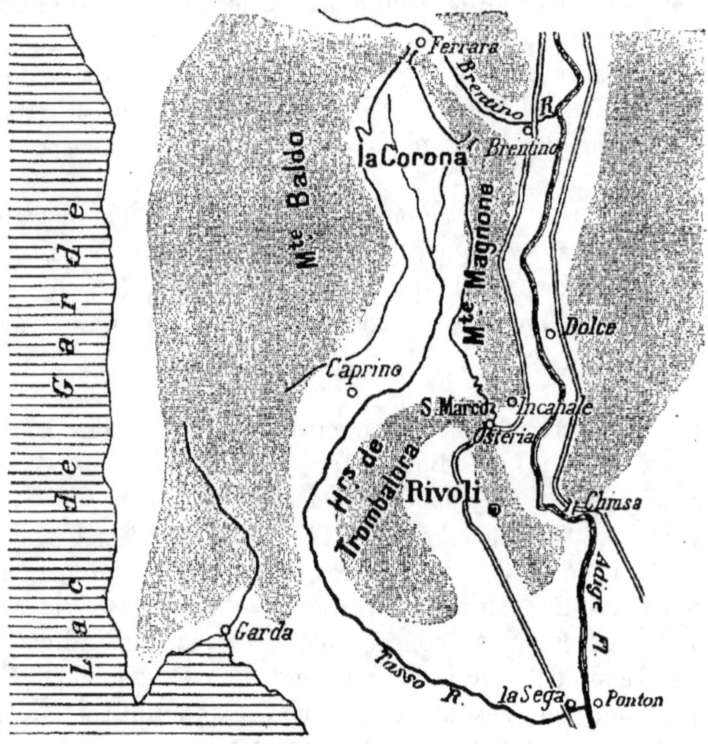

Malheureusement, les travaux de fortification, tardivement

---

[1] 1300. — Du 20 décembre 1796.

[2] « Faire approvisionner la position de Rivoli de toutes les subsistances nécessaires pour un corps de 8,000 hommes d'infanterie et de 500 chevaux, indépendamment des troupes qui, dans ce moment, composent la division du général Joubert, ce qui fera en tout 18,000 hommes. » (1225.) 50,000 rations de biscuit doivent être rassemblées à Peschiera.

ordonnés [1], étaient à peine commencés lorsque se produisit l'offensive autrichienne.

A Sainte-Hélène, repensant au danger couru, Napoléon se reprochait de n'avoir pas mieux fortifié son théâtre d'opérations.

> « Napoléon aurait dû faire occuper le plateau de Rivoli, la Corona, la chapelle San-Marco et la Rocca d'Anfo par de bons ouvrages en bois et même en maçonnerie. L'Adige est chargé de trains de bois que le commerce fait descendre du Tyrol pour les porter à Ferrare et à Venise ; la chaux et la pierre y sont très abondants, Vérone et Brescia offrent toute espèce de ressources. En six semaines on eût pu établir sur le plateau de Rivoli, à la chapelle San-Marco, à la Corona, à la Rocca d'Anfo, 4 forts qui, armés chacun d'une quinzaine de pièces de canon et de 400 à 500 hommes de garnison, eussent mis ces quatre débouchés à l'abri de toute surprise et de tout coup de main ; cela eût valu à l'armée plus qu'un renfort de 15,000 hommes. On dit qu'après l'opération de Wurmser en août, où l'on avait éprouvé le danger que pouvait faire courir à l'armée le débouché de la Chiese, Napoléon donna l'ordre qu'on occupât la Rocca d'Anfo ; mais que les ingénieurs se jetèrent dans des plans trop étendus ; qu'il eût fallu un an de travail pour les exécuter. Mais évidemment cette opinion des ingénieurs était erronée ; à la guerre, le chef seul comprend l'importance de certaines choses, et peut seul, par sa volonté et par ses lumières supérieures, vaincre et surmonter toutes les difficultés [2]. »

3e ROUTE : **De Vicence.** — Sur cette route, l'ennemi se heurte à Vérone et à l'Adige, large en ce point de 120 mètres, rapide, profond, jamais guéable. Vérone a 60,000 âmes, 3 ponts, une enceinte solide et deux châteaux-forts qui interceptent tout passage entre les monts Lessini et le fleuve. Masséna a la garde du fleuve depuis Bussolengo jusqu'à Zévio. Vérone est son centre.

4e ROUTE : **Du bas Adige.** — Augereau, avec 9,000 hommes, garde le fleuve de Zévio à Badia. Au delà, le pays très coupé de petits cours d'eau, peu praticable à de gros corps de troupe, n'est surveillé que par la cavalerie [3].

---

[1] Parce qu'on avait espéré une prompte reddition de Mantoue.
[2] Observations sur les campagnes d'Italie, de 1796 à 1797. T. XXIX, p. 341.
[3] « Pour raccourcir la ligne de l'Adige, on a plusieurs fois indiqué, comme

Augereau a sa gauche à Ronco, et comme on craint qu'une colonne autrichienne ne franchisse l'Adige au-dessous de Legnago pour rejoindre, par Ferrare, les troupes du Pape en Romagne, la droite, environ 3,000 hommes, a été portée à Castagnaro et à Badia. Legnago n'a qu'une faible garnison.

Blocus de Mantoue. — Sérurier avec 10,000 hommes bloque Mantoue. Les deux têtes de pont de la place au delà des marais du Mincio, la citadelle et le faubourg Saint-Georges, ont été entourées d'une ligne de circonvallation.

Le général Miollis occupe avec 1,200 hommes les retranchements de Saint-Georges. Sérurier, avec son gros d'environ 4,500 hommes, se tient au nord de la Favorite.

Réserve générale. — La réserve générale est très faible : elle ne comprend guère que la 57e demi-brigade sous Victor, à Roverbella, près du quartier général, et la réserve de cavalerie du général Dugua à Villafranca : 10e chasseurs et 3e dragons avec 3 pièces légères.

Le faible effectif de la masse centrale s'explique par la médiocrité de l'effectif total et la nécessité d'attribuer 10,000 hommes au blocus. Dans ces conditions, les masses circonférentielles devaient compter plus sur leurs voisines que sur la masse centrale. L'armée française est au total de 46,700 hommes[1]. Si l'on prend les chiffres de Jomini, la répartition générale de nos forces est la suivante :

Rey à Desenzano	4,000 hommes.
Joubert à Rivoli	10,000 —
Masséna à Vérone	9,000 —

---

moyen efficace, de couper la digue de la rive droite de cette rivière, près de Legnago. Les eaux dérivées se mêleraient avec celles du Tartaro et de la Molinella et feraient un marais de tout le pays compris entre l'Adige, de Legnago au Pô. Mais les résultats d'une pareille opération seraient funestes à cette province. Lors de la deuxième attaque d'Alvinzi et de Provera, en janvier, ce projet fut présenté à Napoléon qui ne crut pas que l'urgence des circonstances pût l'autoriser à une pareille dévastation. » NAPOLÉON, t. XXIX.

[1] 45,000 hommes d'infanterie d'après la lettre de Bonaparte au Directoire, du 28 décembre (1319).

Augereau à Legnago.........   9,000 hommes.
Sérurier autour de Mantoue...   10,000   —
Victor à Roverbella.........   2,000   —
Dugua à Roverbella.........   700 cavaliers.
Lannes, camp volant.........   2,000 hommes.

Total.......   46,700 hommes.

Pour rendre la transmission des ordres et des renseignements aussi prompte que possible, Bonaparte organise minutieusement un système d'estafettes et, en outre, un système d'avertissements instantanés à coups de canon [1].

Étant donné le terrain et les circonstances, on ne peut imaginer de dispositions plus ingénieuses que celles prises par Bonaparte. Les a-t-il inventées de toutes pièces? S'est-il inspiré des dispositions de Catinat en 1701, relatées par Feuquières? Ce serait une preuve de l'érudition de ce général de 27 ans.

Si ingénieuses que fussent ces dispositions, la situation n'en était pas moins extrêmement grave, puisque Bonaparte ne pouvait opposer que 45,000 hommes aux 55,000 hommes d'Alvinzi et de Wurmser. Obligé de partager ses forces entre les quatre routes possibles d'invasion et le blocus de Mantoue, c'est sur la force du terrain et sur les fautes des Autrichiens qu'il lui fallait compter.

Les opérations [2]. — Le 8 janvier, l'avant-garde d'Augereau, aux ordres du général Duphot, est vivement attaquée à Bevilacqua. Duphot se retire à San-Zeno et le 9 à Porto-Legnago « après avoir eu le temps, par sa résistance, de prévenir toute la ligne de la marche de l'ennemi ».

Le 12, averti à Bologne où il est allé signer un traité avec le duc de Toscane et préparer une expédition contre les troupes du Pape, Bonaparte, pour renforcer la droite d'Augereau à Badia, fait partir sur-le-champ la colonne mobile qu'il avait amenée :

---

[1] 1301. Au général Berthier. Vérone, 1er nivôse, an V (21 décembre 1796).

[2] D'après la lettre de Bonaparte au Directoire (1399), du 18 janvier.

2,000 hommes, sous Lannes et Rivaud. De sa personne, il revient au quartier général à Roverbella.

Il y trouve une lettre d'Augereau du 11, à 11 heures du soir, annonçant que les Autrichiens présentent, sur Legnago, des forces considérables. Comme Rey, Joubert, Masséna, ne rendent compte d'aucune offensive ennemie, Bonaparte prend le parti de concentrer sur Legnago un gros de troupes : division Masséna, réserve générale, division Augereau.

« Afin de pouvoir percer avec des forces considérables et renverser les projets de l'ennemi, s'il a celui de passer l'Adige à la gauche ou à la droite de Porto-Legnago et s'il voulait tenter quelque chose sur Vérone. »

Rey viendra à Valeggio pour reformer une réserve générale.

Ainsi, c'est par une offensive déterminée par Legnago que Bonaparte veut rompre son attente stratégique, tandis que le général Chabot dans Vérone, et Joubert à la Corona, opposeront une énergique résistance à toute attaque de l'ennemi[1].

Les ordres sont aussitôt envoyés :

1° A Masséna :

De se tenir « prêt à marcher avec toute sa division pour se rendre, dans la nuit, à Porto-Legnago ».

2° Au général Dugua :

De se rendre à Porto-Legnago « avec sa réserve (de cavalerie) et l'artillerie qui y est attachée. Le général Dugua éclairera les mouvements de l'ennemi de Porto-Legnago à Badia, en se mettant en relations avec le général Balland qui a son quartier général dans ce dernier lieu ».

3° Au général Victor :

« De partir (de Roverbella) pour Castellaro avec le 1er bataillon de la 57e demi-brigade pour occuper les trois chemins qui traversent la Molinella, et garantir les troupes qui assiègent Mantoue de quelques corps légers qui auraient pu passer le bras de l'Adige. »

4° Au général Rey :

A 9 heures du soir de partir « sur-le-champ avec 2 bataillons de la 58e demi-brigade, toute son artillerie et 100 hommes de cavalerie

---

[1] « Le général Joubert, qui a plus de 10,000 hommes, est très tranquille sur sa position ; d'ailleurs, fût-il battu pendant que nous serons à Legnago, nous aurons toujours du temps à nous, tant par la bonne organisation qu'a dans ce moment sa division que par les précautions qui ont été prises. » 1373.

pour se rendre le plus promptement possible à Valeggio où il recevera de nouveaux ordres ».

Ces ordres expédiés, Bonaparte part pour Legnago.

En route, informé que l'ennemi se présente devant Vérone, dont la perte mettrait l'armée française en grand danger [1], il revient sur cette place où, devant lui, Masséna repousse l'ennemi, fait 600 prisonniers et prend 3 pièces de canon.

Bonaparte se trouve pour l'instant en présence de deux attaques sérieuses : l'une sur Legnago, l'autre sur Vérone. Laquelle est la principale ? Une troisième ne va-t-elle pas se produire sur la Corona ? Où se porter ?

« Il fallait, a écrit le maréchal Marmont, alors aide de camp de Bonaparte, il fallait, après avoir reconnu le véritable point d'attaque, et tout disposé pour battre d'abord le corps principal de l'ennemi, opérer avec assez de célérité pour pouvoir, avec les mêmes troupes, se présenter aux deux corps en lesquels son armée était divisée. »

Si Bonaparte, cédant aux instances d'Augereau, se porte vers Legnago, et que la véritable attaque ne soit pas là, mais sur Joubert, il lui sera impossible de ramener à temps ses troupes. Joubert, assailli par des forces très supérieures, perdra la position de Rivoli ; et, rejeté dans la plaine de Castelnovo, y sera écrasé [2].

Le 13, à 7 heures du matin, Bonaparte prescrit au général Rey, venu à Valeggio avec 2 bataillons de la 58e demi-brigade, 100 cavaliers et 6 pièces, de se rendre à Roverbella pour s'y mettre aux ordres de Sérurier.

A 9 heures du matin, il écrit à Joubert :

« Je vous prie de me faire connaître, le plus tôt possible, si vous croyez que l'ennemi a devant vous plus de 9,000 hommes. Il est très nécessaire que je sache si l'attaque que l'on vous fait est une attaque réelle, égale ou supérieure à vos forces, ou si c'est une attaque secondaire et pour donner le change. L'ennemi nous présente sur Vérone à peu près 6,000 hommes que je donne ordre d'attaquer dans le moment.

---

[1] Elle se serait retrouvée dans la situation de l'acte de Castiglione.

[2] « Bonaparte, a écrit le maréchal Marmont, fut dans la plus grande perplexité : pendant 24 heures sa voiture resta attelée, incertain s'il remonterait ou descendrait l'Adige. »

Si vous avez 9,000 à 10,000 hommes devant vous, ce qui doit réellement être pour oser faire une attaque véritable, il s'ensuivrait qu'il n'aurait pas du côté de Legnago plus de 9,000 à 10,000 hommes, et, si cela était, et que votre attaque et celle que je fais faire ici réussissent ce soir comme il faut, je serai bien loin d'avoir à craindre qu'ils ne passent l'Adige[1]. »

Sur les instances d'Augereau, qui croit avoir sur lui la principale attaque autrichienne, Bonaparte penche à prendre l'offensive par Legnago. Mais avant de donner ses ordres, il veut attendre les dernières nouvelles de Rey et de Joubert. Bien lui en prend ; un peu avant 3 heures de l'après-midi, une lettre de Joubert « l'instruisit qu'une colonne assez considérable filait par Montagna (à l'ouest de la Corona) et menaçait de tourner son avant-garde à la Corona. Différents indices me firent connaître le véritable projet de l'ennemi et je ne doutai plus qu'il n'eût envie d'attaquer, avec ses principales forces, ma ligne de Rivoli, et par là arriver à Mantoue[2]. »

A 3 heures, il donne ses premiers ordres de concentration sur Rivoli.

A Sainte-Hélène, écrivant sa campagne d'Italie, Napoléon se rappelait les perplexités d'alors.

« ..... Il (Bonaparte) arriva à Vérone pendant le combat de San-Michele. Il ordonna le soir à Masséna de reployer toute la nuit sa division derrière Vérone. L'ennemi était en opérations ; il fallait tenir toutes les troupes au delà du défilé pour pouvoir se porter sans retard où serait la véritable attaque. Dans la nuit, il reçut de Legnago le rapport que l'armée autrichienne était en mouvement sur le bas Adige ; que le grand état-major y était ; que l'on avait vu deux équipages de pont. Le rapport du général Duphot ne laissait aucun doute sur les nombreuses forces déployées devant lui, il avait vu plus de 12,000 hommes, il supposait que ce n'était que la première ligne. Joubert, de la Corona, manda que pendant toute la journée du 12, il avait été attaqué ; mais qu'il avait contenu et repoussé toutes les attaques de l'ennemi, ce qui paraissait confirmer l'opinion que la principale attaque de l'ennemi était sur le bas Adige.

L'ennemi n'avait pas encore démasqué ses projets ; le moment de

---

[1] 1377.
[2] Lettre au Directoire (1399).

prendre un parti n'était pas arrivé. Les troupes étaient prêtes à faire une marche de nuit. La division qui était à Desenzano se porta le 13 à Castelnovo pour y attendre de nouveaux ordres. Les nouvelles de la Chiese étaient rassurantes de ce côté. Il pleuvait à grands flots. A 10 heures du soir, les troupes étaient sous les armes ; mais Napoléon n'était pas encore décidé de quel côté il les dirigerait : descendraient-elles ou remonteraient-elles l'Adige ? Les rapports de Joubert firent cesser toute hésitation : il avait été repoussé de la Corona sur Rivoli. La vigueur de l'engagement montrait que l'attaque principale des Autrichiens était bien de ce côté. Bonaparte partit immédiatement pour Rivoli, donnant à la division Masséna l'ordre de le suivre. Celle-ci marcha toute la nuit, arriva au jour à Rivoli. Il était temps : quelques heures plus tard Joubert, qui disputait opiniâtrément son terrain, aurait perdu les dernières positions de la montagne, c'était le sort de la bataille. »

Dans cette nouvelle tentative pour débloquer Mantoue, le plan d'Alvinzi est le suivant : tandis qu'avec son gros, fort de 45,000 hommes, il descend de Trente sur Rivoli, un corps de 9,000 hommes, sous Provera, doit, à la faveur de l'attaque principale, percer de Legnago sur Mantoue et faire sortir Wurmser. Un petit corps intermédiaire sous Bayalitsch s'avance directement contre Vérone pour donner le change, s'emparer de cette ville et se joindre soit à Alvinzi, soit à Provera.

Quoi qu'il en soit, à 3 heures du soir, le « voile est déchiré » et Bonaparte lance de tous côtés des ordres de concentration sous Rivoli.

1° *Au général Victor :*

« Le général Victor partira de Castellaro, une heure après la réception du présent ordre, avec toutes les troupes de la 57° demi-brigade qui sont sous son commandement, pour se rendre à Villafranca.

L'ennemi a démasqué son mouvement, et toutes ses forces se dirigent sur Rivoli. Il serait nécessaire que le général Victor arrivât le plus tôt possible à Villafranca, où il recevra des ordres ultérieurs. Le Général en chef calcule qu'il pourrait y être rendu demain à 9 heures du matin, et il désire qu'il passe par Roverbella, si cela ne l'éloigne pas plus de deux milles. » **1378.**

2° Au général Rey à 5 heures du soir :

« Le général Rey partira, avec sa division, pour se rendre à Castelnovo... Il est indispensable qu'il y soit arrivé à 2 heures après minuit. Il prendra son bivouac en avant du village, faisant face du côté de Rivoli. »

3° A Masséna à 5 heures du soir :

« Le général Masséna partira, avec les 18e, 32e et 75e demi-brigades, pour prendre la gauche du général de division Joubert. Il se rendra de sa personne, le plus tôt possible à Rivoli, où le Général en chef va se transporter en poste, afin d'y arrêter de concert les dispositions pour la journée de demain. Il ordonnera sur-le-champ à l'adjudant général Monnier de se rendre (de Bussolengo) à Garda, avec la 18e brigade d'infanterie de bataille, ainsi qu'avec ses deux pièces d'artillerie légère. Il emmènera les deux pièces de 4, celle de 5 et un obusier de 5 pouces 6 lignes.

« Le général Masséna fera mettre à l'ordre des demi-brigades qui partent que la journée de demain est décisive, et que le général Joubert, qui a obtenu des succès sur l'ennemi, n'attend que leur arrivée pour faire un grand nombre de prisonniers et décider du sort de l'Italie.

« Le général Masséna recommandera aux généraux de brigade et aux chefs de corps de faire en sorte d'être rendus à Rivoli avant le jour... » (1381.)

4° Au général de brigade Leclère :

« Le général Leclère partira le plus tôt possible avec le 1er régiment de cavalerie et deux pièces d'artillerie légère, pour se rendre à Rivoli, où il est indispensable qu'il soit arrivé deux heures avant le jour. Il enverra un officier de son état-major en avant de Rivoli, pour prendre des ordres sur les positions qu'il doit occuper.... »

5° Au général Augereau :

« ... Faire partir sur-le-champ 600 à 700 hommes de troupes à cheval pour Castelnovo, avec quatre pièces d'artillerie légère, et faire filer 2,000 hommes sur Vérone. Le général Joubert a évacué la Corona et concentré toute sa division à défendre la ligne de Rivoli. Le Général en chef fait marcher à son secours la plus grande partie de la division du général Masséna.... »

                                                    14

Il était nécessaire de laisser sur l'Adige des forces suffisantes pour empêcher le franchissement de cette ligne de défense. Bonaparte prescrit des dispositions pour

« Qu'il y ait à Vérone une force suffisante pour mettre ce poste important à l'abri de tout événement [1] ».

Il ordonne au général Augereau de

« — faire filer **2,000** hommes sur Vérone... des ordres viennent d'être donnés au bataillon qui est à Zevio de se rendre sur-le-champ à Vérone. Il sera remplacé provisoirement par une partie des forces que vous avez à Ronco. Si l'ennemi s'est affaibli devant vous et que vous voyiez la possibilité de l'attaquer avec quelque avantage, le général en chef vous autorise à le faire.... ».

Grâce à ces dispositions, Bonaparte pourra disposer le **14**, sur le plateau de Rivoli, de **23,000** hommes, dont **1,500** cavaliers avec 30 ou 40 pièces de canon.

Bataille de Rivoli. — Croyant n'avoir affaire sur le plateau de Rivoli qu'aux seules forces de Joubert, Alvinzi a imaginé de les envelopper. A cet effet, il divise ses **27,000** hommes en 6 colonnes qui convergent sur la position française.

La 1re colonne, **5,000** hommes, colonel Lusignan, tournera par l'O. la position de Montebaldo.

La 2e et la 3e, **4,700** hommes, général Liptai, et **4,000** hommes, général Koblos, attaqueront de front la Corona.

La 4e, **3,400** hommes, général Otschkay, formera réserve.

La 5e, **7,000** hommes, général Quasdanovich (rive droite de l'Adige), doit attaquer le plateau de Rivoli par l'Osteria.

La 6e, **3,000** hommes, général Wukasowich (rive gauche de l'Adige), doit enlever la Chiusa et couronner Rivoli par derrière.

12 janvier. *Attaque de la Corona.* — La 3e colonne attaque de

---

[1] 1381. « Le général Masséna laissera, pour la défense de la ville de Vérone, 2 bataillons de la 18e brigade légère et les 3 de la 25e ; 1 bataillon de la 18e se rendra à Bussolengo, avec une pièce de canon, pour surveiller le rivage de l'Adige, depuis Vérone jusqu'à Rivoli ; il laissera également dans Vérone le 5e régiment de dragons, avec 2 pièces ou le restant de son artillerie légère. »

bonne heure, mais n'est pas soutenue par la 2e qui attend elle-même la 1re, ralentie par les neiges.

13 janvier. — Joubert peut se maintenir sur sa position. Dans la nuit du 12 au 13, apprenant qu'une colonne ennemie est en train de tourner sa gauche, il se décide à se retirer sur Rivoli.

Alvinzi emploie la journée du 13 à préparer l'attaque de la position de Rivoli. Il pousse les 2e et 3e colonnes jusqu'aux villages de Caprino et de San Martino. La 1re colonne est arrivée à Lumini.

Le 13 au soir, Joubert, jugeant d'après les feux des Autrichiens qu'il sera attaqué le lendemain par des forces supérieures, entame sa retraite lorsqu'il reçoit l'avis que Bonaparte arrive et l'ordre de tenir en avant de Rivoli.

A 2 heures du matin, Bonaparte le rejoint et fait avec lui une reconnaissance de l'ennemi.

Voici la relation qu'à Sainte-Hélène Napoléon a écrit sur ces événements[1].

« Le temps s'était éclairci, le clair de lune était superbe. Il (Bonaparte) monta sur les différentes hauteurs et observa les lignes des feux ennemis ; elles remplissaient le pays entre l'Adige et le lac de Garde, l'atmosphère en était embrasée. Il distingua fort bien cinq camps, chacun composé d'une colonne, qui avaient déjà commencé leurs mouvements dès la veille. Les feux de bivouac annonçaient 40,000 à 45,000 hommes.

« Les Français ne pouvaient opérer sur ce champ de bataille qu'avec 22,000 hommes. C'était encore une très grande disproportion ; mais ils avaient sur l'ennemi l'avantage de 60 pièces de canon et de plusieurs régiments de cavalerie. Il parut évident, par la position des cinq bivouacs ennemis, qu'ils ne voulaient pas attaquer avant 10 heures du matin : la 1re colonne, celle de Lusignan, à la droite (de l'ennemi), était fort éloignée ; elle paraissait avoir pour but de cerner le plateau de Rivoli par derrière ; elle ne pouvait être arrivée avant 10 heures. La 2e colonne, celle de Liptai, semblait vouloir attaquer la position de gauche du plateau. La 3e colonne, celle de Koblos, rasait le pied de Monte Magnone. La 4e colonne, commandée par Otschkay, était sur la crête de Monte Magnone, se

____

[1] Napoléon : *Campagne d'Italie*.

dirigeant sur la chapelle San Marco. La 5e colonne était composée de 14 bataillons, de l'artillerie, de la cavalerie et des bagages de l'armée ; elle avait passé l'Adige à Dolce, avait descendu la rive droite au pied du Monte Magnone ; elle était vis-à-vis l'Osteria della Dogana, en étage près le hameau d'Incanale, au pied du plateau de Rivoli ; elle devait déboucher par cette chaussée ; alors Alvinzi aurait eu sa cavalerie et son artillerie. La 6e colonne, sous Wukasovich, était sur la rive gauche de l'Adige, vis-à-vis de la Chiusa vénitienne.... Sur cet aperçu, Napoléon établit son plan : il ordonna à Joubert, qui avait évacué la chapelle San Marco sur Monte Magnone et qui n'occupait plus le plateau de Rivoli que par une arrière-garde, de reprendre de suite l'offensive, de se réemparer de la chapelle sans attendre le jour, de pousser la 4e colonne d'Otschkay aussi loin que possible. »

Je n'ai pas ici à entrer dans le détail de la bataille de Rivoli et à raconter par quels prodiges de valeur nos troupes firent valoir l'admirable conception de Bonaparte.

A 2 heures après midi, les Autrichiens étaient en déroute.

« Il était 2 heures après-midi, l'ennemi était partout battu et vivement poursuivi. Joubert avança avec tant de rapidité qu'un moment on crut toute l'armée d'Alvinzi prise. L'escalier de Brentino était la seule retraite de l'ennemi. Mais Alvinzi, sentant le danger où il était, marcha avec une réserve, contint Joubert et même lui fit perdre un peu de terrain. »

La bataille était gagnée. Nous avions pris 12 pièces de canon débouchées par Incanale, des drapeaux et fait 7,000 prisonniers.

Bonaparte s'apprête à pousser, dans la soirée même, sur la Corona pour acculer Alvinzi à l'escalier de Brentino où, dans l'impossibilité d'écouler ses troupes, le général autrichien sera forcé de se rendre. Mais, à 4 heures du soir, il est informé que Provera a passé l'Adige à Anghiari, à une lieue en amont de Legnago, et marche sur Mantoue. La situation de l'armée française deviendrait singulièrement critique si Provera, forçant le blocus, faisait jonction avec Wurmser et, avec lui, se jetait sur les derrières de nos forces retenues à la Corona.

Renonçant à diriger lui-même la poursuite sur la Corona, Bonaparte revient sur Castelnovo au-devant des nouvelles.

15 janvier. — Le 15, à 5 heures du matin, il se décide à réunir le gros de ses forces contre Provera en ne laissant à Joubert que l'effectif strictement nécessaire pour s'opposer à un retour offensif d'Alvinzi. Mais, loin de conseiller à son lieutenant une attitude défensive sur le large plateau de Rivoli, il lui confirme l'ordre précédemment donné de poursuivre Alvinzi sur la Corona, de lui en imposer par l'offensive, de lui enlever cette position susceptible d'être ensuite défendue avec peu de monde. Il espère que dès le soir même Joubert pourra lui envoyer des troupes.

> « Après avoir mûrement réfléchi sur la situation actuelle des différentes divisions de l'armée, lui fait-il écrire, le général en chef pense, général, que tout dépend de la prompte occupation de la Corona. Il se serait transporté lui-même de nouveau à Rivoli sans la confiance qu'il a en vos talents et dans votre sagacité pour l'exécution des dispositions générales qu'il vient de faire. *Vous attaquerez la Corona, comme il vous en a donné l'ordre avant de partir.* Vous aurez, à cet effet, les troupes composant votre division et celle du général Rey, qui sera sous vos ordres. Les 3 demi-brigades faisant partie de la division du général Masséna ont reçu ordre de partir de Rivoli aujourd'hui, à la pointe du jour, ainsi que la 57ᵉ commandée par le général Victor, qui n'est arrivé à Rivoli que dans la nuit.
>
> « Le général en chef donne contre-ordre à cette dernière demi-brigade que vous tiendrez en réserve entre Rivoli et le plateau, et que vous emploierez de la manière que vous jugerez le plus convenable, suivant que les circonstances vous paraîtraient l'exiger....
>
> « Si l'ennemi a évacué la Corona, ou lorsque vous vous en serez emparé, vous ferez replier promptement la demi-brigade dont il s'agit sur Villafranca. Vous donnerez le même ordre au général Rey, ainsi qu'aux troupes qui sont avec lui, dès l'instant qu'elles ne vous seront plus nécessaires.
>
> « Le général Guieu, qui est à Ronco avec quelques forces de la division du général Augereau, s'est battu hier avec l'ennemi. Il lui livrera aujourd'hui un second combat, s'il se montre sur le chemin de Legnago à Vérone. Si vous vous rendez maître aujourd'hui de la Corona, le général en chef ne doute pas, quelles que soient les dispositions que pourrait avoir faites le général Augereau, qu'il ne batte l'ennemi dans la journée de demain, s'il s'obstine à rester en

deçà de l'Adige. Quelque marche qu'il fasse, le général en chef vous charge de renvoyer la cavalerie, l'artillerie et généralement tout ce dont vous n'auriez pas une absolue nécessité. Vous dirigeriez le tout sur Roverbella ou Villafranca, selon le point qui vous aura été indiqué par l'aide de camp Sulkowiski. » (1385.)

Ce qui frappe dans ces instructions de Bonaparte, c'est le soin avec lequel il échelonne ses forces pour qu'elles puissent arriver à temps au secours de l'une ou de l'autre de ses masses.

Opérations contre Provera. — Pendant ce temps, que s'est-il passé sur l'Adige ? Le 13, Provera a porté ses 9,000 hommes à 1 lieue en amont de Legnago, vers Anghiari où il veut franchir le fleuve. Pour nous donner le change, il a fait exécuter des démonstrations sur divers points; puis, sur le soir, a fait ramener le matériel de pont sur Anghiari.

14 janvier. — Bientôt averti, le général Bon accourt, dans la nuit, de Roverchiara, à 8 kilom. au nord d'Anghiari, avec 4 compagnies et 150 dragons et essaie en vain de jeter dans l'Adige le détachement autrichien. A 8 heures du matin, le général Guieu arrive de Ronco (12ᵏ d'Anghiari) avec des renforts. Disposant d'environ 1,500 hommes et d'un peu de cavalerie, il attaque l'avant-garde ennemie, lui fait même 300 prisonniers ; mais bientôt, obligé de céder le terrain, il se retire sur Ronco où il continue à surveiller les Autrichiens.

C'est à Badia qu'Augereau, toujours préoccupé de voir l'ennemi se porter sur son extrême droite, reçoit la nouvelle du passage. Il croit nécessaire de réunir ses forces, les forme en 2 colonnes et n'atteint Anghiari qu'à 1 heure après midi. Il n'y trouve plus que les 1,500 hommes laissés par Provera à la garde du pont et qui, à son approche, se retirent du côté de Mantoue.

15 janvier. — Le 15, au lieu de courir sur Provera, Augereau, sans nouvelles de Guieu ni de Bonaparte, et comptant sur son général en chef pour battre Provera, croit n'avoir qu'à prendre des dispositions pour couper au général autrichien sa retraite vers l'Adige. De Legnago, le 15 au soir, il écrit à Bonaparte :

« La journée du 26 (15 janvier) s'est passée à faire des dispositions pour couper à la colonne de Provera la retraite.... J'espère apprendre demain qu'il est battu complètement. Je la défie de percer sur l'Adige ... La canonnade, qui s'est fait entendre du côté de Mantoue, m'a déterminé à faire partir le général Lannes et le général Duphot avec 1,600 hommes d'infanterie et 2 escadrons de cavalerie

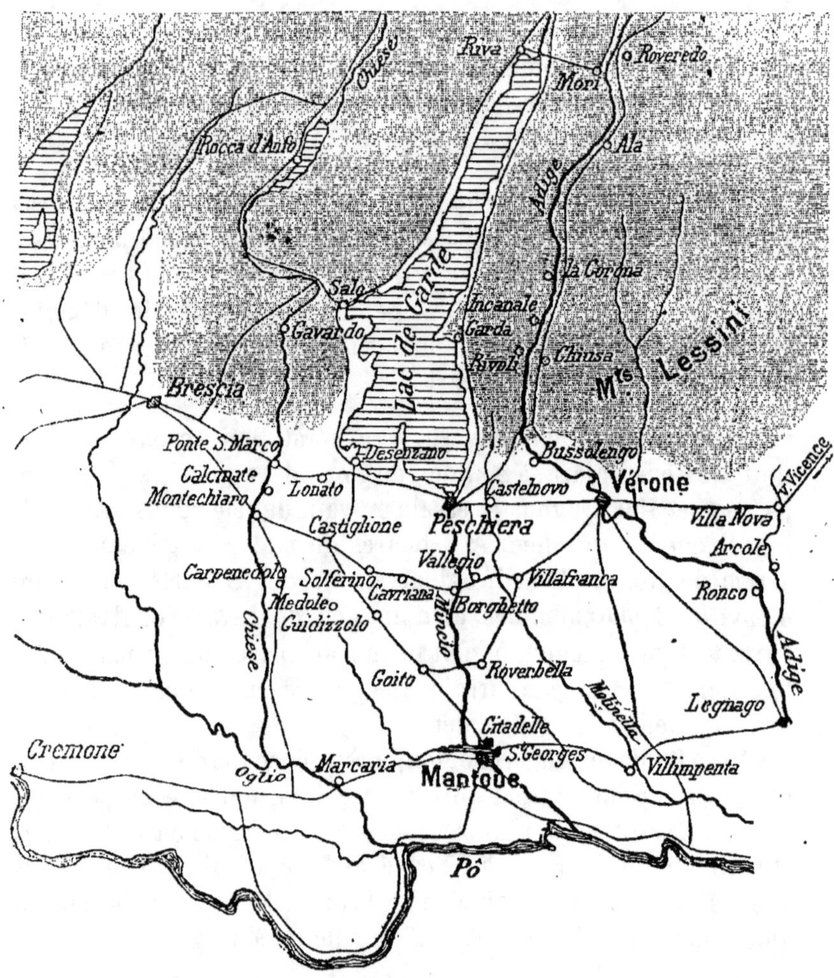

et une pièce de 8 avec un obusier de 6 pouces.... J'ai fait sortir une reconnaissance de Legnago sur Bevilacqua... Je viens de donner l'ordre au général Balland de s'établir à Catagnera et de disposer les 2ᵉ et 3ᵉ bataillons depuis Badia jusqu'à Legnago. »

Mais, au moment où il allait envoyer ce rapport, Augereau

reçoit communication d'une lettre écrite par Berthier au général Guieu, l'appelant vers Mantoue. Il se décide alors à porter ses forces sur cette place, et ajoute à son rapport le post-scriptum suivant :

« P.-S. — Je reçois à l'instant la lettre écrite au général Guieu par le général Berthier. Je vais partir avec les forces présentes de la division pour me rendre sur Castellare et autres environs de Mantoue. Je laisse bonne garnison à Legnago, et l'ennemi n'étant plus à l'autre rive, je crois pouvoir me porter où le besoin sera indiqué par la présence de l'ennemi ; je ferai voir par là que je sais tirer parti de toutes les circonstances : car tout militaire avouera avec moi que, quand une division de 10,000 hommes est disséminée sur une étendue de plus de 30 lieues, il faut plus d'un quart d'heure pour la rassembler. »

Du côté de Vérone, la colonne Bayalisch, qui s'était présentée devant la place, n'a renouvelé ses attaques ni le 13, ni le 14.

Le 15, à 8 heures du matin, Bonaparte à Castelnovo ignore encore où se trouve Provera. Il se préoccupe de rassembler le plus possible de forces ; il indique à Guieu de conduire sa retraite de façon à rejoindre notre gros sur Roverbella [1].

« Le général en chef a reçu la lettre que vous lui avez écrite hier ; il approuve le parti que vous avez pris pour attaquer l'ennemi ; vous lui avez par là fait perdre une journée. Vous avez bien fait de penser à faire votre retraite sur Vérone après que vous aurez soutenu un nouveau combat à Ronco, si l'ennemi vous y oblige. Le général en chef croit que l'ennemi pourrait se porter d'Anghiari à Isola-Porcarizza et de là à Isola della Scala ou à Varèse ; c'est pourquoi il désire que vous vous portiez sur Vérone, si l'ennemi vous force à Ronco. S'il passe d'Isola-Porcarizza à Isola della Scala sans vous attaquer, vous devez vous porter à Varèse et même à Buttapietra, afin d'être toujours entre lui et Vérone, et de vous trouver sur ses flancs si son projet est d'aller à Villafranca.

« L'ennemi ne peut pas être aujourd'hui plus loin que Varèse. S'il prenait le chemin de Vérone, d'Isola della Scala, de Villafranca ou Nogara, ou celui de Castellaro, il faudrait vous porter à Isola

---

[1] Les éditeurs de la Correspondance présument que cette lettre fut expédiée de Roverbella, il semble plutôt qu'elle le fut de Villafranca.

della Scala afin que vous soyez toujours à même de faire votre jonction pour garantir Roverbella.... Le général Dugua sera dans trois heures, avec un corps considérable de troupes à cheval, à Tormène, où il surveillera tous les mouvements de l'ennemi.... Faites en sorte, général, que nous sachions dans la nuit où vous serez, afin que la journée soit décisive, et que nous puissions tous, de concert, prendre le parti le plus convenable pour couper l'ennemi et le battre ou l'enfermer dans Mantoue... ». (1387.)

Bonaparte prescrit au général Chabot, commandant la place de Vérone de tenir à toute extrémité... (1386.)

En arrivant à Villafranca, il apprend que l'ennemi se dirige sur Mantoue et qu'Augereau, au lieu de le devancer à Castellaro, est resté sur ses derrières.

Bonaparte fait donner ordre à Lannes, qui se trouve avec 2,000 hommes à Anghiari, de se rendre à Castellaro. S'il n'arrive pas à temps pour empêcher les Autrichiens de passer, il pourra du moins contribuer à leur enveloppement.

« Il est ordonné au général de brigade Lannes de se porter, avec les troupes qu'il commande, d'Anghiari sur le village de Sanguinetto, et, de là, de s'emparer de Castellaro. Il occupera les routes de Vérone à Mantoue, et de Mantoue à Legnago ; il gardera sa position jusqu'à de nouveaux ordres ; il rendra compte au général de division, d'heure en heure, par ordonnance à cheval ; il tâchera de communiquer avec le corps d'armée, et il verra le général en chef pour recevoir de nouveaux ordres. » (1389.)

A 10 heures du soir, de Roverbella, Bonaparte fait écrire à Augereau :

« Le général en chef me charge de vous prévenir, citoyen général, que les troupes qui sont ici marchent pour débloquer Saint-Georges. L'action sera probablement vive. Il est possible que la colonne ennemie cherche à faire sa retraite sur Castellaro ou Ponte del Molino ou même Ostiglia, pour de là se jeter où elle pourra. Le général en chef pense donc qu'il est indispensable que vous fassiez marcher, le plus tôt possible, un corps de troupe considérable sur la Molinella. »

Le 15 à midi, Provera est arrivé devant Saint-Georges où

Miollis défend avec 1,200 hommes l'approche de Mantoue. Après l'avoir inutilement sommé de se rendre, il remonte au Nord pour se rapprocher de la citadelle et se mettre en communication avec Wurmser.

L'espace entre Saint-Georges et la citadelle est occupé par des marais; par suite, la réunion de Provera avec Wurmser ne peut se faire que vers la Favorite et San Antonio. Mais là, Provera se heurte à 4,800 hommes de la division Sérurier, qui ont pris position : d'une part de Montada à la Favorite, face au Sud-Est; d'autre part à San Antonio, face à la citadelle. A ce moment, si Wurmser était sorti de Mantoue, Sérurier n'aurait pu empêcher la jonction des deux généraux autrichiens; mais Wurmser, qui croit Bonaparte occupé sur Rivoli, se figure pouvoir, sans inconvénient, remettre au lendemain 16 une opération à laquelle il n'est pas préparé.

La situation allait changer du tout au tout. Décidé à attaquer le 16, Bonaparte prescrit le 15, à 8 heures du soir, au général Dumas, une reconnaissance de la position ennemie.

« Le général en chef ordonne que vous vous portiez sur-le-champ avec 2 pièces d'artillerie légère, toute la cavalerie que vous pourrez rassembler et particulièrement les 100 dragons qu'il a envoyés ce soir pour reconnaître la position de l'ennemi, observer ses mouvements et être tout prêt à l'attaquer avec succès, dès l'instant que le général Dallemagne, auquel le général en chef envoie l'ordre, aura fait son mouvement pour tomber également sur l'ennemi.

« Les troupes arrivées ce soir à Roverbella sont exténuées de fatigue et ont besoin de deux heures de repos. Après ce rafraîchissement, elles seront en état d'agir, et le général en chef leur donnera des ordres d'après la reconnaissance que vous allez faire et que vous lui enverrez, et sur le rapport qu'il attend de celles qu'il a ordonnées sur les différents points de la Molinella; quelque chose qui arrive, vous devez jeter dans Saint-Georges les vivres nécessaires pour que ce poste puisse se défendre 48 heures.

« Le général en chef vous a fait donner l'ordre par le général Sérurier de rassembler un corps de 1,500 hommes, composé de l'élite de votre division, lequel sera à portée de l'endroit où l'ennemi a établi sa communication avec la garnison de Mantoue et pourra, si l'occasion s'en présente, attaquer l'ennemi au premier ordre que vous recevrez. Vous ne devez pas craindre de dégarnir San Antonio, parce que c'est par là que passeront les renforts qui seront envoyés. Rendez compte au général en chef de votre reconnaissance et de toutes les dispositions que vous aurez faites. » (1390.)

A 8 heures du soir, Bonaparte a pu débrouiller la situation comme le témoigne sa lettre à Joubert (1392) :

« L'ennemi, après avoir passé l'Adige, s'est divisé en deux corps : le premier s'est mis en marche vers Mantoue ; le second est resté à Anghiari pour défendre le pont de l'Adige ; les généraux Guieu et Augereau ont attaqué ce corps, auquel ils ont fait 2,000 prisonniers, pris plusieurs pièces de canon et brûlé tous les ponts sur l'Adige.

« Le premier corps s'est présenté à midi à Saint-Georges ; le général Miollis, qu'il a sommé de se rendre, lui a répondu à coups de canon. Après une fusillade très opiniâtre, l'ennemi n'a pu forcer ce poste essentiel ; il est dans ce moment-ci entre Saint-Georges et le Mincio, au village de Valdagno, où il cherche à communiquer par le lac avec la garnison de Mantoue. Je fais reconnaître dans ce moment sa position ; j'attends quelques rapports sur les reconnaissances que j'ai fait faire de la Molinella ; après quoi je chercherai à le battre.

« Si le général Augereau, comme je le pense, se porte sur Castellaro à la suite de cette colonne qui lui a échappé, vous sentez que nous vaincrons facilement. La 32ᵉ vient d'arriver à Villafranca ; cela nous mettra à même de finir bientôt cette lutte sanglante et vive, qui est, je crois, une des plus actives de la campagne. J'attends avant minuit un petit billet de votre part de la Corona. »

Bataille de la Favorite [1]. — Les dispositions prises pour déjouer le plan des généraux autrichiens sont en résumé les suivantes :

Face à Wurmser, pour l'empêcher de déboucher de la citadelle, Bonaparte a placé, à San Antonio, le général Dumas et 1,500 hommes à la Favorite.

Face à Provera, Victor, appuyé à la Favorite, dispose des 18ᵉ et 57ᵉ demi-brigades et du 25ᵉ chasseurs. Sa gauche est provisoirement couverte par la petite réserve de cavalerie du général Dugua. Rampon doit venir à la gauche de Victor et s'étendre

---

[1] Château des environs de Mantoue.

jusqu'à Duc-Castelli sur la Molinella où Guieu et Bon sont attendus.

Augereau vient par Castellaro, Lannes est plus au Sud encore; enfin Leclère, avec sa cavalerie, doit descendre la Molinella pour couper toute retraite à Provera.

A 6 heures du matin, Wurmser attaque San Antonio et la Favorite. Il enlève San Antonio, bientôt repris par 2 bataillons que Bonaparte envoie. Après un combat de quelques heures, abordé de front par les troupes de Sérurier, sur son flanc droit par un détachement de Victor, Wurmser perdant l'espoir de joindre Provera, se décide à rentrer dans Mantoue.

Pendant ce temps Provera, tenu d'abord en échec par le reste des troupes de Victor, de Dugua et de Rampon, voit Miollis, sorti de Saint-Georges, menacer son flanc gauche, tandis que Lannes arrive sur ses derrières et qu'Augereau débouche par la route de Castellaro.

Vers 10 heures, entouré par des forces supérieures, abandonné par Wurmser, Provera se décide à capituler avec les 6,000 hommes qui lui restent [1].

Les fautes commises par Provera avaient été pour beaucoup dans notre succès. Voici la critique que Napoléon a fait des opérations du général autrichien [2].

> « Provera, après avoir surpris le passage de l'Adige à Anghiari, eût dû passer sur la rive droite avec tout son corps, la division Bayalisch comprise, lever son pont, se diriger sur Mantoue, qui était son seul refuge. Il y serait arrivé avec 20,000 hommes. Au lieu de cela, il n'y arriva qu'avec 8,000 hommes, parce qu'il laissa la division Bayalisch sur la rive droite, 2,000 nommes à la garde de son pont, qui furent faits prisonniers, et qu'ayant perdu du temps, son avant-garde fut entamée. Arrivé dans la matinée devant Saint-

---

[1] « Jamais d'habiles chasseurs ne mirent plus d'ardeur et d'intelligence à traquer une bête fauve que les généraux français n'en déployèrent contre le corps de Provera », a écrit Jomini : *Campagnes de la Révolution*, t. IX, p. 292.

[2] T. XXIX : *Campagne d'Italie*, p. 339.

Georges, il aurait dû être entré dans la place avant midi, par la citadelle, où il n'y avait pas de ligne de circonvallation, ou par Pistole, traversant le lac, qui était très étroit dans cet endroit, il y avait plus de 100 bateaux dans le port de Mantoue. Il perdit la journée et la nuit. Dès 5 heures de l'après-midi, Napoléon étant arrivé à la Favorite avec une partie de l'armée de Rivoli, tout se trouvait changé. Provera fut obligé de capituler le lendemain matin. Les Autrichiens, en général, ne connaissent pas le prix du temps. »

De notre côté aussi des fautes ont été commises. Pour empêcher Provera de percer sur Ferrare, Augereau a étendu ses troupes jusqu'à Badia, c'est-à-dire en cordon le long de l'Adige[1]. Il eût mieux fait de placer le gros de ses 10,000 hommes au centre de sa ligne, en avant de Legnago, à 16 kilomètres de Ronco et de Badia et de n'envoyer que de petits détachements avec sa cavalerie sur le bas Adige. Dans ces conditions l'ennemi ne pouvait passer près de Legnago ; s'il passait à Badia ou à Ronco, Augereau, disposant de la médiane Legnago-Castellaro, serait arrivé avant lui sur la Molinella pour défendre les approches de Mantoue, objet essentiel de sa mission. Si, passant à Ronco, Provera se fût dirigé sur Castelnovo, Augereau l'eût rattrapé en queue. Si, passant à Badia, Provera s'était dirigé vers la Toscane, Augereau n'aurait pu, il est vrai, l'atteindre. Mais peu importait que 10,000 hommes allassent rejoindre les troupes du Pape si, dans ce temps, le gros de l'armée autrichienne était écrasé et perdu le dernier espoir de faire sortir Wurmser de Mantoue.

« Augereau avait fait de mauvaises dispositions, a écrit Napoléon à Sainte-Hélène[2] ; il ne put attaquer ces ponts que le 15 janvier 1797 ; il eut un combat de quelques heures ; il tua ou prit la garde et brûla les pontons. Mais Provera avait gagné une marche sur lui ; le blocus de Mantoue était compromis. Il est difficile d'empêcher un ennemi qui a des équipages de pont de passer une

---

[1] Dans une situation analogue, le prince Eugène, chargé en mars 1813, de couvrir sur l'Elbe la concentration de nos forces en Allemagne et qui, lui aussi, avait placé ses troupes en cordon le long de l'Elbe, reçut de vives critiques de Napoléon.

[2] T. XXIX, p. 217.

rivière. Lorsque l'armée qui défend le passage a pour but de couvrir un siège, elle doit avoir pris ses mesures pour arriver à une position intermédiaire entre la rivière qu'elle défend et la place qu'elle couvre, avant l'ennemi. Aussitôt que Provera eût passé l'Adige, Augereau aurait dû se diriger sur la Molinella et y arriver avant lui. »

En dehors de toutes les fautes de détail commises par les Autrichiens, leur plan de campagne contenait en germe le désastre final. Voici la critique qu'en a fait Napoléon :

« Alvinzi déboucha en janvier 1797. Mantoue était aux abois. Il opéra avec deux corps ; le premier se porta sur Monte Baldo, il y commandait en personne ; l'autre sur le bas Adige, commandé par Provera. Le succès de Provera devait être sans résultat si Alvinzi était battu. On aggrava ces fautes du plan de campagne en liant les deux attaques par une attaque centrale sur Vérone, qui n'avait aucun but, affaiblissait les deux attaques principales sans les lier, puisque les localités rendaient cela impossible. Il est vrai que les ordres de Vienne étaient que, si Alvinzi était battu et que Provera réussît à débloquer Mantoue, Wurmser passât le Pô avec la garnison de Mantoue et se retirât sur Rome ; mais, à moins qu'on ne fût assuré de la coopération du roi de Naples, ce qui n'était pas, cela ne pouvait avoir de résultat [1]. »

La faute capitale des Autrichiens fut évidemment de diriger l'attaque principale par la vallée de l'Adige, où le terrain donnait tout avantage au défenseur ; obligé pour la marche de séparer la cavalerie et l'artillerie de l'infanterie, l'assaillant n'était même pas assuré de pouvoir les réunir pour l'attaque.

Conclusions. — Par ses habiles manœuvres sur position centrale, Bonaparte, avec 45,000 hommes, put triompher des 54,000 d'Alvinzi[2], faire 18,000 prisonniers, rejeter dans les montagnes le général autrichien incapable désormais de tenir

---

[1] *Observations sur les campagnes de 1796 et 1797.* T. XXIX, p. 339.
[2] Sans compter les 10,000 hommes de Wurmser à Mantoue.

campagne. L'activité de nos troupes avait surpassé la rapidité tant vantée des légions de César[1].

Nous avons vu combien il fallut de fautes de la part des Autrichiens, d'ardeur chez nos généraux, d'activité et de génie chez le général en chef pour tirer l'armée d'Italie de sa situation critique. Pourtant jamais zone de manœuvres ne fut plus favorable au système de l'attente stratégique : les distances petites, les communications faciles, permettaient l'aide réciproque des différentes masses et donnaient au général en chef la possibilité de conduire lui-même toutes les manœuvres et de réparer de suite l'erreur d'un lieutenant (celle d'Augereau par exemple). Enfin la force du terrain facilitait grandement la mission des masses circonférentielles.

Ainsi, dans les circonstances les plus favorables, la manœuvre sur position centrale présente de grosses difficultés lorsqu'on est lié à un point fixe : centre indispensable de ravitaillement ou place bloquée.

L'étude du même système stratégique dans la campagne de 1813, sur un théâtre plus vaste, moins propice et avec des masses six fois plus considérables, nous en montrera mieux encore toutes les difficultés.

---

[1] La division Masséna combat le 13 à Vérone, marche dans la nuit du 13 au 14, arrive à Rivoli le 14, à 9 heures du matin, combat toute la journée, puis repart pour Mantoue, marche la nuit, puis encore le 15, et combat le 16 à la Favorite.

En cinq jours, elle a livré 3 combats et parcouru 86 kilomètres.

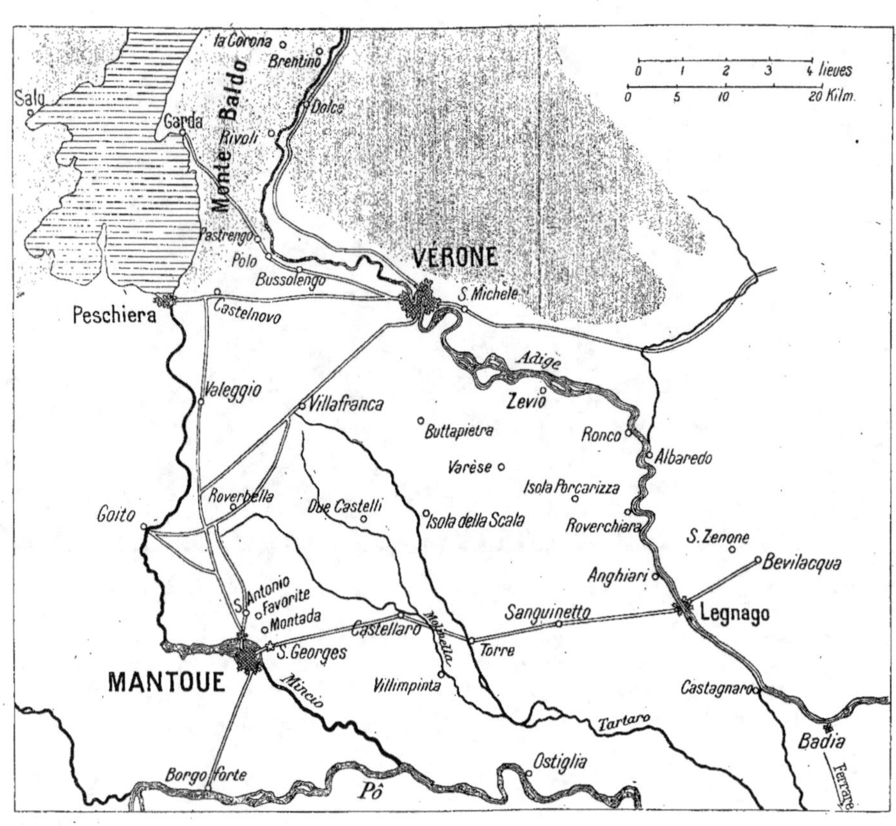

la Corona
Brentino
Salo
Monte Baldo
Garda
Dolce
Rivoli
Pastrengo
Polo
Bussolengo
VÉRONE
S. Michele
Peschiera
Castelnovo
Adige
Valeggio
Villafranca
Zeviō
Buttapietra
Ronco
Varèse
Albaredo
Isola Porcarizza
Roverbella
Due Castelli
Goito
Isola della Scala
Roverchiara
S. Zenone
Bevilacqua
Anghiari
S. Antonio
favorite
Montada
Castellaro
Nogarella
Sanguinetto
Legnago
S. Georges
MANTOUE
Torre
Mincio
Villimpinta
Castagnaro
Tartaro
Badia
Borgo forte
Ostiglia
Pô
Ferrare
0   1   2   3   4 lieues
0   5   10   20 Kilm.

1813

Campagne d'automne. — 1er ACTE. — Le 10 août 1813,
quand finit l'armistice, l'Autriche est entrée dans la coalition.
Les forces alliées sont ainsi réparties : l'armée du Nord,
110,000 hommes sous Bernadotte en avant de Berlin ; l'armée
de Silésie, 110,000 hommes sous Blücher à Schweidnitz ; l'armée
austro-russe, 230,000 hommes sous Schwarzenberg et Barclay
de Tolly, en Bohême.

Benningsen s'approche avec 60,000 hommes. Un corps autrichien de 30,000 hommes est sur l'Inn, en face des Bavarois.

Napoléon, qui a réorganisé ses troupes, dispose de
300,000 hommes. Davout est à Hambourg avec 40,000 hommes.

L'entrée de l'Autriche dans la coalition enlève à Napoléon
l'initiative des opérations. Du moment qu'une armée considérable peut, de Bohême, se jeter sur ses derrières et couper ses
communications, il lui est interdit de pousser en Silésie pour
en finir avec les troupes battues à Bautzen, ou de courir vers
Stettin, suivant son plan primitif, pour rappeler, par une large
manœuvre sur les derrières, les Russes vers l'Oder et isoler
ainsi les Prussiens et les Autrichiens. Il lui est également
interdit d'entrer en Bohême pour y chercher les Autrichiens
qui, pendant son mouvement, pourraient gagner la Saxe ou
la Bavière, tandis que les Prussiens de Silésie se porteraient à
Berlin.

Subordonné à l'initiative de ses adversaires, Napoléon adopte
l'attente stratégique.

Préparation de la zone d'attente stratégique. — Il choisit

Gœrlitz comme *position centrale*, et Dresde comme *centre d'opérations*.

La *ligne de défense* est constituée :

Face au Sud. — De l'Elbe au Bober, par les montagnes de Lusace, lesquelles, sur 25 lieues à vol d'oiseau, entre Schandau et Hirsberg, forment une barrière solide où n'existait à cette époque qu'une seule trouée, celle de Zittau.

Face à l'Ouest. — A partir de Schandau, par l'Elbe renforcée des fortifications de Kœnigstein, de Pirna, par les places de Dresde, Meissen, Torgau, Wittemberg, Magdebourg, Havelsberg, Hambourg.

Face à l'Est. — La barrière manque, elle n'est qu'amorcée à Hirsberg par les contreforts du Riesengebirge ; plus au Nord, la défense ne peut s'appuyer que sur la Katzbach et le Bober, affluents de l'Oder, et la Queis, affluent du Bober.

> « Ma ligne contre la Bohême s'étendra ainsi, écrit Napoléon le 16 août[1] : la droite à Schandau sur l'Elbe... le centre et le champ de bataille, sur la position de Zittau, la gauche, aux montagnes des Géants, vers Neustadt, Greifenberg et Friedberg... »

Il eût vivement désiré pouvoir fermer l'espace entre les montagnes et l'Oder.

> « Y aurait-il une ligne à occuper pour lier, Lœvenberg avec les montagnes des Géants, où s'appuie la gauche de mon armée opposée à la Bohême ? »

Pour être complètement maître de la chaîne des montagnes, Napoléon, dès la rupture de l'armistice, s'emparera des points de Rumburg, Georgenthal, Schluckenau qui ouvrent des passages secondaires dans la chaîne.

Il ordonne qu'aussitôt maîtres de ces points, on fasse une reconnaissance en règle de la chaîne[2] pour servir de base à son organisation défensive.

---

[1] 20391 : à Macdonald.

[2] « Donnez des ordres, écrit-il le 16 août au major général, pour qu'aussitôt que nous serons maîtres de Rumburg, Georgenthal, Schluckenau, un

Face au Nord. — Pas de ligne de défense avant la Sprée ; mais d'ailleurs notre masse du Nord, nous le verrons, doit prendre l'offensive sur Berlin [1].

Dresde, centre d'opérations. — Il était regrettable que Gœrlitz, notre position centrale, ne pût être aussi notre centre d'opérations et que Napoléon fût obligé de prendre pour cet objet Dresde, situé sur la barrière même. Mais Gœrlitz, petite ville ouverte, loin de l'Elbe, n'offrait aucune des conditions que réclame un centre de ravitaillement pour une masse de 300,000 hommes. Dresde, au contraire, capitale de la Saxe, offrait des hôpitaux pour 4,000 lits, des magasins spacieux pour les vivres, des locaux voûtés à l'abri de la bombe pour les munitions, des moulins, fours à pain. Les approvisionnements de toutes sortes : blé, farine, biscuits, avoine, munitions pouvaient arriver facilement de Magdebourg par l'Elbe. Ancienne ville fortifiée, qui n'avait perdu qu'en 1810 une partie de ses remparts [2], une seule chose lui manquait : des fortifi-

---

ingénieur géographe parcoure la ligne depuis Schandau jusqu'à Zittau, pour voir la ligne à prendre en suivant la chaîne de montagnes ou un torrent. Il est nécessaire qu'un officier du génie et un officier d'état-major accompagnent cet ingénieur afin que, s'il y a quelque col ou autre obstacle à franchir, on l'examine.

« Aussitôt que nous serons maîtres de Friedland, mon intention est également que des ingénieurs géographes parcourent le pays depuis Zittau jusqu'aux montagnes des Géants, du côté de Flinsberg, pour voir également la ligne à occuper et les retranchements à faire, afin que ma gauche soit appuyée aux montagnes des Géants et ma droite à l'Elbe, du côté de Schandau ; ce qui, je crois, ne fait pas à vol d'oiseau plus de 18 lieues. Vous sentez l'importance de bien asseoir cette ligne puisque, par ce moyen, la Bohême se trouvera barrée et que rien ne pourra s'introduire dans mes lignes. » (20386.)

[1] Ce théâtre d'attente stratégique était loin de valoir celui de 1796 autour de Mantoue. En 1796, nos troupes avaient les rayons, et l'ennemi, la circonférence. Ici, on allait courir parallèlement. D'autre part, le théâtre était infiniment plus vaste. Les distances de la position centrale aux positions des masses circonférentielles, beaucoup plus considérables.

De Roverbella, position centr. en 1796 :		De Gœrlitz, position centr. en 1813 :	
A Rivoli	8 lieues	A Dresde	20 lieues
Vérone	6 —	Zittau	10 —
Legnago	10 —	Liegnitz	20 —
Desenzano	8 —	Luckau	35 —

[2] Pour permettre à la ville de s'étendre, le roi de Saxe avait commencé, en 1810, à faire raser les fortifications.

cations sérieuses. Mais on pouvait, à peu de frais, en faire une bonne *place du moment*. D'ailleurs, alors même que Dresde n'eût pas été notre centre d'opérations, il eût fallu la fortifier comme l'un des contreforts de notre barrière.

Napoléon prescrit la construction d'un camp retranché sur chaque rive. Dans sa pensée, 40,000 hommes doivent pouvoir résister dans Dresde à 100,000 assaillants pendant au moins six jours. Ce délai lui donnera le temps d'amener des renforts d'un point quelconque de la zone d'opérations.

Le 18 août, il écrira au Ministre de la guerre :

« Le général Durosnel est dans Dresde avec 10 bataillons, la place est armée de cent pièces de canon. J'ai fait établir sur les deux rives de l'Elbe deux camps retranchés, où 40,000 hommes peuvent résister à 100,000 hommes. Les remparts démolis ont été réparés; les fossés ont été remplis d'eau. Sur la rive droite, la place peut soutenir un long siège [1]; sur la rive gauche, le camp retranché étant forcé, elle peut encore se défendre plusieurs jours [2]. »

Dès le 10 juillet, Napoléon prescrit la construction de redoutes palissadées, fermées à la gorge et susceptibles de recevoir 8 ou 10 pièces de canon [3] : 5 sur la rive gauche, 8 sur la rive droite. 200 soldats doivent travailler à chaque redoute de 4 heures du matin à midi, et être relevés par 200 autres de midi à 8 heures du soir. Dans chaque redoute, une baraque pour 40 hommes, en troncs d'arbres, doit mettre la garnison à l'abri de la fusillade et de la mitraille.

Sur la rive droite, un fossé de 7 à 8 pieds de large et rempli d'eau empruntée à la Weisseritz, entourera les faubourgs; la terre provenant de l'excavation formera une première enceinte. En arrière, les murs des faubourgs, reliés par des palissades, donneront une seconde enceinte où on ne laissera que cinq ou

---

[1] Sur cette rive, les anciennes fortifications subsistaient.
[2] 20338.
[3] Lettres relatives à la fortification de Dresde. 20356 — 20373 — 20410. — 20461.

six issues protégées par des palanques. *Sur la rive gauche,*
des retranchements sont construits pour les avant-postes à
120 toises en avant des redoutes. Les murs des faubourgs, formeront une enceinte continue.

Napoléon affecte à Dresde une garnison de 6,000 hommes et
nomme comme gouverneur le général Durosnel, son aide de
camp.

Au moment où les Alliés se présenteront devant la ville,
80 pièces seront en batterie sur les remparts ; une pièce devant
chaque porte, 20 pièces en réserve[1].

Le 25 août, l'Empereur expliquera de la façon suivante à
Gouvion Saint-Cyr la défense de la place :

> « Dresde doit tenir plus de 6 jours. Sa défense consiste : premiè-
> rement dans le camp retranché : on a dû mettre 8 à 10 pièces de
> canon dans chaque redoute, indépendamment de 3 batteries mobiles
> de 20 pièces chacune qu'ont la garnison et le corps d'armée pour
> se porter partout où il serait nécessaire... Les redoutes et les
> faubourgs évacués, il y a encore l'enceinte de la ville. Elle a un
> fossé plein d'eau et une palanque. Ce n'est pas dans la palanque
> que consiste la défense de la place, mais bien dans le rang de
> maisons derrière. J'avais ordonné que ces maisons fussent occupées
> par la garnison et que les rues fussent barricadées avec des sacs de
> terre et des tonneaux, de manière qu'elles fussent toutes imprati-
> cables. Dès lors, l'ennemi doit d'abord éteindre le feu des bastions ;
> et j'ai fait placer dans des casemates, plusieurs pièces dont il
> serait difficile d'éteindre le feu, et tant que ce feu ne serait pas
> éteint, ce serait en vain que l'ennemi renverserait la palanque ;
> il faudrait qu'il passât le fossé et qu'il fît brèche dans les maisons.
> Mais, avec une nombreuse garnison, je ne sais comment on peut
> faire brèche dans les maisons, puisqu'on peut se retrancher derrière
> les ruines. »

Malheureusement, au moment où la grande armée de Schwar-
zenberg se présenta devant Dresde, les travaux prescrits par
Napoléon étaient loin d'être achevés et n'inspiraient à Gouvion
Saint-Cyr qu'une médiocre confiance. La nécessité de venir au

---

[1] 20461.

secours de Saint-Cyr empêcha Napoléon d'exécuter, sur les derrières des Autrichiens, la manœuvre qu'il avait imaginée, et qui, sans nul doute, aurait terminé la campagne. Ainsi, l'absence de fortifications véritables à Dresde eut une influence funeste.

Dispositif d'attente stratégique. — Prenant Gœrlitz comme position centrale, Napoléon a quatre masses circonférentielles d'observation : à Dresde, à Zittau, sur le Bober et vers Luckau.

Les distances de ces masses à la position centrale sont les suivantes :

	à Dresde	20 lieues
de Gœrlitz	Zittau	10 —
	Liegnitz	20 —
	Luckau	35 —

La masse du Nord ne sera pas seulement masse d'observation, elle prendra l'offensive en combinant son action avec celle des troupes de défense mobile de l'Elbe : 40,000 hommes de Hambourg sous Davout, 10,000 hommes de Magdebourg sous Girard. C'est 110,000 hommes au total qui vont marcher concentriquement sur Berlin.

Cette offensive sort incontestablement du système de l'attente stratégique ; mais Napoléon s'en promet des avantages capitaux : d'une part, se rendre maître de la capitale prussienne, foyer du soulèvement de l'Allemagne ; d'autre part, amorcer sa manœuvre sur Stettin qui doit rappeler les Russes vers l'Oder.

Subsistances. — C'était une grosse affaire d'assurer la subsistance de 300,000 hommes. Dès le 22 juin, Napoléon avait arrêté en gros ses dispositions à ce sujet — dans une Note[1] — qu'il résumait ainsi :

> « Les besoins de l'armée sont de deux espèces : 1° arriver jusqu'au 26 juillet ; 2° avoir 20 jours de vivres ; ce serait du 26 juillet au 15 août.
>
> « Pour vivre jusqu'au 25 juillet, il est bon d'avoir des magasins à Bunzlau, Gœrlitz et Bautzen...

---

[1] 20173.

« Pour mes 20 jours pour l'armée, je ferais venir les caissons à Dresde et leur donnerais 14,000 quintaux de farine et 6,000 de riz. »

Napoléon, pour n'avoir qu'un minimum de voitures, veut faire porter à chaque homme douze jours de vivres en pain et riz.

Outre Dresde, Napoléon utilise comme centres d'opérations secondaires les places de Glogau et Kœnigstein.

Il calcule qu'il faut à Glogau de quoi faire 80,000 rations de pain par jour, à Dresde 120,000 quintaux, à Kœnigstein 60,000, et se résume ainsi :

Avoir : 10,000 quintaux répartis entre Gœrlitz, Bautzen, Bunzlau, et 20,000 disponibles à Glogau, en tout 30,000 quintaux qui, avec un peu de riz, feront 3 millions de rations, ou pour 150,000 hommes pendant 20 jours.

Changement de ligne de communications. — Notre ligne jusqu'alors se dirigeait droit sur Mayence et Strasbourg, par la Saxe, la Bavière et le Wurtemberg. L'Elbe, avec les places de Torgau, Wittenberg, Magdebourg, sera notre nouvelle ligne. D'où deux avantages : 1° les Autrichiens partant de Bohême ne pourront atteindre cette nouvelle ligne que par un large mouvement qui les mettra en prise ; 2° les effectifs qui auraient dû être laissés en Saxe et en Bavière pour la garde de l'ancienne ligne, pourront être appelés sur le théâtre des opérations. Sans doute, il faudra mettre des garnisons dans les places de l'Elbe ; mais, par une ingénieuse combinaison, Napoléon les fera coopérer à une offensive sur Berlin.

Plan d'opérations. — Voici dans quels termes, le 12 août, Napoléon expose son plan à Ney et à Marmont[1] :

« L'Autriche nous a déclaré la guerre. L'armistice est dénoncé. Les hostilités recommenceront le 17.

« Voici le *plan d'opérations* qu'il est possible que j'adopte, mais auquel je me déciderai définitivement avant minuit[2].

---

[1] 20360.

[2] Je supprime quelques incidentes qu'on peut retrouver dans la correspondance.

« Envoyer le duc de Reggio (Oudinot) avec les 12e, 4e, 7e corps, sur Berlin, dans le temps que le général Girard débouchera avec 10,000 hommes par Magdebourg et le prince d'Eckmühl avec 40,000 hommes par Hambourg.

« Indépendamment de ces 110,000 hommes qui marcheront sur Berlin et de là sur Stettin, j'aurai sur Gœrlitz, savoir : les 2e, 3e, 8e, 6e, 11e, 14e et 1er corps d'armée, les 1er, 2e, 4e, 5e corps de cavalerie et la Garde. Cela fera près de 300,000 hommes. Avec ces 300,000 hommes, je prendrai position entre Gœrlitz et Bautzen, de manière à ne pouvoir être coupé de l'Elbe, à me tenir maître du cours de ce fleuve, à m'approvisionner par Dresde, à voir ce que veulent faire les Russes et les Autrichiens, et à profiter des circonstances.

« Je préférerais rester à Liegnitz ; mais de Liegnitz à Dresde, il y a 48 lieues, c'est-à-dire 8 marches[1], et en longeant toujours la Bohême[2]. « Il n'y en aurait que 36 de Bunzlau et 24 de Gœrlitz ; si je prenais une position intermédiaire entre Gœrlitz et Bautzen, il n'y en aurait que 18[3] ; ce pays se trouverait alors plein de troupes, et nous y serions pour ainsi dire entassés ; nous aurions de la peine à vivre un mois... Je ne vois guère qu'on puisse hésiter pour Liegnitz. Il n'en est pas de même de Bunzlau ; je ne me dissimule pas que cette position (Liegnitz) a l'avantage de me tenir dans le cas d'empêcher l'ennemi de passer entre l'Oder et moi ; au lieu que, entre Bautzen et Gœrlitz, l'ennemi, passant par Bunzlau, peut se porter sur Gœrlitz...

« Faites-moi connaître ce que vous pensez de tout cela. Je suppose que tout doit finir par une grande bataille, et je pense qu'il est plus avantageux de la livrer près de Bautzen, à 2 ou 3 marches de l'Elbe qu'à 5 ou 6 marches ; mes communications seront moins exposées ; je pourrai me nourrir plus facilement, d'autant plus que, pendant ce temps, ma gauche occupera Berlin et balayera tout le bas Elbe, opération qui n'est point hasardeuse, puisque mes troupes ont Magdebourg et Wittenberg à tout événement pour retraite. J'éprouve bien quelque regret d'abandonner Liegnitz ; mais en l'occupant, il serait difficile de réunir toutes mes troupes ; il faudrait les diviser en deux armées et ce serait une

---

[1] On voit que Napoléon compte par marches de 6 lieues, soit de 24 kilomètres.

[2] Ce qui expose d'être pris en flanc par un ennemi débouchant de Bohême.

[3] Jusqu'à Dresde.

fâcheuse position que celle de longer ainsi la Bohême sur un espace de 30 lieues, d'où l'ennemi pourrait partout déboucher et se trouverait dans une position naturelle [1]. »

« L'Autriche ayant une armée contre la Bavière et une contre l'Italie, je ne suppose pas qu'elle puisse avoir contre moi plus de 100,000 hommes sous les armes. Je suis loin de croire que les Prussiens et les Russes réunis puissent en avoir 200,000 en comptant ce qu'ils ont à Berlin et dans cette direction. Toutefois il me semble que, pour avoir une affaire décisive et brillante, il y a plus de chances favorables à se tenir dans une position plus resserrée et à voir venir l'ennemi... »

La préoccupation d'empêcher l'ennemi de passer à l'ouest de l'Oder décide Napoléon à porter le 3ᵉ corps (Ney) à Haynau, à mi-chemin de Bunzlau et Liegnitz, avec avant-garde à Liegnitz. Le 13, l'Empereur s'arrête aux dispositions ci-après qu'il communique à Ney, Gouvion Saint-Cyr, Macdonald et Marmont.

« Voici le parti que j'ai pris. Si vous avez quelques observations à me faire, je vous prie de me les faire librement [2].

« A. *Offensive sur Berlin.* — Le duc de Reggio, avec les 7ᵉ, 4ᵉ et 12ᵉ corps et le 3ᵉ corps de cavalerie, marchera sur Berlin dans le temps que le général Girard, avec 12,000 hommes débouchera par Magdebourg et que le prince d'Eckmühl, avec 25,000 Français et 15,000 Danois, débouchera par Hambourg ; il est actuellement à 3 lieues en avant de Hambourg qui est devenue une place de première force... J'ai donc 120,000 hommes qui marchent dans différentes directions sur Berlin.

« B. De ce côté-ci, Dresde est fortifié et dans une position telle qu'il peut se défendre huit jours, même les faubourgs. Je le fais couvrir par le 14ᵉ corps que commande le maréchal Saint-Cyr ; il a son quartier général à Pirna, il occupe les ponts de Kœnigstein qui, protégés par la forteresse, sont dans une position inexpugnable... La même division qui fournit des bataillons à Kœnigstein occupe Neustadt avec la cavalerie. Deux divisions campent dans une très belle position à Berggieshübel, à cheval sur les deux routes de Prague à Dresde. Le général Pajol, avec une division de

---

[1] C'est-à-dire ayant sa ligne derrière soi.
[2] 20373.

cavalerie, est sur la route de Leipzig à Karlsbad, éclairant les débouchés jusqu'à Hof. Le général Durosnel est dans Dresde avec 8 bataillons et 100 pièces de canon sur les remparts et dans les redoutes.

« C. Le 1er corps du général Vandamme et le 3e corps de cavalerie seront à Bautzen. Je porte mon quartier général à Gœrlitz, j'y serai le 16 ; j'y réunis les 5 divisions d'infanterie, les 3 divisions de cavalerie et l'artillerie de la Garde, ainsi que le 2e corps qui seront placés entre Gœrlitz et Zittau, et entre le 2e corps et la Bohême sera l'avant-garde, formée par le 8e corps (Polonais).

« D. Le duc de Raguse est à Bunzlau, le duc de Tarente à Lœvenberg, le général Lauriston à Grundberg, le prince de la Moskowa dans une position intermédiaire entre Haynau et Liegnitz avec le 2e corps de cavalerie. »

Cependant l'armée autrichienne, si elle prend l'offensive, ne peut la prendre que de trois manières :

« *Premièrement*, en débouchant avec la grande armée, que j'estime forte de 100,000 hommes par Peterswalde sur Dresde. Elle rencontrera les fortes positions qu'occupe le maréchal Saint-Cyr qui, poussé par des forces aussi considérables, se retirerait dans le camp retranché de Dresde. En un jour et demi, le 1er corps arriverait à Dresde, et dès lors, 60,000 hommes se trouveraient dans le camp retranché de Dresde. J'aurais été prévenu, et en quatre jours de marche, je pourrais m'y porter moi-même de Gœrlitz avec la Garde et le 2e corps. D'ailleurs Dresde, comme je viens de le dire, abandonné à lui-même, quand même il ne serait pas secouru du maréchal Saint-Cyr, est dans le cas de se défendre huit jours.

« *Le second débouché* par où les Autrichiens pourraient prendre l'offensive, c'est celui de Zittau. Ils y rencontreront le prince Poniatowski, la Garde, qui se réunit sur Gœrlitz et le 2e corps, et avant qu'ils puissent arriver, j'aurai réuni plus de 150,000 hommes.

« En même temps qu'ils feraient ce mouvement, les Russes pourraient se porter sur Liegnitz et Lœvenberg ; le 6e, le 3e, le 11e, le 5e corps d'armée et le 2e corps de cavalerie se réuniront sur Bunzlau, ce qui ferait une armée de plus de 130,000 hommes, et en un jour et demi, j'y enverrais de Gœrlitz ce que je jugerais superflu d'opposer aux Autrichiens.

« *Le troisième mouvement* des Autrichiens serait de passer

par Josephstadt et de se réunir à l'armée russo-prussienne, de manière à déboucher tous ensemble.

« Il serait donc nécessaire que la principale position du prince de la Moskowa fût à la hauteur de la nôtre, en occupant, s'il le juge convenable Liegnitz. Dans ce cas, le duc de Tarente éclairera l'ennemi ; il préviendra de son mouvement le prince de la Moskowa et le général Lauriston, et le duc de Tarente se repliera sur la position indiquée sur Bunzlau. Dans ce cas, il faut que le duc de Raguse choisisse la position de bataille à Bunzlau, en avant ou en arrière. Je lui ai déjà mandé de s'occuper de ce travail important[1].

« ... Si l'ennemi pénètre par Baireuth et arrive en Allemagne avec toutes ses forces réunies, comme il le publie, je lui souhaite bon voyage, et je le laisse aller, bien certain qu'il reviendra plus vite qu'il n'aura été. Ce qui m'importe, c'est qu'on ne nous coupe pas de Dresde et de l'Elbe, peu m'importe qu'on nous coupe de France. Ce qui est clair, c'est qu'on ne tourne pas 400,000 hommes qui sont assis sur un système de places fortes, sur une rivière comme l'Elbe et qui peuvent déboucher indifféremment par Dresde, Torgau, Wittenberg et Magdebourg. Toutes les troupes ennemies qui se livreront à des manœuvres trop éloignées seront hors du champ de bataille...[2] »

Connaissant le plan d'ensemble de Napoléon, voyons les dispositions qu'il prescrit pour chacune de ses masses d'observation[3].

Masse de l'Est, sur le Bober. — Sous le haut commandement de Ney. Pour faciliter sa subsistance, elle est divisée en deux groupes : l'un comprend les 3e et 6e corps et la cavalerie de Sébastiani, entre Bunzlau et Haynau avec avant-garde à Liegnitz[4] ; l'autre les 5e et 11e corps avec 5,000 à 6,000 hommes de cavalerie à Lœvenberg.

Masse du centre. — La barrière formée par les montagnes de Bohême est percée en son centre par la trouée de Zittau. Pour déboucher en Bohême, il faut être maître, au sud de la

---

[1] Marmont était à Bunzlau.
[2] 20398.
[3] A la date du 20 août. — État définitif.
[4] 20389 et 20397.

chaîne, des points de Gabel et de Rumburg. Napoléon fait occuper cet ensemble de la façon suivante : à Gabel, Poniatowski avec le 8e corps. Sur la position d'Eckartzberg qui défend le débouché nord de la trouée de Zittau, Victor avec le 2e corps. Victor tiendra ses parcs en arrière de manière à pouvoir se porter rapidement à Dresde par Bautzen ; il établira une correspondance directe avec le maréchal Saint-Cyr à Pirna.

Si Poniatowski est attaqué, il doit le soutenir avec toutes ses forces. Victor doit faire travailler à deux redoutes sur les hauteurs qui dominent le col ; celui-ci sera lui-même barré et palissadé.

> « Ces deux redoutes, défendues par un demi-bataillon et par 8 pièces de canon, assureraient, dans ce cas, la retraite. Victor fera reconnaître aussi la route de Bautzen pour connaître les positions intermédiaires [1]. »

A Rumburg et Georgenthal est Vandamme qui dispose de 4 divisions. D'après les instructions de Napoléon, il doit avoir une division à Rœhrsdorf à l'avant-garde, deux divisions en échelons entre Rumburg et Dresde, et en réserve à Rumburg, la division Delaborde de la jeune Garde. Vandamme, après s'être emparé de Georgenthal et du col des montagnes, doit :

> « Faire deux bonnes redoutes sur les hauteurs qui dominent ce passage, afin de pouvoir toujours en rester maître ; ces ouvrages sont nécessaires, soit comme retraite, soit comme avant-postes. Il faut qu'il fasse aussi des incursions dans le pays avec une partie de sa première division, qu'il se joigne au prince Poniatowski, mais qu'il garde toujours ses deux dernières divisions en échelons, pour pouvoir se reporter sur Dresde en peu de temps, si les circonstances l'exigeaient [2]. »

Le général Lefebvre-Desnoëttes est chargé de faire des reconnaissances de cavalerie en avant de Georgenthal.

A Reichenberg, Napoléon place le général Bruno avec la cavalerie du 2e corps, 3 bataillons et 800 cavaliers polonais, soit en tout 3,000 hommes [3].

---

[1] 20407, du 20 août.
[2] 20415, du 20 août.
[3] 20418.

Masse de l'Ouest. — Gouvion Saint-Cyr, avec le 14e corps, couvrira Dresde sur les deux rives , depuis Neustadt, à l'Ouest, jusqu'à Hof, sur la route de Baireuth[1].

Si l'ennemi débouche en forces, Saint-Cyr retardera sa marche, se repliera sur Dresde et prendra le commandement supérieur du camp retranché. Son quartier général est Pirna, et ses 4 divisions, 42e, 43e, 44e, 45e, seront disposées ainsi qu'il suit :

A gauche, pour surveiller le débouché de Neustadt : 42e division, gros à Hohnstein, avant-garde à Neustadt[2].

Au centre, sur le plateau de Berggieshubel, à cheval sur les deux routes de Prague à Dresde, 43e et 45e divisions et partie de la 44e; avant-garde des trois armes à Hellendorf.

A l'extrême droite, pour observer la direction de Leipzig et de Hof, le corps du général Pajol : 1,000 cavaliers, quelques bataillons et 2 pièces.

Saint-Cyr doit toujours conserver :

> « Stolpen, le pont de Kœnigstein, ainsi que les redoutes de Kœnigstein, afin, écrit Napoléon, que je puisse faire déboucher des troupes par Kœnigstein[2] pour les porter sur les derrières de l'ennemi, ou bien, selon les circonstances, revenir sur Dresde. »

Il se peut d'autre part que Saint-Cyr soit appelé :

> « Par un mouvement forcé sur Gœrlitz ou Bautzen, pour servir de réserve au moment d'une grande bataille. »

Masse du Nord aux ordres d'Oudinot. — Elle est formée du 12e corps (Oudinot), du 4e (Bertrand), du 7e (Reynier) et du 3e corps de cavalerie (duc de Padoue), au total 70,000 hommes. Elle sera concentrée le 17 près de Luckau, d'où elle doit partir pour son offensive sur Berlin. Luckau est son centre d'approvisionnement; sa ligne de retraite sera sur Gœrlitz[3].

---

[1] 20397.

[2] Cette avant-garde doit d'ailleurs, par ordre du 17 (20396), être relevée le 19 par la 25e division du 1er corps (Vandamme); la 42e division fut reportée sur Hohnstein, Schandau et le camp de Kœnigstein.

[3] 20348.

L'armée de Bernadotte, qui lui est opposée, semble comprendre, outre les Suédois, le 3e corps prussien (Bülow), un corps auxiliaire à la solde de l'Angleterre et une division russe [1]. Ces forces sont supérieures à celles d'Oudinot, mais Napoléon compte que Davout, sortant de Hambourg avec 40,000 hommes, dont 15,000 Danois, et Girard, de Magdebourg, avec 12,000 hommes [2], immobiliseront devant eux 40,000 ennemis. Enfin, Lemarois, gouverneur de Magdebourg, formera une division active qui servira de lien entre Davout et Girard. Elle poussera jusqu'à Brandebourg sans « jamais se laisser couper de Magdebourg [3] ». Le 12e corps de Wittenberg se rendra à Baireuth et formera l'avant-garde ; les 4e et 7e seront à Luckau le 17. Le 3e corps de cavalerie sera le 15 ou le 16 à Dahme. Toute l'armée d'Oudinot doit se poster le 18 ou le 19 à Baireuth.

Telle est la base des instructions que Napoléon donne le 5 et le 8 août à Davout [4].

« Vous sentez qu'il est nécessaire que toutes les forces qui se trouvent sous les ordres du Prince royal... ne puissent pas se porter tout entières à la rencontre du corps qui débouchera par Luckau. Il faut les obliger à tenir un corps de 30,000 hommes vis-à-vis de vous, et ils se trouveront dans cette obligation s'ils vous voient le 10 prêt à prendre l'offensive. Le 12, ayez vous-même votre quartier général à une lieue en avant de Hambourg. Vous déboucherez effectivement si vous vous trouvez supérieur, ou vous aurez pris une bonne position qui couvrira Hambourg si l'ennemi se trouvait supérieur. Vous aurez soin de poursuivre vivement l'ennemi, afin de menacer les Suédois de leur couper la Poméranie et de les obliger d'y rentrer...

« Je compte que l'on sera à Berlin le quatrième jour, c'est-à-dire le 20 ou le 21 ; et s'il y avait une affaire où l'on pût battre l'ennemi, éparpiller la landwehr et désarmer le landsturm, cela me mettrait

---

[1] 20339.

[2] Une division de 8,000 hommes et 4,000 Polonais de Dombrowski.

[3] 20340.

[4] 20339. La mission de Davout était très délicate et le commandement qu'il devait exercer, une fois Berlin repris, très important. Nul autre maréchal n'y eût été propre. C'est bien à tort que l'on a critiqué Napoléon de n'avoir pas donné à Davout le commandement des forces opposées à l'armée de Silésie.

à même de vous envoyer sur Stettin pour suivre les Suédois, en vous augmentant du corps de Vandamme, et me permettrait de rappeler à moi, soit le corps du général Reynier, soit le corps du duc de Reggio, et me renforcerait ainsi de 30,000 hommes contre la grande armée autrichienne et russe, ou bien, selon les circonstances, je vous laisserais tout ce monde pour débloquer Küstrin et Stettin, marcher sur Stettin, par là menacer de débloquer Dantzig et obliger les Russes à y courir en toute diligence et à se détacher des Autrichiens. Il y a dans toute cette armée qui vous est opposée beaucoup de canaille qui, une fois attaquée et battue se dissipera, telle que la landwehr, la légion hanséatique, la légion de Dessau... de sorte que huit jours de campagne, même sans grand succès, réduiront de moitié les troupes ennemies qui sont dans cette partie. Les circonstances sont fortes; le rôle que vous avez à remplir est très actif. Il faut surtout que vous menaciez de bonne heure afin qu'on ne se tourne pas entièrement contre tout ce qui débouchera sur Berlin et qu'on ne vous néglige pas. »

Le 12, Napoléon écrit encore à Davout :

« ... Vous devez manœuvrer de manière à inquiéter l'ennemi sur sa droite et à vous réunir avec le corps du duc de Reggio sur Berlin. Aussitôt que vous serez éloigné de Hambourg, vous aurez une communication sûre avec Magdebourg... »

Dans le plan général de Napoléon deux points étaient essentiels : Hambourg et Dresde, aux deux extrémités de sa ligne sur l'Elbe; qu'un de ces points fût forcé, tout son système tombait. Aussi est-ce en ces points qu'il place ses deux meilleurs généraux : Davout et Gouvion Saint-Cyr.

Oudinot dispose de 56,000 hommes d'infanterie, 10,000 hommes de cavalerie, 200 pièces d'artillerie, dont 32 pièces de 12. Le 12 août, Napoléon lui ordonne d'être le 21 ou le 22 à Berlin (20365).

« Il y aura donc contre Berlin votre corps fort de 70,000 hommes, le corps du général Girard, fort de 12,000 hommes et celui du prince d'Eckmühl, fort de 40,000 hommes, c'est-à-dire en tout 122,000 hommes.

« Après avoir occupé Berlin, vous manœuvrerez pour établir vos communications avec Wittenberg et Magdebourg, et le général Girard sera merveilleusement placé pour cela. Vous débloquerez

Küstrin et vous ravitaillerez cette place en y jetant tous les vivres que vous pourrez trouver à 20 lieues autour. Vous débloquerez et ravitaillerez de même Stettin, d'où vous retirerez tous les généraux qui sont inutiles, en n'y en laissant qu'un seul pour commander la place. Vous obligerez les Suédois à se rembarquer et vous rejetterez l'ennemi au delà de l'Oder. J'ai fait préparer un équipage de siège pour essayer de reprendre Spandau... »

Et le 15 août, Napoléon écrit encore à Oudinot :

« Voilà donc 120,000 hommes qui manœuvrent sur Berlin. Donnez de vos nouvelles deux fois par jour et surtout beaucoup de détails, même tous les renseignements que donnent les prisonniers et les déserteurs et sur votre marche [1]...

« Vous ne devez pas perdre du monde devant des villages et des postes retranchés, mais vous devez sur-le-champ faire avancer les 32 pièces de 12 de vos quatre batteries de réserve, avec une quarantaine d'obusiers, au moyen de quoi vous détruisez en deux heures toutes les fortifications de campagne... ».

Cette opération sur Berlin par marche convergente d'Oudinot, de Girard et de Davout a été l'objet de vives critiques. Elle viole incontestablement le principe « qui n'admet pas d'exception, que toute jonction de corps d'armée doit s'opérer en arrière et loin de l'ennemi [2] ».

De fait, nous le verrons, Oudinot échoua à Grossbeeren, Girard surpris fut battu et rejeté sur l'Elbe, Davout rebroussa vers Hambourg.

Comment expliquer cette transgression, par Napoléon, de ses propres principes? Il lui fallut évidemment des raisons puissantes et la perspective d'avantages que l'application stricte des principes n'aurait pu lui donner. Serait-ce donc que les principes ne lient pas le génie? Non pas; mais le génie fait entrer dans ses calculs des éléments que lui seul, sur le moment, aperçoit et pèse.

---

[1] 20381.

[2] Napoléon, *Précis* des événements militaires arrivés pendant les six derniers mois de 1799. 5ᵉ observation.

Voyons ces éléments. Tout d'abord, Napoléon a le plus profond mépris pour les forces dont dispose Bernadotte. A part le corps prussien de Bulow et la division russe, le reste est pour lui un « ramassis » de landwehr et de landsturm. Contre une telle « canaille », les forces d'Oudinot, même isolées, doivent suffire, et dès lors le principe n'est pas violé, puisque Oudinot seul doit pousser nettement de l'avant, tandis qu'au contraire Davout et Girard ne font tout d'abord que des démonstrations.

Ce mépris de l'adversaire n'était pas malheureusement justifié. D'une part, les nouvelles levées allemandes sont animées d'un souffle patriotique puissant ; d'autre part, dans nos rangs, les Saxons, les Wurtembergeois sont prêts à nous trahir. De plus, les généraux prussiens ont un mordant que ne possèdent ni Oudinot, ni Reynier, ni Bertrand, ni même Davout.

Aurait-on pu prendre l'offensive sur Berlin sans violer un des principes généraux de l'art de la guerre ? Oui. Davout, laissant 10,000 hommes à Hambourg pour en renforcer la garnison, pouvait remonter avec 20,000 hommes la rive gauche de l'Elbe jusqu'à Magdebourg, y rallier les 12,000 hommes de Girard et faire sa jonction avec les 70,000 d'Oudinot sous Wittenberg.

Avec 100,000 hommes, un chef comme Davout pouvait s'avancer sans risques sur Berlin.

Mais ces marches de concentration auraient demandé un temps notable pendant lequel notre dispositif d'attente se fût trouvé ouvert du côté du Nord et exposé aux entreprises de Bernadotte. En tous cas, l'ennemi aurait eu le loisir d'organiser solidement une ligne de défense en avant de Berlin, de la garnir de landwehr et de landsturm, très susceptibles d'une bonne résistance derrière des retranchements alors qu'aucune menace ne se serait produite sur leurs derrières. Enfin, le pays de Hambourg se fût trouvé à découvert pendant un long temps.

Quoi qu'il en soit, l'étude attentive des faits montre qu'étant donnée l'obligation imposée à Bernadotte de tenir ses forces sur un grand front au sud de Berlin, il eût été possible à Oudinot de le battre : il eût fallu agir sur un seul point inopinément et en masse. Mais cette entreprise exigeait un général plus habile qu'Oudinot. Commandant de corps depuis 1809 seulement, n'ayant jamais exercé un commandement indépendant, Oudinot s'effrayait de conduire trois corps d'armée si loin de Napoléon. Pour Reynier et Bertrand, c'est moins un chef qu'un collègue. On ne pouvait réussir que par la concentration des forces, la promptitude des mouvements, l'audace de l'offensive; Oudinot éparpillera ses forces, montrera une incroyable lenteur et une extrême circonspection.

Dans cette campagne, ce qui fait défaut, ce sont les généraux.

En résumé, la répartition de nos forces est la suivante :

Masse centrale à Gœrlitz : la Garde.

Masses circonférentielles, 1º de l'Est. — Sur le Bober : 3e, 6e, 5e et 11e corps ; 1er et 2e corps de cavalerie.

2º du Centre. — Sur le défilé de Zittau : 8e, 2e et 1er corps.

3º de l'Ouest. — A Dresde : 14e corps à 4 divisions et le corps de Pajol.

4º du Nord. — A Luckau : 12e, 7e, 4e corps.

Des communications rapides sont établies entre les masses circonférentielles et le quartier général[1].

Son dispositif d'attente ainsi établi, voici comment Napoléon, le 17 août, comprend le jeu de ses forces.[2]

« L'armée autrichienne ne peut opérer *sur la rive droite* que par le débouché de Zittau; j'ai fait occuper par 40,000 hommes la position d'Eckartsberg près de Zittau, ce qui rendrait impossible son débouchement par cette gorge.

« L'armée autrichienne veut-elle opérer *sur la rive gauche*, le général Vandamme sera à Bautzen : une de ses divisions sera à

---

[1] A Saint-Cyr (20398). « Je ne saurais trop vous recommander de placer des postes entre Kœnigstein et Bautzen, afin qu'indépendamment des postes du pays, vos correspondances soient très rapides. Il y a de Bautzen à Kœnigstein 9 lieues; il faudrait donc 3 postes de cavalerie. »

[2] Lettre du 17 août à Gouvion Saint-Cyr (20398). Le 20, Vandamme est poussé plus en avant jusqu'à Georgenthal pour se lier avec Poniatowski qui est à Gabel.

Schluckenau et Rumburg, une autre à Neustadt, une troisième à Bautzen, le quartier général à Bautzen.

« Je porte mon quartier général à Gœrlitz, où je réunirai les 5 divisions de ma Garde, les 3e, 8e, 6e et 11e corps ; le 1er et le 2e corps de cavalerie se réunissent à Bunzlau, ayant des camps volants à 3 ou 4 marches sur la gauche. Vous occupez Pirna, le camp de Berggiesshübel, ayant une division à Stolpen, Schandau et Hohnstein...

« Les choses ainsi placées je puis agir dans toutes les hypothèses...

« *Ou les Russes et les Autrichiens réunis déboucheront en force sur Zittau et Gabel*, ce que le prince Poniatowski et le comte de Valmy croient impossible devant la position qu'ils occupent, renforcés par le 2e corps (Victor) ; mais, dans ce cas, le général Vandamme se joindra à eux en une marche et demie ; votre 42e division remplacera les troupes du général Vandamme aux débouchés de Neustadt et de Rumburg ; il se trouvera donc alors 70,000 hommes sur la position opposée à Gabel, et si dans ce moment la Garde n'est pas engagée ailleurs, je m'y porterai dans un jour avec 50,000 hommes, ce qui formerait là une armée de 120,000 hommes.

« *Ou bien, si toutes les forces autrichiennes et russes se portent sur Dresde* par la rive gauche, le général Vandamme marchera sur Dresde, deux de ses divisions n'en seront qu'à un jour ; la troisième n'en sera qu'à un jour et demi ; vous réunirez donc sous vos ordres près de 60,000 hommes au camp de Dresde sur les deux rives. Le camp de Zittau devenant inutile se porterait sur Dresde, où il arriverait en quatre jours, et vous auriez plus de 100,000 hommes à Dresde. Enfin, je me porterais avec les 50,000 hommes de ma Garde également à Dresde, si les circonstances l'exigeaient, et en quatre jours nous nous trouverions 160,000 à 180,000 hommes autour de Dresde.

« *Si l'ennemi pénètre par Baireuth* et arrive en Allemagne avec toutes ses forces réunies, comme il le publie, je lui souhaite bon voyage, et je le laisse aller, bien certain qu'il reviendra plus vite qu'il n'aura été. Ce qui m'importe c'est qu'on ne nous coupe pas de Dresde et de l'Elbe ; peu m'importe qu'on nous coupe de France.

« Cependant l'armée de Bunzlau, qui est de 130,000 à 140,000 hommes sans la Garde, peut être renforcée de la Garde ; et je puis, avec 180,000 hommes, déboucher sur Blücher, Sacken et Wittgenstein qui, à ce qu'il paraît, marchent aujourd'hui sur mes troupes et une fois que j'aurai détruit ou malmené ces corps, l'équilibre se trouvera rompu, et je pourrai, selon les succès de l'armée qui marche sur Berlin, l'appuyer sur Berlin ou marcher par la Bohême derrière l'armée qui se serait enfoncée en Allemagne.

« Tout cela n'est pas encore clair. Ce qui est clair, c'est qu'on ne tourne pas 40,000 hommes qui sont assis sur un système de places fortes, sur une rivière comme l'Elbe, et qui peuvent déboucher indifféremment par Dresde, Torgau, Wittemberg et Magdebourg. Toutes les troupes ennemies qui se livreront à des manœuvres trop éloignées seront hors du champ de bataille... »

Les opérations. — Le 18 août, les troupes de Vandamme occupent la petite ville de Rumburg. D'après les renseignements recueillis, un corps russe serait passé en Bohême et marcherait sur Prague, tandis que les Autrichiens appuieraient à l'Ouest pour pénétrer en Allemagne[1]. D'autre part, l'armée de Silésie s'est portée en avant.

Si ces renseignements sont exacts, Napoléon, en prenant l'offensive par Zittau et Gabel, les surprendra en flagrant délit de marche, car de Schweidnitz (point de départ des Russes) à Prague, la route la plus directe passe par Gitschin et Jung-Bunzlau. Ce point n'est qu'à 10 lieues de Gabel.

Les renseignements sont encore trop confus pour que Napoléon puisse prendre une décision, il ne peut qu'examiner les hypothèses suivantes :

1º Toute l'armée russe et une partie de l'armée prussienne se sont portées en Bohême.

Il faut alors prévoir une offensive de l'ennemi sur Zittau ou Dresde. Il a les moyens d'y parer.

2º Une partie seulement de l'armée russe est entrée en Bohême et n'est pas encore arrivée à Prague.

En prenant l'offensive par Zittau, il prendra les Russes en flagrant délit.

---

[1] « Le bourgmestre et trois des principaux négociants sont venus à Gœrlitz. Il résulte de ce qu'ils disent que Wittgenstein, avec un corps de 40,000 hommes, est arrivé hier à midi dans la petite ville de Bœhmisch-Leipa et que tous les Autrichiens qui étaient sur la rive droite de l'Elbe, sont partis... » (20407) « pour aller je ne sais où » (20408).

« Les fortifications de Prague et les projets de l'ennemi commencent à s'éclaircir, écrit Napoléon le 18 août. Il est évident que les Russes ont la défense de la Bohême, dans le temps que l'armée autrichienne de Bohême, que je suppose de 90,000 à 100,000 hommes fera la guerre en Allemagne, peut-être sur Dresde. Je vais tâcher d'étriller les Russes et les empêcher d'aller à Prague. »

Et à Vandamme :

« Jusqu'à cette heure, nous n'avons que des nouvelles confuses sur les mouvements de l'ennemi. On prétend que 60,000 hommes de l'armée russe et prussienne sont entrés en Bohême et que l'empereur Alexandre est arrivé le 15 à Prague. Si cela est, ou bien les ennemis prendront l'offensive par Zittau, seul débouché praticable qui existe sur la rive droite, et alors ils seront arrêtés par le camp de Zittau et le corps du général Vandamme ainsi que la réserve de Gœrlitz, que je puis y porter en un jour et demi ; ou bien l'ennemi manœuvrera sur la rive gauche de l'Elbe, et débouchera par Tœplitz et Peterswalde pour se porter sur Dresde ; alors le maréchal Saint-Cyr, dans deux jours, peut réunir 60,000 hommes, et en quatre jours je pourrai y être avec 150.000 hommes ; ou enfin l'ennemi se livrera à des opérations hors de calcul, et entrera en Allemagne en se portant sur Munich, soit sur Nuremberg ; alors ils me livreront à l'offensive toute la Bohême.

« Si, au contraire, l'entrée de l'armée russe en Bohême est fausse, ou qu'il n'y soit entré qu'un corps peu considérable, alors en deux jours, je puis réunir 200,000 hommes contre l'armée ennemie en Silésie... ».

« Dans cette situation, j'attends pour voir ce que feront les ennemis, et pendant que les corps réunis à Lœvenberg, à Bunzlau, à Zittau et à Gœrlitz, tiennent en respect les armées autrichienne, prussienne et russe, je fais manœuvrer sur Berlin [1]. »

Avant de mettre nos troupes en mouvement, il fallait donc s'assurer de la véracité des renseignements. Aussi Napoléon se résout-il à faire lui-même, le 19, une reconnaissance jusqu'à Gabel. Les indices recueillis lui font voir que les Russes ne sont pas proches encore. La situation ne peut être mûre en Bohême

---

[1] « Je me rends de ma personne à Zittau, écrit-il le 18 à Vandamme, peut-être serai-je moi-même à Rumburg. Il serait possible que j'entrasse sur-le-champ en Bohême pour tomber sur les Russes et les prendre en flagrant délit. »

avant quelques jours. Le mieux est de profiter de ces quelques jours pour accabler l'armée de Silésie, puisqu'elle semble vouloir s'offrir à nos coups.

Avant de se porter en Silésie, Napoléon fait écrire par le major général les instructions ci-après pour les généraux qu'il laisse en observation sur les montagnes de Bohême et à Dresde.

Sur la trouée de Zittau, Napoléon, nous l'avons vu, laisse à Gabel, à l'avant-garde, le 8e corps (Poniatowski) et la cavalerie de Kellermann ; à Zittau, le 2e corps (Victor) : ces troupes sous le haut commandement de Victor.

Sur le débouché secondaire de Rumburg, à leur droite, le 1er corps (Vandamme), dont les trois divisions s'échelonnent de Rumburg à Dresde ; la division Delaborde, de la Garde, en réserve à Rumburg.

Victor peut disposer de 25,000 hommes, Vandamme de 35,000 ; c'est un total de 60,000 à 65,000 hommes, que l'armée de Saint-Cyr accroîtra encore. Attaquées par plus de 100,000 hommes, ces forces doivent résister au moins cinq jours. Comme les Russes n'étaient encore qu'à Schlau le 18, Napoléon compte qu'ils ne peuvent se présenter contre Victor ou Vandamme avant cinq jours. C'est donc un délai d'une dizaine de jours qui lui est donné pour agir contre l'armée de Silésie.

Voici ses instructions du 20 à Victor, Vandamme et Saint-Cyr.

A Victor [1] :

> « Faites connaître au duc de Bellune que je pars pour Lauban, et de là je marcherai sur Lœvenberg pour attaquer l'ennemi. D'ici à cinq jours l'ennemi ne peut rien entreprendre du côté de Gabel, puisque le 18 il était à Schlau. Le prince Poniatowski, commandant le 8e corps, et le comte de Valmy [2], commandant le 4e corps de cavalerie, sont sous ses ordres. Dites-lui que mon intention est qu'il engage tout son corps pour se maintenir à Gabel et rester maître du défilé et du col, malgré tous les efforts de l'enne-

---

[1] 20412.
[2] Kellermann fils.

mi. 25,000 hommes qu'il a sous ses ordres sont capables de défendre le défilé plusieurs jours contre 100,000 hommes. Prévenez-le que le général Vandamme, qui a quatre divisions, fait fortifier le col de Rumburg. Je lui donne ordre de le défendre à toute extrémité. Ces trois corps réunis forment plus de 50,000 hommes. Le maréchal Saint-Cyr appuiera par sa gauche, avec deux divisions, si le mouvement de l'ennemi se prononçait en force de ce côté. Enfin, j'exige qu'il n'y ait aucune hésitation. Il faut trois ou quatre jours pour fortifier les hauteurs, les défilés, faire les abatis et même les deux redoutes et un pont sur le ruisseau. Il faut qu'il organise le terrain pour une vive résistance ; si on est obligé d'évacuer les défilés, il faut défendre les hauteurs.... Il est nécessaire que le duc de Bellune ait six bataillons sur les hauteurs et les occupe à la construction des redoutes ; on leur donnera quelque gratification pour ce travail.

« Le régiment de la Vistule sera en réserve à la tête des débouchés ; il travaillera aux redoutes.

« Il établira son quartier général dans les maisons voisines du col. Une de ses divisions sera placée sur les hauteurs en arrière de la ville (Zittau), et l'autre en avant de la ville au pied des collines, de sorte que ces deux divisions, faisant un mouvement, arriveraient en ordre au défilé ; que, sa droite se liant avec le général Vandamme, il n'a rien à craindre de ce côté ; quant à sa gauche, il reconnaîtra le pays et fera occuper les positions sur lesquelles il doit s'appuyer. Enfin il faut, coûte que coûte, défendre le défilé et le col. Il choisira près de la ville une bonne position où il puisse développer 40 pièces en batterie. Il évacuera ses blessés et embarras sur Lauban et Bautzen. Si enfin, après une résistance opiniâtre, il était forcé de se retirer et l'armée étant à Gœrlitz, il s'y appuiera pour couvrir les derrières de l'armée. Envoyez copie de ces instructions au comte de Valmy et au prince Poniatowski. Le comte de Valmy et le prince Poniatowski vous rendront compte chaque jour, puisqu'ils commandent des corps séparés... »

P.-S. — Le duc de Bellune devra reconnaître la position du général Vandamme pour pouvoir concerter la défense.

A Vandamme[1] :

« Mon cousin, écrivez au général Vandamme que je pars pour Lauban où j'arriverai ce soir ; que j'arriverai demain à Lœvenberg ;

---

[1] 20421.

qu'après-demain 22, j'attaquerai l'armée ennemie, et qu'avec l'aide de Dieu, je compte en avoir bon compte. Immédiatement après, je reviendrai ici pour entrer en Bohême et marcher sur Prague. D'après tous mes calculs, l'ennemi ne peut être en force sur Gabel et Rœhrsdorf que dans cinq jours. Vous trouverez ci joints les ordres que je donne au duc de Bellune. Je donne les mêmes au général Vandamme.

« Aussitôt qu'il saura que l'armée ennemie se dirige de ce côté-ci, c'est-à-dire vers Gabel et Rumburg, il concentrera ses trois divisions et défendra les défilés et les montagnes à toute extrémité; avec la division de la Garde, il a plus de 35,000 hommes, avec le duc de Bellune et le 8° corps, il a plus de 65,000 hommes. Dans des positions retranchées et préparées d'avance, il peut écraser l'ennemi et se défendre quatre ou cinq jours.

« Lorsque l'ennemi apprendra que j'ai été à Gabel, il marchera sur ce point avec toutes ses forces. Le maréchal Saint-Cyr pourra, avec deux ou trois divisions, venir au secours du général Vandamme. L'intention de l'Empereur est qu'on se batte jusqu'à extinction.

« Le général Vandamme devra employer les quatre ou cinq jours qu'il a devant lui pour bien organiser son champ de bataille, bien fortifier le col; que, dans les endroits ou le défilé s'élargit, il établisse des abatis, redoutes..... déterminé les emplacements de l'artillerie en bataille, en s'attachant à se lier avec le duc de Bellune. Il verra la position de Gabel et tout le terrain qu'il doit défendre, et se mettra en mesure de donner à l'Empereur le temps d'arriver après son expédition de Silésie. Il devra établir le quartier général au delà du col... pour être de plus près en communication avec le prince Poniatowski et le duc de Bellune. »

A Saint-Cyr :

« Écrivez au maréchal Saint-Cyr, en lui envoyant copie des instructions que j'adresse au général Vandamme et au duc de Bellune. Prévenez-le que je pars pour Lœvenberg pour engager l'ennemi à une bataille, et, s'il n'accepte pas, le poursuivre à toute extrémité. Il verra le rôle qu'il doit remplir. Je compte sur son zèle et ses talents militaires pour agir avec décision et vigueur. »

Contre l'armée de Silésie. — A la masse du Bober, formée par les corps de Ney (3°, 25,000 hommes); Marmont (6°, 20,000 hommes); Macdonald (11°, 20,000 hommes) et Lauriston

(5e, 20,000 hommes), et le 4e corps (Sébastiani, 5,000 hommes), soit au total 90,000 hommes, Napoléon va ajouter sa Garde, vieille et jeune, c'est-à-dire plus de 30,000 hommes, cavalerie et artillerie. Le 20 août, au moment de quitter Zittau, il prescrit au Major général de la faire partir de Gœrlitz pour Lauban.

A 2 heures, Napoléon est à Gœrlitz, il s'y arrête jusqu'à 4 heures 30. Le soir il est à Lauban.

A son arrivée à Gœrlitz, dans l'après-midi du 20, l'Empereur apprend que l'ennemi a fait reculer nos généraux sur la Queis et qu'il est entré à Bunzlau, à Goldberg, à Lœvenberg, où semble se trouver le gros de ses forces.

Ayant en main les moyens suffisants pour écraser l'adversaire, il souhaite qu'il se mette davantage encore en prise pour n'avoir pas à le chercher trop loin de sa position centrale.

« Tout annonce une bataille, écrit-il à 4 heures de Gœrlitz à Maret, l'ennemi s'avançant à ce qu'il paraît avec 80,000 ou 90,000 hommes sur la Queis. Ce serait un événement probablement fort heureux. Mais je crains qu'il n'y ait une lettre écrite par moi au duc de Tarente qui ait été prise, et que cela ne dégrise l'ennemi. Vous savez que le chiffre du Major général avec les commandants d'armée a été pris. »

Et à minuit, à Macdonald :

« Il est certain que l'ennemi a un corps en Bohême ; je ne suppose donc pas qu'il puisse avoir là plus de 100,000 hommes, et dans l'échiquier actuel le temps est pressé. J'aurais volontiers reculé jusque la Queis, mais l'ennemi ne nous suivrait pas, après la connaissance qu'il a de l'état des affaires [1]... »

Le plan de Napoléon, c'est de déboucher avec trois corps sur l'armée de Silésie : le 11e corps à droite de Lœvenberg, le 5e par Lœvenberg, le 3e repassera le Bober à 10 heures du matin, et avec la division de cavalerie, Sébastiani viendra sur notre

---

[1] 20428.

gauche pour prendre l'ennemi en flanc. La Garde suivra sur Lœvenberg.

Le 21, nos corps se reportent en avant. Blücher, surpris, reconnaît à cette offensive l'arrivée de Napoléon et se met bientôt en retraite.

Contre l'armée de Bohême. — La rapide retraite de l'armée de Silésie semble indiquer que les Prussiens sont restés seuls de ce côté et ne se laisseront pas atteindre. Napoléon n'est pas disposé à se laisser entraîner par eux loin de sa position centrale. La situation lui semble mûre pour une offensive en Bohême ; aussi se décide-t-il, le 22, à laisser l'armée du Bober poursuivre les Prussiens, tandis qu'il ramènera vers Gœrlitz sa Garde et le corps de Macdonald pour entrer en Bohême.

> « Faites connaître au maréchal Saint-Cyr que je suis bien loin d'avoir renoncé à mon opération de Bohême. »

écrit-il le 21 à Maret et après avoir énuméré les forces dont il pourra disposer pour cette offensive :

> « Les cols de Gabel ont été fortifiés. Si l'on s'avance en Bohême, ces fortifications sont indispensables pour pouvoir conserver les débouchés en cas de retraite... Ainsi on ne peut pas s'enfoncer en Bohême sans avoir préparé le terrain, et le 20, on le pouvait d'autant moins que l'on était encore incertain des projets de l'ennemi, sur lesquels on acquiert tous les jours des lumières. »

Face à l'armée de Silésie, il laisse les 3e, 5e, 11e corps et le 2e corps de cavalerie (Sébastiani), soit au total 75,000 hommes. Désireux d'avoir avec lui Ney pour son expédition de Bohême, il donne le commandement en chef à Macdonald, avec l'ordre d'exploiter le mouvement de retraite de l'ennemi, pour le pousser au delà de Jauër, puis de revenir prendre une position d'attente sur le Bober. Sa mission est double : il doit empêcher, d'une part, l'armée de Silésie d'aller sur Zittau, où elle intercepterait les communications de notre armée expéditionnaire de Bohême ; d'autre part, de se porter contre l'armée d'Oudinot qui marche sur Berlin.

Napoléon évaluait de 80,000 à 90,000 hommes l'armée de Silésie[1].

De Lœvenberg, le 23 août, Napoléon fait envoyer à Macdonald, par le Major général, les instructions ci-après :

« Faites connaître au duc de Tarente comme instruction, que j'ai mis sous ses ordres, l'armée du Bober, qui est composée de 100,000 hommes, infanterie, cavalerie, artillerie et troupes du génie comprises.

« Le principal but de cette armée est de *tenir en échec* l'armée ennemie de Silésie, et d'empêcher qu'elle se porte sur Zittau pour interrompre ma communication, ou sur Berlin contre le duc de Reggio. Je désire qu'il pousse l'ennemi jusqu'au delà de Jauër et qu'il *prenne ensuite position sur le Bober* [2]...

« Mandez-lui que je porte mon quartier général à Gœrlitz; que mes opérations dépendent de celles de l'ennemi; que si l'ennemi prend, le 23 ou le 24, l'offensive d'une manière positive sur Dresde, mon intention est de laisser l'initiative à l'ennemi et de me rendre sur-le-champ dans le camp retranché de Dresde et de lui livrer une grande bataille, et, comme dans ce cas l'ennemi tournera le dos au Rhin et nous à l'Oder, dans le cas où la victoire ne serait pas gagnée, je rentrerais dans mon camp retranché, au pis aller, je passerais l'Elbe sur la rive droite, je conserverais mes communications avec lui (Macdonald), et je prendrais le parti que les circonstances exigeraient, soit pour déboucher sur Torgau, soit sur Wittenberg, soit sur Magdebourg.

« Que si l'ennemi ne prend pas aujourd'hui ou demain l'offensive d'une manière déterminée, il est possible que ce soit moi qui la prenne, en marchant sur Prague, dans ce cas, je prendrai dans les premiers jours une ligne d'opération sur Zittau et Bautzen; que, dès le moment que je prendrai ce parti, je mettrai Gœrlitz sous ses ordres; que, pendant tout le temps que j'aurai ma ligne sur Zittau, il est de la plus haute importance qu'en aucun cas l'ennemi ne puisse se porter sur Zittau, et que si, par un mouvement inopiné ou par la perte d'une bataille, il était obligé de prendre la ligne de

---

[1] « Voici les renseignements que jusqu'à cette heure nous avons sur l'ennemi qui est ici devant nous. Le général Langeron paraît commander un corps de 5 divisions, le général Sacken un corps de 3 divisions et les généraux York et Blücher, 4 divisions; total, 12 divisions; ce qui suppose 80,000 à 90,000 hommes. Ce qui est satisfaisant, c'est que leur infanterie est extrêmement mauvaise.

[2] 20442.

la Queis, il faudrait s'y maintenir et enfin *faire sa retraite sur Zittau*, puisque alors une fois réunis on pourra aviser à ce qui convient ; que, si je me porte sur Prague, la première opération sera de tâcher de prendre ma ligne d'opérations sur Dresde[1], et dès ce moment le duc de Tarente sera plus libre de ses mouvements, et que, s'il était obligé de reculer, ou je l'appellerais à moi sur Zittau, ou il se dirigerait sur l'Elbe, dans le camp retranché de Dresde. »

Pour remplir sa mission, l'Empereur conseille à Macdonald le dispositif d'attente suivant sur le Bober : 3e corps à Bunzlau, 11e à Lœvenberg, 5e entre Lœvenberg et Hirsberg, occupant ce dernier point. Les positions des corps seront organisées défensivement. Toutes les communications se feront derrière le Bober pour être à l'abri des Cosaques ; on établira des blockhaus toutes les demi-lieues. Les magasins, les gros bagages, les convois seront arrêtés à Lauban. L'armée sera flanquée à droite et à gauche par un corps de cavalerie appuyé d'infanterie et d'artillerie et, si l'ennemi se portait sur la gauche, toute la cavalerie serait réunie de ce côté.

> « Dans cette situation, l'ennemi ne peut point passer entre son armée et les montagnes des Géants, ni entre son armée et l'Oder, pour se porter sur Berlin, sans s'exposer à être coupé. »

Ces positions organisées doivent permettre à chacun des corps de supporter le choc de l'ennemi en attendant l'arrivée des autres corps.

Ce ne sont là que mesures défensives, si l'ennemi prend l'offensive sans avoir été renforcé, Napoléon désire que Macdonald le surprenne en flagrant délit.

> « Mon opinion est que, dans l'état moral de ses troupes et de l'ennemi, il (Macdonald) n'a rien de mieux à faire que de marcher à lui du moment qu'il (l'ennemi) prendra l'offensive ; que l'ennemi, en prenant l'offensive, se portera sur plusieurs points ; qu'au contraire, le duc de Tarente doit alors réunir toutes ses forces sur

---

[1] Par Schandau.

un point, afin de déboucher en force sur lui et de reprendre sur-le-champ l'initiative [1]. »

D'ailleurs il avertit Macdonald :

« Que ces lettres sont des *instructions générales* susceptibles de toutes les modifications que le terrain et les circonstances pourront lui suggérer [2]. »

Ces dispositions prises, Napoléon va agir contre l'armée de Bohême. Comme il l'a indiqué dans ses instructions à Macdonald, le 23, au matin, il a envisagé deux opérations : si l'ennemi prend une offensive déterminée sur Dresde, s'y porter avec toutes ses forces, sinon entrer en Bohême.

Ce fut à une offensive déterminée sur Dresde que Napoléon eut à faire face.

Dans la matinée (probablement), il reçut en effet à Gœrlitz une lettre de Gouvion Saint-Cyr, du 22, à 11 heures du soir, lui annonçant le débouché par Peterswalde d'un corps russe que suivait, pensait-on, toute l'armée autrichienne. Les Russes ont attaqué Hellendorf le 22, à 10 heures du matin. Saint-Cyr, avec une division, a retardé leur marche pendant toute la journée.

Sur ces nouvelles, Napoléon prend ses dispositions pour réunir à Dresde, le 25, 100,000 hommes [3].

Poniatowski restera seul au débouché de Zittau. Victor, Vandamme, la division de jeune Garde et la division de cavalerie de Lefebvre-Desnoëttes iront à Dresde.

« ... Hier soir, écrit-il, à Gouvion Saint-Cyr [4], j'ai mis mes troupes en marche, et tout arrive aujourd'hui à Gœrlitz.

---

[1] 20443. Cette prescription est à remarquer, car elle ne fut pas comprise par Macdonald. Napoléon ne dit pas à Macdonald de prendre l'offensive si l'ennemi ne bouge pas ; mais de se jeter sur lui s'il attaque. Une armée en mouvement est toujours dans un état critique ; si elle est attaquée, il faut un certain temps à son chef pour se reconnaître, donner des ordres dont l'exécution demande un délai notable.

[2] Napoléon prescrit formellement à Macdonald de laisser le commandement du 11e corps au général Girard « pendant tout le temps que le duc de Tarente commandera sur le Bober ».

[3] Lettre à Vandamme.

[4] 20445 du 23 août.

« Les troupes qui sont ici seront à Dresde le 25 ; elles y seront le 26, si cela est moins urgent. Je suppose que le général Vandamme et le duc de Bellune, suivant leurs instructions, se sont mis en marche depuis ce matin. Toutefois, je vais leur envoyer des ordres. Faites faire du pain le plus possible, car nous serons bientôt 200,000 hommes [1] à Dresde. Le roi de Naples, qui vous portera cette lettre, arrivera avant minuit. En supposant que le mouvement sur Dresde soit un grand mouvement, il aurait fallu à l'ennemi la journée d'aujourd'hui pour se déployer et pour reconnaître. Je ne doute pas que vous n'ayez fait porter la plus grande partie de l'artillerie de la place dans les redoutes, et pris toutes les mesures pour faire repentir les Russes, s'ils voulaient enlever les faubourgs d'un coup de main. Je suppose que tous les bateaux qui étaient sur la rive gauche auront été portés sur la rive droite et que la communication de Kœnigstein avec Dresde sera assurée par la rive droite. Si l'ennemi a effectivement opéré un grand mouvement d'armée sur Dresde, je le considère comme une chose extrêmement heureuse, et cela me mettra à même d'avoir dans peu de jours une grande bataille, ce qui décidera bien des choses.

« L'Empereur vous confie la garde des deux défilés de Gabel et de Georgenthal, écrit le Major général à Poniatowski. Les Autrichiens n'ont pas là de forces supérieures aux vôtres ; comportez-vous selon les circonstances.

« Il est nécessaire que l'ennemi ignore le plus longtemps possible le mouvement de nos troupes, parce que, lorsque ses propres mouvements deviendront plus clairs, si leur armée se trouvait loin, l'Empereur pourrait opérer sur Prague et rebrousser chemin sur vous. Si, au contraire, l'armée autrichienne prête à des combinaisons, l'Empereur tombera dessus. S'il a de l'avantage, il entrera en Bohême, en vous faisant soutenir par un corps d'armée sur les deux rives. Il est donc important de garder les deux cols. »

Projet de manœuvre sur les derrières de l'armée de Bohême.

En acheminant ses forces vers Dresde, Napoléon médite une opération qui donnerait des résultats autrement décisifs qu'une bataille sous les murs de cette ville. Il voudrait, tandis que

---

[1] C'est une exagération voulue.

l'armée de Bohême viendra buter contre Dresde, se jeter avec le gros des forces, par Pirna, sur les derrières des Alliés.

Le 24 août, il dévoile ce plan par lettre chiffrée à Maret, et lui demande si, à son avis, Dresde peut tenir vingt-quatre heures [1]. Il envoie d'autre part à Dresde Murat pour prendre le commandement en chef en attendant son arrivée.

« M. le duc de Bassano, je vous écris en chiffre pour qu'à tout événement, ce que je vous mande ne puisse pas être compris. Vous ferez déchiffrer cette lettre et vous en remettrez le déchiffrement signé de vous, comme conforme à l'original au maréchal Saint-Cyr, et vous me ferez connaître son opinion sur son contenu.

« Mon intention est de me porter sur Stolpen. Mon armée y sera réunie demain. J'y passerai le 26 à faire des préparatifs et à rallier mes colonnes. Le 26, dans la nuit, je ferai filer mes colonnes par Kœnigstein et à la pointe du jour, le 27, je me mettrai dans le camp de Pirna avec 100,000 hommes. J'opérerai de manière qu'à 7 heures du matin l'attaque sur Hellendorf commence et que j'en sois maître à midi. Je me mettrai alors à cheval sur cette communication. Je m'emparerai de Pirna. J'aurai 2 ponts prêts pour les jeter, si cela est nécessaire, à Pirna.

« *Ou l'ennemi a pris pour ligne d'opération la route de Peterswalde à Dresde*, et alors je me trouverai sur ses derrières, toute mon armée contre lui, qui ne peut rallier la sienne en moins de 4 ou 5 jours.

« *Ou bien il a pris sa ligne d'opération par la route de Kommotau à Leipzig*; alors il ne rétrogradera pas, et il se portera sur Kommotau ; Dresde se trouvera dégagé, et je me trouverai en Bohême plus près de Prague que l'ennemi, et j'y marcherai. Le maréchal Saint-Cyr suivra l'ennemi aussitôt que celui-ci paraîtra déconcerté.

« Je masquerai ce mouvement en couvrant la rive de l'Elbe de 30,000 hommes de cavalerie avec de l'artillerie légère, de sorte que l'ennemi, voyant toute la rivière bordée, croit mon armée sur Dresde.

« Voilà mon projet, il peut d'ailleurs être modifié par les opérations de l'ennemi. Je suppose que, quand j'entreprendrai mon attaque, Dresde ne sera pas attaqué de manière à pouvoir être pris en vingt-quatre heures. »

---

[1] 20449. Maret, ministre des affaires extérieures, qui a toute la confiance de Napoléon, a été laissé par lui à Dresde.

Pour être encore plus complètement renseigné sur la situation de Dresde, Napoléon y envoie Gourgaud, son premier officier d'ordonnance.

A 3 heures après midi, Napoléon, de Bautzen, écrit à Maret :

« J'arrive maintenant à 3 heures après midi, avec la Garde. Le général Vandamme est à Stolpen et Neustadt. Toute l'armée sera demain à Stolpen. J'y aurai demain mon quartier général et plus tôt, si j'apprends des nouvelles de Dresde de la journée d'aujourd'hui qui nécessitent ma présence...

« Rendez-moi compte des mesures que j'ai ordonnées de s'emparer des maisons et de barricader les rues qui donnent sur les brèches. Si elles sont exécutées, Dresde peut tenir plusieurs jours. Demain, à 2 heures après midi, 40,000 hommes pourront entrer dans Dresde ; mais si toutes les mesures sont prises, que les redoutes soient armées et que les troupes soient bien disposées, il n'y a rien à craindre, et alors je préférerais faire déboucher les 40,000 hommes par Kœnigstein, et je déboucherai sur la rive ennemie avec toute l'armée par Kœnigstein[1]. »

A son arrivée à Stolpen, le 25, à 7 heures 1/2 du matin, Napoléon écrit à Maret :

« Je reçois votre lettre de minuit et trois quarts. J'arrive à Stolpen. Les troupes du général Vandamme sont déjà fort avancées sur Dresde. Je vais prendre des mesures pour les diriger sur Kœnigstein, où je pourrai déboucher le 25 ou le 26...

« Il arrive une grande quantité de cavalerie. Le général Latour-Maubourg, qui a 13,000 à 14,000 chevaux peut arriver demain de bonne heure à Dresde ; il faudra l'employer à chasser la cavalerie ennemie de la plaine. Je désire, du reste, qu'on fasse le moins de mouvements possible pour que rien n'annonce à l'ennemi l'arrivée des forces et les opérations qu'on médite. Il serait bien important d'avoir quelques renseignements sur la force de l'ennemi et la distribution de ses troupes[2]. »

A la même heure, 7 heures 1/2, il écrit à Murat[3] :

« Je reçois votre lettre. J'arrive à Stolpen. Du moment que je me

---

[1] 20457.
[2] 20459.
[3] 20460.

serai assuré de la bonne situation sur Dresde et des mesures prises pour se mettre en état de défense, mon intention est de déboucher par Kœnigstein. Je déboucherai sur Hellendorf; je m'emparerai du camp de Pirna[1] et je ferai jeter un pont à Pirna. Une fois sur cette communication de la Bohême, j'agirai selon les circonstances pour tâcher de profiter des fautes que pourrait faire l'ennemi. Cette opération ne peut commencer que demain; nous ne pouvons déboucher en forces qu'après demain. Je pense donc que vous devrez rester à Dresde encore les journées d'aujourd'hui et de demain : d'ici là, j'aurai pris décidément un parti. Comme je n'aurai pas besoin d'une si grande quantité de cavalerie, je ne serais pas éloigné d'envoyer le général Latour-Maubourg pour balayer la plaine. »

A 9 heures du matin, Napoléon écrit à Gouvion Saint-Cyr :

« Il est indispensable que je sois sans inquiétude sur Dresde, pendant les journées du 26, 27, 28, 29 et 30. Dresde doit tenir plus de 6 jours. »

Et après avoir détaillé la défense de la place telle que nous l'avons indiquée plus haut il termine ainsi :

« Enfin les feux de la place ne peuvent être éteints qu'en établissant régulièrement plusieurs batteries; ce qui consommera les 7 ou 8 jours que je demande. Des barricades, établies derrière la première ligne de maisons vis-à-vis les brèches, rendraient d'ailleurs vains les efforts de l'ennemi et prolongeraient la défense. Dresde peut donc se défendre selon les règles de l'art, 6 ou 7 jours, et avec opiniâtreté 15 ou 20 jours. La ville prise, il resterait les ouvrages de la rive droite, où l'on aurait fait transporter tout ce qu'il y aurait de précieux et où l'on se défendrait longtemps. »

Ainsi, le 25, Napoléon veut encore se jeter avec le gros de ses forces, par Pirna, sur les derrières de l'armée de Bohême. Pour

---

[1] Camp de Pirna. « Le camp de Pirna est défendu à l'Est par l'Elbe, rivière non guéable, ayant 60 à 80 toises de large; à l'Ouest par un marais profond et escarpé, ayant 30 à 40 toises de large, et enfin à la tête, par la forteresse de Kœnigstein, des bois et des ravins qui communiquent à la frontière de Bohême. Il forme un grand triangle, dont deux côtés ont 10,000 à 11,000 toises, et le petit côté 3,000 à 4,000. » Napoléon, *Précis des guerres de Frédéric II*, t. XXXII, p. 164. La toise vaut environ 2 mètres.

faciliter le débouché, Vandamme, avec le 1er corps, passant par Kœnigstein, prendra par le sud le plateau de Pirna, il formera ensuite l'avant-garde sur Hellendorf. A 3 heures après midi, Napoléon lui envoie des instructions minutieuses.

Mais, à 11 heures du soir, Gourgaud rejoint l'Empereur à Stolpen. L'armée de Bohême, annonce-t-il, est descendue dans la plaine de Dresde, quelques attaques ont été poussées par elle dans l'après-midi, si elles avaient été sérieuses, peut-être auraient-elles enlevé la ville; on n'espère plus à Dresde que dans l'Empereur.

« Enfin — dit l'Empereur à Gourgaud — quel est l'avis du duc de Bassano? » — « Sire, M. de Bassano ne pense pas qu'on tienne encore vingt-quatre heures. » — « Et vous? » — « Moi, Sire, je pense que Dresde sera enlevé demain si Votre Majesté n'est pas là. » — « Puis-je compter sur ce que vous me dites? » — « Sire, j'en réponds sur ma tête[1]. »

Il faut se résigner à porter notre gros sur Dresde. Toutefois, pour produire dans une certaine mesure l'effet de la manœuvre sur les derrières, l'Empereur maintient son ordre à Vandamme de déboucher par Kœnigstein.

« Je vous ai fait connaître hier mes intentions, lui écrit-il[2]; toute l'armée ennemie, hier à midi, s'est présentée sur Dresde et le maréchal Saint-Cyr craignait d'être attaqué aujourd'hui; je m'y porte. Mais cela est une probabilité de plus pour penser que les forces qui sont contre vous sont bien peu considérables. Débouchez donc le plus tôt possible, et emparez-vous du plateau. Maitre de l'extrémité de ce plateau, vous le serez de la ville de Pirna, et alors vous y ferez jeter un pont. *Enfin si les circonstances sont favorables*, débouchez pour vous porter sur Hellendorf. *Cette opération portera la terreur chez l'ennemi, et peut être d'un grand résultat.*

« Laissez deux bataillons et une brigade de cavalerie pour garder les redoutes de Hohnstein et de Lilienstein. La cavalerie battra les débouchés de Neustadt pour mettre le pays à l'abri de toute incursion.

« Il est convenable, pour faire une diversion sur Dresde, que

---

[1] Fain. Manuscrit de 1813.
[2] 20472.

vous débouchiez le plus tôt possible et j'ai l'espoir que, dans la journée, vous vous trouverez sur les derrières de l'ennemi, et que vous aurez écrasé la division qu'on a placée là pour vous observer. »

Pour guider Vandamme, Napoléon lui envoie son officier d'ordonnance Atthalin[1] qui connaît bien le pays, et, de plus, le général Haxo, commandant le génie de la Garde, qui préparera la question du débouché et verra les positions à retrancher.

Le 26, à la pointe du jour, Napoléon prend la route de Dresde avec la vieille Garde qui vient de faire 40 lieues en quatre jours. Derrière la Garde marchent la cavalerie de Latour-Maubourg, le 2e corps (Victor) et la cavalerie de Kellermann. Le corps de Marmont suit une route parallèle.

Nous aurons ce jour-là, à Dresde, 65,000 hommes, dont 17,000 de cavalerie. L'armée alliée est de 200,000 hommes, dont 24,000 cavaliers[2].

Bataille de Dresde. — Le maréchal Gouvion Saint-Cyr a concentré ses forces derrière les palissades des faubourgs de Dresde. L'armée ennemie, immense, enveloppe la ville, n'attendant que le signal de l'attaque. Un silence terrifiant règne entre les deux lignes.

A 10 heures, l'Empereur arrive au galop, précédant ses troupes. Immédiatement la confiance renaît. Il fait la reconnaissance du terrain ; les corps prennent position au fur et à mesure de leur arrivée.

Vers 3 heures après midi, trois coups de canon tirés de la hauteur de Rochnitz donnent à l'armée alliée le signal de l'at-

---

[1] « Je vous envoie mon officier d'ordonnance Atthalin, qui connaît les routes. Je vous renvoie avec lui un ingénieur-géographe qui a levé la carte et connaît également le pays. Prenez aussi dans la citadelle des ingénieurs saxons qui connaissent parfaitement le pays et prenez des forestiers pour vous conduire. » (20469.) Ordre au général Haxo : « Rendez-vous à Kœnigstein pour assister de vos conseils le général Vandamme. Ecrivez-moi quatre ou cinq fois dans la journée. »

[2] On voit l'avantage de la cavalerie pour renforcer rapidement une des masses circonférentielles.

taque. Les troupes ennemies s'avancent sur les différentes portes d'où, à leur grande surprise, débouchent les colonnes de la Garde,

Le lendemain, Napoléon dispose de 95,000 hommes qu'il déploie en avant de la ville.

Tandis qu'avec son artillerie, qu'appuie l'infanterie, il livre un combat de front, Murat, avec la cavalerie, pénétrant par le ravin de la Weisseritz dans l'ordre de bataille ennemi, sépare l'avant-garde du gros. A 3 heures, on annonce que l'ennemi se retire sur tous les points. Napoléon ne le croit pas définitivement en retraite.

> « Écrivez au roi de Naples... que l'ennemi n'est point en retraite, et qu'il ne regarde l'affaire d'hier que comme une attaque manquée et qu'il est douteux qu'il se mettra en retraite cette nuit. »

Il fait écrire de même à Marmont, à Ney, à Saint-Cyr :

> « de s'attendre à une grande bataille pour demain ».

Son intention est alors de tourner la gauche de l'ennemi.

> « S'il tient, mon intention est de le tourner par sa gauche, et le roi de Naples, avec les 38 bataillons du duc de Bellune (Victor) est chargé de cette opération. Le roi aura le général Latour-Maubourg, qui a 36 pièces d'artillerie et 2 divisions de cuirassiers. »

Au milieu de la nuit, Schwartzenberg mit son armée en retraite : le gros des Russes, sous Barclay, par les routes de Peterswalde et de Furstenwalde ; Ostermann doit couvrir la première de ces routes si Vandamme s'y trouve. Les Prussiens et une partie des Autrichiens, par la route d'Altenberg ; le reste des Autrichiens doit gagner la route de Freyberg à Prague. Une arrière-garde, sous Klenau, occupe les hauteurs de Nottnitz-Prohlitz.

Le 28, à l'aurore, la retraite de l'ennemi apparaît générale. A 5 heures, Napoléon donne des ordres pour la poursuite.

Poursuite après Dresde.

A notre gauche, Mortier, avec la jeune Garde et la cavalerie de Nansouty, marche sur la route de Pirna et pousse l'ennemi sur Prohlitz ; au centre, Saint-Cyr et Marmont attaquent de front l'arrière-garde ennemie ; à l'extrême droite, Murat s'avance sur Freyberg, refoule l'ennemi et lui enlève d'immenses convois.

L'idée première de Napoléon avait été de diriger Saint-Cyr sur Dohna pour joindre Vandamme au nord de Berggieshübel, et de pousser ces deux généraux droit au Sud, tandis que Mortier, avec la Garde, viendrait prendre position à Pirna [1].

Mais, informé que les Russes ont quitté Peterswalde pour appuyer vers l'Ouest, il pense que Barclay, craignant de trouver sur la route de Peterswalde, Vandamme, qu'observent depuis plusieurs jours Ostermann et le prince de Wurtemberg, se retire par Annaberg sur Karlsbad pour revenir par un détour sur Prague.

Il prescrit alors à Saint-Cyr d'appuyer à l'Ouest vers la route d'Altenberg pour suivre les Russes. Quant à lui, il va gagner Pirna pour suivre le mouvement de Vandamme.

Mais, vers 4 h. 30 du soir, il est pris de vomissements violents ; on le croit empoisonné et on s'efforce de le décider à rentrer à Dresde. A ce moment il apprend que le prince de Wurtemberg et Ostermann, profitant de l'immobilité de Vandamme, qui attend pour avancer que Saint-Cyr et Mortier soient à portée de le soutenir, ont écoulé leurs colonnes sur la route de Berggieshübel. Il ne peut plus espérer les couper. Dès lors sa présence n'est plus nécessaire ; il sera mieux à Dresde, au nœud de l'éventail des communications, pour diriger l'ensemble de la poursuite.

Persuadé que les convois de l'ennemi qui se trouvent à Tœp-

---

[1] 20483. « Mon cousin, donnez ordre au maréchal Saint-Cyr de marcher sur Dohna, Il se mettra sur la hauteur et suivra sur les hauteurs la retraite de l'ennemi, en passant par Dohna et la plaine. Le duc de Trévise (Mortier) suivra la grand'route (celle de Pirna). Aussitôt que la jonction sera faite avec le général Vandamme, le maréchal Saint-Cyr continuera sa route pour se porter avec son corps et celui du général Vandamme sur Berggieshübel. Le duc de Trévise prendra position sur Pirna. Du reste, je m'y rendrai moi-même aussitôt que je saurai que le mouvement est commencé. Il est nécessaire qu'en marchant sur Dohna, toutes les colonnes du maréchal Saint-Cyr soient dans la plaine, afin d'être toujours en vue du duc de Trévise. »

Et à Vandamme : « Ecrivez au général Vandamme pour l'instruire du mouvement de retraite de l'ennemi ; 30,000 hommes, 40 pièces de canon et plusieurs généraux ennemis ont été pris. Instruisez-le aussi de la marche du maréchal de Saint-Cyr et du duc de Trévise sur Dohna et Pirna. Aussitôt que la réunion sera faite, il formera tout son corps sur les hauteurs de Berggieshübel et de Hellendorf. Je vais me rendre sur le chemin de Pirna. »

litz n'iront pas rejoindre les troupes sur la route d'Annaberg, à
60 kilomètres de là, mais prendront le chemin de Tœplitz à
Tetschen, par Aussig, Napoléon désire que Vandamme, une fois
arrivé à Peterswalde, intercepte cette communication. Vandamme
prendra alors sa ligne sur Tetschen, où l'on va établir un pont de
bateaux.

> « Monsieur le général Vandamme, l'Empereur ordonne que vous
> vous *dirigiez sur Peterswalde* avec tout votre corps d'armée, la
> division (de cavalerie) Corbineau, la 42e division, enfin la brigade
> du 2e corps que commande le général prince de Reuss, ce qui vous
> fera 18 bataillons d'augmentation. Pirna sera gardé par les troupes
> du duc de Trévise, qui arrive ce soir à Pirna. Le maréchal a aussi
> l'ordre de relever vos postes du camp de Lilienstein. Le général
> Baltus, avec votre batterie de 12 et votre parc, arriveront ce soir à
> Pirna. Envoyez-le chercher. L'Empereur désire *que vous réunissiez
> toutes les forces qu'il met à votre disposition*, et qu'avec elles vous
> pénétriez en Bohême et culbutiez le prince de Wurtemberg s'il
> voulait s'y opposer. L'ennemi que nous avons battu *paraît se retirer
> sur Annaberg.* Sa Majesté pense que vous pourriez arriver avant
> lui sur *la communication de Tetschen, Aussig et Tœplitz,* et par là
> prendre ses équipages, ses ambulances, ses bagages, et enfin tout
> ce qui marche derrière une armée. L'Empereur ordonne qu'on lève
> le pont de bateaux devant Pirna, afin de pouvoir en jeter un à
> Tetschen. »

Le retour de Napoléon à Dresde a été souvent donné comme la
cause du malheur de Culm. Mais après Iéna il n'avait pas dirigé
la poursuite de plus près. Qu'eût-il fait près de Vandamme alors
que ni les circonstances ni le terrain ne comportaient l'organisation d'une bataille? Ce qui importait, c'est que nos corps fussent
à même de se secourir mutuellement ; de cela, Napoléon avait
pris soin.

A Dresde il eut d'ailleurs à préparer une contre-offensive sur
l'armée de Silésie.

Quoi qu'il en soit, ayant reçu vers 5 heures, l'ordre de Napoléon, Vandamme part sans attendre son artillerie de réserve, et
bientôt se heurte à un corps de 4,000 à 5,000 hommes qu'il culbute. A 5 h. 30, arrivé à Hellendorf, il rend compte qu'il marchera

le lendemain sur Tœplitz s'il ne reçoit pas d'ordre contraire[1]. C'est plus que ne lui en demandait Napoléon.

N'ayant pas reçu de contre-ordre, se croyant autorisé par une lettre assez obscure du Major général, Vandamme marche le lendemain sur Tœplitz.

Le 29, à 6 h. 30 du matin, désireux de précipiter la poursuite de l'ennemi, Napoléon fait envoyer à Murat, à Marmont et à Saint-Cyr les instructions ci-après[2] :

« Donnez ordre au roi de Naples de se porter sur Frauenstein et de tomber sur les flancs et les derrières de l'ennemi, et de réunir à cet effet sa cavalerie, son infanterie et son artillerie.

« Donnez l'ordre au duc de Raguse de suivre l'ennemi sur Dippoldiswalde et dans toutes les directions qu'il aurait prises. Donnez l'ordre au maréchal Saint-Cyr de suivre l'ennemi sur Maxen et sur toutes les directions qu'il aurait prises.

« Instruisez ces trois généraux de la position respective des deux autres, afin qu'ils sachent qu'ils se soutiennent. »

A 7 h. 30, Napoléon prévenait Murat que Vandamme marchait sur Tœplitz.

« Aujourd'hui 29, à 6 heures du matin, le général Vandamme a attaqué le prince de Wurtemberg près de Hellendorf : il lui a fait 1,500 prisonniers et pris 4 pièces de canon et il l'a mené tambour battant ; c'étaient tous Russes. Le général Vandamme marchait sur Tœplitz avec tout son corps. Je vous écris cela pour votre gouverne. Le général Vandamme écrit que l'épouvante est dans toute l'armée russe. »

A 10 heures du matin, il lui écrivait encore :

« J'ai reçu vos lettres d'hier et je reçois celle d'aujourd'hui à 10 heures du matin. Le Major général a dû vous écrire de vous por-

---

[1] « Nous sommes arrivés à Hellendorf. L'ennemi a fait de vains efforts contre nos jeunes braves ; il a été partout culbuté et mis en pleine déroute... J'ai environ 4,000 à 5,000 hommes devant moi. Je les attaque demain à la pointe du jour, et je *marche sur Tœplitz avec tout le 1er corps, si je ne reçois pas d'ordre contraire...* »

[2] 20485.

ter sur Frauenstein. Le duc de Raguse marche sur Dippoldiswalde, et le maréchal Saint-Cyr sur Maxen. Le général Vandamme, qui était hier à Hellendorf, doit être entré aujourd'hui en Bohême, du côté de Peterswalde...

« P.-S. — Je reçois dans l'instant une lettre du duc de Raguse. Il est arrivé en avant de Dippoldiswalde; il poursuit l'arrière-garde ennemie, dont toute l'armée se retire par Altenberg sur Tœplitz... »

Ce jour-là, *Marmont* occupe Dippoldiswalde et force une position au delà de Falkenstein, défendue par 12,000 à 15,000 hommes avec 28 canons.

Saint-Cyr s'arrête à Reinhardsgrimma pour laisser passer le maréchal Marmont, il n'a fait dans sa journée qu'une lieue et demie.

Vandamme, qu'aiguillonne le regret de n'avoir pas contribué à la victoire de Dresde, et désireux de gagner pourtant le bâton de maréchal, franchit à la pointe du jour le défilé de Peterswalde; il y enlève un régiment russe. Avant midi, maître de Hellendorf, il descend dans la plaine de Culm avec sa tête de colonne. Là, il se heurte à Ostermann qui couvre Tœplitz. Des deux côtés, les renforts arrivent et rendent le combat indécis jusqu'au soir. On passe la nuit à une demi-portée de fusil. Préoccupé de l'isolement du 1er corps, Haxo propose à Vandamme de s'échelonner sur Hellendorf; Vandamme s'y refuse, croyant être soutenu le lendemain par Marmont, Saint-Cyr et Mortier. Dans la nuit, on détache le général Kreutzer à Aussig, avec 2 bataillons, 500 chevaux et les sapeurs du corps d'armée, pour se relier au pont projeté à Tetschen.

Le malheur de Culm. — En pointe comme il l'était, Vandamme aurait dû s'assurer s'il pouvait être secouru par Saint-Cyr ou par Mortier; il devait, en tout cas, concentrer son corps en le rapprochant de Hellendorf. Au lieu de cela, il demeura toute la matinée à Culm, où le rejoignit son parc de réserve. Vers 11 heures du matin, il y est attaqué par des forces considérables que Barclay amène de Tœplitz. Après quatre heures de lutte, il entend le canon derrière lui. C'est celui de Kleist qui, par Schonwald, est parvenu à Hellendorf. Vandamme fait alors attaquer Kleist par sa cavalerie et la brigade d'infanterie Guiot.

Cependant Barclay gagne du terrain sur les deux flancs. Dumonceau se retire en carrés dans la plaine. Repoussant tous les efforts de la cavalerie ennemie, Mouton-Duvernet qui forme la droite, et Philippon qui est au centre se retirent par les hauteurs boisées sur Furstenwalde sans être poursuivis. Mouton-Duvernet arrive en bon ordre à Liebenau, où il trouve Saint-Cyr. Quant à Vandamme, il est fait prisonnier.

Lorsqu'il vit les préparatifs de l'attaque, s'il avait reployé ses troupes en échelons, s'il avait gagné deux heures et deux lieues, Vandamme se serait trouvé en ligne avec Saint-Cyr et Marmont, malgré les lenteurs du premier, malgré les résistances qu'avait dû vaincre le second. Il se fût d'autre part trouvé assez près de Mortier pour que ce dernier, qui se mit en marche à 2 heures (beaucoup trop tard), eût le temps de l'appuyer.

Le 30, peu après 5 heures, Gouvion Saint-Cyr, qui aurait dû avoir rejoint Vandamme, ou qui, du moins, aurait dû suivre le corps de Kleist, s'arrêtait à Lauenstein, à 12 kilomètres de Culm, et écrivait au Major général la lettre ci-après :

« Mon prince, conformément à la lettre que Votre Altesse m'a fait l'honneur de m'écrire ce matin, j'ai cherché un chemin pour me porter entre le 6ᵉ et le 1ᵉʳ corps, j'ai passé par Glashutte et Dittersdorf ; j'espère que mon artillerie passera le grand ravin de Glashutte et m'arrivera ce soir. Mon avant-garde était échelonnée sur la route d'Altenberg, par conséquent, n'est arrivée qu'après mon infanterie. Je suis arrivé avec la tête de cette infanterie sur les 5 heures du soir au village de Libeneau au moment où un gros corps de troupe y arrivait dans le plus grand désordre. Aussitôt qu'un peloton de cavalerie fut arrivé, nous le reconnûmes ; il s'est trouvé que c'était le 1ᵉʳ corps d'armée ; il a arrêté sa marche et s'est rallié sur nous. L'aide de camp du général Corbineau vous donnera les détails de la catastrophe arrivée à ce corps d'armée. J'ai prévenu ce soir le maréchal Marmont qui canonnait ce soir en avant d'Altenberg, on croit que le 1ᵉʳ corps est suivi, et que l'ennemi débordera demain notre gauche. L'avantage qu'il a eu étant assez considérable pour le déterminer à prendre l'offensive, il me paraîtrait bien nécessaire que le corps du duc de Trévise s'avançât sur la route de Peterswalde et sur la vieille route de Tœplitz, à peu près à notre hauteur. Sa Majesté jugera mieux que moi ce qu'il sera convenable de faire, j'attends ses ordres. »

Il est indéniable que Gouvion Saint-Cyr a eu une grande part dans le malheur de Culm. S'il avait eu le tempérament d'un Murat ou d'un Ney, il n'eût pas attendu d'ordre pour serrer de près l'ennemi et la poursuite de Dresde eût donné des résultats supérieurs à celle d'Iéna.

Voyons ce qu'avait fait Mortier.

L'ordre d'appuyer Vandamme dut lui arriver le 30, à 3 heures après-midi, car à cette heure, il écrit de Pirna au Major général :

> « Monseigneur, en conséquence de l'avis que Votre Altesse me donne par sa lettre de ce jour, je fais prendre les armes à la troupe sous mes ordres, pour appuyer, si cela est nécessaire, le général Vandamme à qui j'envoie un officier.
>
> « Dans ce moment, le général Lefebvre-Desnoëttes m'annonce qu'une colonne de 7,000 à 8,000 Prussiens, avec une nombreuse artillerie, arrive sur Pirna, par la route de Peterswalde. Je vais me porter en avant pour la reconnaître. »

Et à 5 heures du soir, il lui écrit à nouveau :

> « Monseigneur, j'étais en marche pour me porter sur Peterswalde et reconnaître la colonne dont je vous ai parlé cet après-midi, j'ai rencontré le général... du corps du général Vandamme. D'après son rapport, il y aurait eu aujourd'hui à Culm, près Carbitz, une affaire fâcheuse où le 1er corps aurait été compromis ; je vous envoie cette lettre par le colonel..... qui s'est trouvé à l'affaire et qui pourra vous donner les renseignements que vous lui demanderez.
>
> « Je pense qu'il conviendrait d'échelonner derrière moi les 1re et 2e divisions de la jeune Garde qu'on me dit être rentrées à Dresde. J'ai devant moi un corps ennemi dont je ne puis trop évaluer la force ; il serait considérable si le rapport d'un prisonnier que nous venons de faire était exact [1]. »

A 10 heures du soir, nouvelle lettre :

> « Monseigneur, je me suis porté à deux lieues d'ici sur la route de Peterswalde, pour avoir des nouvelles du général Vandamme ; des officiers, des soldats qui s'échappaient m'ont tous confirmé la

---

[1] Ducasse, p. 523.

nouvelle du désastre qui a eu lieu aujourd'hui à Culm près de Carbitz, et que je vous ai annoncé.

« Le directeur du parc du 1er corps, que j'ai vu, m'a assuré que toute l'artillerie et celle de la réserve a été prise ; on dit le général Vandamme blessé et au pouvoir de l'ennemi ; cependant un fourrier du train m'a assuré qu'il l'avait suivi pendant quelque temps, et qu'il croyait qu'il s'en était tiré. Il paraîtrait qu'il a combattu contre des troupes fraîches arrivant de Tœplitz et d'Aussig.

« J'ignore où se trouve le corps du général Saint-Cyr, mais il est probable que si l'ennemi profite de l'avantage qu'il a eu dans la journée, il cherchera à se glisser entre lui et moi, et à gagner avant moi la tête des défilés qui conduisent à Dresde.

« Dans cet état de choses, je compte me porter sur Lauban et Dotritz, afin de me rapprocher de Dresde. Je laisserai au camp retranché de Lilienstein le régiment qui s'y trouve, et avec lequel on pourra communiquer par la rive droite. Je prie Votre Altesse de me faire connaître les ordres de Sa Majesté par le retour de l'officier porteur de la présente. »

Cette lettre montre le peu que Napoléon pouvait attendre de Mortier lorsqu'il n'était pas là pour le rassurer. Au lieu d'expliquer le malheur de Vandamme par la rencontre de forces en retraite, Mortier imagine que les Alliés, qui la veille fuyaient vers la Bohême, se reportent sur Dresde. Non seulement il ne court pas au secours de Vandamme, mais sans même attendre que la situation se soit éclaircie, sans réfléchir que les montagnes lui permettent de tenir tête à l'ennemi avec un faible effectif, sans se mettre en relation par sa cavalerie avec Saint-Cyr, il ne pense qu'à faire en toute hâte sa retraite sur Dresde. Avec de tels maréchaux, Napoléon était désarmé.

De ce qui précède, il ressort que le malheur de Culm est dû à un concours de fatalités : manque d'activité de Gouvion Saint-Cyr, défaillance de Mortier, imprudence de Vandamme. Sans doute, s'il était venu à Pirna comme il l'avait projeté, Napoléon aurait poussé Mortier sur Vandamme. Mais pouvait-il prévoir les fautes qu'allaient commettre ses généraux ? A Dresde, il ne se trouvait qu'à trois ou quatre heures d'estafette d'eux, beaucoup plus près qu'il ne s'était tenu de Murat, de Ney, de Soult, le lendemain d'Iéna. Et si Vandamme était en pointe à Tœplitz, la proximité de Mortier et de Saint-Cyr excluait toute crainte.

Le 30, Saint-Cyr pouvait arriver à Zinwald, à moins de 10 kilomètres de Tœplitz, et Mortier à Peterswalde[1]. Napoléon pouvait-il deviner que Vandamme s'aventurerait dans la plaine sans tenir les hauteurs. On a parlé d'un ordre du Major général à Vandamme de n'avoir à se préoccuper ni de ses derrières ni de ses flancs ; mais cet ordre qui n'a pas été retrouvé est invraisemblable. Même sans son indisposition, il était naturel que Napoléon, après avoir fait converger sur l'ennemi plus de 100,000 hommes[2] et prescrit les dispositions de la poursuite, en laissât l'exécution à ses généraux, comme il avait toujours fait, qu'il revînt à Dresde pour prendre les mesures nécessaires pour repousser loin de Gœrlitz l'armée de Silésie, et empêcher la défaite d'Oudinot de se transformer en désastre.

C'est, je l'ai dit plus haut, un des inconvénients, et non des moindres, du système d'opérations sur *position centrale* que rarement le général en chef puisse pousser à fond la poursuite de la masse ennemie qu'il vient de battre, et qu'il soit toujours rappelé d'urgence sur un autre point de l'échiquier stratégique.

Dans l'affaire de Culm, les pertes matérielles ne furent pas très considérables[3], mais l'effet moral qui s'en suivit annula la victoire de Dresde. Le 31, Napoléon ayant besoin de forces pour repousser Blücher et Bernadotte, interrompit la poursuite.

---

[1] Toute une division de Vandamme a pu rejoindre Saint-Cyr.

[2] Les effectifs engagés dans la poursuite semblent avoir été les suivants :

Murat. { 1er corps de cavalerie. 10,000 h. (Latour-Maubourg)... 2e corps (Victor)..... 20,000	}	30,000 h.
Marmont..		15,000
Saint-Cyr...		15,000
Mortier..		20,000
Vandamme..		25,000
Total..............................		105,000 h.

[3] Le 1er septembre, Napoléon écrit à Murat : « Le malheur arrivé au 1er corps est un malheur auquel on ne pouvait s'attendre. Le général Vandamme, qui paraît s'être tué, n'avait pas laissé une sentinelle sur les montagnes, ni une réserve nulle part ; *il s'était engouffré dans un fond, sans s'éclairer en aucune façon.* Cependant, il m'arrive beaucoup de monde de son corps ; presque tous les généraux sont arrivés, et il est aussi arrivé déjà 15,000 hommes, de sorte que je pense que ma perte ne sera que de 4,000 ou 5,000 hommes. »

Avant d'aller plus loin, il est nécessaire de dire un mot des affaires de Grossbeeren et de la Katzbach.

Grossbeeren. — Le 15, l'armée de Bernadotte, composée de troupes de diverses nations, de corps de nouvelle formation, de landwehr, en somme plus formidable en apparence (90,000 hommes) qu'en réalité, occupait une longue ligne de cantonnements autour de Berlin : les Prussiens tenaient la gauche près de Berlin ; les Russes, la droite vers Brandebourg et Plaue ; les Suédois, le centre vers Orianenburg. Le corps prussien d'Hirschfeld observait Magdebourg. Les Russes et les Suédois étaient plus éloignés de Berlin que l'armée d'Oudinot alors à Baruth.

Des retranchements avaient été construits en avant de Berlin, et aussi sur les défilés au Sud, entre la Sprée et le Havel. Sur ces défilés, trois permettaient d'arriver à Berlin : à gauche, la route de Potsdam ; au centre, la route de Jütterbog, Trebbin, Grossbeeren ; à droite, la route de Baruth, Lukenwalde.

Après différents mouvements, Bernadotte avait réuni son armée entre la Sprée, Mittenwalde, Trebbin et Balitz.

Le 19, Oudinot entra sur le territoire prussien. Croyant ne pouvoir franchir les inondations sur la route de Baruth-Berlin, il appuya, le 21, sur la route du centre, et força le défilé de Trebbin. Le 22, il fit repos. Le 23, pour s'ouvrir cette route du centre, il crut nécessaire de diriger un corps d'armée sur chacun des trois défilés de Blankenfelde, Grossbeeren et Ahrendorf : 4ᵉ corps (Bertrand), à droite ; 7ᵉ (Reynier), au centre ; 12ᵉ (sous son commandement), à gauche [1].

Bertrand trouva devant lui le corps de Tauenzien. Voici comment Jomini rapporte les engagements des trois corps :

---

[1] Les indécisions d'Oudinot se reflètent dans la correspondance de Napoléon : « Les nouvelles du duc de Reggio, du 20, sont qu'il s'est détourné et s'est posté sur Luckenwalde, et qu'il craignait de ne pouvoir franchir les inondations que l'ennemi, *supposait-on*, avait tendues tout autour de Berlin, surtout de ce côté-ci. » 20137, du 22.

« Je viens de recevoir des nouvelles du duc de Reggio du 22 au soir de Trebbin ; il n'était plus effrayé des inondations, ce monstre avait disparu en approchant ; il ne l'était pas plus de ces fortifications qui ne tenaient pas à une vingtaine de coups de canon. Il espérait être aujourd'hui ou demain à Berlin. » 20154, du 24.

« Il serait difficile d'affirmer ce que voulait le maréchal, en engageant ainsi ses forces dans un terrain coupé de bois et de marais, où aucun chemin transversal ne lui permettait de réunir ses colonnes, et en marchant lui-même à la queue de sa gauche. Rien n'était disposé pour une bataille.

« Bertrand rencontra le 1er, à 6 heures du matin, près de Blankenfeld, le corps de Tauenzien, qui défendit très bien le débouché des bois à la faveur de ce village. Le combat fut opiniâtre et sans résultat.

« Il était déjà terminé, lorsqu'au centre, Reynier donna, à 3 heures du soir vers Grossbeeren, sur l'avant-garde de Bülow qu'il en délogea. Il se disposait à y établir ses bivouacs, bien éloigné de croire à une attaque quand Bülow fondit sur lui, à la tête de 35,000 Prussiens avec 100 pièces de canon. Malgré tout ce que les Saxons et la division Durutte purent faire, force fut de céder le terrain à une telle supériorité; ils se retirèrent à la faveur des bois, après avoir eu 3,000 hommes hors de combat.

« Au bruit du canon, les généraux Guilleminot et Fournier, qui formaient la tête de colonne du 12e corps, se dirigèrent en toute hâte vers Neu-Beeren; ils arrivèrent à la nuit tombante pour protéger la retraite, mais trop tard pour rétablir le combat. La cavalerie du général Fournier, en se déployant à gauche de ce hameau, fut chargée en flanc par l'ennemi qu'on apercevait à peine. Une partie de nos escadrons, poussant devant eux des pelotons prussiens, coururent dans la plaine jusqu'en vue d'Hennersdorf où l'ennemi les suivit et les ramena plus vite qu'ils n'étaient venus.

« Oudinot, arrivé à Wittskof y apprit la défaite de son centre et ordonna la retraite sur Wittenberg.

« Bernadotte laissa Oudinot faire paisiblement sa retraite malgré sa formidable cavalerie. »

L'Empereur, fort mécontent de la conduite d'Oudinot, lui retira immédiatement son commandement et le donna à Ney qui n'allait pas faire mieux.

« Répondez au duc de Reggio, écrit Napoléon au Major général, que j'apprends, avec un extrême mécontentement, qu'avec les trois corps dont il n'a fait aucun usage, il se soit retiré sous le canon de Wittenberg; qu'il a rendu inutile cette portion de nos forces, et compromis en même temps les corps qui étaient sur la Neisse; que déjà, m'apercevant de l'incertitude de ses mouvements, j'ai envoyé le prince de la Moskowa prendre le commandement de son armée. »

Et dans une lettre à Ney, du 2 septembre, il écrit :

> « Le duc de Reggio n'a jamais abordé l'ennemi, et il a eu tort
> de faire donner un de ses corps séparément. S'il l'eût abordé fran-
> chement, il l'aurait partout culbuté. »

La Katzbach. — Le 23 août, en quittant Macdonald, l'Empereur, voulant exploiter le mouvement de retraite de Blücher, lui
avait ordonné de rejeter les Prussiens au delà de Jauër, puis de
prendre une position défensive sur le Bober. Avec le 6ᵉ corps,
Macdonald était à peu près à égalité de forces avec Blücher.
Mais un contretemps singulier se produisit. Napoléon avait
donné l'ordre que Ney le suivît à Gœrlitz. On comprit qu'il voulait
le maréchal avec son corps d'armée, le 3ᵉ corps, fût mis en route
vers l'Ouest.

Croyant ne pas pouvoir entamer son mouvement sans le
3ᵉ corps, Macdonald attendit deux jours qu'il fût rentré en ligne.
A ce répit, Blücher devinant le départ de Napoléon, arrêta ses
troupes et se prépara à reprendre l'offensive.

S'il avait compris l'*esprit* de ses instructions, Macdonald s'en
serait tenu à la *défensive*, puisque le bénéfice de la poussée de
Napoléon était perdu ; mais il ne vit que *la lettre*, prit l'offensive et augmenta cette faute par les plus mauvaises dispositions.

Il s'avança en deux masses séparées par un profond ravin. A
notre extrême droite, la division Puthod fut dirigée sur Hirch-
berg pour tourner la gauche prussienne. Blücher, bien renseigné
par sa cavalerie, opposa une faible portion de ses forces à notre
droite, et concentra son gros contre notre gauche, qui dut se
retirer en désordre jusque sur la Katzbach. Notre droite suivit ce
mouvement rétrograde. Un temps affreux, qui avait fait déborder
la Katzbach, entrava notre retraite, la division Puthod, qui avait
le plus long chemin, fut en partie détruite ou prise.

Grossbeeren, la Katzbach, Culm, ces trois défaites partielles,
détruisaient l'effet de la victoire de Dresde.

Le 30, c'est-à-dire avant qu'il connût le malheur de Vandamme, supposant l'armée de Bohême hors jeu pour quelques
jours, Napoléon, comme à ses moments difficiles, ayait analysé
par écrit sa situation et examiné les moyens d'y remédier. Voici
sa Note (21492) :

Note sur la situation générale de mes affaires.

Dresde, 30 août 1813.

« J'ai deux plans à adopter.

« Le premier, d'aller à Prague, profitant de mes succès contre l'Autriche. Mais, d'abord, je ne suis plus en mesure d'arriver avant l'ennemi à Prague, ville forte ; je ne la prendrai pas ; la Bohême peut s'insurger : je serais dans une position difficile ; 2° l'armée ennémie de Silésie attaquerait mon armée de Silésie, je serais dans une position délicate à Prague ; il est vrai, cette armée pourrait se porter à Dresde et s'y appuyer ; 3° dans cette position des choses, l'armée d'Oudinot ne peut rester que défensive ainsi que celle du prince d'Eckmuhl, et, vers le milieu d'octobre, je perdrai 9,000 hommes à Stettin. J'occuperais alors la ligne de l'Elbe, de Prague à la mer ; elle est par trop étendue ; si elle perçait dans un point, elle ouvrirait accès dans la 32° division et pourrait me rappeler dans la partie la plus faible de mes États. Les Russes ne craignent rien pour eux ni pour la Pologne ; ils se renforceraient entre l'Oder et l'Elbe, dans le Mecklemburg et en Bohême.

« Ainsi, le projet d'aller à Prague a des inconvénients :

« 1° Je n'ai pas suffisamment de chances pour être sûr d'avoir la ville de Prague.

« 2° Que je me trouve alors avec mes principales forces dans un tout autre système et me trouvant moi, de ma personne, à l'extrémité de ma ligne, je ne pourrais me porter sur les points menacés ; des sottises seraient faites, ce qui porterait la guerre entre l'Elbe et le Rhin, ce qui est le désir de l'ennemi.

« Le 3° inconvénient : je perdrais mes places de l'Oder, et ne serais pas en acheminement sur Dantzig.

« En marchant au contraire sur Berlin, j'ai aussitôt un grand résultat : je protège ma ligne de Hambourg à Dresde ; je suis au centre ; en cinq jours, je puis être aux points extrêmes de ma ligne ; je dégage Stettin et Küstrin ; je puis obtenir ce prompt résultat de séparer les Russes des Autrichiens ; dans la saison, je ne puis être embarrassé de vivre à Berlin ; les pommes de terre, les grandes ressources de cette ville, les canaux, etc., me nourriront, et je maintiens la guerre où elle a été jusqu'à cette heure. La guerre d'Autriche n'a pour moi que l'inconvénient d'un sacrifice de 120,000 hommes mis sur la défensive entre Dresde et Hof, défensive utile à mes troupes qui se forment. Je puis me prévaloir auprès de l'Autriche de cette condescendance de ne pas porter la guerre

CAMPAGNE DE 1813

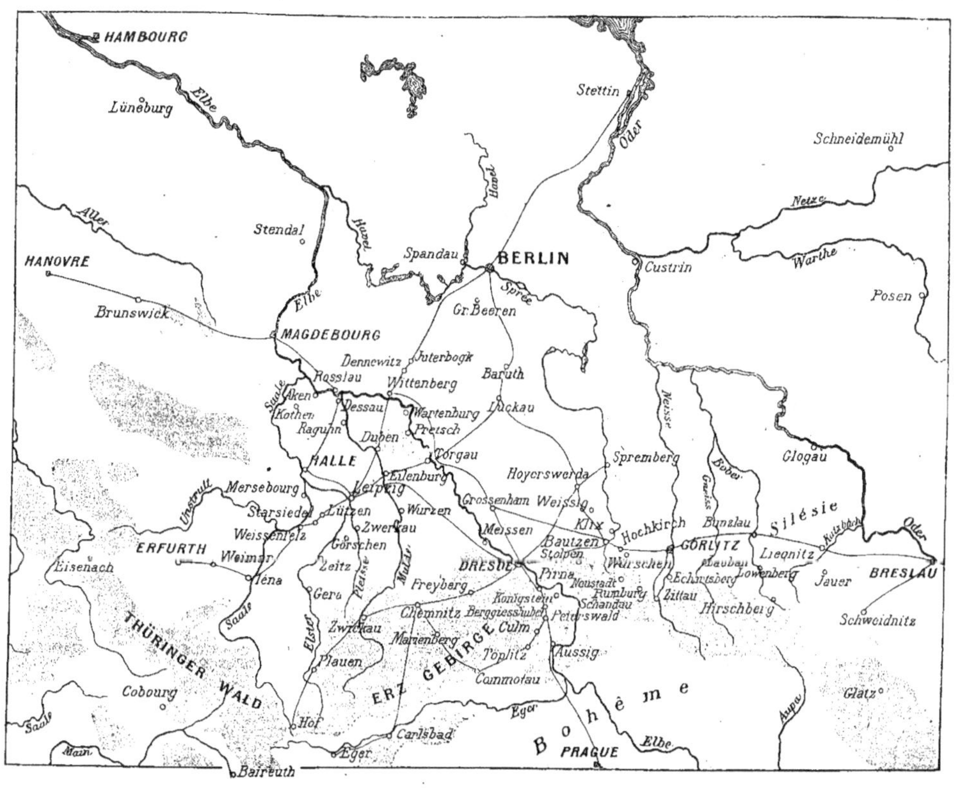

en Bohême. L'Autriche, ne pouvant se porter nulle part, ayant 120,000 hommes sur ses frontières, je menace d'aller à Prague sans y aller. Les Prussiens ne se soucieront pas de rester en Bohême leur capitale prise, et les Russes eux-mêmes seront inquiets pour la Pologne, en voyant les Polonais réunis sur l'Oder. Il faudrait alors qu'il arrivât une de ces deux choses. Les Russes, les Prussiens de Bohême forceront l'Autriche à reprendre l'offensive, à revenir à Dresde ; ce ne peut être que dans quinze jours. Alors j'ai pris Berlin, ravitaillé Stettin, détruit les travaux des Prussiens et désorganisé la landwehr. Alors, si l'Autriche recommence ses sottises, je me trouverai à Dresde avec une armée réunie ; de grands événements, une grande bataille termineraient la campagne et la guerre.

« Enfin, dans ma position, tout plan, où de ma personne je ne suis pas au centre, est inadmissible. Tout plan qui m'éloigne établit une guerre réglée, où la supériorité des ennemis en cavalerie, en nombre et même en *généraux*, me conduirait à une perte totale.

« En effet, pour bien comparer les deux projets, il faut placer mes armées en bataille dans les deux projets.

« 1° *Projet de Prague*. — Il faut m'y porter de ma personne, y mettre le 2e, le 4e, le 6e, le 14e et le 1er corps, la cavalerie Latour-Maubourg ; il faudrait le prince d'Eckmühl devant Hambourg, les trois corps d'Oudinot sur Wittenberg et Magdebourg, l'armée de Silésie sur Bautzen. Dans cette situation, je suis sur la défensive : l'offensive est à l'ennemi ; je ne menace rien ; il serait absurde de dire que je menace Vienne ; l'ennemi peut masquer l'armée de Silésie, faire déboucher des corps par Zittau, m'attaquer à Prague, ou bien masquant l'armée de Silésie, il détachera sur le bas Elbe, ira sur le Weser tandis que je serai à Prague ; il ne me restera qu'à gagner le Rhin en toute hâte. Le général qui commandera à Bautzen ne conviendra pas que l'ennemi s'est affaibli devant lui, et mon armée sur Hambourg et Magdebourg sera tout à fait hors de ma main.

« 2e hypothèse. — Maintenant le 1er corps, le 14e, le 2e, le 6e et Latour-Maubourg resteront tranquilles autour de Dresde, sans craindre les Cosaques ; le corps d'Augereau s'approchera sur Bamberg et Hof, l'armée de Silésie sur la Queis, ou le Bober et Bautzen ; point d'inquiétude encore pour mes communications ; mes deux armées de Hambourg et de Reggio seront sur Berlin et Stettin. »

Et voici les moyens d'exécution qu'il a envisagés :

« Je suppose l'armée de Silésie ralliée derrière le Bober ; il n'y aurait même pas d'inconvénients qu'elle se mît derrière la Queis. Si je voulais faire venir le prince Poniatowski à l'armée de Berlin, le débouché de Zittau ne serait plus gardé. Il pourrait cependant arriver à Kalau en 4 jours ; alors il serait indispensable que l'armée de Silésie s'appuyât sur Gœrlitz et même en avant de Bautzen. Pourvu qu'un corps occupât Hoyerswerda, mon opération de Berlin ne serait pas compromise.

« Renonçant à l'expédition de Bohême, afin de prendre Berlin et de ravitailler Stettin et Küstrin, le maréchal Saint-Cyr et le général Vandamme prendraient position, la gauche à l'Elbe, le duc de Raguse formerait le centre, le duc de Bellune la droite ; le roi de Naples pourrait commander ces quatre corps et s'établir à Dresde avec Latour-Maubourg, ce serait une belle armée. Il serait possible, dans des positions connues, de se couvrir de quelques redoutes. Cette armée serait menaçante, n'aurait aucun danger à courir, et elle pourrait se replier sur Dresde, dans le temps que j'y arriverai de Luckau.

« L'armée de Silésie pourrait s'appuyer sur Naumbourg, sa gauche à Weissenberg, et occuper Bautzen et Hoyerswerda. Mes deux armées seraient alors sur la défensive, couvrant Dresde sur l'une et l'autre rive, dans le temps que j'opérerais sur Berlin et porterais le théâtre de la guerre sur le bas de l'Oder.

« Les Russes ne pourraient être indifférents à l'existence d'une armée de 60,000 hommes à Stettin ; le blocus de Dantzig serait menacé, et probablement une partie de leur armée de Silésie passerait l'Oder pour se mettre en bataille entre Dantzig et Stettin. L'armée russe doit avoir perdu beaucoup de monde. Aussitôt sa frontière menacée à Stettin, ce sera un prétexte pour abandonner la Bohême. Et moi, étant dans une position transversale et ayant tous les Polonais entre Stettin et Küstrin, j'aurais l'initiative de tous les mouvements.

« Demain 31, au soir, j'aurai à Grossenhayn :

« Infanterie, 18,000 hommes ;

« Cavalerie, 7,000 ;

« Artillerie, 150 pièces de canon.

« Au total, la valeur d'une armée de 30,000 hommes.

« Selon la note de Caraman, les trois corps auraient 45,000 hommes d'infanterie ; 9,000 de cavalerie ; soit 54,000 hommes avec près de 200 pièces de canon.

« Ce serait donc 63,000 hommes d'infanterie et 16,000 de cavalerie avec 350 pièces de canon ; ce serait une armée de plus de 80,000 hommes.

« Il faudrait préparer les lettres chiffrées pour les généraux : prince d'Eckmühl, duc de Reggio, Lapoype, Lemarois. Cependant ces lettres ne partiraient que lorsque je serai bien décidé.

« Si je portais mon quartier général à Luckau, je serais à deux journées de Torgau, à trois de Dresde et à quatre de Gœrlitz. Je serais donc dans une *position centrale*, à portée de prendre mon parti, soit pour lancer tout ce que je voudrais sur Berlin, soit pour y aller de ma personne. Il faudrait, en m'éloignant de Luckau, être assuré de la situation de mes derrières. En faisant venir 3,000 chevaux du roi de Naples, j'aurais 10,000 chevaux pour maintenir mes communications entre Berlin, Dresde et Torgau... »

Avant de se lancer sur Berlin, il fallait réparer la défaite de la Katzbach et rejeter l'armée de Silésie loin de Gœrlitz.

Napoléon marcha donc de ce côté, mais il ne tarda pas à être rappelé en arrière par l'échec de Ney à Dennewitz (6 septembre).

Dennewitz. — Ney avait reporté l'armée d'Oudinot vers Baruth où l'Empereur lui avait donné rendez-vous pour marcher sur Berlin. Mais il prit de mauvaises dispositions, et se fit battre le 6 à Dennewitz.

En même temps que l'échec de Dennewitz, Napoléon apprit la réapparition de l'armée de Bohême au débouché des montagnes. Dès lors, le projet sur Berlin devenait scabreux, l'Empereur ramena sa masse centrale vers Dresde.

Tout le mois de septembre se passe en marches et contre-marches contre un ennemi qui se dérobe dès qu'il sent sur lui l'Empereur. Nos troupes en sont épuisées. Napoléon comprend que tant qu'il tiendra sa position centrale à Gœrlitz il n'a aucune chance d'écraser l'armée de Schwarzenberg : Dresde, notre centre de ravitaillement, qui sert d'appât à cette armée, est trop près de la Bohême ; l'ennemi a toujours le temps de se réfugier derrière les montagnes avant que nos forces aient pu l'accrocher.

Aussi Napoléon se décide-t-il à transporter sa position centrale à l'Ouest de l'Elbe, à Leipzig, en prenant Torgau comme centre de ravitaillement.

Manœuvre sur la position centrale de Leipzig (Torgau, centre de ravitaillement). — Napoléon prépare la constitution de deux armées : *une armée du Nord*, sous Ney, *une armée du Sud*, sous Murat, et une *masse centrale* pour appuyer l'une ou l'autre armée. Gouvion Saint-Cyr garde Dresde.

Le 4 octobre, Napoléon est informé que l'armée de Silésie a filé du côté de Wittenberg pour rejoindre l'armée de Bernadotte.

Le 4 octobre, au soir, il apprend que l'ennemi a passé l'Elbe à Wartenburg, Dessau et Acken.

Comme l'armée de Schwarzenberg débouche à peine de la Bohême, Napoléon décide de porter contre Blücher et Bernadotte, dont il évalue les forces réunies à 120,000 hommes, sa masse centrale qui, jointe à l'armée de Ney, lui donnera 120,000 hommes. Pendant ce temps, Murat contiendra l'armée de Bohême.

Manœuvre contre les armées de Blücher et de Bernadotte. — Le mauvais temps retarde notre marche. De plus, Blücher, à notre approche, au lieu de se mettre en retraite vers l'Est, abandonne sa ligne de communication et file vers l'Ouest. Il doit, en effet, donner la main à l'armée de Bohême pour nous couper la retraite. Bientôt d'ailleurs, menacé par l'armée de Bohême, Murat rappelle Napoléon à Leipzig.

Manœuvre contre l'armée de Bohême. — Le 15, l'Empereur arrive à Leipzig. Murat, attaqué peu vigoureusement, se bat depuis deux jours à Wachau. Le cercle formé par les forces des Alliés se resserre sur nous. Le plan de Napoléon est de faire contenir par Marmont et Ney, Blücher qui s'avance de l'Ouest et de porter le gros de ses forces contre l'armée de Schwarzenberg. Il attaquera cette armée par sa droite pour la couper de la Bohême. Saint-Cyr, maintenu à Dresde, se jettera sur les débris de Schwarzenberg. Notre ligne reste sur Torgau.

La Pleiss, l'Elster et la Partha découpent le terrain autour de Leipzig en quatre secteurs entre lesquels les communications sont difficiles ; de Leipzig, au contraire, nœud de l'éventail, on peut agir à volonté dans l'un ou l'autre secteur.

C'est en somme une manœuvre sur position centrale transportée du champ stratégique au champ tactique que Napoléon va tenter.

Par suite d'une série d'accidents, la bataille de Wachau,

livrée contre l'armée de Bohême, ne réussit pas à rompre cette armée ; l'arrivée de nouvelles forces aux Alliés et la trahison des Saxons amenèrent le surlendemain la défaite de Leipzig et la retraite vers la France.

Plus encore que la campagne de 1796, cette campagne d'automne de 1813 montre toutes les difficultés du procédé de la position centrale.

Campagne de 1814[1]. — A la fin de décembre 1813, les forces coalisées sont réparties de la façon suivante :

Armée du Nord : Bulow avec 20,000 hommes en Hollande, Winzingerode avec 25,000 hommes vers Wesel ;

Armée de Silésie : 130,000 hommes sous Blücher devant Mayence ;

Armée de Bohême : 180,000 hommes sous Schwarzenberg dans la région de Bâle.

Le 31 décembre, les Alliés passent le Rhin ; Napoléon prescrit alors à ses maréchaux une défensive de temporisation pour retarder l'ennemi avec leurs faibles corps, et donner aux forces en formation le temps de se rassembler. Macdonald doit manœuvrer sur Namur et Liége, Marmont sur Metz et la Meuse, Ney et Victor sur les débouchés des Vosges, Mortier sur Langres[2].

Le 17 janvier, l'armée de Silésie a sa tête vers Toul, l'armée de Bohême sur Chaumont. Pour vivre plus facilement dans leur marche sur Paris elles semblent vouloir s'avancer : la première par la vallée de la Marne, la seconde par les vallées de l'Aube

---

[1] Voir le *Précis des campagnes*.

[2] Sur son théâtre principal, Napoléon n'a jamais eu dans cette campagne plus de 90,000 hommes au total. Sur ces 90,000 hommes il a pu amener à ses différentes batailles les effectifs suivants :

A Brienne	60,000 hommes.
A Champaubert, Montmirail, Vauxchamps.	24,000 —
A Montereau	40,000 —
A Craonne	25,000 —
A Laon	38,000 —
A Arcis-sur-Aube : 1er jour	17,000 —
— 2º jour	28,000 —

et de la Seine, séparées par une distance moyenne de deux journées de marche.

Inférieur en forces à ses adversaires, lié à Paris qu'il lui faut couvrir à tout prix, c'est à des *manœuvres sur positions centrales*[1] que Napoléon recourt comme en 1796 lorsqu'il était lié à Mantoue.

Mais ici, il ne dispose pas pour asseoir son *attente stratégique*, d'un terrain comparable à celui de 1796. Pourtant, embrassant d'ensemble la région entre Paris et la Meuse où s'avancent les coalisés, il y découvre les éléments d'un théâtre d'opérations sur position centrale. Cette région est découpée par la Seine et ses affluents en zones orientées d'une façon générale de l'Est à l'Ouest. Les ponts sont rares, gardés par de petites villes qui, ayant encore leurs fossés et leurs vieilles murailles, peuvent, avec quelques travaux, donner ce que Napoléon appelle un *poste militaire*, susceptible d'opposer une résistance de quelques heures, voire d'un jour ou deux. C'est dans cette région et sur ces cours d'eau que l'Empereur va combiner ses manœuvres, destinées à lui fournir l'occasion de battre séparément les armées ennemies.

Considérons une carte générale de ce terrain, nous distinguons une *zone centrale* bornée au Nord par la Marne, au Sud par l'Aube puis par la Seine.

Sur la rive droite de la Marne, l'Ornain puis l'Ourcq forment barrières vers Paris.

Au sud de la ligne d'eau Aube-Seine, la Seine, l'Yonne, le Loing et l'Essonnes forment également barrières vers Paris.

Ces rivières ne sont pas, il est vrai, très larges ; mais grossies par les pluies de l'hiver, elles n'en forment pas moins, avec leurs vallées marécageuses, leurs berges élevées, d'excellentes *lignes de défense* sur lesquelles on pouvait, avec de faibles effectifs, en arrêter de très considérables dans le temps que le gros écraserait quelque portion des forces adverses. D'autre part, la possession des petites villes placées sur les cours d'eau et mises en état de défense, qui assurait à Napoléon des points de passage

---

[1] Ou, si l'on veut, sur *région centrale*, cette région étant la bande de terrain entre la Marne et la Seine.

fixes, des magasins à vivres et à munitions, des hôpitaux pour ses malades et ses blessés, lui permettait de ne pas traîner de lourds équipages de pont, de longs convois, et lui donnait la possibilité de déplacements rapides en face d'un adversaire alourdi par d'énormes convois dans une région marécageuse et, en 1814, fort mal routée.

Malheureusement, les travaux ordonnés par Napoléon pour la mise en état de défense de ces places[1], ne furent pas poussés avec toute l'activité désirable, et les avantages qu'il avait entrevus ne furent pas entièrement réalisés.

C'est dans la zone centrale que Napoléon aura sa *ligne de communication* avec Paris et son *centre d'opérations* qu'il déplacera suivant ses manœuvres de Châlons à Arcis, à Sézanne, à Nogent, à Provins.

C'est par cette zone centrale qu'il s'efforcera de séparer l'armée de Silésie de l'armée de Bohême. Ce point obtenu, tandis qu'un de ses lieutenants, se servant de l'un des cours d'eau comme *ligne de défense*, contiendra avec de faibles effectifs, une des armées adverses, Napoléon portera son gros contre l'autre armée. Nous le verrons alors employer contre celle qu'il tient sous sa griffe, sa manœuvre favorite, sa manœuvre sur les derrières, de façon à pouvoir, sans livrer de bataille rangée, accabler cette armée dans le flagrant délit d'un passage de cours d'eau ou d'une marche en retraite.

Pour apporter de la clarté dans l'étude des multiples manœuvres de Napoléon pendant cette campagne de trois mois, nous avons divisé cette étude en trois périodes correspondant aux opérations de Napoléon contre les trois poussées successives vers Paris des armées coalisées constamment renforcées.

PREMIÈRE PÉRIODE (du 23 janvier au 23 février). — 1ᵉʳ ACTE. — **Contre l'armée de Silésie.** — *Manœuvre de Saint-Dizier.* — Tandis que Mortier contiendra l'armée de Bohême, Napoléon

---

[1] *Correspondance* 21102 et 21103 du 17 janvier, pour armer Troyes, Vitry, Soissons.

voudrait accabler l'armée de Silésie qui s'avance sans défiance vers Saint-Dizier, poussant devant elle Ney et Victor.

De toutes ses forces disséminées, il constitue à Vitry, comme par miracle, une armée de 80,000 hommes dont 12,000 de cavalerie et le chiffre énorme de 300 bouches à feu.

Le 26, il marche directement sur Blücher tandis qu'il appelle Marmont de l'Argonne sur Bar-le-Duc, c'est-à-dire sur les derrières de l'ennemi. Châlons est son centre d'opérations.

Mais Victor a reculé au delà de Saint-Dizier laissant passer Blücher qui, négligeant la menace sur ses communications, file sur Brienne pour faire sa jonction avec l'armée de Bohême.

Manœuvre de Brienne. — Napoléon recommence la même manœuvre sur Brienne. Cette fois, elle détermine la retraite de Blücher qui s'est porté en avant contre Mortier, tandis que l'armée de Bohême restait immobile, d'où le combat de Brienne. Napoléon s'avance jusqu'à la Rothière. Mais Blücher, qui a obtenu des renforts de l'armée de Bohême, l'y attaque. Après un jour de bataille, l'Empereur se décide à passer pendant la nuit sur la rive gauche de l'Aube pour s'opposer vers Troyes à une marche en avant de Schwarzenberg, ne laissant en face de Blücher que le petit corps de Marmont.

A ce moment, Napoléon change de ligne d'opérations: il la transporte de Châlons sur Sézanne qui devient le *centre* de l'administration [1].

2e ACTE. — **Contre l'armée de Bohême.** — En se portant vers Troyes, et en découvrant la route directe de Paris, Napoléon espère bien que Blücher se hâtera de s'y engager en se séparant de Schwarzenberg. Il compte, en attendant, pouvoir écraser Schwarzenberg ; mais celui-ci ne se met pas en prise.

3e ACTE. — **Contre l'armée de Silésie.** — Le 5 février, Marmont, qui est resté sur la rive droite de l'Aube, annonce que

---

[1] *Correspondance* 21163 et 21164, Brienne, 1er février 1814. — Au baron Marchant, intendant général de l'armée à Brienne : « L'ordre du jour que vous allez recevoir vous fera connaître que mon intention est que le centre de l'administration soit établi à Sézanne. La route de l'armée doit être de Brienne à

les colonnes de l'armée de Silésie défilent devant Arcis, se dirigeant sur Nogent-sur-Seine. Napoléon se porte en toute hâte sur Nogent. Mais bientôt il apprend que Blücher ne continue pas sur cette ville, qu'il gagne la vallée de la Marne et que Macdonald rétrograde par la rive droite : Napoléon a trouvé à Nogent deux divisions venues d'Espagne, de la cavalerie, et des troupes de nouvelles levées.

Son plan est de laisser sur la Seine, de Nogent à Montereau, pour contenir l'armée de Bohême, Victor avec 15,000 hommes, Oudinot avec 25,000 hommes et la division de cavalerie Pajol, et de se jeter lui-même, avec le gros de ses forces sur les derrières de Blücher.

Ce plan donne lieu aux admirables opérations de Champaubert, Montmirail, Château-Thierry, Etoges.

Dans ces opérations de six jours, l'armée de Silésie perd plus de 20,000 hommes sur 55,000 et la plus grande partie de son artillerie et de ses bagages. Malheureusement, Napoléon ne peut l'achever : il est rappelé contre Schwarzenberg qui, s'enhardissant, s'est porté en avant.

4ᵉ ACTE. — **Retour sur l'armée de Bohême.** — Laissant devant l'armée de Silésie, Mortier sur la rive droite de la Marne et Marmont sur la rive gauche, Napoléon voudrait se jeter sur les derrières de Schwarzenberg qui s'est porté vers Nogent-sur-Seine. Mais déjà les colonnes de l'armée de Bohême ont forcé le passage de la Seine à Pont-sur-Seine, Nogent et Bray, il lui faut se mettre entre elles et Paris. Il les fait reculer et les faisant poursuivre sur Bray par Macdonald, il voudrait lui-même déboucher par Montereau pour se jeter sur les derrières des Autri-

---

Arcis-sur-Aube sur la rive droite par Dommartin, Ramerupt et Sézanne, la Ferté-sous-Jouarre, Meaux et Paris. La ligne des magasins sera donc désormais établie ainsi : Sézanne, magasin central ; Meaux, la Ferté-sous-Jouarre, magasins de derrière ; Arcis-sur-Aube, magasin avancé. Les blessés et les malades doivent être dirigés sur Sézanne, de là on les dirigera sur Château-Thierry, Epernay et la Ferté-sous-Jouarre, d'où on les dirigera sur Soissons, Compiègne. Il ne faut pas que les malades passent par Paris pas plus que les blessés. Toutes les administrations doivent rester à Compiègne. Rien ne doit passer sur la rive gauche de l'Aube par la route d'Arcis à Brienne que d'après un ordre spécial de moi. »

chiens. Mais Victor s'arrête à Valjouan devant une faible résistance et il faut perdre la journée du 18 à déloger des hauteurs de Montereau le prince de Wurtemberg. La manœuvre est manquée. Napoléon voudrait la recommencer sur Troyes. La gelée permet aux Alliés de fuir à travers champs. Schwarzenberg peut échapper il ne s'arrêtera qu'à Chaumont.

2e PÉRIODE (du 23 février au 20 mars). — 1er ACTE. — **Contre l'armée de Silésie.** — Tandis que nos troupes entraient à Troyes, Blücher, rappelé par Schwarzenberg, ramenait sur l'Aube l'armée de Silésie réorganisée. Il franchit l'Aube, s'avance jusqu'à Méry ; puis comme Schwarzenberg ne se décide pas à livrer bataille, retourne sur la Marne où Bulow et Winzingerode, venant du Nord, doivent le rejoindre pour marcher sur Paris. Marmont et Mortier reculent derrière l'Ourcq.

L'Empereur décide alors de se porter avec une partie de ses forces à la suite de l'armée de Silésie, tandis que Macdonald, avec son corps, celui d'Oudinot, les troupes de Gérard, la cavalerie de Kellermann et de Milhaud, c'est-à-dire près de 40,000 hommes, contiendra l'armée de Bohême.

Manœuvre de Soissons. — Comptant que Marmont et Mortier maintiendront Blücher de front, Napoléon se jette sur ses derrières ; il espère prendre l'armée de Silésie dans la nasse dont Soissons forme le fond. Par malheur, Soissons se rend à Winzingerode : Blücher peut échapper. Napoléon le poursuit, le refoule à Craonne et lui livre bataille devant Laon. Il lui en impose deux jours durant, mais nos forces sont trop faibles ; il faut se retirer.

2e ACTE. — **Contre l'armée de Bohême.** — Pendant ces opérations, Schwarzenberg a repris l'offensive. Le 17 mars, il franchit la Seine à Nogent ; Macdonald et Oudinot se retirent sur Provins. Paris est de nouveau menacé.

Napoléon, laissant devant Blücher Mortier et Marmont, prend avec son gros la direction d'Arcis-sur-Aube pour se jeter, par Méry, sur les derrières de l'armée de Silésie. Comme Arcis est occupé, on passe à Plancy le 19 mars.

A la nouvelle de l'approche de l'Empereur, Schwarzenberg, que Macdonald n'a pas su retenir, a opéré sa retraite en toute hâte ; il est déjà sur Troyes, si bien qu'on ne peut prendre que des bagages.

Napoléon estime alors que dans l'état moral où se trouve le quartier général des Alliés, le moment est venu de mettre en scène la large manœuvre sur les derrières de l'ennemi par Saint-Dizier et Joinville, manœuvre à laquelle il songe depuis le commencement du mois.

3ᵉ PÉRIODE (du 20 mars au 20 avril). — 1ᵉʳ ACTE. — Manœuvre de Saint-Dizier. — L'idée de Napoléon est donc d'aller se placer à Saint-Dizier entre les routes de Paris à Strasbourg et de Chaumont à Bâle, qui sont les deux lignes de communication de l'ennemi.

Affaires d'Arcis-sur-Aube. — Le 20 mars, notre armée, qui est à Méry, entamant le mouvement sur Saint-Dizier, s'avance sur Arcis par les deux rives de l'Aube, quand elle se heurte à l'armée de Schwarzenberg qui se reportait en avant.

Le combat dure jusqu'à la nuit : 16,000 Français ont tenu tête pendant huit heures aux assauts répétés de forces doubles, ayant derrière elles d'immenses réserves. L'ennemi se retire pour bivouaquer. Le 21, Schwarzenberg, trompé sur l'importance de nos forces par le combat du 20, juge prudent de se tenir sur la défensive.

Napoléon qui a reçu des renforts dispose le 21 de 28,000 hommes dont 9,000 cavaliers. Macdonald n'a pas encore rejoint. Comme l'ennemi n'attaque pas, l'Empereur le croit en retraite et se porte en avant. Mais il trouve les 100,000 hommes de l'armée de Bohême rangés en demi-cercle autour d'Arcis. Il n'y a plus qu'à repasser l'Aube en maintenant l'ennemi par des démonstrations.

Vers 3 h. 30 du soir, Schwarzenberg se décide à porter toutes ses troupes en avant et à se ruer sur Arcis, qu'Oudinot défend opiniâtrement, réussissant non seulement à repasser l'Aube à son tour, mais à détruire les ponts d'Arcis. Schwarzenberg ne poursuit pas et notre armée marche sur Saint-Dizier.

Mais c'est en vain que Napoléon attend du 23 au 27 l'effet de sa manœuvre. Assurés que Paris ne peut se défendre et qu'ils y trouveront de quoi se ravitailler, les Alliés, sans s'occuper de leurs derrières, ont marché sur la capitale, repliant devant eux Marmont et Mortier, et détruisant les deux divisions de gardes nationaux Pacthod et Amey.

2ᵉ ACTE. — Marche sur Fontainebleau. — Sur ces nouvelles, l'Empereur ramène le 28 mars son armée à marches forcées sur Paris par Troyes et la rive gauche de la Seine. Mais il est trop tard. Le 11 avril, à Fontainebleau, sur les instances de ses maréchaux, il renonce définitivement à la lutte et signe son abdication.

Les *manœuvres sur position centrale*, dans lesquelles Napoléon a déployé tout son génie, lui ont permis de tenir tête pendant trois mois aux assauts répétés d'ennemis d'un effectif infiniment supérieur.

Comparaison des trois campagnes sur position centrale de 1796, 1813, 1814.

Dans ces trois campagnes les résultats ont été singulièrement différents : en 1796, de brillantes victoires; en 1813, des efforts colossaux qui aboutissent à la défaite de Leipzig; en 1814, une série de victoires qui se clôt par la capitulation de Paris.

La comparaison de ces trois campagnes peut-elle donner des indications sur les conditions et les limites d'emploi du système? C'est ce que nous allons brièvement rechercher.

La configuration de la zone-manœuvre a une importance capitale.

En 1796, cette zone est restreinte et une barrière solide s'étend en cercle autour de Mantoue. Les routes par lesquelles l'adversaire peut y accéder sur Vérone, Rivoli et Salo, suivent des couloirs faciles à disputer.

En 1813, la zone-manœuvre est immense et n'a de barrière solide que vers le Sud et l'Ouest. Vers le Sud, c'est la ligne des montagnes de Bohême; vers l'Ouest, l'Elbe avec les places de Torgau, Magdebourg, Wittenberg, Hambourg. Par malheur

Dresde, au débouché de l'Elbe, n'a que des fortifications improvisées. Vers l'Est et vers le Nord, quelques cours d'eau de mince importance : la Katzbach, le Bober, la Sprée permettent mal de disputer le terrain à l'ennemi. En 1814, le théâtre d'opérations ne présente comme barrières que la Seine, la Marne et leurs affluents, barrières qui n'auraient offert une valeur sérieuse que si les ponts avaient été mis solidement en état de défense comme le voulait Napoléon.

Plus encore que la configuration du terrain, la valeur individuelle des généraux a une importance capitale dans la guerre sur position centrale.

En 1796, les masses circonférentielles ne sont que de faibles divisions. Les généraux qui les commandent, Masséna, Joubert, Augereau sont parfaitement aptes à les manier ; leur ardeur est extrême. Comme d'autre part les distances sont faibles, en quelques heures Bonaparte peut se porter où sa présence est nécessaire. Une erreur, comme celle d'Augereau qui laisse filer Provera sur Mantoue à l'acte de Rivoli, une défaillance comme celle de Vaubois avant Arcole, sont rapidement redressées par le général en chef ; ses lieutenants ne se sentent pas isolés.

En 1813, les effectifs se sont accrus dans la proportion de 1 à 10 ; les généraux chargés des masses circonférentielles ont à conduire de véritables armées. Il les eût fallu plus habiles ; ils l'étaient moins. Oudinot, Macdonald, Saint-Cyr, Ney, Vandamme ne valaient ni Joubert, ni Masséna, ni même Augereau. Napoléon qui a dû envoyer ses meilleurs généraux en Espagne, théâtre isolé, a cru pouvoir confier 100,000 hommes à Macdonald, chef d'armée en 1799 ; 60,000 hommes à Oudinot qui a servi longtemps sous Lannes. Macdonald et Oudinot se montrèrent nettement insuffisants. Après Grossbeeren, Ney, qui prend l'armée d'Oudinot, n'est pas plus apte que ce dernier à la conduire. Saint-Cyr avait une vieille réputation acquise sous la Révolution ; il ne montra ni talents militaires, ni vigueur, ni caractère.

Pourquoi, a-t-on dit, Napoléon n'a-t-il pas confié à Davout l'armée d'Oudinot, à Saint-Cyr celle de Macdonald ? Mais Davout était nécessaire sur le bas Elbe : il fallait là un général de premier ordre, car si l'ennemi forçait le fleuve au-dessous de Magdebourg, tout notre dispositif tombait. A l'autre extrémité de notre ligne, la garde de Dresde n'était pas moins importante que celle de Hambourg, et l'on pouvait prévoir qu'elle serait l'objet répété des assauts de l'armée de Bohême.

Ce n'est pas le moindre des inconvénients du système de manœuvre sur position centrale, lorsqu'il y a en jeu de gros effectifs, d'exiger plusieurs généraux capables de conduire une armée isolée.

En 1814, les masses circonférentielles sont petites. Oudinot, Victor, Macdonald, Marmont, Mortier étaient parfaitement capables de les bien commander. Mais ils ont perdu toute confiance en soi et ne reprennent quelque vigueur que sous la main de Napoléon.

Tandis que, de notre côté, la valeur des généraux baissait, du côté de l'ennemi au contraire elle croissait, et nos adversaires adoptaient le procédé le plus propre à annuler les avantages du système de Napoléon : se dérober aux coups de l'Empereur, accabler ses lieutenants.

En 1796, à l'acte de Castiglione, Wurmser et Quasdanovich agissent sans accord, ce qui permet à Bonaparte de les battre séparément. D'un bond, Quasdanovich se porte sur Brescia ; menacé sur ses derrières, il se retire précipitamment pendant que Wurmser s'attarde dans Mantoue. Et quand Wurmser veut faire sa jonction avec Quasdanovich, il est écrasé à Castiglione.

A l'acte d'Arcole, Alvinzi s'engage inconsidérément dans la nasse dont Vérone forme le fond et donne prise à l'admirable manœuvre qui le met hors de jeu. Et quand Davidowich, qui a rejeté Vaubois sur Castelnovo, se croit en bonne voie vers Mantoue, Bonaparte se retourne contre lui et le rejette dans le Tyrol.

A l'acte de Rivoli, les mauvaises dispositions d'Alvinzi fournissent à Bonaparte l'occasion d'une victoire décisive. Il peut alors reporter le gros de ses forces contre Provera et l'écraser à la Favorite.

En 1813, les généraux alliés se dérobent dès qu'ils sentent devant eux Napoléon ; ils l'empêchent ainsi de réussir sa manœuvre sur les derrières qui les aurait mis hors de cause successivement. Dans ces conditions, comme ses ressources étaient limitées, l'Empereur devait finir par succomber.

Blücher, après s'être dérobé à Napoléon, tombe sur Macdonald, pendant que l'Empereur s'est reporté contre l'armée de Bohême. Une manœuvre sur les derrières de cette armée aurait vraisemblablement décidé de la campagne. Le manque de caractère de Saint-Cyr empêche de la tenter.

Nos masses circonférentielles sous Macdonald, Oudinot, Ney, Vandamme subissent une série d'échecs ; les allées et venues de notre masse centrale l'épuisent, et l'Empereur, sous un concours de fatalités, succombe à Leipzig.

En 1814, les Alliés appliquent la même stratégie qu'en 1813 ; ils reculent devant l'Empereur et s'attaquent à ses lieutenants. Blücher, toutefois, donne prise à l'admirable manœuvre de Montmirail—Champaubert, qui amène l'écrasement de l'armée de Silésie. Pendant ce temps, l'armée de Bohême a fait reculer la masse de Victor et d'Oudinot. Quand Napoléon se jette sur les derrières de Schwarzenberg, celui-ci recule précipitamment sans que nos généraux sachent l'accrocher.

En résumé, lorsque par son infériorité numérique un général en chef est réduit à adopter le système de la position centrale par attente stratégique, il est nécessaire qu'il dispose d'un terrain approprié et de généraux de valeur, de façon à pouvoir exécuter les manœuvres que la situation stratégique exige.

CAMPAGNE DE 1814

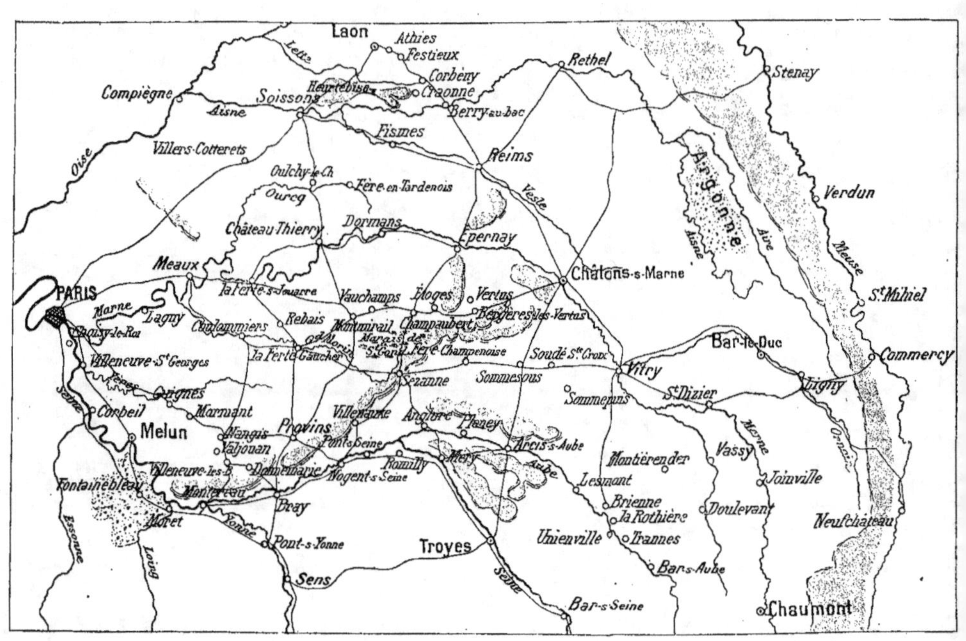

Conduite de la guerre sur les théâtres secondaires.

Deux cas : 1° *le théâtre secondaire est lié au théâtre principal ;*
2° *il est isolé.*

CHAPITRE IX

THÉATRE SECONDAIRE LIÉ AU THÉATRE PRINCIPAL.

Sur un théâtre secondaire, Napoléon ne laisse que l'effectif strictement nécessaire pour contenir l'ennemi pendant que la campagne se décide sur le théâtre principal.

C'est sur son théâtre secondaire qu'à l'ordinaire il entame les hostilités « pour faire diversion » à ses mouvements préparatoires sur le théâtre principal, et attirer, loin de ce théâtre principal, les forces et l'attention de l'adversaire. Si celui-ci s'y laisse prendre et devient pressant, cette *offensive démonstrative* fait place à une *défensive de temporisation* pour le contenir, sans se compromettre, jusqu'au moment où les événements le rappelleront sur le théâtre principal. Cette défensive a comme instruments *des lignes de défense.*

J'étudierai, à titre d'exemples, les campagnes sur le théâtre secondaire d'Italie en 1805 et 1809.

Campagne de 1805. — Le 27 août 1805, Napoléon, informé des préparatifs de l'Autriche, se préoccupe d'assurer la défense de l'Italie. Tout d'abord, il y remplace Jourdan par Masséna.

Masséna quitte Paris le 1er septembre ; le 7 septembre, l'Empereur lui fait envoyer par Berthier « le plan de campagne qu'il doit suivre ».

Depuis le traité de Lunéville, l'Adige forme frontière entre l'Autriche et l'Italie. Vérone, sur la rive droite, est aux Italiens ; Véronetta, sur la rive gauche, aux Autrichiens. Napoléon prescrit de faire la réunion de nos forces entre la Chièse et l'Adige,

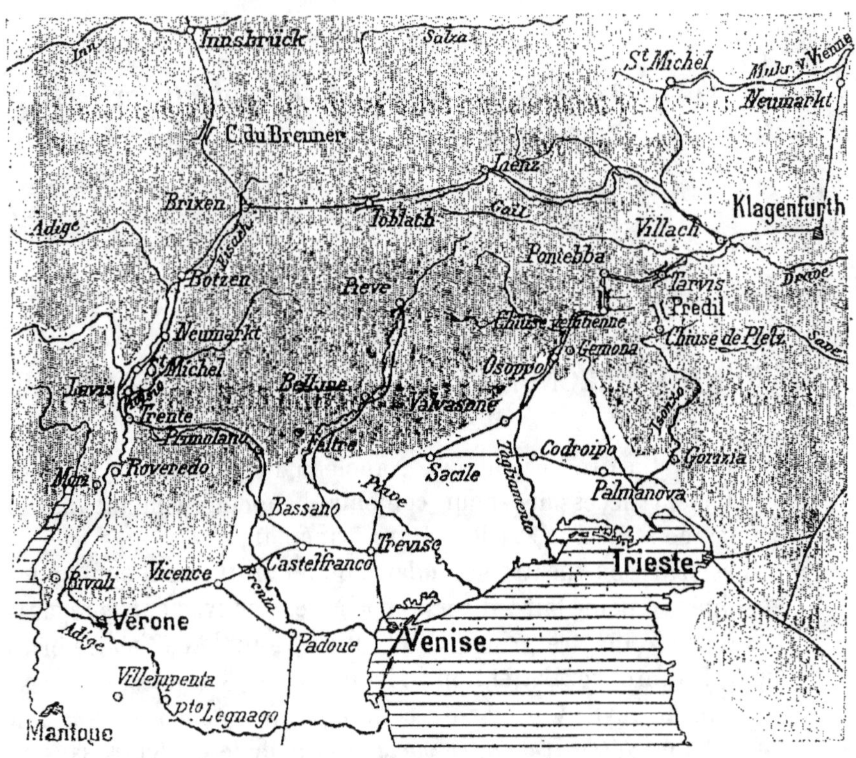

moitié entre Vérone et Peschiera, afin d'éviter les maladies qu'engendrent en automne les marécages de Goïto et Mantoue ; moitié entre Montechiaro, Castiglione, Lonato, Dezensano.

La zone de concentration est couverte : vers l'Est par l'Adige, qui, large de 120 mètres au sortir des montagnes, est renforcée par les places de Vérone et de Legnago ; du côté du Tyrol, par les positions successives de la Corona, du plateau de Rivoli et de Castelnovo, où a été créé un camp retranché :

« Afin qu'après la perte d'une bataille sous Vérone, l'armée pût disputer le terrain pied à pied et n'être pas obligée de repasser immédiatement le Mincio. »

Tous les dépôts doivent être tenus à l'ouest de l'Adda :

« Ils ne doivent se porter sur la Chièse et l'Adige qu'autant que l'armée aurait fait de grands progrès et aurait passé le Tagliamento [1]. »

Masséna doit conserver une attitude pacifique jusqu'au 5 vendémiaire (27 septembre), car ce jour-là seulement l'Empereur sera en mesure sur le Rhin [2]. A ce moment, il réunira sans bruit toutes ses forces, environ 40,000 hommes, près de Vérone, ne laissant à Mantoue qu'une faible garnison ; à Legnago, 800 hommes ; à Rivoli, une division dont l'avant-poste se tiendra à la Corona. Le 6 ou 7 vendémiaire (28 ou 29 septembre), il s'emparera de Véronetta en débouchant par le vieux pont, sous la protection de l'artillerie du château, et prendra position face à Caldiero [3], en ayant soin de renforcer sa position par 5 ou 6 redoutes.

Nos forces ainsi placées, que peuvent faire les Autrichiens ? Ils peuvent attaquer la Corona, attaquer devant Vérone, passer l'Adige devant Caldiero ou plus bas, enfin attendre notre choc à Caldiero.

Attaquer la Corona. — « Comment l'ennemi s'y prendrait-il pour déloger les Français devant la Corona ? Il lui est interdit de pénétrer par la Corona, car il ne peut y amener ni cavalerie ni artillerie, et, sans le secours de ces deux armes, livre-t-on une bataille sérieuse ? [4] »

Attaquer devant Vérone. — 40,000 à 50,000 Français, sur une bonne position et commandés par Masséna, sont invincibles.

---

[1] *Correspondance de Napoléon,* n° 9251.
[2] *Ibidem,* n° 9181.
[3] Où d'après les renseignements l'ennemi se fortifie.
[4] Instruction du major général (*Mémoires de Masséna,* p. 364).

Passer l'Adige au-dessous de Vérone. — Masséna tomberait alors, par la rive gauche, sur leurs flancs et leurs derrières.

Attendre notre choc à Caldiero. — Mais rien ne presse de les y attaquer ; or, avant quinze jours, l'offensive de la Grande Armée en Bavière rappellera une partie des forces autrichiennes sur Vienne ; il sera alors facile à Masséna d'enlever la position de Caldiero ; il obligera tout d'abord, par une démonstration faite de Legnago avec une division et un équipage de pont [1], l'ennemi à disséminer ses troupes, puis il l'attaquera toutes forces réunies.

Tel est le résumé des instructions transmises le 17 septembre par le major général à Masséna [2] et que voici intégralement :

« Les renseignements que nous avons de l'ennemi disent qu'il construit des batteries devant Legnago, qu'il ne fait rien devant Vérona, mais qu'il se retranche sur les hauteurs de Caldiero pour passer l'Adige sous la protection de ces hauteurs ou bien même au Canal-Blanc.

« S'il en était ainsi, vous pourriez donc vous emparer de toute la ville de Vérona, et si l'ennemi essayait alors de passer entre Vérona et Legnago, vous seriez à même de tomber sur ses flancs pendant son passage et enfin, avec une garnison à Legnago et un petit renfort à la garnison de Mantoue, l'ennemi se trouverait dans une fâcheuse position puisqu'il ne pourrait rien contre cette place, et, qu'une fois dégarni sur sa position de Caldiero, vous seriez à même d'attaquer et de battre tout ce qui se trouverait sur ces hauteurs.

« *Si l'ennemi essaye de passer entre Verona et Alburedo*, l'opinion de l'Empereur est qu'au premier coup de canon, vous devez passer l'Adige à Vérona et vous emparer des hauteurs s'il ne les a pas fortifiées. C'est un indice de ses projets et la preuve qu'il ne veut pas garder Vérona.

« Il serait possible aussi que *l'ennemi*, comptant sur l'impétuosité française, *voulut vous attendre sur le champ de bataille de Caldiero; MAIS RIEN NE VOUS PRESSE* et vous devez vous fortifier en avant de Vérona. Comme je vous l'ai fait connaître dans mes premières instructions, vous attendriez dans cette position que l'ennemi se fût affaibli pour courir au secours de Vienne.

---

[1] Napoléon avait prescrit de ne pas laisser de pont fixe à Legnago.
[2] *Mémoires de Masséna*, p. 363.

« ..... Il vous sera encore facile d'en imposer à l'ennemi par l'aspect d'un équipage de pont du côté de Legnago et d'une division de l'armée qui se tiendra à proximité et qui le menacera dans cette partie et l'obligera à y tenir beaucoup de troupes de crainte que celles qui se trouveraient devant Vérona ne fussent coupées. Le jour où vous auriez résolu d'attaquer, vous feriez reployer dans la nuit la division que vous auriez du côté de Legnago et à la pointe du jour vous le surprendriez avec tout votre monde réuni, tandis que lui se trouverait disséminé.

« Si les Autrichiens n'attaquent point les premiers, l'intention de l'Empereur n'est pas toutefois de commencer les hostilités avant le 5 vendémiaire (27 septembre) comme vous en recevrez l'ordre que vous attendrez avant de rien commencer.

« Par retour de mon courrier, répondez-moi en détail sur le contenu de cette lettre et faites-moi connaître vos idées ainsi que vos projets. L'ordre exprès de l'Empereur est que je finisse par vous dire que vous devez vous tenir réuni et ne point disséminer votre armée. Sa Majesté pense que 40,000 à 50,000 Français réunis, commandés par vous, sont invincibles, s'ils sont sur une bonne position et sur un même champ de bataille où chaque corps puisse s'entr'aider. Éclairez-vous dans le Tyrol, afin de savoir au vrai ce que l'ennemi peut y avoir et de ne pas mettre inutilement trop de monde à Rivoli. »

Le 18 septembre, Napoléon confirme de la façon ci-après les instructions du major général [1] :

« Le Ministre de la guerre vous aura fait connaître mes instructions pour la campagne. Je ne doute point que l'ennemi, qui ne peut tarder à voir le déploiement de mes forces en Allemagne, ne soit obligé de dégarnir son armée d'Italie pour défendre Vienne. Vous avez vu, par vos instructions, que 500 Français et 300 Italiens sont suffisants à Legnago, qu'une moindre garnison suffit à Peschiera ; que 7,000 hommes sont suffisants à Mantoue et que vous ne devez les y jeter que lorsque vous serez obligé de laisser cette place à elle-même. Vous devez avoir près de 60,000 hommes sous vos ordres, c'est un tiers de plus que je n'en ai eu. Je ne puis trop vous recommander de ne pas vous disséminer. A mon sens, si vous pouvez parvenir à vous emparer de Vérone, vous aurez là une très bonne défensive. Je suis fondé à penser que tout ce que les Autri-

---

[1] *Correspondance*, n° 9262.

chiens ont à Trente ne tardera pas à se replier sur Insprück à marches forcées. Les lieux où vous êtes sont pleins de votre gloire. Je vous réitère que les digues de Legnago doivent être coupées en cas de siège. J'ai fait approvisionner les places de Legnago et de Peschiera, à un peu plus qu'il n'est nécessaire, parce que j'ai pensé qu'on pourrait se trouver obligé de fournir quelques jours de vivres à l'armée dans des circonstances impérieuses.

« Je me confie à votre bravoure et à vos talents. Gagnez-moi des victoires. »

Le 23 septembre, au moment de partir pour Strasbourg, le major général écrit encore à Masséna :

« L'Empereur va aujourd'hui au Sénat, Monsieur le Maréchal [1]. Sa Majesté sera le 3 vendémiaire (25 septembre) à Strasbourg. Le Rhin sera passé le 4 (26 septembre). Il est probable qu'avant le 10,

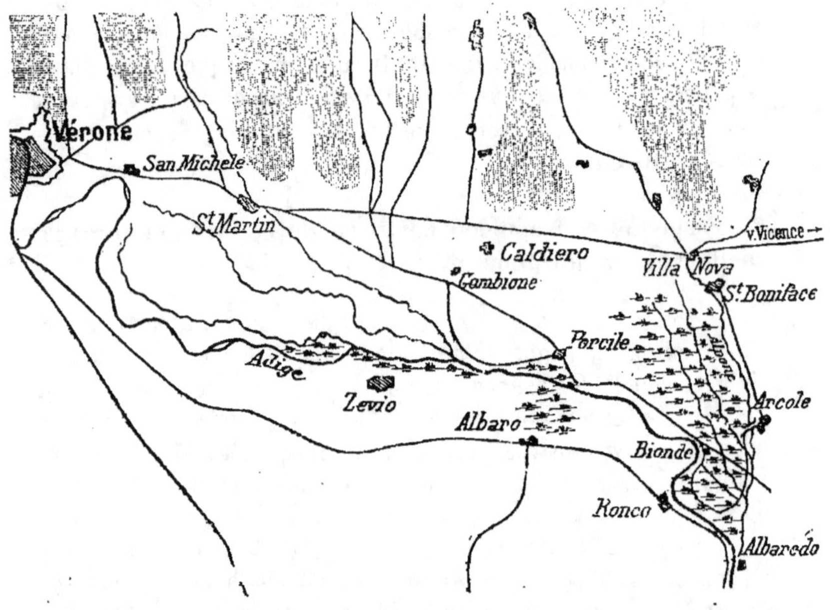

la guerre se trouvera décidément déclarée. Dans cette circonstance, je ne puis que vous transmettre les propres termes de l'Empereur : « Si j'étais en Italie, je formerais mon armée en six divi-

---

[1] *Correspondance*, n° 9233.

sions, chacune de 7,000 hommes d'infanterie et 1,000 hommes de cavalerie et d'artillerie. Je laisserais mes cuirassiers, avec un ou deux régiments de dragons pour réserve. Du 6 au 8, à petit bruit, je passerais avant le jour au vieux pont ; j'enlèverais toutes les hauteurs de Vérone, la ville, je ferais entrer une réserve de cuirassiers et, suivant les événements, je pousserais l'ennemi l'épée dans les reins, ou je prendrais mes positions, la droite à l'Adige, la gauche aux montagnes et opposées à celles que l'ennemi prendrait sur les hauteurs de Caldiero s'il était en force. Quelle que soit la force de l'ennemi, il doit garder beaucoup de monde vis-à-vis Padoue et vis-à-vis Legnago, il doit aussi en avoir dans le Tyrol ; il est donc impossible que le jour de la bataille, il ait même 30,000 hommes à Vérone et sur les hauteurs. Enfin, à cette manœuvre, il n'y aurait aucun danger, le vieux pont étant garanti par un bon ouvrage et par une bonne batterie ; on peut donc passer l'Adige sous cette protection. Une fois qu'on se serait emparé de Vérone, il n'y aurait donc aucun danger subséquent, puisque toute l'enceinte de Vérone servirait de tête de pont et qu'en mettant quelques pièces sur les remparts et sur les tours, on protégerait toujours le ralliement de l'armée. »

Le 20 septembre, de Strasbourg, Napoléon écrit à Masséna[1] :

« Je compte être sur Ingolstadt avant le 15 ou le 20 vendémiaire. Les renseignements que je reçois de Suisse m'affirment que ce que l'Autriche a dans le Tyrol italien, à Trente, à Roveredo, file pour renforcer l'armée autrichienne sur l'Iller. Je serais enchanté de cette nouvelle, car je serais fort aise de tout ce qui pourrait diminuer le nombre des troupes qui sont devant vous. Si je puis me défaire promptement de cette armée de l'Iller, ce que j'espère avec l'aide de Dieu, je tomberai sur les Russes et je compte les joindre encore à leurs journées d'étapes. Après cela, je descendrai à votre secours pour couper les débouchés de la Styrie et de la Carinthie à l'armée autrichienne qui est devant vous, qui se retirerait. Je vous ai fait écrire par le Ministre de la guerre, et je vous le recommande encore, de tenir vos troupes réunies. Si vous donnez avec 50,000 hommes, l'ennemi ne peut vous faire tête ; autrement, vous éprouveriez des échecs. Je vous crois plus de cavalerie que n'en a l'ennemi ; quelques charges de cuirassiers sur les mauvais bataillons autrichiens pourraient être d'un très bon résultat. Au

---

[1] *Correspondance*, n° 9286.

reste, j'ai confiance en vous. Je vous recommande ma bonne armée d'Italie, ne la faites point battre en détail : 80,000 Autrichiens composés comme ils le sont ne sont pas faits pour tenir tête à 50,000 hommes de nos soldats, si tout marche ensemble. »

Enfin, d'Augsbourg, le 11 octobre[1] :

« Mon cousin, je reçois votre lettre du 11 vendémiaire de Villafranca. Je vois avec plaisir les bonnes dispositions que vous avez faites. L'ennemi s'affaiblit et s'affaiblira encore devant vous. Pendant les premiers quinze jours de vos opérations, ne vous conduisez que d'après les intérêts de mon armée d'Italie ; après ces quinze jours, c'est-à-dire du 5 au 6 brumaire, j'espère que vos opérations pourront se combiner avec celles de l'armée où je suis. Si vous avez des succès, vous pourrez vous trouver sur le Tagliamento. Dans tous les cas, j'espère pouvoir me trouver en mesure à cette époque de tomber sur les derrières de l'armée autrichienne ; j'aurais déjà commencé si je ne me trouvais occupé de nouveau par 50,000 Russes qui viennent d'arriver. Je me fie bien sur votre zèle et sur votre attachement à la patrie, suivez vos anciennes maximes. »

Les opérations. — Masséna dispose de 40,000 hommes et de 54 bouches à feu ; un traité de neutralité signé avec la cour de Naples va permettre de le renforcer du corps de Gouvion-Saint-Cyr de 17,000 hommes. L'Archiduc Charles a environ 80,000 hommes.

17 octobre. — Dans la nuit du 17 octobre, Masséna, après avoir attiré l'attention de l'Archiduc vers Albaredo par une démonstration de la division Verdier, s'empare sans coup férir de Véronetta et fait passer son armée sur la rive gauche. L'archiduc, instruit de la marche de nos troupes en Bavière, commence à renvoyer des troupes en arrière. Jusqu'au 29, les deux armées restent en présence sans rien tenter l'une contre l'autre.

29 octobre. — Bataille de Caldiero. — « Le 29 octobre, a écrit le général Koch[2], Masséna, lassé de cette situation indécise, si

---

[1] *Correspondance*, n° 9369.
[2] Aide de camp de Masséna.

contraire à son caractère impétueux, résolut d'y mettre un terme en prenant l'initiative. »

Ce jour-là, l'Archiduc dispose encore de 50,000 hommes sur cette position de Caldiero, qu'il a eu le loisir de renforcer par des travaux de fortification. Sa droite s'appuie à Cognola, son centre est sur la grande route, sa gauche près de l'Adige. Comme position de repli, il a fait retrancher l'Alpone et les abords d'Arcole.

Le plan de Masséna consiste, après avoir attiré les forces autrichiennes vers leur gauche par la démonstration de la division Verdier sur Zevio, d'assaillir avec son gros le centre ennemi.

Je ne puis entrer ici dans le détail de cette bataille. Il suffira de dire que Masséna subit des pertes énormes et ne put enlever la position.

2 novembre. — Le 2 novembre, l'Archiduc, sous le couvert d'une démonstration offensive, se met définitivement en retraite. Masséna, trompé par cette démonstration, laisse échapper les Autrichiens.

7 novembre. — Le 7 novembre, il arrive sur la Piave, où il croit nécessaire de donner à ses troupes trois jours de repos [1].

---

[1] « L'armée française, suivant les Autrichiens pied à pied, était arrivée tout entière sur la Piave ; mais, harassée par la continuité des bivouacs et les marches sur des routes boueuses, le maréchal voulut lui donner du repos, assurer ses subsistances qui avaient manqué quelquefois, rallier les traîneurs et remédier aux désordres, suite inévitable d'un trajet aussi rapide ; on resta trois jours dans ces positions..... De son côté, Masséna, ignorant encore les succès de l'Empereur et la marche de Marmont sur les derrières de l'Archiduc, parce que nos communications avec le quartier général de la Grande Armée se faisaient par le Vorarlberg, la Suisse et Milan, n'osait s'avancer avec son audace ordinaire. De plus, informé coup sur coup d'un prochain débarquement d'Anglais et de Russes dans le golfe de Naples, et l'apparition d'une flotte anglaise dans les eaux de Livourne, il avait aussitôt détaché Verdier du blocus de Venise pour le porter avec sa division à la défense de cette place, et malgré les assurances que lui donnait ce dernier du bon état de défense où il l'avait mise, le général en chef n'était pas sans inquiétude sur l'Italie où il ne se trouvait alors que les 17,000 hommes de Saint-Cyr pour faire face à ces nouveaux ennemis, et en imposer à nos alliés de fraîche date auxquels il ne faisait point injure en les croyant disposés à se déclarer pour les vainqueurs. Dans ces conjectures, il prit la résolution de cantonner son armée entre le Tagliamento et l'Isonzo. » (KOCH, p. 123.) Ce n'est qu'en altérant la vérité que Koch parvient mal à excuser Masséna.

11 *novembre*. — Le 11 novembre, Gouvion-Saint-Cyr arrivait avec son corps d'armée devant Venise.

L'Archiduc s'était établi derrière le Tagliamento, à hauteur de Codroïpo, pour donner aux corps autrichiens du Tyrol, auxquels les issues nord du massif venaient d'être interceptées par Ney et Augereau, le temps de s'écouler sur Villach par le Pusterthal.

Le Tagliamento, large de plus de 1,000 mètres, et qui, en raison du volume de ses eaux, ne peut être franchi qu'à des gués bien reconnus, nous sépare de l'armée autrichienne. De nombreuses batteries établies sur la rive gauche en renforcent l'obstacle; Masséna se borne à canonner les Autrichiens.

13 *novembre*. — L'Archiduc ne voulait que gagner du temps. Dans la nuit du 12 au 13 novembre, il fait sa retraite sur Palmanova. Les nouvelles qu'il reçoit d'Allemagne le déterminent à presser sa marche; aussi abandonne-t-il sans résistance Udine, Palmanova, Gradisca, et s'arrête à peine sur l'Isonzo.

15 *novembre*. — Le 15, la division de chasseurs à cheval du général Espagne atteignait, à Gradisca, l'Isonzo que nos troupes passent le 16.

L'Archiduc Charles prend alors position à Precwald pour y attendre l'Archiduc Ferdinand coupé de Vienne par Marmont.

21 *novembre*. — Le 21, il se met en retraite sur Laybach, suivi par le général Espagne. La division Seras s'empare de Trieste.

26 *novembre*. — Le 26, une de nos avant-gardes atteint Villach. A ce moment, inquiet mal à propos, pour l'Italie, que Gouvion-Saint-Cyr et Verdier suffisent à garder, Masséna arrête son armée entre le Tagliamento et l'Isonzo, et ne se reporte en avant que sur l'ordre formel de l'Empereur.

De Brünn, le 22 novembre, Napoléon lui fait écrire :

« L'intention de l'Empereur, Monsieur le Maréchal, est que vous poursuiviez l'ennemi sans relâche. Laissez un corps d'observation devant Venise; laissez-en un autre devant Palmanova et poursuivez l'ennemi l'épée dans les reins, afin qu'il ne puisse pas se jeter sur nous, étant au moment de nous trouver en présence de toutes les forces de l'armée russe. L'Empereur attend donc, avec la plus grande impatience, l'arrivée de vos troupes à Laybach et à Gratz parce que, dans cette position, vous contiendrez le prince Charles et l'empêcherez de venir par le Danube à la hauteur de Vienne par la Hongrie ; s'il faisait cette manœuvre, vous auriez le temps d'attendre des ordres, soit pour vous porter en Hongrie, soit pour vous approcher de la Grande Armée [1]. »

Au reçu de cette lettre, le 1er décembre, Masséna se porte en avant. Le 6, il est à Laybach, où son aide de camp, Pelet, lui apporte les détails d'Austerlitz.

En résumé, le meilleur des maréchaux de Napoléon n'a pas, tant s'en faut, conduit brillamment cette campagne sur théâtre secondaire. Après une attaque intempestive sur un ennemi en position, Masséna se laisse abuser par l'Archiduc, qui peut entamer tranquillement sa retraite. Audacieux à contre-temps, Masséna est ensuite trop prudent : au lieu de s'accrocher à l'Archiduc et de le retenir, il ne le suit que de loin. Il prend sur la Piave un repos inopportun et s'arrête net sur le Tagliamento : il faut l'ordre de l'Empereur pour le remettre en mouvement.

Campagne de 1809. — En 1809, décidé à ne consacrer que des forces minimes à la défense de l'Italie, théâtre secondaire, Napoléon voudrait que le vice-roi entamât une *guerre de positions* dans le Frioul même, quitte à se reporter ensuite derrière les lignes de la Piave et de l'Adige.

Eugène aurait sa *position centrale* à Udine au centre du cercle des montagnes qui bordent l'Isonzo et où n'existent que les trois débouchés d'Osoppo, de Caporetto et de Palmanova.

Le débouché central de Caporetto pouvant être barré par un fort d'arrêt, Napoléon ne veut que deux masses d'observation, chacune d'une division, l'une à Osoppo, l'autre à Palmanova, ces deux forteresses pouvant leur servir de places de dépôt. Si l'ennemi débouche sur Palmanova, la masse d'observation du Sud le contiendra, et la masse du Nord, ayant laissé dans Osoppo ses bagages, ses malades, pourra, ainsi allégée, accourir rapidement. Si l'ennemi se présente sur Osoppo, la manœuvre sera inverse.

---

[1] *Correspondance*, n° 9518.

Lettre du 17 juillet au Ministre, *Correspondance*, n° 10510.

« Pour pénétrer de Carinthie et de Carniole dans le pays véni-
tien, il existe trois principaux débouchés : celui de droite à Palmanova ; celui de gauche à Osoppo..... Le troisième débouché par où
l'ennemi peut pénétrer dans le Frioul, c'est par Caporetto. Le général Marmont propose d'établir à Stupizza un fort qui coûterait
300,000 livres et qui fermerait cette vallée..... Si effectivement le
débouché de Caporetto à Cividale se trouvait fermé par le fort proposé et que l'ennemi ne pût arriver à Udine[1] avec son artillerie

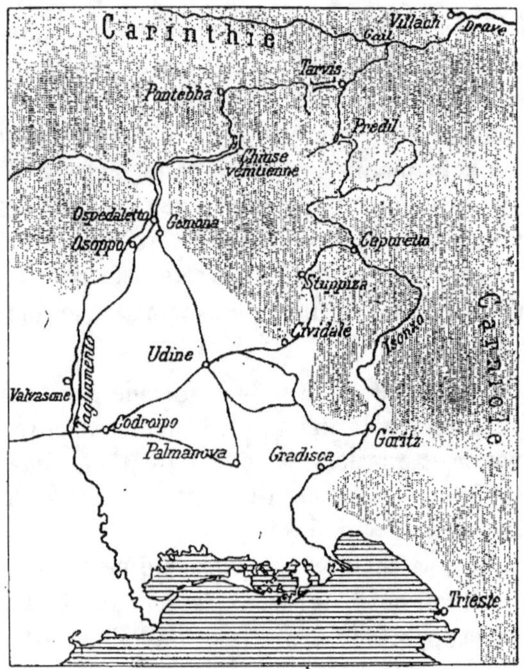

qu'en prenant ce fort, ou en descendant de manière à se mettre
sous la sphère d'activité de Palmanova, ce fort deviendrait utile
pour la défensive et pourrait, dans des circonstances données,
rendre des services de premier ordre. »

---

[1] Dans une lettre du 3 mars au vice-roi (n° 9965), Napoléon avait indiqué
qu'il aurait voulu, sur ce chemin d'Udine à Caporetto, non une place de
dépôt, mais une place forte. Ce n'est que faute d'avoir trouvé un emplacement pour cette place qu'il avait admis la réduction à un fort. « Autant que
je peux m'en souvenir, du moment qu'on sort de Goritz et qu'on a monté la

Dès 1808, il avait défini les services qu'il attendait d'Osoppo et de Palmanova.

« On désire qu'une division étant promptement rappelée de devant Osoppo, pour livrer bataille sous Palmanova, ses bagages, ses blessés, ses malades puissent être enfermés dans Osoppo.

« Enfin, on désire que la division qui défendrait le haut Tagliamento, étant battue, trouvât un camp retranché pour se reformer et, de là, prendre toute autre délibération.....; un simple camp retranché protégé par un filet d'eau est tout ce qui est nécessaire [1]. »

« Palmanova a un rôle défensif et offensif. L'armée française [2] *veut-elle se porter sur Laybach dans la Carniole?* Palmanova est son dépôt et la place où se termine sa ligne d'opérations ; ses parcs, ses malades, ses magasins, peuvent s'y réunir et s'y former ; en cas d'échec, l'armée peut venir s'y réorganiser.

« *Veut-on, après avoir menacé l'ennemi dans la Carniole et sur l'Isonzo, se porter par une marche de gauche sur Klagenfurt, se réunir à l'armée d'Allemagne qui aurait marché sur Salzburg?* Palmanova est encore important. Les troupes destinées à former sa garnison forment le rideau qui masque, pendant deux jours, ses mouvements à l'ennemi. Les bagages, les malades, les traînards se renferment dans cette place.

« Dans cette seconde hypothèse, Osoppo joue un rôle inverse de Palmanova : si on veut se porter sur Klagenfurt, il sert de dépôt à sa ligne d'opération.

---

vallée de l'Isonzo, il devient impossible de se porter sur Udine ; il n'y a aucun chemin de voiture. Ainsi, dans toute la vallée de l'Isonzo, on ne peut arriver à Udine que par Caporetto, par le grand chemin de Cividale, que par Venzone, c'est-à-dire par Osoppo et enfin, par Gradisca, c'est-à-dire par Palmanova S'il en était ainsi, mon intention serait d'avoir, sur le chemin d'Udine à Caporetto, une place forte.

« Ce ne serait point une place de dépôt ; ce serait une place qui renfermerait tout le système défensif à établir dans la vallée ; mais, pour cela, il faut des localités faites exprès. S'il était impossible de trouver un site qui fermât la vallée qui conduit de Caporetto à Cividale, alors un simple fort dans une belle position, le plus près possible de la frontière ennemie, pourrait suffire. Ce fort, maîtrisant la grande route, gênerait toujours d'autant les opérations de l'ennemi, les surveillerait et servirait de magasin naturel aux corps qui seraient placés pour défendre le débouché de Caporetto. »

[1] *Correspondance,* nº 14428. Lettre du 29 octobre à Eugène.
[2] *Ibidem,* nº 14707, du 14 janvier 1809.

« *Si au contraire l'armée, après avoir menacé de se porter sur Kla-genfurt, livre bataille à l'ennemi qui est sur l'Isonzo,* tous les hommes laissés du côté de Tarvis pour masquer le mouvement se retirent sur Osoppo et en forment la garnison..... »

Si le vice-roi est obligé d'abandonner le Frioul, où doit-il s'arrêter ?

Ligne de la Piave.

« Une fois obligé d'abandonner ces places, où doit-on s'arrêter ? Ma première idée fut pour la Piave, ce qui a donné lieu au mémoire que j'ai dicté il y a six mois. Mais la Piave est guéable les trois quarts de l'année ; mais la Piave tournée peut donner lieu à de fausses manœuvres du général français, mais enfin la Piave est fort loin de Mantoue, de Peschiera, où se trouve le centre de la défense de l'Italie [1], et la crainte qu'on peut avoir, si l'ennemi tournait la ligne de la Piave sur sa gauche, de n'arriver qu'après lui devant ces places qui demandent des garnisons si considérables, rendrait nécessairement moins hardi le général français.

« Ce qui a dû fixer ma première idée sur la Piave, c'est que la Piave couvre Venise et qu'il faut perdre une bataille avant d'abandonner ce grand arsenal, cette grande ville, et qu'il est bien malheureux de faire un détachement de plusieurs milliers d'hommes [2] pour laisser une garnison dans Venise. Ces avantages sont majeurs, mais ne serait-il pas possible de donner à la ligne de l'Adige la même propriété ? »

Ligne de l'Adige.

« La ligne de l'Adige ne peut jamais avoir la propriété de couvrir Venise, parce qu'elle n'est pas assez en avant, mais on peut tirer des eaux de la Brenta, de l'Adige et des torrents qui se jettent dans l'une et l'autre de ces rivières, rassembler ces eaux et rendre le terrain tellement impraticable entre l'Adige et la Brenta qu'il soit impossible à l'ennemi de couper Venise de l'Adige, et, dès lors, il sera obligé de passer l'Adige pour bloquer Venise. Il n'y a guère que 2 ou 3 lieues de l'embouchure de la Brenta à l'embouchure de l'Adige ; le pays est déjà marécageux et impraticable.

---

[1] Contre l'Autriche.
[2] Il a évalué tout d'abord ce détachement à 10,000 hommes.

L'art de l'ingénieur doit être de réunir toutes ces eaux, de s'en couvrir et d'établir un poste de 300 à 400 toises de développement défendu par les eaux, qui soit inabordable et qui protège un chemin qui aille sur l'Adige et à Chioggia, de manière qu'il soit impossible à l'ennemi de bloquer Venise sans passer par l'Adige et peut-être trouvera-t-on, dans ce système, le meilleur moyen de fortifier Brondolo. C'est là le premier travail qu'il faut faire ; il faut que le terrain entre la Brenta et l'Adige, déjà marécageux, le devienne au point qu'il y ait impossibilité absolue de pénétrer avant de s'être emparé du poste défendu par les eaux et si difficile lui-même à enlever.

« Cela une fois posé, l'armée française a tous les avantages ; un courant d'eau considérable et extrêmement rapide, des digues sur la rive droite qui rendent facile sa défense, une grande proximité de Mantoue et de Peschiera, l'existence d'une place centrale déjà considérable : Legnago.

« Par cette ligne, Mantoue, Peschiera, Legnago, qui ont été placées par le hasard, qui étaient décousues et sans système entre elles, s'aident, ne font qu'un tout et réunissent leur sphère d'activité pour la défense de l'Italie.

« Supposons que l'ennemi, après avoir forcé le Tagliamento et la Piave, se porte sur Padoue et sur Vicence, il peut vouloir se porter sur Vérone, mais il n'a pour cela qu'un seul chemin : il faut qu'il passe à Villanova.

De Villanova à Arcole, il n'y a qu'une lieue et demie. En établissant à Arcole une place forte, en forme de tête de pont, qui rende toujours l'armée française maîtresse de passer à Ronco et de déboucher sur Villanova en une heure de temps, jamais l'ennemi n'osera s'avancer sur Vérone ; la cavalerie légère, les hussards et les coureurs pourront seuls s'y hasarder.

« Outre l'avantage d'empêcher l'ennemi de se porter sur Vérone, la place d'Arcole a encore celui d'empêcher l'ennemi d'occuper la position de Caldiero, que l'ennemi a déjà occupé deux fois avec succès.

« Ce serait pour la tranquillité de cette grande ville de Vérone, car, enfin, quand même l'ennemi s'y présenterait, il serait arrêté devant Peschiera et la ligne d'opérations de l'armée française étant sur Mantoue, cette crainte d'avoir l'ennemi à Vérone ne pourrait pas sérieusement ébranler la résolution du général français.

« Après Arcole et Legnago, une ou deux autres places paraissent utiles entre Legnago et Venise ; une à peu près dans la direction du grand chemin de Padoue à Ferrare, vers Anguillara, peut-être un poste à Castelbaldo, mais cette place ou ces deux places doivent tirer leur principale force des eaux, doivent être des *places de campagne*, ayant la propriété de pouvoir contenir l'ennemi sur la rive gauche, s'il le fallait, ou de pouvoir être abandonnées à leur propre force, avec 400 ou 500 hommes, s'il le fallait, dans une autre hypothèse. »

Et il termine par les considérations que nous avons données plus haut :

« L'armée ayant quatre débouchés sur l'Adige....., plus nous réfléchissons sur cette position, plus nous pensons qu'avec 30,000 hommes, on ne peut pas en craindre 60,000 de même valeur, ou du moins qu'on peut gagner plusieurs mois. »

Le 12 avril, au moment d'entrer en opérations, Napoléon écrit au prince Eugène :

« Mon fils, à peine arrivé à Vérone ou à Trente, je suppose que vous aurez appris que les Autrichiens ont commencé les hostilités et que vous vous serez porté à votre quartier général en Frioul. Le télégraphe m'apprend seulement que les Autrichiens ont passé l'Inn et, par là, déclaré la guerre. J'attends avec impatience d'apprendre ce qu'ils auront fait en Italie ; mais toutes les nouvelles me portent à croire qu'ils veulent rester là sur la défensive.

« Vous aurez centralisé votre armée dans le Frioul ; vous aurez placé une division dans le débouché de Pontebba, et pour menacer constamment de vous porter sur Tarvis.

« Je pense que vous aurez eu soin qu'il n'y ait aucun embarras à Udine, que tous les dépôts de cavalerie ainsi que les hôpitaux soient au-delà de la Piave. Palmanova, Osoppo, contiendront vos derniers embarras. Libre ainsi de tout, vous vous conduirez selon les mouvements de l'ennemi. Autant que je peux le calculer, les principales forces de l'ennemi seront à Tarvis ; si cela est, il ne se portera pas sur Goritz et se concentrera sur Laybach. Laissez sur l'Isonzo [1] de la cavalerie et une douzaine de mille hommes et portez-vous avec toute l'armée sur Tarvis en ne donnant rien au hasard, et en évitant les retranchements que l'ennemi a fait faire, afin de ne pas se casser le nez contre des redoutes..... Réunissez bien toute votre armée. »

---

[1] Comme corps d'observation vers Goritz.

Les opérations. — D'après les instructions de Napoléon [1], l'armée d'Italie, comptant 60,000 hommes d'infanterie, 10,000 de cavalerie, 108 pièces, au total 70,000 hommes, devait être réunie le 1er avril sur la rive gauche de l'Adige, ayant des avant-gardes, division Broussier à l'Ospitaletto, sur la route de Tarvis, et division Seras en arrière de l'Isonzo. La mission du vice-roi consistait à menacer l'ennemi sans se compromettre [2].

Le 10 avril, les Autrichiens passèrent la frontière espérant surprendre, comme en Bavière, nos troupes en flagrant délit de concentration. L'archiduc Jean disposait d'une centaine de mille hommes. Se bornant à deux détachements en Carinthie et en Carniole, il s'avance sans déclaration de guerre préalable, avec le gros de son armée (8e et 9e corps, 18,000 hommes) sur la route centrale du Frioul, par Cividale et Udine.

Nos forces sont encore échelonnées depuis l'Isonzo jusqu'à l'Adige. Le général Broussier, après avoir défendu la position de l'Ospitaletto, se retire sur le Tagliamento, tandis que la division Seras recule sur la position de Valvasone en arrière du fleuve. Le prince Eugène appelle à lui, en toute hâte, ses autres divisions, sauf la division Fontanelli qu'il laisse pour garder, dans les gorges de l'Adige, les débouchés du Tyrol. Il aurait dû s'efforcer de retarder le plus possible l'ennemi pour se donner le temps de réunir ses forces. A cet effet, s'arrêter sur chacun des différents cours d'eau, forcer, par son attitude, l'ennemi à effectuer un déploiement, à attendre ses réserves, et se retirer sans se laisser entamer. Au contraire, abandonnant le Tagliamento que l'ennemi aurait pu, il est vrai, passer plus loin à gué, il se retire vers la Livenza. Le 15, les Autrichiens attaquent nos avant-gardes. Le prince Eugène, qui compte pouvoir disposer le 16 de toutes ses divisions (sauf la division Fontanelli), et qui craint de se voir reprocher par Napoléon l'invasion de l'Italie et par ses soldats une plus longue retraite, accepte la bataille à Sacile.

Malheureusement, la division Lamarque et les dragons de Grouchy, au total 10,000 hommes, retardés par les crues des

---

[1] Lettre du 16 mars au vice-roi.

[2] Lettre du 13 avril : « Menacez beaucoup, mais ne vous pressez en rien et marchez avec précaution. » Et du 16 : « Réunissez bien vos troupes, marchez posément. »

torrents, ne le rejoignent pas. Ne disposant que de 36,000 hommes contre 45,000, il est battu et perd 3,000 hommes. Les Autrichiens en perdent autant, mais notre retraite est déplorable ; sans même essayer de défendre la Piave, Eugène fuit derrière l'Adige.

C'était une faute grave de livrer bataille en rase campagne avant d'avoir réuni toutes ses forces. Pour s'excuser, Eugène écrit le 17 à l'Empereur :

« Il devenait chaque jour plus nécessaire de livrer bataille à l'ennemi : 1° parce que le prince Jean commençait à nous serrer de près ; 2° parce que je ne pouvais supporter l'idée d'abandonner deux départements du royaume de Votre Majesté sans combattre : 3° et enfin, parce que le mouvement du général Chasteler dans le Tyrol (son arrivée à Brixen, le 13 de ce mois) rendait de plus en plus indispensable un engagement avec l'ennemi. J'ai donc livré bataille hier et j'ai la douleur d'annoncer à Votre Majesté que je l'ai perdue. La bataille a commencé à 9 heures. Jusqu'à 3 heures de l'après-midi, le succès eût été pour nous, mais le soir, l'ennemi déploya une si grande supériorité de cavalerie et d'artillerie qu'il a décidément fixé la journée en sa faveur. Nos troupes ont dû même quitter le champ de bataille dans le plus grand désordre.

« Demain, je me retire en deux colonnes sur l'Adige, après avoir laissé une bonne garnison dans Venise. J'ai besoin de l'indulgence et des bontés paternelles de Votre Majesté. »

Et le 23 :

« Si Votre Majesté désapprouve que j'ai livré bataille, elle excusera au moins mes motifs : 1° j'avais déjà fait trois marches rétrogrades et réuni 5 divisions d'infanterie qui, sans les torrents, seraient arrivées dans la journée ; 2° les soldats se plaignaient de devoir se retirer sans savoir de quelle couleur était l'ennemi ; 3° enfin, l'entrée de Chasteler dans le Tyrol.

« Si j'avais déjà eu l'honneur de gagner des batailles, j'aurais laissé dire et j'aurais fait encore deux marches pour gagner la Piave qui, sans contredit, était un meilleur champ de bataille. Mais, plus que tout, je craignais que Votre Majesté ne désapprouvât ma marche rétrograde, l'abandon de plusieurs théâtres de sa gloire, et je ne pouvais supporter l'idée qu'un jour Votre Majesté pût me dire : « Il fallait combattre ». Ces raisons seules m'ont décidé. Mais si j'avais appris la veille, ce que je n'ai su que le lendemain que Votre

Majesté avait donné l'ordre à la Grande Armée de se replier sur le Lech, alors j'aurais suivi cet exemple et je m'en serais mieux trouvé. »

Voici la réponse de Napoléon[1] :

« Il est fâcheux que vous ayez livré bataille sans avoir votre cavalerie. Si vous vous êtes affaibli pour tenir Vérone, vous avez eu tort. Devant livrer bataille, il fallait réunir toutes vos troupes, et, si vous l'aviez gagnée, vous n'aviez rien à craindre des troupes qui étaient dans le Tyrol.

« Vous portez votre attention sur le Tyrol, d'où vous n'avez absolument rien à craindre. Indépendamment d'un de mes corps qui marche sur Salzbourg, que voulez-vous qu'y fasse une douzaine de mille hommes, qu'une poignée d'hommes à Montebaldo peut tenir en respect ? Tout cela est peu sensé. Il faut que la bataille ait été bien terrible pour que vous ayez abandonné la Piave. Laisser bloquer Venise sans des raisons très fortes et par la seule terreur ridicule du Tyrol est une opération insensée. Si vous craignez une agression par le Tyrol, faites occuper les positions que j'ai occupées dans mes campagnes d'Italie, tous les tambours de votre armée les connaissent. Je fis occuper Montebaldo, Corona, Rivoli et l'Adige ; l'ennemi était maître d'Insprück, de la Bavière et du Tyrol, et c'est en empêchant la jonction de ce qu'il avait dans le Tyrol avec le Frioul que je l'ai battu, je vois que vous ne savez pas bien l'histoire de mes campagnes, puisque vous dites que, si l'ennemi vient par le Tyrol, il faudra lui abandonner la plaine de Vérone. Il ne peut déboucher par le Tyrol si vous occupez les hauteurs de Rivoli, et il ne peut forcer la position de Rivoli si vous occupez la Corona et Montebaldo. Si vous êtes maître de Bassano, l'ennemi n'osera jamais passer Trente ; vous le couperez par les gorges de la Brenta. »

Et, comme le 22, Eugène avait écrit à l'Empereur :

« Ce qui surprendra beaucoup Votre Majesté, c'est que l'ennemi n'avait encore hier à midi, rien tenté sur la Piave, »

l'Empereur lui répond le 30 :

« Je vois avec peine que vous avez abandonné la Piave. Vous

---

[1] 25 avril.

trouvez étrange que l'ennemi ne s'y soit pas présenté ; j'aurais été étonné qu'il l'eût fait et qu'il ne se fût pas contenté de conquérir en un jour tout le pays de l'Isonzo à la Piave. Si au lieu de couper le pont de la Piave, vous eussiez garni la tête de pont, et que vous eussiez montré l'intention de vous y défendre, l'ennemi n'aurait pas osé passer cette rivière ; Venise n'eût pas été bloquée, et tout le pays entre la Piave et l'Adige livré au pillage. Mais si, contre toute attente, l'ennemi eût tenté de passer la Piave, vous aviez vingt-quatre heures devant vous. Je vois avec peine que vous n'avez ni habitude ni notion de la guerre. Les Autrichiens sont si peu accoutumés de faire ainsi la guerre qu'ils ont été étonnés que vous n'ayez pas conservé la ligne de la Livenza qui était une bonne ligne de ralliement pour vous. Aussi ne conçoivent-ils pas que vous ayez abandonné la Piave. A la guerre, on voit ses maux et on ne voit pas ceux de l'ennemi. Il faut montrer de la confiance.

« Jusqu'à ce que l'ennemi eût tenté de forcer le pont de la Piave, vous deviez vous maintenir dans la tête du pont, et vous étiez toujours à même de couper le pont, quand même l'ennemi eût passé plus haut ou plus bas.

« Si vous savez l'histoire, vous savez que les quolibets ne servent à rien et que les plus grandes batailles dont l'histoire fasse mention n'ont été perdues que pour avoir écouté les propos des armées. »

CHAPITRE X

THÉATRE SECONDAIRE ISOLÉ

Sur un tel théâtre, Napoléon veut que le défenseur, après avoir disputé le plus longtemps possible les frontières de terre et de mer sur des lignes de défense successives, trouve une *place-refuge* où il puisse attendre que les actions décisives se dénouent sur le théâtre principal.

Nous allons, sur trois exemples, voir les idées de Napoléon.

Défense du Portugal. — En 1807, Junot se trouvait isolé en Portugal avec 16,000 hommes, lorsque des forces anglaises considérables débarquèrent à l'embouchure du Mondégo. Pour couvrir leur débarquement, Wellington s'avança sur Vimeiro. Junot marcha contre lui et fut battu. N'ayant aucune place de refuge, Junot dut signer la capitulation de Cintra, d'après laquelle ses troupes furent embarquées et ramenées à La Rochelle. A la nouvelle de ces malheureux événements, Napoléon, alors à Erfurt, prescrivit à Junot de lui envoyer une relation détaillée des faits [1] :

> « J'attends, du duc d'Abrantès [2], une relation de tous les événements qui m'apprenne ce qui s'est opposé à ce que, voyant venir depuis six semaines, il ait fait un camp retranché à l'embouchure du Tage ou dans toute autre position, avec des approvisionnements suffisants pour attendre qu'il soit secouru. Voilà ce que l'art de la guerre voulait qu'il fît dans une pareille situation. »

Et lorsque Junot lui eut fait parvenir son Mémoire, il lui écrivit :

---

[1] *Correspondance*, n° 14365.
[2] Junot.

« Vous n'avez rien fait de déshonorant ; vous ramenez mes troupes, mes aigles et mes canons. J'avais cependant espéré que vous feriez mieux. Dès les premiers moments de votre entrée en Portugal, je vous avais prévenu de la nécessité d'être maître des Portugais, de n'avoir aucune confiance en eux, de former un camp retranché. Ce camp retranché ne devait pas avoir pour but spécial de couvrir Lisbonne et l'embouchure du Tage : Almeïda et Elvas pouvaient même servir de centre et de réduit, si l'embouchure du Tage n'y était pas propre. Dans la saison où nous sommes, il était facile d'y réunir des vivres, sauf à laisser manquer Lisbonne. Vous auriez défendu vos chevaux ; manquant de vivres, vous les auriez mangés, et vous eussiez pu attendre, dans cette position, des secours pendant six mois. Durant ce temps, vous auriez été secouru, ou, si vous ne l'aviez pas été, vous eussiez alors mérité la convention que vous avez faite. Cette convention, vous l'avez gagnée par votre courage, mais non par vos dispositions, et c'est avec raison que les Anglais se plaignent que leur général l'ait signée. Vous l'auriez méritée si vous l'eussiez signée dans un camp retranché six semaines plus tard. »

Défense de la Dalmatie. — Les instructions de Napoléon au Ministre de la guerre, du 3 septembre 1806, au sujet de la Dalmatie, montrent plus nettement encore ses idées sur la défense d'un théâtre isolé.

« La Dalmatie peut être attaquée par mer, et ses ports et havres ont besoin de batteries qui les défendent. Il est plusieurs îles qui sont importantes. Il existe plusieurs forts auprès des grandes villes et des principaux ports qui peuvent aussi avoir de l'importance, mais cette importance est secondaire.

« La Dalmatie, du côté de terre, a une frontière étendue avec l'Autriche et la Turquie. Il existe plusieurs forts qui défendent les défilés ou passages des montagnes. Ces forts peuvent être utiles, mais leur utilité est secondaire.

« Les uns et les autres sont des *forts de campagne*, quoique de fortification permanente, et je les appelle ainsi, parce qu'ils peuvent servir pour mettre à l'abri un détachement, un bataillon, soit contre un débarquement, soit contre une invasion, pendant que l'armée française serait supérieure en Dalmatie, quoique cependant elle se trouvât momentanément inférieure au point de débarquement ou de l'invasion. Avant que la grande supériorité de l'ennemi soit bien constatée, ces forts, soit du côté de mer, soit du côté de terre, ces forts, dis-je, peuvent servir et aider aux mouvements et aux manœuvres défensives de l'armée française ; mais ils tombent du moment que la supériorité de l'ennemi sur l'armée française est bien constatée.

« Il n'est aucun moyen d'empêcher une armée, double ou triple en forces de l'armée que j'aurais en Dalmatie, d'opérer son débarquement sur un point quelconque de 80 lieues de côtes, et d'obtenir bientôt un avantage décidé sur mon armée, si sa constitution est proportionnée à son nombre.

« Il m'est également impossible d'empêcher une armée plus forte, qui déboucherait par la frontière d'Autriche ou de Turquie, d'obtenir des avantages sur mon armée de Dalmatie.

« Mais faut-il que 6,000, 8,000 ou 12,000 hommes, que les événements de la politique générale peuvent me porter à tenir en Dalmatie, soient détruits et sans ressources après quelques com-

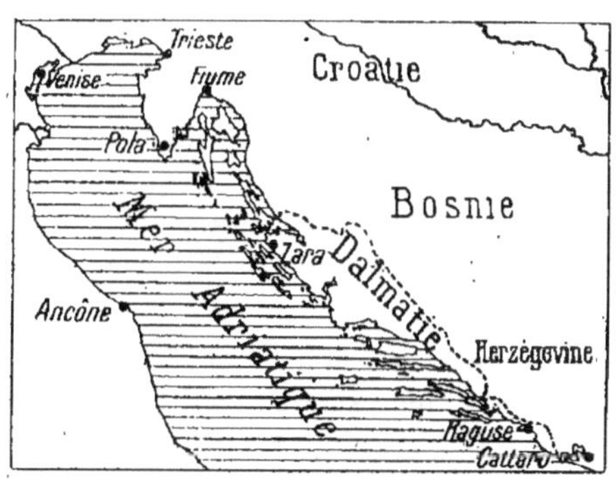

bats ? Faut-il que mes munitions, mes hôpitaux et mes magasins, disséminés à l'aventure, tombent et deviennent la proie de l'ennemi, du moment qu'il aurait acquis la supériorité en campagne sur mon armée de Dalmatie ? Non, c'est ce qu'il m'importe de prévoir et d'éviter. Je ne puis le faire que par l'établissement d'une grande place, d'une *place de dépôt* qui soit comme le *réduit* de toute la défense de la Dalmatie, qui contienne tous mes hôpitaux, mes magasins, mes établissements, où toutes mes troupes de Dalmatie viennent se reformer, se rallier, soit pour s'y reformer, soit pour reprendre la campagne, si telles sont la nature des événements et la force de l'armée ennemie. Cette place je l'appelle *place centrale*. Tant qu'elle existe, mes troupes peuvent avoir perdu des combats, mais n'ont essuyé que les pertes ordinaires de la guerre ; tant qu'elle existe, elles peuvent elles-mêmes, après avoir pris haleine et du repos, ressaisir la victoire, ou du moins m'offrir ces deux avantages d'occuper un nombre triple d'elles au siège de cette place, et de me donner trois ou quatre mois de temps pour arriver à leur secours ; car, tant que la place n'est pas prise, le sort de la province n'est pas décidé, et l'immense matériel attaché à la défense d'une aussi grande province, n'est pas perdu.

« Ainsi, tous les forts situés aux débouchés des montagnes ou destinés à la protection des différentes îles et ports, ne sont que d'une utilité secondaire. Mon intention est qu'on ne travaille, pour améliorer ou augmenter leurs fortifications, que lorsque je connaîtrai les détails de chacun d'eux, et que lorsque les travaux de la place principale seront arrivés à un degré suffisant de forces, et que mes munitions de guerre, mes hôpitaux, mes magasins d'habillement et de bouche seront centralisés dans ma *place de dépôt*, qui doit fournir ce qui est nécessaire à la défense des localités, mais de manière qu'en peu de temps tout puisse se reployer sur cette place, afin d'éprouver, en cas d'invasion de la part de l'ennemi, la moindre perte possib'e.

« Une *place centrale* une fois existante, tous les plans de campagne de mes généraux doivent y être relatifs.

« Une armée supérieure a-t-elle débarqué dans un point quelconque, le soin des généraux doit être de diriger toutes les opérations de manière que leur retraite sur la place centrale soit toujours assurée.

« Une armée attaque-t-elle la frontière turque ou autrichienne, le même soin doit diriger toutes les opérations des généraux français. Ne pouvant défendre la province toute entière, ils doivent voir la province dans la place centrale.

« Tous les magasins de l'armée y seront concentrés, tous les moyens de défense s'y trouveront prodigués, et un but constant se trouvera donné aux opérations des généraux. Tout devient simple, facile, déterminé, rien n'est vague, quand on établit de longue main, et par autorité supérieure, le point central d'un pays. On sent combien de sécurité et de simplicité donne l'existence de ce point central et combien de contentement elle met dans l'esprit des individus qui composent l'armée. L'intérêt de sa conservation agit assez sur chacun pour que l'on sente que l'on est là en l'air ; d'un côté, la mer couverte de vaisseaux ennemis ; de l'autre, les montagnes de la Bosnie peuplées de barbares ; d'un troisième côté, les montagnes âpres de la Croatie, presque impraticables dans une retraite, lorsque surtout il faut considérer ce pays comme pays ennemi. Trop d'inquiétude anime l'armée si dans cette position elle n'a pas pour tous les événements un plan simple et tracé ; ce plan simple et tracé, ce sont les remparts de *Zara*.

« Quand, après plusieurs mois de campagne, on a toujours pour pis aller de s'enfermer dans une ville forte et abondamment approvisionnée, on a plus que la sûreté de la vie, la sûreté de l'honneur.

« Il est facile, pour peu que l'on médite sur ce qui vient d'être dit et que l'on jette un coup d'œil sur la Dalmatie, de voir que Zara doit être la place centrale ou de dépôt. Elle doit l'être car, lorsque mes ennemis m'attaqueront en Dalmatie, je serai ami ou ennemi de l'Autriche. Si je suis ami de l'Autriche, la supériorité des ennemis ne sera que de bien courte durée, j'ai trop de moyens d'y faire passer des secours. Cette hypothèse est trop favorable et, dans ce cas, il convient que la place de dépôt soit le plus près possible de l'Isonzo, par où je puis faire passer mes secours ; or la place de la Dalmatie la plus près de l'Isonzo est Zara.

« Si au contraire je suis en guerre avec l'Autriche, ce qui est l'hypothèse la plus probable, la place de Zara m'offre beaucoup d'avantages. Les 10,000 ou 12,000 hommes que j'ai en Dalmatie se réunissent à Zara et peuvent se combiner avec mon armée de l'Isonzo et par là entrent dans le système de la guerre ; les Autrichiens ne peuvent les négliger ; ils seront donc obligés de placer un même nombre d'hommes pour les tenir en échec, et, par ce moyen, la Dalmatie ne m'affaiblit pas. En occupant par mes armées beaucoup de terrain, je ne dois pas perdre de vue de les faire concourir toutes à un plan de campagne général, de n'éprouver aucun affaiblissement, ou que le moindre possible de cette grande extension, que les intérêts du commerce et de la politique générale exigent sous d'autres points de vue.

« Si les Autrichiens croient utile d'attaquer la Dalmatie et l'attaquent en effet avec des forces très supérieures, mon armée assiégée dans Zara est plus près d'être secourue par mon armée d'Italie.

« Enfin, Zara doit être la place de dépôt, parce qu'elle l'est, que c'est le seul point de la Dalmatie qui soit régulièrement et fortement fortifié, ou, du moins, telle est l'idée que j'en ai prise d'après les renseignements et les plans que m'a envoyés le génie ; que je ne ferais point en six ans et avec bien des millions, ce qui déjà existe à Zara ; que la province est accoutumée à y voir sa capitale, et qu'il me faudrait de véritables raisons pour y forcer les habitudes.

« Mais s'ensuit-il donc que toutes mes troupes doivent être réunies autour de Zara ? Certainement non. Mes troupes doivent occuper les positions que mes généraux jugeront les plus convenables pour un camp destiné à se porter sur tous les points de la frontière. Mais, l'emplacement que doit occuper ces troupes, dépend de leur nombre, des circonstances qui changent tous les mois.

« On ne peut attacher aucune importance à prévoir ce qu'il convient de faire là-dessus ..... (Suivent des détails sur l'organisation de la forteresse.)

« Je désire que vous donniez des instructions conformes à cette dépêche au général Marmont, commandant mon armée en Dalmatie, que vous en donniez également au génie et à l'artillerie et aux vivres, pour que les idées soient fixes et convenues.

« Quelque chose qui arrive, le général français en Dalmatie a bien manœuvré lorsque, attaqué par des forces supérieures, il est parvenu à réunir son personnel et son matériel à Zara, et qu'il y a trouvé des munitions de guerre et de bouche pour y rester un an; car 6,000 ou 8,000 hommes de garnison doivent, contre 12,000 ou 18,000 hommes, dans une si bonne position et avec les fortifications déjà existantes, faire une longue et vigoureuse défense. »

Et Napoléon écrit le même jour au général Marmont (*Correspondance*, n° 10728) :

« Je vous ai fait donner, par mon Ministre de la guerre, des instructions pour la guerre de Dalmatie. Zara doit être considérée comme une *place de dépôt*. Cette place, bien armée et bien approvisionnée, est susceptible de soutenir un long siège. Les autres places doivent être considérées comme de simples postes. Veillez donc à ce que tous les magasins soient centralisés sur cette place. Les différentes places de la Dalmatie doivent être armées, soit pour défendre un mouillage, soit pour résister à des attaques partielles; mais la place de Zara est destinée à être le *réduit* de toute la Dalmatie. Je ne parle pas de Raguse, ni de Cattaro, qui ne peuvent être considérées, quand vous les occuperez, que comme des forteresses à occuper et à défendre. »

Défense de l'Istrie. — Le 3 septembre 1806, Napoléon développe également au général Dejean, Ministre de la guerre, ses idées sur la défense de l'Istrie :

« Tout ce que j'ai dit pour la Dalmatie, il faut le dire pour l'Istrie. L'Istrie est importante sous le point de vue de ses marins et de Venise. Puisque son utilité ne vient que de ses ports, c'est un de ses ports qu'il convient de fortifier. Il y en a trois où peuvent entrer les escadres. Il faut donc que le génie me fasse des projets pour Pola qui paraît être le meilleur. L'avantage d'avoir un port est immense, puisque indépendamment de ce que mes escadres pourront y trouver protection, les 2,000 hommes que je suis obligé de laisser en Istrie n'y seront point en l'air et formeront la garnison naturelle de cette place.

« Si je n'avais pas ce point de vue, j'établirais ma place le plus près possible de Trieste où est actuellement le camp. Mais la considération d'avoir un port qui protège mes escadres doit ici l'emporter. »

CHAPITRE XI

DÉFENSE DES CÔTES

La défense des côtes se présente d'une façon différente de celle des frontières de terre.

Pour les frontières de terre les voies d'invasion sont en général bien déterminées; elles sont en petit nombre. Le défenseur sait par suite où placer ses troupes; il peut renforcer leur position par des ouvrages de fortification.

Sur les côtes, au contraire, les points de débarquement sont nombreux; on ne peut les défendre tous.

Par contre, les attaques par mer sont généralement moins importantes que par terre, car un débarquement est une opération longue et difficile. Si le défenseur est prévenu à temps, il disposera généralement d'assez de forces pour écraser l'assaillant.

Doit-il disséminer ses troupes le long des côtes? Absolument pas. Il lui faut choisir une *position centrale* entre les points de débarquement les plus indiqués et placer ses troupes en échelons entre la position centrale et ces points.

En cas de débarquement, l'échelon avancé peut être rapidement renforcé du suivant; la résistance, proportionnée à l'attaque, fera bientôt connaître où se trouve l'effort principal de l'ennemi. Ce point éclairci, le défenseur sera à même, en deux ou trois jours, de réunir des forces supérieures contre l'assaillant et de l'écraser.

Pendant les quelques jours nécessaires à ces opérations, les autres attaques de l'ennemi seront facilement contenues.

En définitive, pour la défense des côtes, Napoléon veut des

manœuvres sur position centrale, partant d'un dispositif d'attente stratégique.

C'est dans ses instructions de 1806 à son frère Joseph, roi de Naples, qu'il a le plus nettement exprimé cette théorie. Comme d'ailleurs il s'agissait d'un théâtre secondaire isolé, Napoléon prévoit l'organisation d'une place centrale.

Joseph avait à garder son royaume contre les Anglais qui, maîtres de la mer, disposaient d'une quarantaine de mille hommes pour appuyer les Calabrais révoltés. Le général Reynier avait éprouvé un échec à Cassano.

Napoléon écrit à Joseph[1] :

« Puisque les deux points importants étaient Gaëte et Reggio, et que vous aviez 38,000 hommes, il fallait avoir en échelons des brigades formant cinq divisions qui, placées à une journée ou deux s'il le fallait, pouvaient se correspondre. L'ennemi vous eût trouvé dans une position telle qu'il n'eût pas osé bouger, car, dans un moment, vous eussiez pu réunir vos troupes à Gaëte, à Reggio, à Sainte-Euphémie et sans qu'il y eut un jour de perdu.

« Vous devez partir d'un ordre défensif tellement redoutable que l'ennemi n'ose vous attaquer, et abandonner toute position derrière vous, hormis les dispositions défensives de votre capitale, et *être tout offensif* contre l'ennemi qui, la descente faite, ne pourrait rien tenter. C'est là l'art de la guerre. Vous verrez beaucoup de gens qui se battent bien et aucun qui sache l'application de ce principe. Il faut tenir vos troupes en échelons, par brigades, à une journée de distance entre elles de Naples à Cassano, de manière qu'en trois jours, quatre brigades formant 10,000 ou 12,000 hommes puissent se réunir.

« C'est par ce placement en échelons qu'on est sur la défensive, à l'abri de tous les événements ; en ce que, lorsqu'on veut prendre l'offensive dans un but déterminé, l'ennemi ne peut le savoir, parce qu'il vous a vu sur une défensive redoutable et qu'avant qu'il apprenne les changements qui se sont passés sur la défensive les dix ou douze jours d'opérations seront terminés[2]. Je ne sais si l'on comprendra quelque chose à ce que je dis. »

---

[1] *Correspondance*, n° 10558, du 28 juillet.
[2] Opérations par lesquelles on aura écrasé une des fractions de l'ennemi.

Le 30 juillet, Joseph a pris Gaëte. Napoléon lui écrit[1] :

« J'ai vu avec plaisir la prise de Gaëte. J'attends des nouvelles du général Reynier. Je ne puis trop vous répéter de ne pas tenir vos troupes à Naples. Il ne faut point de troupes à Naples ;

avec 100,000 hommes, vous ne garderiez pas cette ville et, avec 15,000, vous n'y feriez pas la police, qui peut se faire tout aussi bien avec 1,500. Des mesures vigoureuses rassureront plus la capitale

---

que de voir des troupes encombrer son sein, et qu'elle s'accoutumera à croire à peine suffisantes pour la police.

« Vous pouvez prendre l'offensive en Calabre sans vous précipiter au fond de la botte, à moins que cela ne soit nécessaire pour dégager Reynier... De Cassano à Naples il n'y a pas plus de 50 lieues. Il n'y a pas un moment à perdre pour placer là votre avant-garde. Cette position, occupée par 6,000 hommes pouvant être renforcés dans un jour par 3,000 autres qui, en cas d'attaque par des troupes très supérieures, pourraient se retirer d'une marche et se réunir encore à 3,000 hommes, vous rendra la tranquillité et fera que les affaires de Calabre n'auront plus d'influence sur la politique, Pendant ce temps, vous organiserez votre service, vous ferez des expéditions pour soumettre les villages, et enfin, si l'ennemi prétendait vous attaquer sur Naples, en deux jours vous auriez 9,000 hommes sur cette capitale. Mais toutes ces choses ne se font pas ainsi ; un débarquement n'est pas une chose facile. En supposant que les Anglais eussent beaucoup de forces en Calabre et voulussent soutenir sérieusement une guerre si disproportionnée, avec une avant-garde à Cassano appuyée à quelques marches de deux ou trois brigades, vous seriez renforcé en trois jours par 9,000 hommes, et, si enfin ils ne se croyaient pas suffisamment forts, ils se retireraient d'une marche et seraient encore rejoints par 3,000 hommes. *C'est ainsi que l'on fait la guerre, lorsqu'on a plusieurs points à garder et qu'on ne sait pas sur lequel l'ennemi vous attaquera.* »

Et le même jour, dans sa lettre n° 10573, Napoléon résume ainsi ses instructions :

« Par les différentes lettres que je vous ai écrites, je vous ai fait connaître les dispositions que votre position comportait ; *des échelons et des échelons*, les châteaux de Naples approvisionnés et armés, vos dépôts enfermés dans Gaëte et dans Capoue, et vos 25,000 ou 30,000 hommes placés de manière à pouvoir être réunis en quatre jours, pour les trois quarts, et en cinq marches forcées sur Naples ou sur Cassano.

« Vous avez des côtes, sans doute, mais j'en ai partout, et, s'il était vrai que des vaisseaux donnassent tant d'avantage aux Anglais, il s'en suivrait que, avec les 40,000 hommes qu'ils ont de disponibles, ils pourraient tenir en échec un bien plus grand nombre de troupes. Mais pour chaque chose, il faut un plan.

« Il y a longtemps que je vous ai dit que vous disséminiez trop vos troupes. Tenez-les réunies et il vous arrivera ce qui est arrivé en France ; les Anglais ont débarqué plusieurs fois, mais ils ont été bien rossés et n'osent plus débarquer.

« Si vous n'aviez pas laissé Cassano sans forces, et que vous y eussiez tenu deux régiments, au lieu de les tenir dans la Pouille et disséminés sur les côtes, les Anglais eussent été rejetés dans la mer, et vous eussiez assuré votre tranquillité pour longtemps. »

Le 31, l'Empereur a reçu une lettre du roi de Naples, du 22 juillet, le prévenant que Masséna marche au secours de Reynier avec 10,000 hommes ; il lui écrit (n° 10578) :

« J'ai vu avec plaisir que vous avez donné 10,000 hommes au maréchal Masséna pour aller en Calabre ; j'ai vu avec peine que vous ne placiez pas vos troupes en échelons pour pouvoir en trois jours les réunir, si cela est nécessaire, et tomber sur les Anglais. Je suppose Masséna arrivé à la hauteur de Cassano ; qu'il apprenne que les Anglais cernent le général Reynier avec 12,000 hommes et 4,000 à 5,000 révoltés ; il prendra une position et sera obligé de perdre quinze jours à attendre que vous lui renvoyiez des renforts. Au contraire, en plaçant en échelons ses troupes, qui, en trois ou quatre jours, pourront le joindre ou revenir sur Naples et Salerne s'il le fallait, il ne perdra point de temps à dégager Reynier. Vous savez bien que Reynier n'a pas aujourd'hui plus de 4,000 hommes de troupes désorganisées et découragées. »

Dans le cas présent, comme il s'agissait d'un théâtre isolé, Napoléon avait prescrit l'organisation d'une place centrale. Dans sa lettre du 1er août, il discute l'emplacement de cette place centrale.

« Il vous faut une grande place où toute l'artillerie, tous les dépôts puissent être en sûreté, et soutenir un long siège, pour donner le temps à des secours d'arriver.

« Où doit être située cette place ? Prendra-t-on Capoue ou toute autre ? C'est une question assez importante. Enfin, on ne peut rester en l'air au milieu d'un peuple ennemi qui est inconstant, qui l'a toujours été et qui, pendant les premières années, sera sans consistance.

« Supposez les Français battus en Italie et qu'on fût obligé de faire la guerre dans le royaume de Naples, il serait convenable d'y avoir une place qui pût renfermer les dépôts, les hôpitaux, les

munitions de guerre, et où l'armée pût se rallier et concentrer sa
défense.

« Il peut y avoir des avis pour mettre cette place à Naples
même, non qu'aucun homme censé puisse avoir l'idée d'enfermer
cette immense ville dans la place, mais aux approches de la ville et
dans une situation à avoir des feux sur la rade. On aurait le double
avantage que la ville serait défendue et qu'elle-même serait contenue, ce qui serait d'un grand résultat. Mais il ne s'agit pas d'avoir
une simple citadelle qui ne signifie rien, mais une localité d'une
étendue au moins de 3,000 toises. Causez là-dessus avec quelques
officiers du génie. Il serait très avantageux de pouvoir, par une seule
place, contenir la capitale, avoir des batteries sur le port, mettre à
l'abri tous les établissements d'artillerie, les magasins et les dépôts
de l'armée. En travaillant trois ou quatre ans à cette place, en y
mettant 3 ou 4 millions par an, on aurait une place qui se défendrait six mois et qui, contenant 12,000 à 15,000 hommes, occupe-
rait une armée considérable. Beaucoup de places ne servent à
rien. Soit qu'on établisse cette place à Naples, soit qu'on l'établisse
à Capoue, il vous en faudra encore deux autres aux extrémités de
la Calabre, à Charybde et Scylla, pour lier ces deux parties du
royaume, et enfin une à Tarente et dans un meilleur point, s'il
est possible d'en trouver, qui puisse, même en perdant la supériorité sur terre, mettre à l'abri nos magasins et nos flottes
qui arriveraient à Tarente pour la discussion des affaires du
Levant.

« Il sera ensuite nécessaire d'établir des forts dans les îles et de
bonnes redoutes revêtues à la gorge dans le mouillage le plus
près de la côte, mais cela n'est que d'un intérêt secondaire.

« Ce qui est le plus important, c'est une belle *place de dépôt*
telle que le roi lui-même puisse s'y enfermer et s'y défendre pendant des années, avec les hommes qui lui sont le plus attachés ;
car, une fois le royaume de Naples soumis, le principe d'une
famille qui y règne est de n'en jamais dépasser les frontières et
d'y périr s'il le faut, en défendant le territoire, et cette seule idée
doit donner une autre direction à l'esprit du public.

« Une dynastie élevée dans ce principe ne sera jamais vaincue et
conservera le trône intact. Vous voyez que, si le roi Ferdinand IV
qui, au lieu de défendre le royaume de Naples, s'est retiré en
Sicile, avait eu une place pareille et s'y fût enfermé au lieu d'aller
en Sicile, vous auriez eu deux sièges à faire : vous n'auriez trouvé
aucune ressource ni aucune artillerie ; en deux ans vous n'eussiez
pas pris ces places, et la paix ou d'autres événements continentaux
auraient pu le sauver. »

Le 9 août 1806, Napoléon revient encore sur cette question du placement des troupes :

« Je ne suis point satisfait de la distribution de vos troupes. Je vois que vous avez trop de monde partout..... Votre réserve serait bien si elle était à moitié chemin de Naples et de Cassano. Le monde que vous avez à Naples est une chose ridicule. L'ennemi ne débarquera jamais devant la ville. Il ne sera pas plus curieux que vous de s'enfermer dans une grande ville sans avoir battu l'armée d'observation. Il doit y avoir une brigade à deux lieues de Naples, de manière à pouvoir s'y porter en deux heures de temps. Vous avez trop de monde à Gaëte, dans les Abruzzes et dans la Pouille. *L'art de la guerre est de disposer ses troupes de manière qu'elles soient partout à la fois.*

« Par exemple, vous mettez plus de 2,600 hommes dans la Pouille ; il faut que les trois quarts de ce monde soient placés de manière qu'une partie en deux jours, une partie en quatre, puissent se porter sur Cassano. Tout ce que vous aviez à Gaëte doit être placé de manière à pouvoir, en un jour, retourner à Gaëte s'il le faut, ou se rendre à Naples. Je voudrais avoir une armée moitié moindre de la vôtre et avoir plus de monde à Cassano, à Gaëte, s'il était nécessaire, dans les Abruzzes et dans la Pouille. Je vous prie de ne pas lire cela légèrement. *L'art du placement des troupes est le grand art de la guerre. Placez toujours vos troupes de manière que, quelque chose que fasse l'ennemi, vous vous trouviez en peu de jours réuni.* C'est le défaut de cette première connaissance de la guerre qui a causé les malheurs qui sont arrivés à Reynier et le malaise où vous vous trouvez avec des troupes considérables.

« Tant que vous ne prendrez pas comme principe d'avoir des dépôts dans Naples, deux régiments de cavalerie et un d'infanterie aux portes, vous n'aurez point assez de troupes ; une armée ne suffirait pas pour garder cette capitale, et deux bataillons seraient suffisants si le peuple y était accoutumé.

« Des sots vous diront que la cavalerie ne sert à rien en Calabre ; à ce compte, elle ne sert à rien nulle part. Si Reynier avait eu 1,200 chevaux et les eût bien employés, il aurait fait un mal affreux aux Anglais, surtout s'il eût eu des dragons, qui sont armés de fusils et qui combattent à pied. Mais vos dragons sont éparpillés et ne vous rendent aucun service. Vous avez cinq régiments de dragons disséminés ; vous devez les réunir et en former une réserve avec 4 pièces d'artillerie légère, attelées. Ces 4,000 hommes, capables de faire 30 lieues en deux jours, peuvent se porter sur Naples et sur tout autre point qui serait menacé. Que faites-vous de 300 dragons isolés qui perdront l'esprit de leur arme et ne vous serviront de rien ? 2,000 ou 3,000 dragons placés à 40 lieues de Naples, sur le chemin de Cassano et Sainte-Euphémie y fussent arrivés en même temps que Reynier. Je vous le répète, réunissez vos dragons, donnez-leur 4 ou 6 pièces d'artillerie légère, avec des caissons et des cartouches ; considérez-les comme infanterie et organisez-les de manière à être promptement partout. Il y a, de Cassano à Naples, 50 lieues. En les plaçant par deux régiments en échelons, vous les aurez, au bout de trente-six heures, sur Naples et sur Cassano ; en les tenant sous les ordres d'un seul commandant, qui les exercera tous les jours à pied, vous aurez là une excellente infanterie. ... »

Et le 12 août, encore [1] :

« Je pense que vous serez pénétré de l'importance des conseils que je vous ai donnés sur le parti à tirer de vos régiments de dragons en les plaçant à mi-chemin de Naples à la Calabre. Avec les 5,000 ou 6,000 hommes que vous allez recevoir de vos dépôts, il est hors de doute que vous aurez plus de 40,000 hommes. Il faut maintenir 20,000 hommes dans la Calabre, de Reggio à Cassano, et 20,000 de Cassano à Naples.

« Je vous recommande de passer tous les matins une heure à lire vos états de situation pour connaître la position de toutes les parties de votre armée et pour rappeler les parcelles éparses de droite et de gauche, de manière que tous les corps soient réunis ; sans cela, on n'a point d'armée. »

---

[1] *Correspondance*, n° 10635.

CHAPITRE XII

GUERRE DE MONTAGNES

Le *principe fondamental* de la guerre de montagnes a été formulé ainsi qu'il suit par Napoléon :

« Dans les montagnes, on trouve partout un grand nombre de positions extrêmement fortes par elles-mêmes, qu'il faut bien se garder d'attaquer. Le génie de cette guerre consiste à occuper des camps, ou sur les flancs ou sur les derrières de ceux de l'ennemi, qui ne lui laissent que l'alternative ou d'évacuer ses positions sans combattre, pour en prendre d'autres en arrière, ou d'en sortir pour vous attaquer.

« Dans la guerre de montagnes, celui qui attaque a du désavantage ; même dans la guerre offensive, l'art consiste à n'avoir que des combats défensifs et à obliger l'ennemi à attaquer[1]. »

C'est par la guerre de montagnes que Napoléon a commencé sa carrière militaire. En 1794, commandant l'artillerie de l'armée d'Italie, il imagina et conduisit l'opération sur le col de Tende qui nous mit en possession de toute la côte, de Nice à Loano ; en 1796, commandant en chef l'armée d'Italie, c'est par une guerre de montagnes qu'il porta l'armée française de Nice au Semmering et révéla son génie militaire.

Toute sa stratégie en resta influencée ; sa manœuvre favorite,

---

[1] Variante : « Le prince de Condé a violé un des principes de la guerre de montagnes : Ne jamais attaquer les troupes qui occupent de bonnes positions dans les montagnes, mais les débusquer en occupant des camps sur leurs flancs ou sur leurs derrières.

[2] *Précis des opérations de l'armée d'Italie*, t. XXIX, p. 30.

la manœuvre sur les derrières, n'est que l'application à la guerre de campagne du principe fondamental de la guerre de montagnes.

Ce jeune Corse qui ne rêva rien moins, tout d'abord, que de rendre l'indépendance à son pays natal, dut ardemment travailler à se rendre maître des secrets de la guerre de montagnes ; il dut dévorer les traités spéciaux relatifs à cette guerre, particulièrement l'ouvrage récent et classique de Bourcet, et aussi l'histoire des campagnes des Alpes, notamment de la dernière : celle de 1747 dans les Alpes maritimes.

On trouvera de nombreux enseignements pour la guerre de montagnes en étudiant en détail les campagnes de 1794 et de 1796.

Je me bornerai ici à l'exposé de l'opération conduite par le général Bonaparte sur le col de Tende en 1794.

OPÉRATION DIRIGÉE EN FÉVRIER 1794 PAR LE GÉNÉRAL BONAPARTE
CONTRE LES POSITIONS OCCUPÉES
PAR LES AUSTRO-SARDES DANS LE BASSIN DE SAORGE.

En février 1794, les Austro-Sardes opposent 10,000 à 12,000 hommes à chacune de nos armées d'Italie et des Alpes sur la crête des montagnes ; ils ont 17,000 hommes dans les places en arrière.

L'armée d'Italie compte une vingtaine de mille hommes cantonnés autour de Nice. Les vivres lui viennent de Gênes par mer, quand les corsaires sortis d'Oneille, enclave piémontaise en territoire gênois, laissent passer les convois.

En 1793, différentes attaques dirigées de front contre les positions des Austro-Sardes n'ont abouti qu'à de sanglants échecs, notamment les attaques tentées au mois de juin contre l'Authion.

C'est alors que le général Bonaparte, commandant l'artillerie de l'armée, propose de faire tomber les positions ennemies dans le bassin de Saorge en les tournant par les crêtes qui séparent ce bassin de celui d'Oneille. Il se fait fort, avec 15,000 hommes, d'amener l'évacuation de ces positions et, du même coup, d'Oneille.

Les Austro-Sardes ont à peu près 8,000 hommes répartis sur la Vésubie, l'Authion, Saorge et les crêtes formant la ceinture orientale du bassin. Les camps de la Marta et de Tende constituent des replis. Orméa a une garnison de 1,200 hommes, Oneille de 500.

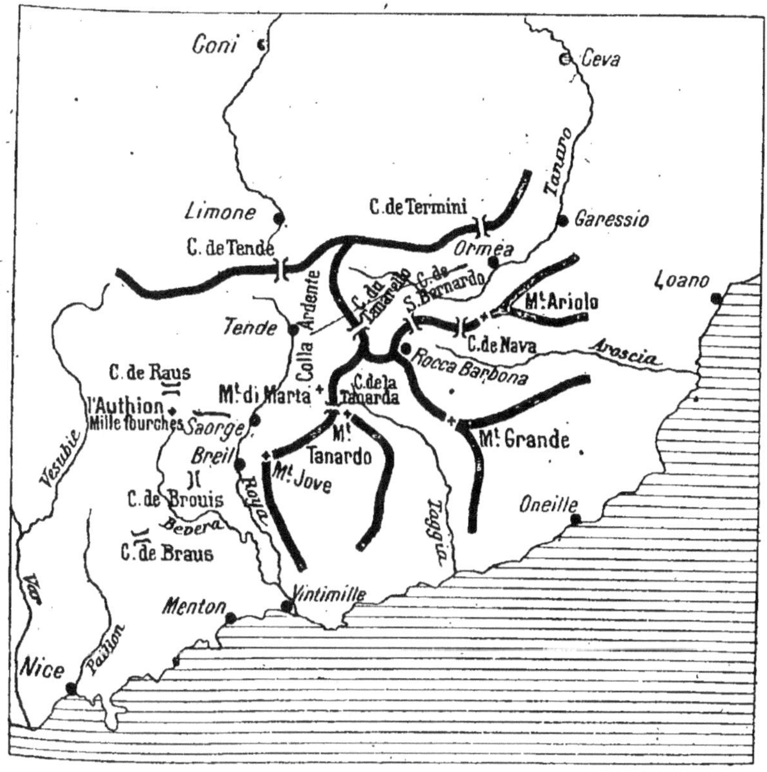

Voici comment Napoléon, dans ses *Mémoires* [1], a exposé cette opération :

« Les positions de l'ennemi étaient bien liées : la droite était solidement appuyée, mais la gauche l'était mal ; de ce côté, le pays était beaucoup plus facile. Napoléon conçut alors un plan d'opérations qui, sans engager l'armée dans des affaires difficiles, devait la rendre maîtresse de la chaîne supérieure des Alpes et obliger

---

[1] *Précis des opérations de l'armée d'Italie*, t. XXIX, p. 30.

l'ennemi à abandonner lui-même les camps si redoutables de Raus et des Fourches. Il consistait à tourner la gauche de l'ennemi en passant la Roya, la Nervia et la Taggia, à occuper le mont Tanardo, Rocca-Barbona, Tanarello, et à *intercepter la chaussée de Saorgio, ligne de communication de l'ennemi derrière le mamelon de Marta.*

« Un grand nombre de corsaires étaient stationnés à Oneille, d'où ils interceptaient les communications de Nice à Gênes, ce qui nuisait à l'armée et encore plus à l'approvisionnement de la Provence, où régnait la disette.

« La même opération remédiait à ce mal : lorsque l'armée serait sur le Monte Grande, elle dominerait les sources du Tanaro et toute la vallée d'Oneille; cette ville, Orméa, Garessio et Loano tomberaient en son pouvoir.

« Ainsi ce plan de campagne aurait trois grands résultats : 1° placer la défensive du comté de Nice dans sa position naturelle sur la crête supérieure des Alpes; 2° porter la droite dans un pays où les montagnes, beaucoup moins élevées, offraient plus d'avantages; 3° couvrir une portion de la Rivière de Gênes et détruire le repaire des corsaires qui empêchaient les communications entre Gênes, le grand centre du commerce, l'armée et Marseille. »

Que pouvait faire l'ennemi ? Attaquer les positions où notre gros défendait les approches de Nice ?

« On ne pouvait pas craindre que l'ennemi profitât, pour prendre l'offensive, du détachement que l'armée française aurait fait par sa droite : un pareil mouvement dans un pays de mamelons ne serait à redouter qu'autant qu'on perdrait du temps pour frapper les coups décisifs; car, si on a gagné quelques marches sur l'ennemi, on est arrivé sur ses flancs, et alors il n'est plus temps [pour lui] de prendre l'offensive; *mais, dans la guerre de montagnes, obliger l'ennemi à sortir de ses positions pour attaquer les vôtres, c'est ce que nous avons dit être dans le génie et la bonne conduite de cette guerre.*

« En effet, les positions au col de Beolit, au col de Brouis, au col de Perus, moins fortes peut-être que celles des Piémontais, l'étaient cependant extrêmement; leur supériorité leur eût été inutile, et enfin ces positions forcées, l'ennemi eût été arrêté aux positions du col de Brouis, de Castiglione et de Lucerame, encore assez fortes. »

Attaquer notre détachement?

« Les Piémontais pouvaient prendre le parti d'attaquer les positions du mont Tanardo et du Tanarello aussitôt qu'ils verraient les Français les occuper; mais ces positions étaient bonnes par elles-mêmes, et on rentrait encore dans les mêmes principes de la guerre de montagnes : on obligeait l'ennemi à attaquer.

« Dans ce cas, d'ailleurs, toutes les troupes françaises restées au camp de Brouis pouvaient, en traversant la Roya et le mont Giove, se porter à leur secours ; et enfin l'opération sur les sources du Tanaro et sur Orméa était elle-même une seconde diversion qui détournerait l'ennemi de s'engager dans de mauvaises affaires de montagnes, très hasardeuses, et le déterminerait à faire repasser son armée dans la plaine pour couvrir la capitale. »

Le projet accepté, on décida d'exécuter l'opération avec une division de 14,000 hommes.

Mais on donna plus d'importance à l'opération sur Oneille que Bonaparte fut chargé de diriger. Celle sur les derrières des Piémontais fut confiée à Masséna. Une colonne liait les deux attaques.

« Le 6 avril[1] une division de 14,000 hommes formant 5 brigades passa la Roya et s'empara du château de Vintimille. Une brigade sous les ordres de Masséna marcha sur le mont Tanardo et y prit position ; la seconde brigade, après avoir passé la Taggia, prit position à Monte Grande ; les trois autres, sous le commandement immédiat du général d'artillerie [Bonaparte] se portèrent sur Oneille et culbutèrent une division autrichienne qui était placée sur les hauteurs de Sant'Agatha... Le lendemain, l'armée entra dans Oneille... L'armée [ces 3 brigades] marcha sur Ponte di Nava ; le reste de la division autrichienne y était en position ; elle fut attaquée, battue, précipitée des hauteurs du mont Ariolo dans le Tanaro. La place d'Orméa capitula le même jour... Le lendemain, 18, elle prit possession de Garessio, établit ses communications, par les monts San Bernardo et Rocca-Barbena, avec Loano, autre petite ville située au bord de la mer.

« L'alarme fut vive dans tout le Piémont. L'ennemi, comme on l'avait prévu, se dépêcha d'évacuer tous les revers des Alpes ; mais il le fit trop tard et ne put emmener son artillerie.

---

[1] *Précis des opérations de l'armée d'Italie*, t. XXIX, p. 32.

« Masséna, de Tanarello, déboucha sur les derrières de Saorgio, coupant ainsi la chaussée et la retraite de l'ennemi, derrière le mamelon de Marta. Saorgio capitula le 29 avril...

« Le 8 mai, Masséna se porta sur le col de Tende, par le col Ardente, dans le temps que le général Macquardt attaquait de front; l'attaque réussit : l'armée fut maîtresse de toute la chaîne supérieure des Alpes maritimes.

« Sa droite, placée en avant d'Orméa, communiquait avec le col de Tende par le col de Termini, et, du col de Tende, elle occupait la chaîne des Alpes jusqu'au col de l'Argentière, où était le premier poste de l'armée des Alpes.

« L'exécution de ce plan valut 3,000 ou 4,000 prisonniers, 60 ou 70 pièces de canon, 2 places fortes et la possession de toutes les hautes Alpes jusqu'aux premiers mamelons des Apennins.

« L'armée couvrait ainsi plus de la moitié de la rivière du Ponent, et, quoiqu'elle s'étendît de 15 lieues sur sa droite (de Nice à Loano), sa position en était plus forte et exigeait moins de troupes pour la garder. Rien ne put plus empêcher le cabotage entre Gênes et la Provence.

« La perte de l'armée fut légère. La chute de Saorgio et de toutes ces grandes positions, pour lesquelles on avait fait tant de projets et versé beaucoup de sang, accrut, dans l'armée, la réputation du Général d'artillerie, et déjà l'opinion l'appelait au commandement en chef. »

TITRE II

GUERRE DE POSITIONS

Pour obtenir dans un court délai des résultats décisifs, Napoléon emploie, nous l'avons vu, la manœuvre sur les derrières ou la manœuvre sur position centrale. Ces deux procédés constituent la *guerre de mouvements*.

Lorsqu'il s'agit non pas de rechercher des résultats décisifs, mais simplement de gagner du temps sans compromettre ses troupes, Napoléon use d'un autre système d'opérations : *la guerre de positions*.

Prendre position pour faire espérer à l'ennemi une bataille en règle, tenir la position tant qu'on ne risque pas de compromettre ses troupes, se retirer en temps opportun sur une seconde position où l'on recommence le même jeu, ou bien chicaner autour d'une *ligne de défense* : chaîne de montagnes ou de collines, fleuve ou rivière, renforcés par des travaux de fortification permanente ou passagère, voilà en gros le système de la guerre de positions.

« On peut espérer d'une ligne les avantages suivants, écrivait Napoléon le 14 janvier 1809 au prince Eugène : rendre la position de l'ennemi tellement difficile qu'il se jette dans de fausses opérations et qu'il soit battu par des forces inférieures; ou, si l'on a en tête (en face de soi) un général de génie, l'obliger à franchir méthodiquement des obstacles créés à loisir et ainsi gagner du temps ; du côté, au contraire, de l'armée française, aider à la faiblesse du général, rendre sa position tellement indiquée et facile qu'il ne puisse commettre de grandes fautes et enfin lui donner le temps d'attendre des secours. Dans la guerre, comme dans la mécanique, le temps est le plus grand élément entre le poids et la puissance. »

La guerre de positions est de règle sur un théâtre secondaire, puisqu'il s'agit uniquement d'y retenir et d'y contenir l'ennemi pendant que les actions décisives se résolvent sur le théâtre principal.

Elle convient également sur le théâtre principal aux corps d'observation chargés :

1°) *Dans la manœuvre sur les derrières*, d'attirer l'attention et les forces de l'ennemi loin de la barrière à occuper par notre armée ; de couvrir la réunion de nos forces ; de contenir, après le débouché, les fractions de l'ennemi séparées du gros pendant que notre armée écrase le gros.

2°) *Dans la manœuvre sur position centrale*, de contenir une fraction de l'ennemi pendant que notre gros écrase une autre fraction.

Aucun général n'a été plus offensif ni plus audacieux que Napoléon, et pourtant aucun n'a fait un emploi aussi fréquent des *positions* et des *lignes de défense*, et c'est cela même qui lui permettait la concentration intense de ses forces sur le point décisif et ses audacieuses manœuvres.

Dans la plus offensive de toutes ses campagnes, celle de 1806, sans cesse il recommande à ses maréchaux d'étudier des positions pour le cas où ils rencontreraient un ennemi supérieur, de façon à pouvoir tenir pendant qu'il enverra du monde à leur secours.

CHAPITRE IER

MATÉRIEL DE LA GUERRE DE POSITIONS

Les *positions*, les *lignes de défense* et les *places fortes* constituent le matériel de la guerre de positions.

Position. — On appelle *position* un terrain qui donne au défenseur des avantages sur l'assaillant : vues étendues ; bon champ de tir pour le canon et le fusil ; sur le front, obstacles pour arrêter l'élan de l'assaillant et le retenir sous le feu ; aux ailes, des appuis solides ; à l'intérieur, des masques pour les réserves ; en arrière, des lignes de retraite protégées ; le développement du front doit être proportionné à l'effectif.

Voici d'ailleurs, d'après Napoléon, les propriétés qu'on doit rechercher pour une position :

« 1° Que l'emplacement soit proportionné à la force de l'armée, afin que toutes les armes, infanterie, cavalerie, artillerie, puissent y être placées et mises en action de la manière la plus favorable ; 2° que les flancs soient appuyés ; 3° que l'armée ne soit coupée par aucun obstacle, de sorte que le mouvement de la droite à la gauche, de la tête à la queue, soit libre ; 4° qu'elle ne soit commandée par aucune des positions au pouvoir de l'ennemi ; 5° qu'elle n'ait sur les derrières aucun défilé, afin que la retraite puisse être faite sur plusieurs colonnes et devienne facile et prompte [1]. »

Ces positions doivent être renforcées par des ouvrages de campagne. Napoléon s'est toujours préoccupé d'avoir, à chaque division, un nombre suffisant d'outils.

---

[1] *Essai sur la fortification de campagne.* Écrit à Sainte-Hélène. (*Correspondance*, t. XXXI, p. 465.)

« Sans outils, il est impossible de se retrancher ni de faire aucun ouvrage, ce qui peut avoir des conséquences bien funestes et bien terribles[1]. »

Ligne de défense. — Une ligne de défense est constituée par un obstacle notable de terrain : fleuve, rivière, marais, chaîne de montagnes, que l'on renforce par de la fortification passagère ou permanente.

Napoléon en a constitué dans toutes ses campagnes avec les obstacles naturels les plus divers :

En 1796, autour de Mantoue avec l'Adige, la place de Vérone ; les positions de Rivoli, la Corona, le lac de Garde.

En 1806, pour assurer notre territoire pendant la manœuvre d'Iéna, avec le Rhin et les places de Mayence et de Wesel.

Fin 1806, en Pologne, avec la Vistule et ses affluents.

En 1813, dans sa campagne sur position centrale, rive droite de l'Elbe, il encadre son théâtre d'opérations : à l'Est par l'Elbe avec les places de Hambourg, Havelsberg, Magde-bourg, Wittenberg, Torgau, Dresde (place improvisée), Kœnig-stein ; au Sud par la ligne des montagnes de Bohême dont il fait retrancher tous les cols ; à l'Ouest par la ligne du Bober sur laquelle une de ses masses circonférentielles prend position.

En 1814 il utilise, pour sa campagne sur position centrale, la Seine et la Marne dont il fait fortifier les passages.

En Italie, théâtre secondaire pendant les campagnes de 1805, 1806, 1809, 1813, 1814, Napoléon s'est constamment préoccupé d'organiser des lignes de défense, notamment la ligne de l'Adige.

Places fortes. — Une grande place est souvent le point d'aboutissement d'une guerre de position, le refuge final d'un corps trop vivement poussé par l'ennemi.

Sur un théâtre isolé, c'est le cas général. Dans ses instructions du 3 septembre 1806 au sujet de la défense de la Dalmatie, Napoléon prescrit l'organisation de la place centrale de Zara pour servir de refuge au corps d'observation.

---

[1] Au Major général, du 16 septembre 1806.

Sur un théâtre secondaire, alors même qu'il est lié au théâtre principal, il peut être avantageux de posséder une place forte où le corps d'observation puisse se réfugier pour y attendre l'arrivée de l'armée d'opérations.

En 1800, dans les calculs de Bonaparte, Gênes devait offrir refuge à l'armée de Ligurie, aux ordres de Masséna, destinée à attirer et retenir Mélas sur l'Apennin, pendant que l'armée de Réserve se porterait à la Stradella. Dès que Mélas entamerait la retraite, Masséna devait le suivre pour coopérer à son enveloppement.

En 1806, pour défendre la barrière du Rhin de Wesel à Mayence, Napoléon place à Wesel le roi de Hollande; à Mayence, le maréchal Mortier. L'un et l'autre doivent, dans les premiers jours d'octobre, exécuter des démonstrations pour attirer l'attention des Prussiens vers le Rhin. En cas de danger, ils trouveraient refuge à Wesel et à Mayence :

> « S'il arrivait que Mayence dût craindre d'être cernée, vous vous y renfermeriez avec votre corps d'armée », prescrit, le 1er octobre, Napoléon à Mortier.

En 1812, pour attirer les Russes loin de Kowno et de Vilna où il veut percer, Napoléon prescrit des démonstrations au Nord pour retenir Wittgenstein; au Sud, pour retenir Bagration. Celles du Sud seront faites par Jérôme qui, s'il était trop vivement pressé par les Russes, aurait pour refuge les fortifications de la Vistule et de la Narew, c'est-à-dire les remparts de Praga et le camp retranché de Modlin.

> « Que l'important est que la droite ne se commette pas contre des forces supérieures, écrit Napoléon le 10 juin 1812, et manœuvre réunie de position en position; que, si la plus grande partie de l'armée russe se trouvait à cette attaque de flanc, il ne pourrait jamais rien arriver à la droite, qui aurait toujours pour refuge le camp retranché de Modlin et la rive gauche de la Vistule. »

Cette manière de faire n'est admissible que si la place peut résister le temps voulu. En 1800, la chute de Gênes mit dans le plus grand péril l'armée de Réserve.

———

CHAPITRE II

DIFFÉRENTS MODES DE LA GUERRE DE POSITIONS

De ce qui précède, on conçoit que la guerre de positions ne comporte pas uniquement une défensive passive, mais qu'elle admette l'*offensive* et aussi les deux procédés de la guerre de mouvements : la *manœuvre sur les derrières* et la *manœuvre sur position centrale* ; sous la condition toutefois que ces manœuvres soient de faible envergure et restent liées à la position, à la ligne de défense, à la place forte.

Le 23 août 1813, Napoléon, rappelé vers Dresde par l'offensive de l'armée de Bohême, laisse l'armée du Bober, aux ordres de Macdonald, sur la position de Lœvenberg [1].

> « Écrivez au duc de Tarente, écrit-il au Major général, que vous lui avez fait connaître, par vos deux dépêches de ce jour, la position de son armée et la position défensive que je pense qu'il convient de prendre ; que mon opinion est que, dans l'état moral de ses troupes et de l'ennemi, *il n'a rien de mieux à faire que de marcher à lui*, du moment qu'il voudra prendre l'offensive ; que l'ennemi, en prenant l'offensive, se portera sur plusieurs points ; qu'au contraire, le duc de Tarente doit alors réunir toutes ses troupes sur un point, afin de déboucher en force sur lui et de reprendre sur-le-champ l'initiative [2]. »

En mars 1800, Masséna vient de recevoir le commandement de l'armée de Ligurie forte d'environ 50,000 hommes ; cette armée a la double mission de garder les Alpes et les Apennins

---

[1] Voir p. 251.
[2] *Correspondance*, t. XXVI, n° 20443.

et de servir d'appât pour attirer Mélas vers Gênes pendant que le Premier Consul portera l'armée de Réserve sur les derrières des Autrichiens à la Stradella.

Pendant mars et avril, la neige garde suffisamment les Alpes ; aussi le Premier Consul désire-t-il que Masséna concentre tout son monde autour de Gênes, ayant cette place comme refuge en cas de besoin. Voici les instructions qu'il envoie :

> « A votre place, pendant ventôse et tout le mois de germinal, j'aurais à Gênes les quatre cinquièmes de mes forces. Ainsi, si la totalité se monte à 50,000 hommes, j'en aurais 40,000 dans les positions qui ont pour appui Gênes ; 2,500 dans toutes les Alpes ; 1,500 dans Sospello et le col de Tende ; 2,500 pour garnison d'Antibes, château de Nice, château de Vintimille, garnison de Savone ; 1,500 pour le Tanaro, Orméa, *et le reste sur les points de la circonférence, à deux journées de Gênes.*
>
> « L'ennemi, à la manière autrichienne, fera trois attaques : par le Levant, par Novi et par Montenotte ; refusez-lui deux de ces attaques et trouvez-vous avec toutes vos forces sur la troisième. . . .
>
> « Dans les positions que nous occupons, on n'est jamais battu lorsqu'on veut fortement vaincre. Souvenez-vous de nos belles journées ! Tombez sur l'ennemi avec toutes vos forces dès qu'il fera quelque mouvement. »

Pour la défense d'une ligne, Napoléon a toujours condamné l'attitude purement passive avec des troupes en cordon le long de l'obstacle.

> « Une rivière et une ligne quelconque, a écrit Napoléon à Bernadotte, le 6 mars 1807, ne peuvent se défendre qu'en ayant des points offensifs, car, quand on n'a fait que se défendre, on a couru des chances sans rien obtenir ; mais, lorsqu'on peut combiner sa défense avec un mouvement offensif, on fait courir à l'ennemi plus de chances qu'il n'en fait courir au corps attaqué. »
>
> « Rien n'est plus dangereux, a-t-il écrit le 15 mars 1813 au prince Eugène, que d'essayer de défendre sérieusement une rivière en bordant la rive opposée, car, une fois que l'ennemi a surpris le passage, et il le surprend toujours, il trouve l'armée sur un ordre défensif très étendu et l'empêche de se rallier. »

Le 15 septembre 1808, il écrit à Joseph :

> « Nous avons déjà fait connaître que le système des cordons est

des plus nuisibles et qu'une ligne, comme le Rhin, la Vistule même, ne peut se soutenir qu'en occupant des points qui permettent de reprendre l'offensive. »

Pour défendre un cours d'eau, son procédé favori c'est, en laissant de faibles détachements le long du cours d'eau de façon à être renseigné sur les intentions de l'ennemi, de grouper ses forces dans un camp retranché, organisé en avant de l'obstacle, pour les jeter de là en masse sur le flanc ou sur les derrières de l'ennemi pendant son passage.

Le 13 mars 1813, il écrit au Vice-Roi :

« Il faut mettre en principe que l'ennemi passera l'Elbe où et comme il voudra. Jamais une rivière n'a été considérée comme un obstacle qui retardât de plus de quelques jours, et le passage n'en peut être défendu qu'en plaçant des troupes en force dans des têtes de pont sur l'autre rive, prêtes à reprendre l'offensive aussitôt que

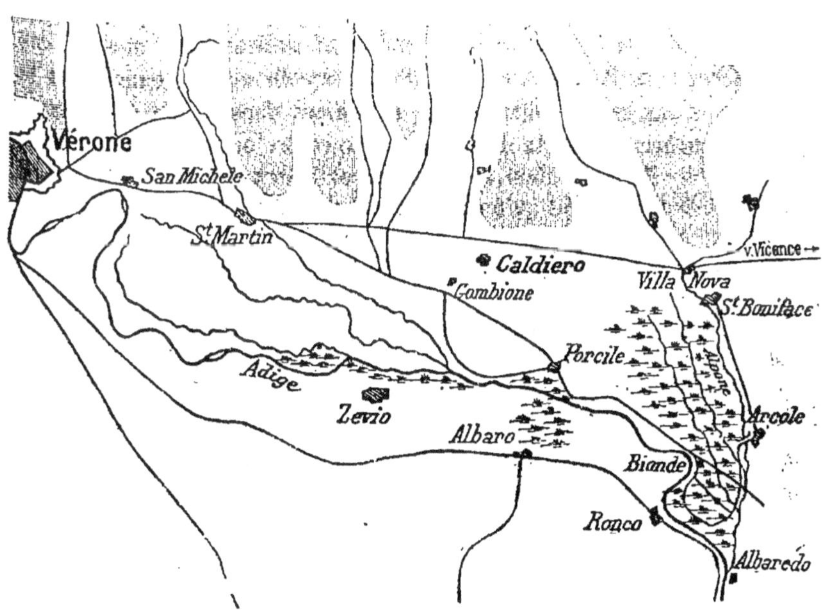

l'ennemi commencerait son passage. Mais, voulant se borner à la défensive, il n'y a pas d'autre parti à prendre que de disposer ses troupes de manière à pouvoir les réunir en masse et tomber sur l'ennemi avant que son passage ne soit achevé; mais il faut que les localités le permettent et que toutes les dispositions soient faites d'avance. »

« La meilleure manière de défendre l'Adige, a-t-il écrit dans ses *Mémoires*[1], est de camper sur la rive gauche, sur les hauteurs de Caldiero, derrière l'Alpone, la droite appuyée aux marais d'Arcole avec deux ponts à Ronco, la gauche appuyée à de belles hauteurs qu'il serait facile de retrancher en peu de semaines ; alors, toute la partie de la ligne de Rivoli à Ronco est couverte et, si l'ennemi veut passer l'Adige entre Arcole et la mer, on est en position de tomber sur ses derrières... »

En 1808, dans une Note au vice-roi d'Italie, relative à l'organisation de la ligne de la Piave, l'Empereur demande la création de trois petites places en terre : l'une près d'Asolo, l'autre au centre, la troisième à la limite des marais et il conclut :

« Il semble qu'une armée inférieure devrait pouvoir se rallier à l'abri de ces trois places et guetter l'occasion de faire tomber l'ennemi dans quelque piège... Avec les places que je propose, 300, 400 ou 500 hommes défendraient suffisamment une de ces places pour la mettre à l'abri d'un coup de main, donneraient le temps aux secours d'arriver et mettraient dans le cas de pouvoir déboucher ou par la droite ou par le centre ou par la gauche sans affaiblir l'armée ; ainsi, avec des forces inférieures, on se trouverait supérieur au point qu'on attaquerait. »

Une reconnaissance détaillée de la Piave amena Napoléon à renoncer à l'organisation de cette rivière et à lui préférer l'Adige. Quatre places à Malghera, Legnago, Arcole et Vérone devaient faire de ce fleuve une excellente ligne de défense. Dans une Note au prince Eugène, l'Empereur étudie la façon de s'en servir :

« L'armée ayant quatre débouchés sur l'Adige, ayant sa droite à Malghera[2], convenablement fortifiée, sa gauche à Arcole, son front couvert par l'inondation existant entre la Brenta et l'Adige, que fera l'ennemi ?

« *S'il se porte sur Vérone*, l'armée débouche par Arcole, le prend en flagrant délit.

---

[1] *Correspondance*, édition de 1877, t. X, p. 86.

[2] Malghera est relié à l'Adige par les lagunes de Venise : la ligne de défense forme donc une équerre : Malghera, Brondolo, Vérone.

« *S'il masque chacun de ces quatre points*, on débouche au moment inattendu par l'un d'eux et on culbute successivement les divers corps comme des capucins de cartes.

« *Enfin, s'il remonte la Brenta pour arriver à Trente et se porter sur Montebaldo et sur Vérone*, ayant sa ligne d'opérations dans le Tyrol, il fait alors un détachement de huit à dix jours d'absence, il s'affaiblit d'autant. S'il est peu considérable (ce détachement), il n'est d'aucune considération : peu d'hommes à Rivoli l'arrêteront et le culbuteront; s'il est considérable, il affaiblit d'autant son armée.

« *L'ennemi établit-il son quartier général à Padoue et cherche-t-il à passer l'Adige entre Legnago et Arcole ?* Mais alors, abandonnant une légère garnison à Arcole et dans les autres places, l'armée peut

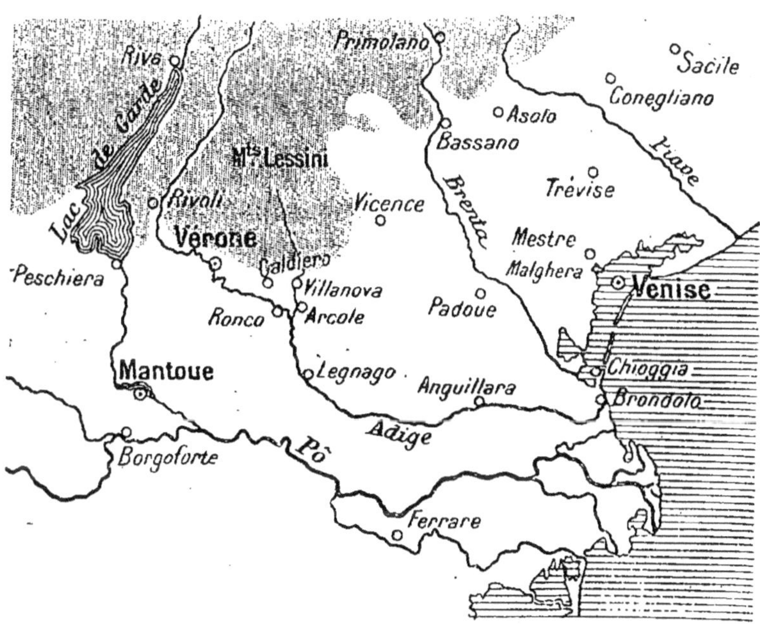

déboucher au pont d'Anguillara, ou même se jeter dans Venise et, par Brondolo et par Malghera, déboucher sur tout ce qui bloque cette place, intercepter les communications dans toutes les directions et mettre cette armée dans la position la plus dangereuse. Quelque chose que fasse l'ennemi, le terrain est disposé de manière qu'avec la moitié des forces et égalité de talent, tout est facile au général français, tout lui présage et lui indique la victoire, tout est difficile et scabreux pour l'ennemi.

« C'est le seul avantage que les fortifications puissent offrir à la guerre. Comme les canons, les places ne sont que des armes qui ne peuvent remplir seules leur objet ; elles demandent à être bien employées et bien maniées.

« Aucun général expérimenté et prudent ne se hasardera devant ce grand rentrant de fortifications depuis Ronco jusqu'à Malghera, où l'armée française, manœuvrant derrière les eaux, rend tout espionnage et toute communication impossibles à l'ennemi, peut se trouver, à tous les levers de soleil, à trois marches sur ses derrières ou sur l'un de ses flancs, avec toutes ses forces réunies contre ses forces à lui disséminées.

« Plus nous réfléchissons à cette position, plus nous pensons qu'avec 30,000 hommes on ne peut pas en craindre 60,000 de même valeur, ou, du moins, qu'on doit gagner plusieurs mois. »

Dans ses instructions du 20 novembre 1813, dictées au général d'Anthouard pour la défense de l'Italie, Napoléon, après avoir indiqué comment il faut comprendre l'organisation de la ligne de l'Adige, écrit :

« Une manœuvre que j'indique, que je ne conseille pas, que je ferais, serait de passer par Brondolo sur Mestre et de forcer sur Trévise ou la Piave avec 30,000 hommes. Il ne manque pas de moyens de transport à Venise. Je la ferais, mais je ne la conseille pas si on ne me comprend pas. On obtiendrait des résultats incalculables. L'ennemi opère par Conegliano et Trévise, on le coupe, on le disperse, on le détruit et, s'il faut se retirer, on le fait sur Malghera et l'Adige. Mais je ne conseille pas cette manœuvre hardie ; *c'est là ma manière* ; mais il faut comprendre et saisir tous les détails et moyens d'exécution, le but à remplir, les coups à porter. »

Dans une lettre personnelle du même jour au prince Eugène, il revient sur cette manœuvre :

« Enfin, la grande manœuvre serait d'attaquer l'ennemi, en concertant les moyens de passer rapidement, et sans qu'il le sût, par Mestre ; cette manœuvre, concertée en secret et avec les grands moyens que vous avez, pourrait vous donner des avantages considérables. »

Ainsi, dans la guerre de positions, à une attitude générale expectante sur une ligne de défense, Napoléon combine des manœuvres sur les derrières ou des manœuvres sur position centrale, les unes et les autres de faible envergure.

A défaut d'une *ligne de défense continue*, Napoléon prévoit, pour ces manœuvres sur position centrale, dans la guerre de positions, un système de deux ou trois *places fortes*.

C'est sur une organisation de ce genre qu'il avait fondé la défense du Frioul avec les places de Palmanova et d'Osoppo [1].

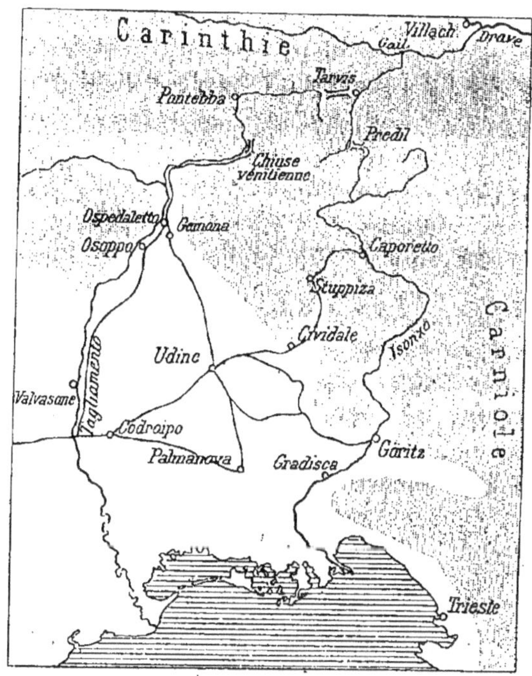

Que l'ennemi se présentât sur Osoppo, la division placée de ce côté y eût trouvé refuge, tandis que la division placée à Palmanova, laissant dans cette place ses blessés, ses malades, ses bagages, pouvait, ainsi allégée, accourir rapidement au secours de la première.

La combinaison était inverse si l'ennemi se présentait sur Palmanova.

---

[1] Voir *Instruction pour la campagne de* 1809, p. 299.

CHAPITRE III

DÉLAIS QUE PEUT PROCURER LE SYSTÈME
DE LA GUERRE DE POSITIONS

Ces délais sont fonction de l'attitude et de l'habileté du défenseur et aussi du caractère plus ou moins entreprenant de l'assaillant.

Ils proviennent des causes ci-après :

1°) *Reconnaissance de la position.* — On n'attaque pas des troupes en position comme des troupes en mouvement ; sous peine de courir aux plus désastreuses surprises, il faut reconnaître avec soin la position et combiner un système de bataille pour l'attaquer. Tout cela demande un temps notable.

Le 7 juin 1809, Napoléon avait chargé le prince Eugène d'observer l'archiduc Jean alors vers Raab et de le joindre, si possible, pour le mettre hors jeu.

> « Il ne serait pas impossible, écrit-il, que le prince Jean eût choisi une bonne position et vous attende ; dans ce cas, je vous recommande de bien la reconnaître et de bien établir votre système avant de l'attaquer. Un mouvement en avant, sans fortes combinaisons, peut réussir quand l'ennemi est en retraite, mais il ne réussit jamais quand l'ennemi est en position et décidé à se défendre ; alors, c'est un *système* ou une combinaison qui font gagner une bataille. »

2°) *Manœuvres destinées à faire tomber la position.* — Si l'ennemi trouve la position trop forte, il s'efforcera de la tourner pour la faire tomber. Cette manœuvre exigera un certain temps qui donnera à la défense du répit et, peut-être, des occasions favorables pour écraser un des corps de l'ennemi.

Puisque le temps gagné est surtout fonction de l'intimidation de l'ennemi, aucun des moyens susceptibles de produire cette intimidation ne doit être négligé. Il faut proclamer des forces plus considérables que celles dont on dispose, occuper tout d'abord un front supérieur au front normal de l'effectif, sauf à le resserrer ensuite ; remuer de la terre, construire des redoutes [1]. Envoyer très en avant de la position des détachements mixtes, cavalerie, artillerie, infanterie, qui obligeront l'ennemi à déployer de loin ses colonnes, l'empêcheront de faire trop rapidement la reconnaissance de la position : tout cela ralentira ses opérations.

Il faut enfin étudier plusieurs positions successives. Mieux le défenseur sera informé des mouvements de l'assaillant, mieux il aura pris ses dispositions pour sa retraite sur une seconde position recherchée à courte distance de la première, plus longtemps il pourra tenir.

Les instructions ci-après, données en 1813 par Napoléon à Marmont, mettent bien en relief les précautions à prendre par le défenseur.

Le 13 octobre 1813, Napoléon charge Marmont d'empêcher, avec son corps d'armée, l'armée de Silésie de s'approcher à moins de deux lieues de Leipzig.

« Il est important que l'armée de Silésie n'approche pas à deux lieues de Leipzig...

« Je pense donc que vous devez reconnaître la position de Breitenfeld et la ligne de la Partha jusqu'à Taucha, et avoir des avant-gardes sur Schkeuditz, ainsi que sur la route de Landsberg; par ce moyen, vous vous déploieriez promptement : la gauche à l'Elster et la droite à la Partha, pour recevoir ce qui viendrait de ces chemins. Reconnaissez bien cette position. Ayez trois ponts sur la Partha pour déboucher rapidement sur la rive gauche s'il en était besoin; mais tenez votre cavalerie dans la direction de Halle et de Landsberg; battez les routes de Delitzsch et de Duben, afin de maintenir toutes ces communications parfaitement libres... Vos

---

[1] Pour intimider l'ennemi, Napoléon disposait d'un moyen qui n'est pas à la portée de tous les généraux : c'était de faire croire à sa présence. Lorsqu'il quittait un corps d'observation, pour se porter sur une autre partie du théâtre de la guerre, il prescrivait de faire pousser aux troupes des cris de : « Vive l'Empereur! »

trois divisions peuvent être très espacées, avec les bonnes troupes qui les composent. Le temps de reconnaître la position qu'elles occuperont donnera le temps nécessaire pour se mettre à l'abri de toute attaque.

« Mon intention est que vous placiez vos troupes sur deux rangs au lieu de trois; le troisième rang ne sert à rien au feu; il sert encore moins à la baïonnette. Quand on sera en colonnes serrées, trois divisions formeront six rangs et trois rangs de serre-files. Vous verrez l'avantage que cela aura : votre feu sera meilleur; vos forces seront tiercées; l'ennemi, accoutumé à nous voir sur trois rangs, jugera nos bataillons plus forts d'un tiers. »

Et, dans ses instructions à Murat[1], il complète ainsi :

« Mon intention est que vous placiez le duc de Raguse à Breitenfeld, où l'on me dit qu'il y a une bonne position; il appuiera sa droite à la Partha et sa gauche à l'Elster. Il occupera les routes de Halle et de Landsberg; toute sa cavalerie sera placée en avant-garde sur ces deux routes, 500 à 600 hommes sur chacune, avec deux bataillons et six pièces de canon, de sorte que ces routes soient bien éclairées. On m'assure que Breitenfeld est une position qui domine la plaine; cela est une chose à étudier... Je pense que le maréchal Marmont doit, sur le champ, faire construire quelques redoutes dans la position qu'il choisira à Breitenfeld... »

En arrière de la position de Breitenfeld, Napoléon fait encore étudier celle d'Eutrizsch, moins étendue et sur laquelle Marmont se replierait.

« La position d'Eutrizsch, sur le chemin de Halle, s'appuyant la gauche à l'Elster et la droite à la Partha, est désignée comme pouvant être occupée par 12,000 hommes qui y seraient à l'abri d'être forcés; ordonnez au duc de Raguse de la reconnaître. »

En décembre 1796, Bonaparte organise son dispositif d'attente stratégique autour de Mantoue. Sur la rive orientale du lac de Garde, il a placé Joubert et lui a prescrit d'étudier et de préparer les deux positions de la Corona et de Rivoli. En arrière, au débouché dans la plaine de Mantoue, il voudrait en outre organiser un camp retranché à Castelnovo.

---

[1] *Correspondance*, t. XXVI, n° 20792.

Le 20 décembre, il fait écrire à Joubert :

« Le général en chef a lu, avec toute l'attention qu'elle mérite, votre lettre de ce jour; il en approuve les dispositions, qui lui paraissent parfaitement combinées... Il nous reste encore à prendre deux mesures qui, je crois, pourraient être fort utiles.

« *La première* serait de marquer les emplacements et de préparer le local pour établir l'artillerie sur les différents mamelons de la ligne de Rivoli, de manière à pouvoir favoriser votre résistance et protéger votre retraite de la deuxième ligne. Ce travail, quoique peu de chose, peut avoir des conséquences importantes. Le général en chef vous prie de donner, à ce sujet, des ordres aux commandants d'artillerie et du génie de votre division; il faudra surtout avoir soin de pratiquer des chemins pour que l'artillerie puisse aisément se retirer sur les nouvelles positions où vous jugerez à propos de la placer.

« *La deuxième* serait de faire un camp retranché sur les hauteurs de Castelnovo, qui puisse vous servir pour les trois journées, obliger l'ennemi à passer cette troisième journée[1] à reconnaître le camp retranché, nous donner par là du temps et nous faire gagner vingt-quatre heures et peut-être plus pour les opérations générales.

« Le citoyen Chasseloup, commandant le génie, a l'ordre d'aller vous trouver à votre quartier général pour se rendre avec vous sur le terrain et concerter ensemble l'établissement de ce camp retranché; ce ne sera que lorsqu'il aura fait connaître au général en chef les travaux qu'il exigera, que ce dernier prendra un parti définitif à cet égard. »

---

[1] Cette phrase est expliquée par le passage suivant d'une lettre du général Joubert : « Vous voyez que l'ennemi a deux batailles à essuyer avant de me forcer sur Peschiera. »

CHAPITRE IV

LE GÉNÉRAL DANS LA GUERRE DE POSITIONS

Par ce qui précède, on conçoit combien il est essentiel que le général chargé d'une guerre de positions connaisse bien son terrain et sache utiliser les ressources qu'il peut offrir.

Le 5 juillet 1813, Napoléon écrit à Gouvion Saint-Cyr :

> « Je vous destine à commander un corps d'observation, qui serait porté de 30,000 à 60,000 hommes, selon les circonstances, et qui, de Kœnigstein, manœuvrerait sur les deux rives de l'Elbe et pourrait déboucher sur un corps qui, de Bohême, se porterait sur Dresde par Neustadt et Zittau ; ou bien qui, par la rive gauche, s'y porterait par Péterswalde ou Karlsbad. Je désire donc que vous alliez reconnaître Kœnigstein ; que vous y voyiez les ouvrages que j'ai fait faire ; que vous reconnaissiez les trois débouchés qui vont sur Stolpen, Schandau et Krossen. Je désire que vous donniez vos instructions aux ingénieurs sur la manière d'être maître du grand défilé.
>
> « Voyez également sur la rive gauche les communications de Kœnigstein avec les routes qui, de Dresde, vont à Péterswalde, et la manière de s'assurer du passage des ravins. Voyez les positions à occuper entre Péterswalde et Dresde, parcourez toute la frontière le long de la Bohême et voyez tous les débouchés qui s'y trouvent ; on m'assure qu'il y en a onze, mais qu'il n'y en a qu'un qui puisse servir aux mouvements d'une grande armée. Parcourez toutes ces localités sans faire connaître votre grade ; étudiez le terrain et poussez même jusqu'au débouché qui, de la Bohême, descend sur Hof. »

Une guerre de positions ne peut être confiée à un général médiocre ; au contraire, elle réclame un esprit délié et une âme ferme. Ne disposant que de forces inférieures, réduit par suite à subir l'initiative de l'ennemi, loin du généralissime, le général chargé d'une guerre de positions doit trouver dans son cerveau de quoi parer au manque de ressources matérielles, inventer des démonstrations, des manœuvres, deviner le plan de l'adversaire, prévoir ses attaques, saisir l'occasion au vol, s'engager et rompre à propos, conserver tout son sang-froid dans un revers, supporter avec sérénité une défaite qui assure au généralissime une victoire décisive sur le théâtre principal. C'est une ingrate mais haute mission qui demande des talents, du caractère et de l'abnégation.

Au moment d'entamer la campagne de 1805, Napoléon remplace, sur le théâtre secondaire d'Italie, Jourdan par Masséna.

> « Dans ces circonstances importantes, écrit-il le 27 août au prince Eugène, le maréchal Jourdan ne connaît pas assez le pays, n'a pas assez de vigueur et trop la réputation de se décourager facilement pour que je puisse lui confier une armée aussi intéressante. Je suis dans l'intention de vous envoyer le maréchal Masséna, qui a plus de caractère et une connaissance parfaite des lieux. »

Tel est, dans ses traits généraux, le système de la guerre de positions tel que l'a conçu Napoléon.

CHAPITRE V

GENÈSE DE LA GUERRE DE POSITIONS

Ce système a été employé de tous temps.

Avec les petites armées, les plus grands généraux se confinèrent souvent dans une guerre de positions, tels Turenne et Montecuculli.

A Sainte-Hélène, lorsque Napoléon écrivait son *Précis des campagnes de Turenne*, le général Gourgaud s'étonnait que ce grand général et son digne partenaire Montecuculli fussent restés si longtemps en présence sans se battre, sans que l'un attaquât les positions de l'autre, usant leur temps en perpétuels chassés-croisés ; l'Empereur lui répondit :

> « C'est que les armées d'alors étaient faibles et qu'avec des armées faibles les places jouent un grand rôle. Il n'y a pas de positions pour arrêter des armées de 200,000 à 300,000 hommes, tandis qu'un habile général trouve partout d'avantageuses positions pour une armée de 20,000 à 30,000 hommes ; un village, un défilé, deviennent dans ces cas des points importants ; mais leur importance diminue en raison de la force des armées. »

Avec les grandes armées, le système de la guerre de positions a été le système des généraux médiocres.

« Après la mort de Turenne, avait écrit Guibert, il n'y eut plus de petites armées chargées de grandes opérations. L'ambition de Louis XIV voulant envahir à la fois plusieurs pays, il avait déjà commencé, quelque temps auparavant, dans la guerre de Hollande, à former plusieurs corps d'armée ; cela ne fit dès lors qu'augmenter, et toute l'Europe à l'envi leva des armées plus nombreuses. Avec le nombre des troupes on accrut celui de l'artillerie. Il fallut des équipages de vivres proportionnés. Il aurait été nécessaire, qu'en raison de ces accroissements énormes d'hommes et d'embarras, la tactique fît des progrès ; qu'elle en fît particulièrement sur la partie des marches. Elle n'en fit pas. Des généraux médiocres se trouvèrent chargés de plus grandes masses, et alors le genre de guerre changea ; ne pouvant et ne sachant pas les remuer, étant la plupart du temps embarrassés de les nourrir, ils firent moins de marches, ils renoncèrent à la guerre de mouvements ; ils introduisirent celle de positions. Se trouvèrent-ils inférieurs : ils s'enfermèrent dans des lignes, dans des camps retranchés ; en un mot, il ne se fit plus rien de hardi, rien de décisif ; on ne fit plus ce que j'appelle la grande guerre. »

C'est ce système de guerre qui, appuyé sur l'organisation défensive de Vauban, avait sauvé la France après les revers de Louis XIV.

> « Vauban, a écrit Napoléon dans ses observations au sujet des *Notes sur l'Art de la guerre* du général Rogniat, Vauban a organisé des contrées entières en camps retranchés couverts par des rivières, des inondations, des places et des forêts ; mais il n'a jamais prétendu que les forteresses seules pussent fermer la frontière. Il a voulu que cette frontière, ainsi fortifiée, donnât protection à une armée inférieure contre une armée supérieure ; qu'elle lui donnât un champ d'opérations favorables pour se maintenir et empêcher l'armée ennemie d'avancer, des occasions d'attaquer avec avantage, enfin les moyens de gagner du temps pour permettre à des secours d'arriver.
>
> « Dans les revers de Louis XIV, ce système de places fortes sauva la capitale. Le prince Eugène de Savoie perdit une campagne à prendre Lille. Le siège de Landrecies offrit l'occasion à Villars de faire changer la fortune.
>
> « Cent ans après, en 1793, lors de la trahison de Dumouriez, les places de Flandre sauvèrent Paris : les coalisés perdirent une campagne à prendre Condé, Valenciennes, Le Quesnoy et Landrecies. »

L'*Essai sur la fortification de campagne*, écrit par Napoléon à Sainte-Hélène, nous donne la genèse de ses idées sur l'emploi des *positions*[1].

---

[1] *Correspondance*, t. XXX, p. 462.

« Une armée consulaire de 24,000 à 30,000 hommes, ayant un cinquième en cavalerie, se renfermait tous les soirs dans un carré de 300 à 360 toises de côté... En quelques heures de travail, les ouvrages étaient achevés et en quelques jours ce camp était une forteresse où leur armée était à l'abri de toute insulte, même de la part d'une armée supérieure...

« C'était une loi qui ne fut jamais transgressée par les généraux romains, de ne jamais courir les risques d'une bataille sans avoir, au préalable, un camp fortifié pour servir de ralliement à l'armée, et pouvoir enfermer leurs bagages et leurs vivres...

« La protection que les armées romaines trouvaient dans leurs camps mettait les généraux à même de ne combattre que lorsqu'ils le voulaient. Attendaient-ils l'arrivée de quelques secours, leur armée avait-elle besoin de repos, le moral de leurs soldats était-il ébranlé, les circonstances étaient-elles favorables à leurs ennemis, ils attendaient dans leurs retranchements que ceux-ci fissent un faux mouvement pour les combattre avec avantage. Pendant dix ou douze siècles de l'histoire romaine, on ne voit point d'exemple qu'un de leurs camps ait été forcé...

« Les Romains asseyaient leur camp sans faire attention aux accidents du terrain; il leur suffisait qu'il fût près du bois et de l'eau. Leurs camps étaient toujours tracés de même...

« La découverte de la poudre a changé la nature de la guerre; les armes de jet sont devenues les armes principales; ...le mousquet porte la mort à 50, 100, 200 toises; des batteries placées à 200, 400 et même 800 toises ont une influence directe et puissante sur le succès des combats. Il a donc fallu considérer comme faisant partie du camp ou du champ de bataille toutes les éminences et positions qui se trouvent à cette distance. Pour asseoir leur camp ou pour établir leur ligne de bataille, les généraux modernes ont dû choisir un terrain tel qu'ils pussent : 1° y mettre en action la plus grande partie de leurs armes de jet; 2° déployer leurs lignes, afin de ne pas être obligés de tenir des masses sous le feu de l'ennemi; 3° placer leur infanterie sur des coteaux, rideaux, éminences, ayant sur les lignes ennemies un commandement convenable; 4° établir leurs batteries sur des positions qui dominassent, débordassent, prolongeassent, prissent en flanc ou en écharpe les lignes ennemies; en même temps, se placer de manière à n'être ni débordés ou pris en flanc ou en écharpe par les batteries ennemies.

« Il suit de là : 1° que les modernes ont rangé leur infanterie sur trois rangs parce qu'il est impossible de tirer aucun parti du feu du quatrième rang et que, plus la ligne est mince, moins elle offre de prise au feu ennemi; 2° qu'ils ont dû étendre la ligne de leur armée pour qu'elle ne fût ni débordée, ni prolongée, ni enfilée, et pouvoir, au contraire, déborder, prolonger, enfiler l'ennemi, pour occuper tous les accidents du terrain ayant influence sur la position et, enfin, pour exposer au feu de l'ennemi le moins de monde possible; 3° qu'ils ont renoncé et ont dû renoncer à l'usage de camper agglomérés, comme les Romains, sur une petite surface carrée, mais qu'ils campent, au contraire, sur deux lignes, chacune composée de trois rangs pour l'infanterie, de deux pour la cavalerie, ayant le champ de bataille sur le front de bandière.

« Ces maximes une fois adoptées, ils ont cru devoir renoncer aux ouvrages de campagne; au lieu de créer les fortifications de leurs camps, ils se sont bornés à les asseoir sur des positions naturelles et fortes, reconnues et choisies avec soin. »

Mais ne pourrait-on pas imaginer des ouvrages de campagne faciles à construire de façon à pouvoir fortifier en quelques heures les positions naturelles choisies et qui assureraient aux armées actuelles les avantages que donnait le camp romain aux armées consulaires ?

« Les principes sur lesquels on construit les ouvrages de campagne n'ont point varié depuis les Romains. Ne sont-ils donc pas susceptibles d'amélioration? Ne pourrait-on pas parer aux inconvénients qui les ont fait abandonner et se remettre en possession des avantages qu'en ont retirés les armées romaines? Car, si ces avantages étaient appréciables pour des armées de 25,000 à 30,000 hommes, ils seraient bien plus considérables pour une armée de 100,000 à 200,000 hommes. Ces grandes armées sont obligées de se séparer en quatre, six ou huit corps et de marcher par autant de débouchés différents, séparés entre eux par des bois, des ravins et des montagnes, ce qui les expose à être attaqués isolément par des forces doubles et triples; ils ne peuvent se mettre à l'abri de ce péril sans le secours d'un camp fortifié et sans l'habitude de fortifier leurs camps tous les jours. »

Tel est, rapidement esquissé, le système de la guerre de positions tel que l'entendait Napoléon. Dans ce système, où tant de généraux ordinaires s'étaient laissé entraîner à des batailles de position, Napoléon introduisit le mouvement, la ruse, le principe d'économie des forces et ses deux procédés habituels : la manœuvre sur les derrières et la manœuvre sur position centrale.

CONCLUSIONS

I. — L'analyse de la Guerre napoléonienne nous a montré
que toutes les manœuvres de Napoléon ressortissent à deux procédés seulement :

La manœuvre sur les derrières ;
La manœuvre sur position centrale.

Ces deux procédés rendent rigoureusement compte de toutes
les résolutions, de tous les ordres de Napoléon dans les cas,
assez rares d'ailleurs, où l'on n'a pas dans quelque instruction,
dans quelque bulletin, sa parole elle-même.

Le second procédé, d'ailleurs, ne vise qu'à diviser l'adversaire
de manière à obtenir la supériorité sur une de ses fractions.
Cette supériorité acquise, Napoléon agit sur l'une ou l'autre de
ces fractions par la *manœuvre sur les derrières*. Ainsi finalement,
c'est dans cette manœuvre que se résume la stratégie napoléonienne.

Cette manœuvre, nous l'avons vu, a pour objet de produire chez
l'ennemi un désordre matériel et un ébranlement moral dont
Napoléon s'est préparé les moyens de profiter.

L'ébranlement moral est le résultat de la menace sur la ligne
de communication et sur la ligne de retraite de l'adversaire.

Le désordre matériel est la conséquence des contre-ordres
donnés à l'armée ennemie pour changer son mouvement offensif
en un mouvement de retraite.

Napoléon créait ainsi une situation critique qu'il était prêt à exploiter.

C'est ce qu'il expliquait au duc de Bassano, le 24 août 1813, en lui faisant part de son projet d'opérer sur les derrières de la grande armée de Bohême qui avait débouché sur Dresde.

> « Ou l'ennemi a pris pour ligne d'opération la route de Péterswalde à Dresde, et alors je me trouverai sur ses derrières, toute mon armée contre lui qui ne peut rallier la sienne en moins de quatre ou cinq jours... »

Cette simplicité extrême des conceptions stratégiques chez Napoléon peut choquer ceux qui croient que le génie n'a pas de *système*, qu'il trouve, dans chaque situation, la solution particulière qui convient et qu'il invente ainsi tout le long de sa carrière.

A examiner les choses de près, cette conception du génie militaire est fausse.

Qu'on considère la Guerre comme une science dans ses principes, comme un art dans sa conduite, et le général comme mi-savant, mi-artiste, nul n'a plus besoin d'un *système*, puisqu'il est d'ordinaire obligé d'improviser une solution sur des renseignements incertains, souvent contradictoires.

Et c'est avec dédain que Napoléon, à Sainte-Hélène, disait de Moreau qu'il « n'avait aucun système ni sur la politique, ni sur le militaire [1] ».

On peut aller plus loin et se demander si l'audace qui caractérise les grands capitaines ne vient pas justement de la possession d'un système d'opérations ou de bataille élaboré avec soin, longtemps mûri et dont ils attendent avec confiance la victoire.

Comment Frédéric aurait-il eu l'audace d'attaquer à Leuthen 80,000 Autrichiens, enflés par la victoire de Breslau, avec 30,000 Prussiens dont plus de la moitié s'étaient enfuis démora-

---

[1] « Moreau n'avait aucun système, ni sur la politique, ni sur le militaire. Il était excellent soldat, brave de sa personne, capable de bien remuer sur le champ de bataille une petite armée, mais absolument étranger aux connaissances de la grande tactique. C'était un homme incapable d'une grande contention de tête... » (*Dicté à Sainte-Hélène au général Montholon.*)

lisés du champ de bataille, s'il n'avait eu confiance dans son système de bataille en ordre oblique. Comment Napoléon aurait-il osé livrer la bataille d'Austerlitz et tant d'autres, sans supériorité numérique, s'il n'avait eu foi dans son système de bataille. Comment à Waterloo aurait-il osé attaquer, avec 62,000 hommes, les 90,000 Anglo-Hollandais de Wellington ? Comment, s'il n'avait pas eu foi dans son système d'opérations eut-il osé lutter contre toute l'Europe, notamment en 1813, 1814, 1815. D'ailleurs, qu'on le regrette ou qu'on l'admire, les faits sont là, nous les avons constatés, qui prouvent le *système*.

Et voici qui clôt toute discussion :

Le 20 novembre 1813, Napoléon dicte ses instructions au général d'Anthouard, chef d'état-major de l'armée d'Italie.

Tablant sur ce que les Autrichiens ont leur ligne d'opérations sur Conegliano et Trévise, il voudrait qu'après avoir fait de l'Adige une barrière que 10,000 hommes suffiront à garder, le vice-roi se jette avec 30,000 hommes sur la Piave, sur les derrières des Autrichiens.

« Une manœuvre que j'indique, que je ne conseille pas, que je ferais, serait de passer par Brondolo sur Mestre et de forcer sur Trévise et la Piave avec 30,000 hommes. Il ne manque pas de moyens de transports à Venise. Je la ferais, mais je ne la conseille pas, si on ne me comprend pas. On obtiendrait des résultats incalculables. L'ennemi opère par Conegliano et Trévise : on le coupe, on le disperse, on le détruit et, s'il faut se retirer, on le fait sur Malghera et l'Adige. Mais je ne conseille pas cette manœuvre hardie; *c'est là ma manière*; mais il faut comprendre et saisir tous les détails et moyens d'exécution, le but à remplir, les coups à porter [1]... »

Ma manière, l'affirmation est nette.

Le 2 octobre 1813, Napoléon écrit à Victor :

« Je regarderais comme une nouvelle bien heureuse la certitude que l'ennemi s'enfournât avec une armée de 80,000 hommes sur Leipzig; la guerre serait alors bientôt finie; mais je pense qu'il connaît trop *ma manière de faire* pour s'exposer à pareille aventure. »

Et ceci encore :

Le 13 février 1814, Schwarzenberg a essayé en vain de forcer à Nogent le passage de la Seine défendu par Oudinot.

De Paris, le roi Joseph, lieutenant de l'Empereur, exprime ses craintes de voir Schwarzenberg s'avancer par la rive gauche de la Seine et Fontainebleau sur Paris.

« Je ne pense pas que le prince Schwarzenberg s'enfourne sur Fontainebleau tant que nous serons maîtres du pont de Nogent, lui répond Napoléon, les Autrichiens connaissent trop *ma manière* d'opérer et en ont trop longtemps porté des marques; et ils se doutent bien que, s'ils nous laissent maîtres du pont de Nogent, je déboucherai sur leurs derrières comme je l'ai fait ici [2]. »

Mais parce que Napoléon a une manière, un système, est-ce à dire qu'il suit aveuglément ce système sans tenir compte de l'ennemi et des circonstances ? Absolument pas.

---

[1] *Correspondance*, t. XXVI, nº 20928.
[2] *Correspondance* nº 21236.

En 1800 et 1805 il a pu, avant de marcher sur les forces ennemies, intercepter toutes leurs lignes de retraite ; en 1806, en 1809 au contraire, nous l'avons vu obligé par les circonstances d'assaillir l'armée ennemie avant d'avoir pu l'envelopper : « la guerre est affaire de tact » a-t-il souvent répété.

Sans doute, il tend vers la réalisation complète de sa conception stratégique, d'intercepter à l'ennemi, avant les combats, toutes les lignes de retraite parce que c'est ainsi seulement qu'il est assuré d'avoir des résultats décisifs. Mais il n'hésite pas à s'arrêter en route, lorsque les circonstances l'y obligent.

Dans les observations qu'il a laissées sur les campagnes de 1796 et 1797 en Italie, parlant de la manœuvre de Bassano, il écrit :

« Une opération de cette nature peut être méditée d'avance et conçue tout entière. Mais son exécution est progressive et se trouve autorisée par les événements qui ont lieu chaque jour. »

Son tort n'a pas été d'avoir un système, mais d'y avoir persévéré lorsque les conditions indispensables à sa réussite n'existèrent plus, lorsque l'ennemi se décida, lui aussi, à vivre sur le pays et que Blücher n'éprouva plus d'effroi à le voir sur ses derrières.

De la stratégie passons à la tactique.

Les batailles napoléoniennes, nous l'avons vu ailleurs [1], ressortissent toutes à un type unique qui est le suivant :

Avec une partie de ses troupes, Napoléon neutralise l'ennemi sur son front de manière à lui faire jeter dans la mêlée toutes ses réserves.

Ce résultat obtenu, l'Empereur fait apparaître soudainement une attaque débordante ou même tournante sur la ligne de retraite de l'adversaire pour l'obliger à reporter une partie de

---

[1] *La Bataille napoléonienne*, Chapelot, éditeur.

ses forces de ce côté. Il produit ainsi une dissociation matérielle et morale qu'il exploite au moyen d'une masse d'attaque préparée en face de l'aile ennemie sur laquelle agit l'attaque débordante.

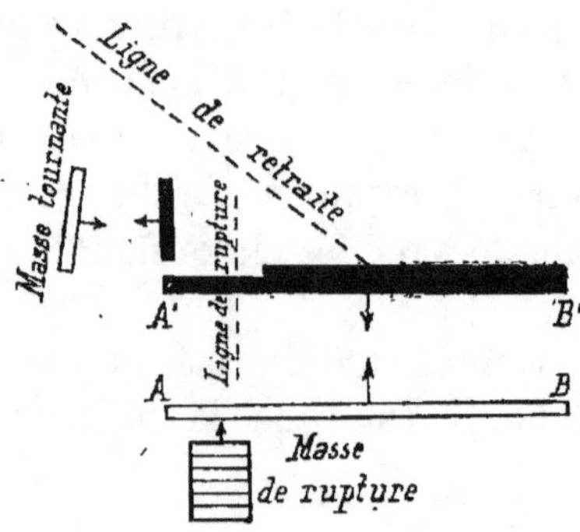

Ainsi *la manœuvre sur les derrières* et *l'attaque tournante*, visent l'une comme l'autre à produire une désorganisation matérielle et morale de l'adversaire, par l'apparition brusque de masses sur sa ligne de retraite, désorganisation dont Napoléon s'est préparé les moyens de profiter.

Cette unité de conception présente, l'on en conviendra, une grandeur singulière.

Dans les deux domaines de la stratégie et de la tactique les procédés techniques sont semblables :

STRATÉGIE.	TACTIQUE (Bataille).
Distinction d'un théâtre principal et de théâtres secondaires où les effectifs sont proportionnés à la liaison plus ou moins étroite avec le théâtre principal.	Distinction d'un champ principal et d'un champ secondaire.
Démonstration initiale pour attirer l'ennemi dans le théâtre secondaire.	Démonstration initiale pour attirer l'ennemi dans le champ secondaire.
Ébranlement préalable de l'ennemi par la manœuvre sur les derrières.	Ébranlement préalable de l'ennemi par l'attaque débordante ou tournante.

La similitude de constitution des plans de campagne et des plans de bataille forme l'un des deux caractères fondamentaux de la Guerre napoléonienne.

II. — L'autre, c'est que plans de campagne et plans de bataille sont tous faits *a priori*.

Plan de campagne « a priori ». — Napoléon, nous l'avons vu, a toujours fait son plan de campagne *a priori* et d'après les renseignements généralement assez vagues qu'il a pu se procurer sur le rassemblement initial de son adversaire.

On a blâmé cette stratégie. On s'est étonné de lui voir désigner comme objectifs initiaux des villes : Milan en 1800, Augsbourg en 1805, Dresde, Leipzig et Berlin en 1806, Landshut en 1809, Vilna en 1812. N'est-ce pas le vieux jeu? Pourquoi ne pas marcher directement à l'ennemi, précédé d'une armée d'avant-garde donnant le temps et l'espace nécessaires pour se préparer à la bataille.

Si l'on y avait regardé de plus près, on aurait vu que la conception de l'Empereur n'avait rien de commun avec celle des généraux du siècle précédent, qui prenaient une ville pour s'en faire un gage et amener, sans bataille, l'ennemi à composition.

Est-ce pour déterminer l'ennemi à se retirer sans combat et s'assurer d'un gage que Napoléon prend des villes comme objectifs initiaux? Sont-ce même des objectifs? Mais non, ce ne sont que des directions pour atteindre les derrières de l'ennemi, puisque, avant d'entamer les actions décisives, il veut lui avoir coupé toutes ses lignes de retraite.

« La théorie, a écrit Clausewitz, exige que pour marcher au but on prenne la ligne la plus courte, ce qui met fin à ces interminables discussions sur les vertus des manœuvres par la droite ou par la gauche. *Napoléon n'a jamais fait autrement :* la grande route qui conduisait directement à l'ennemi était son axe de prédilection. Il a toujours marché droit au but, sans se préoccuper en rien du plan stratégique de son adversaire, sachant que tout dépend des résultats tactiques et ne doutant jamais de les obtenir. »

N'en déplaise à Clausewitz, Napoléon ne marche pas droit sur l'armée ennemie. Mais s'il s'écarte de la ligne droite, ce n'est pas pour essayer de déloger l'ennemi sans bataille.

S'il réunit son armée le plus près possible d'un des flancs de la ligne ennemie, s'il gagne à grandes enjambées une zone-manœuvre sur les derrières de son adversaire, le coupant ainsi de tous ses magasins, de ses renforts et de ses alliés, c'est pour ne lui laisser d'autre alternative, nous l'avons dit, que de se rendre ou de livrer bataille.

Qu'une pareille façon de faire la guerre ne soit pas à la portée de tous les généraux, c'est incontestable. Deux choses sont nécessaires : cette fermeté d'âme fondée sur la confiance en son génie qui fait marcher à la bataille résolument ; puis, ensuite, des instruments appropriés, c'est-à-dire une armée comme celle de Napoléon en 1806 et des lieutenants comme les siens.

Mais quand on pense à 1800, 1805, 1806 et 1809, on ne peut vraiment blâmer une pareille manière de faire la guerre.

Napoléon ne marche pas droit sur l'ennemi : il fait mieux. Cet ennemi qu'on l'accuse d'éviter, il le ramène, par sa manœuvre, devant son armée, car, où que soit cet ennemi, il reviendra sur sa ligne de retraite dès que cette ligne sera menacée.

Au lieu de laisser à l'ennemi l'initiative des opérations, il le réduit à une *situation subordonnée*. Ce faisant, Napoléon remplit dans toute son intégralité sa tâche de généralissime, qui est d'avoir des idées et d'inventer des manœuvres pour placer ses troupes dans les conditions les plus favorables à leur engagement. Et, il faut bien le remarquer, le moment le plus favorable pour créer une situation avantageuse à l'engagement des armées est évidemment le moment de l'entrée en campagne, puisque c'est celui où la situation des forces ennemies peut se deviner le plus facilement.

Le plan de campagne est justement l'ensemble des manœuvres initiales inventées par le général en chef pour placer ses forces dans une situation favorable à leur action.

C'est là qu'apparaît le mieux le génie du général. Organiser des armées, les mobiliser, les concentrer sur la frontière, tout

cela ne forme qu'une mince partie de sa tâche ; il a autre chose
à faire que de prendre les armées alignées sur la frontière, et
de leur donner, comme un *starter* le signal du départ. Son rôle
est de s'efforcer de faciliter leur besogne et, à cela, Napoléon n'a
jamais manqué. Et c'est parce qu'il savait faire son métier qu'il
avait la pleine confiance de ses soldats et en obtenait le possible
et l'impossible.

Plan de bataille. — Dès qu'il avait pu se faire, par ses renseignements, par ses reconnaissances, quelquefois par un engagement préalable, une idée sommaire des dispositions générales
de l'ennemi, Napoléon arrêtait son *plan* d'après la situation stratégique et ses dispositions générales, et ce plan ne pouvait subir
que de faibles modifications. Dans bien peu de batailles, le point
d'application de l'attaque décisive a été déplacé au courant de
l'action, à la demande des événements. Et quand le fait s'est
produit, comme à Wagram, cette modification au plan primitif a
diminué grandement les résultats de la victoire.

Ainsi Napoléon vise toujours à se subordonner l'adversaire :
dans le plan de campagne par la *manœuvre sur ses derrières ;*
dans le plan de bataille *par l'attaque débordante* ou *tournante*.
Et il arrive par ces manœuvres mêmes à provoquer la *décision* en stratégie, dans une zone déterminée du théâtre de la
guerre, en tactique, en un point de la ligne de bataille de l'adversaire.

De sorte qu'en dernière analyse, nous pouvons dire que deux
idées maîtresses informent tout le système de guerre de Napoléon : l'*a priori* et la désorganisation *préalable de l'adversaire*,
et qu'il les réalise par le même artifice : une attaque sur les derrières de l'ennemi.
C'est sans doute en raison de cette simplicité de moyens que
Napoléon a pu écrire :

« L'art de la guerre est simple et tout d'exécution. »

Mais nous savons maintenant tout ce qu'il y a dans cette *exécution :* la *divination* de ce que fera l'ennemi, l'*imagination* qui

invente la manœuvre, le *travail formidable* qui rassemble les moyens, la *volonté* qui lève tous les obstacles, l'*opiniâtreté* qui ne se laisse arrêter par aucun des accidents de l'exécution, la *décision* qui saisit l'occasion au vol, la *force de résistance physique* nécessaire à une si rude besogne.

Et ces multiples conditions expliquent la rareté de génies militaires de la taille d'un Napoléon.

NOTE I

Critique de la conduite du prince Eugène à Denain par Napoléon.

(Précis des campagnes du maréchal de Turenne, t. XXXII, p. 128.)

En 1712, il (le Prince Eugène) assiégea Landrecies à la vue de toute l'armée du maréchal de Villars qui, sentant toute l'importance de ne pas laisser tomber ce boulevard de la France, se présenta plusieurs fois pour forcer sa circonvallation; il ne le jugea pas possible. Eugène continua son siège en vue de Villars; il avançait, lorsque Villars s'empara de Denain et changea le destin de la guerre.

Le prince Eugène faisait arriver tous ses approvisionnements par la Scarpe; ils débarquaient à Marchiennes, place forte dont il fit son dépôt; mais au lieu d'approvisionner son camp des dépôts de Marchiennes, par des convois faits une ou deux fois par mois, sous l'escorte d'une partie de l'armée commandée à cet effet, il construisit des lignes depuis Marchiennes jusqu'à son camp. C'était une espèce de caponnière de 7 lieues de long, que les soldats appelaient le chemin de Paris.

Ces lignes avaient donc 14 ou 15 lieues de développement; comme elles passaient l'Escaut à Denain, il y plaça une réserve de 24 bataillons pour protéger le chemin de Paris et tenir en respect la garnison de Valenciennes; ce corps se trouvait ainsi séparé du reste de l'armée par l'Escaut. Il est vrai que cette réserve était couverte par des lignes, mais de peu de conséquence, et aussi faibles que celles du chemin de Paris.

Les communications avaient lieu entre Marchiennes et le camp tous les jours et sans escorte.

Villars, à la pointe du jour, le 24 juillet, jeta deux ponts de pontons sur l'Escaut, à une lieue de Denain, traversa les lignes du chemin de Paris, qui n'étaient pas défendues, et qui étaient sans consistance ; il n'éprouva aucune résistance.

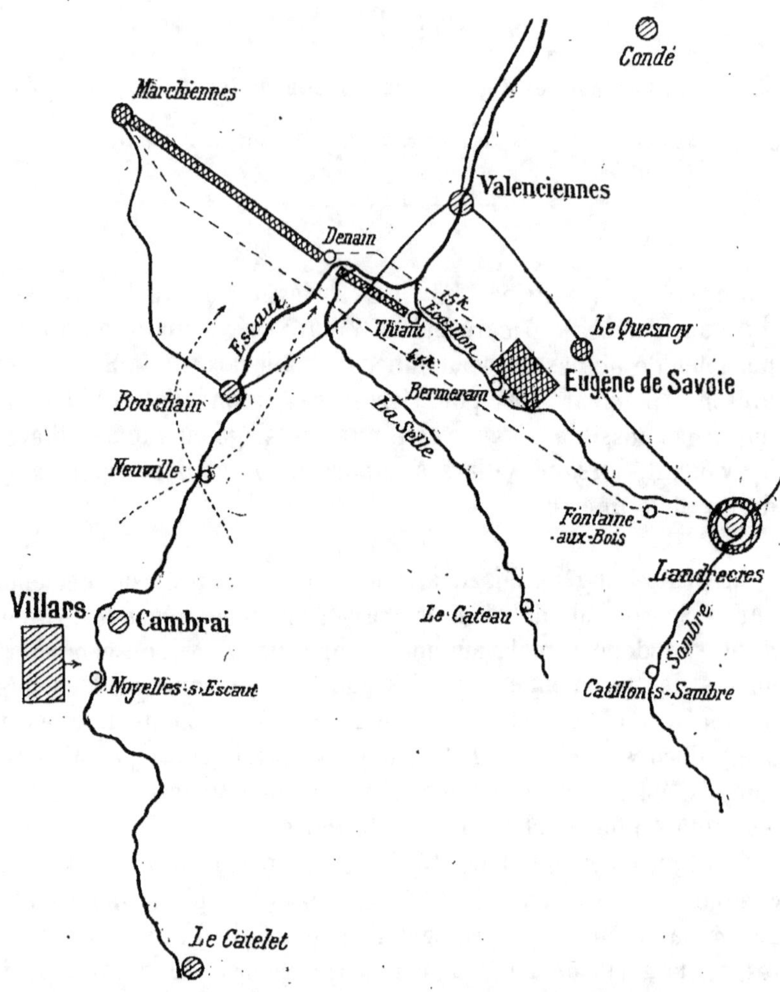

La réserve autrichienne, presque surprise, mal couverte, attaquée par une armée entière, fut acculée à l'Escaut et posa les armes. Lorsque le prince Eugène arriva à son secours, il s'en trouva séparé par l'Escaut ; il fut témoin inutile de la catastrophe de cette partie de son armée.

Villars, immédiatement après, fit assiéger Marchiennes par le maréchal de Montesquiou ; il protégea ce siège en prenant, avec son armée, position sur la rive gauche de l'Escaut.

Le prince Eugène n'avait plus que le parti de marcher sur le corps de Villars, mais, pour cela, il lui fallait passer l'Escaut ; c'était d'ailleurs un grand changement dans l'état des choses, puisque la veille, c'était Villars qui devait forcer les lignes de Landrecies, et qu'aujourd'hui, c'était au prince Eugène, affaibli de 24 bataillons par la perte de sa réserve, à attaquer l'armée française postée derrière une rivière et appuyant sa gauche à Valenciennes.

Montesquiou prit Marchiennes en quatre jours, il y trouva tous les magasins de l'armée autrichienne et fit 4,000 prisonniers.

Eugène leva le siège de Landrecies ; Villars, quelques semaines après, assiégea Douai. Le prince Eugène se campa à portée de canon de ses lignes, les jugea inattaquables et s'en éloigna. Si Villars n'en eût pas eu, il eût dû lever le siège.

Le prince fit plusieurs fautes à Landrecies : 1º de prétendre communiquer avec son dépôt de Marchiennes, tous les jours, sans escorte, mettant sa confiance dans des lignes si étendues, aussi faibles et aussi mal gardées.

2º D'avoir placé sa réserve sur la rive gauche de l'Escaut, éloignée de son camp de 3 lieues et séparée par cette rivière.

Il aurait dû : 1º ne pas faire construire les lignes de Paris, faire sa communication avec Marchiennes par des convois bien escortés, un par mois étant suffisant ; 2º s'assurer du pont de Denain par un bon ouvrage à l'abri d'un coup de main, camper sa réserve entre cet ouvrage et son camp, sur la rive droite de l'Escaut, soutenant sa tête de pont ; il eût été à portée de la soutenir, et Villars n'eût pu se placer le long de l'Escaut pour assiéger Marchiennes.

NOTE II

Expression caractéristique de la manœuvre sur les derrières.

———

En 1809, étudiant l'organisation de la ligne de l'Adige [1], dont il veut, pour couvrir Venise, lier l'embouchure à celle de la Brenta — ce qui donnera une équerre dont Brondolo sera le sommet — Napoléon écrit au vice-roi :

> « Aucun général exprimenté et prudent ne se hasardera devant ce grand rentrant de fortification depuis Ronco jusqu'à Malghera, où l'armée française, manœuvrant derrière les eaux, rend tout espionnage et toute communication impossible à l'ennemi, peut se trouver, à tous les levers de soleil, à trois marches sur les derrières ou sur un de ses flancs, avec toutes ses forces *réunies* contre ses forces à lui *disséminées*. »

———

[1] Voir croquis page 357.

ERRATA

Page 8, ligne 5, *au lieu de :* 1795, *lire :* 1796 ;

Page 12, ligne 17, *au lieu de :* Masséna, *lire :* Jourdan ;

Page 16, ligne 14, *au lieu de :* 1805, *lire :* 30 septembre 1806 ;

Page 19, ligne 13, *au lieu de :* Arno, *lire :* Anio ;

Page 56, ligne 31, *au lieu de :* plan, *lire :* place.

TABLE DES MATIÈRES

TITRE II.

Guerre de positions.

Paris. — Imprimerie R. CHAPELOT et Cᵉ, rue Christine, 2.